Graphic Technology Qualification

GTQ 포토샵 2급

3급 포함

Photoshop CS4 (영문 · 한글 공용)

GTQ 시험 자료 다운로드 방법 안내 ··············▶ 다음 페이지

GTQ 자료 다운로드 받기

1. 렉스미디어 홈페이지(www.rexmedia.net)에 접속한 후 **[자료실]-[대용량 자료실]을 클릭**합니다. 그런 다음 렉스미디어 자료실 페이지가 나타나면 **'수험서 관련\2017년 GTQ' 폴더를 선택**한 후 **[GTQ 포토샵 2급 CS4(Win7).exe]를 클릭**합니다.

2. 'GTQ 포토샵 CS4(Win7).exe이(가) 장치를 손상시킬 수 있기 때문에 차단되었습니다.'라고 메시지가 나타나면 **[추가 작업]을 클릭**한 후 **[유지]를 클릭**합니다. 그런다음 [이 앱은 장치를 손상시킬 수 있습니다.] 메시지가 나타나면 **[더 보기]를 클릭**한 후 **[그래도 계속]을 클릭**합니다.

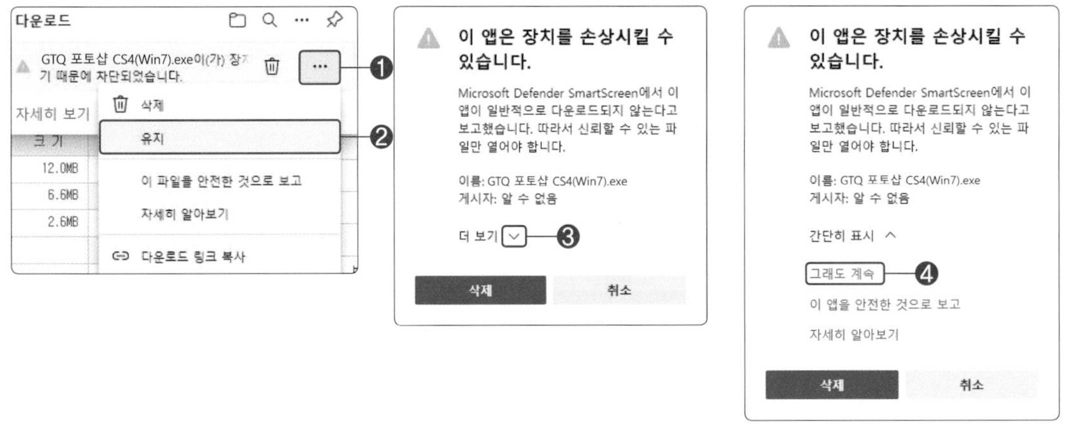

3. 다운로드가 완료되면 **[파일 열기]를 클릭**합니다. 그런다음 'Windows의 PC 보호' 화면이 나타나면 **[추가 정보]를 클릭**한 후 **[실행]을 클릭**합니다.

4. [GTQ 포토샵 2급 CS4(Win7) 1.00설치] 대화상자의 '설치 마법사입니다' 화면이 나타나면 [다음] 단추를 클릭합니다. 그런 다음 [GTQ 포토샵 2급 CS4(Win7) 1.00설치] 대화상자의 '설치 위치 선택' 화면이 나타나면 [설치] 단추를 클릭합니다.

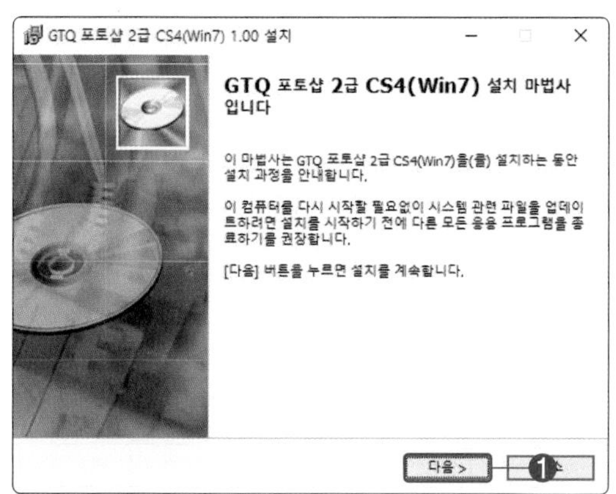

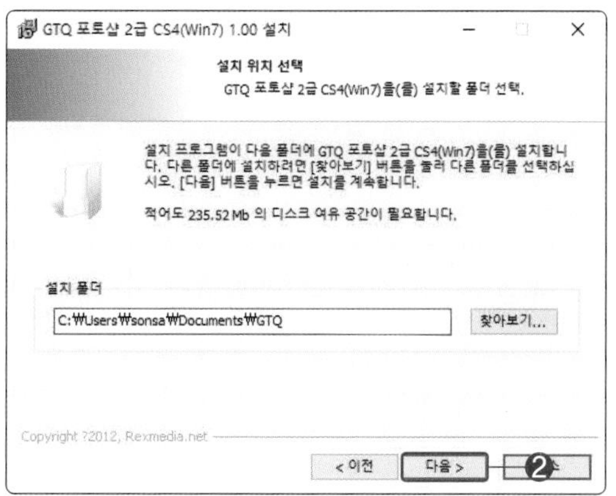

5. [GTQ 포토샵 2급 CS4(Win7) 1.00설치] 대화상자의 '설치 준비 완료' 화면이 나타나면 [설치] 단추를 클릭합니다. 그런 다음 [GTQ 포토샵 2급 CS4(Win7) 1.00설치] 대화상자의 '설치가 완료되었습니다' 화면이 나타나면 [마침] 단추를 클릭합니다.

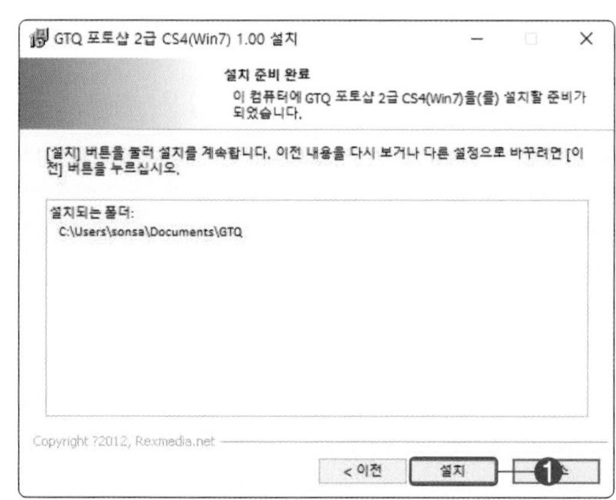

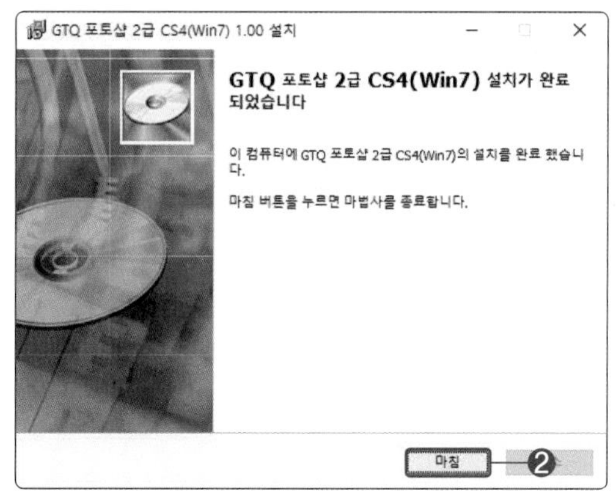

6. Windows 탐색기를 실행한 후 '라이브러리\문서\GTQ' 폴더를 선택하면 다음과 같이 GTQ 포토샵 2급 CS4 자료가 다운로드된 것을 확인할 수 있습니다.

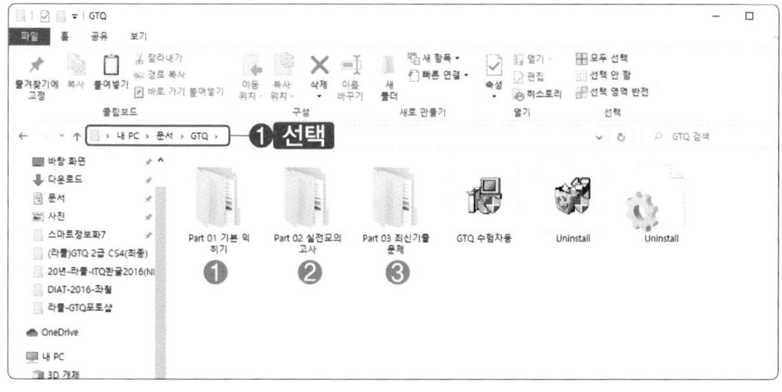

❶ [PART 01 기본 익히기]에서 사용하는 연습파일과 완성파일이 담겨져 있습니다.
❷ [PART 02 실전모의고사]에서 다룬 문제의 이미지 파일 및 완성파일이 담겨져 있습니다.
❸ [PART 03 최신기출문제]에서 다룬 문제의 이미지 파일 및 완성파일이 담겨져 있습니다.

Tip

시험에서 답안을 작성할 때 사용하는 이미지는 '라이브러리\문서\GTQ\Image' 폴더에 있습니다.

GTQ 시험 안내

1. GTQ 포토샵 시험의 의의와 목적

한국생산성본부가 주관하여 시행하는 GTQ(Graphic Technology Qualification) 시험은 컴퓨터 그래픽에 대한 기능적 요소와 실무환경에 접근 가능한 응용적 요소를 결합시킨 실무 중심형시험으로 그래픽에 대한 대중적인 이해와 수준을 한 단계 높여 국내 관련 산업의 발전에 이바지할 수 있는 역량 있는 인재를 양성하는데 그 목적이 있습니다.

2. 주관

· 주관 : 한국생산성본부(산업발전법에 의거하여 설립된 특별법인)
· 협찬 : 한국 어도비 시스템즈, 코렐 코리아
· 참여 : 한국생산성본부 회원 600여개사 및 산학협동대학

3. 시험의 장점

· 국제수준 자격시험으로 정착
· 컴퓨터 그래픽 관련 교육 평가 도구로 활용
· 대학의 관련학과 입학 시 가산점 및 재학시 학점인정제도와 연계
· 한국생산성본부 주관 I-Top 경진대회 참가종목
· 기업체 및 공공기관의 신입사원 채용 우대 및 내부 승진시 인사고과 자료로 적극 활용 추진

4. 시험과목 및 버전

자격종목	등급	S/W Version	평가범위	시험시간	합격기준
GTQ 포토샵	1급	Adobe PhotoShop CS4 이상 (한글, 영문)	기능평가 40% 기초실무능력평가 60%	90분	100점 만점 70점 이상
	2급		기능평가 60% 기초실무능력평가 40%	90분	100점 만점 60점 이상
	3급		기능평가 100%	60분	100점 만점 60점 이상

5. 시험 배점, 문항 및 시험시간

급수	시험배점	시험방법	시험시간
1급	총점 100점	4문항 실무 작업형 실기시험	90분
2급	총점 100점	4문항 실무 작업형 실기시험	90분
3급	총점 100점	3문항 기능 작업형 실기시험	60분

6. 출제기준

문제	사용 기능	평가 항목	배점	이미지
문제1 [기능평가] Tool(도구) 활용	• Stamp(도장) • Eraser(이미지 수정) • Type Tool(문자 도구) • Layer Style(이미지 효과) • Free Transform(자유 변형) • Brush Tool(브러쉬 도구)	• 이미지 크기, 저장 방법, 레이아웃 • 이미지 제작, 변형, 합성 • 이미지 효과	20점	1개
문제2 [기능평가] 사진편집 기초	• Hue/Saturation(색조/채도) • Color Blance(색상 균형) • Brightness/Contrast(명도/대비) • Type Tool(문자 도구) • Layer Style(이미지 효과) • Selection Tool(선택 도구) • Filter(필터) • Eraser Tool(지우개 도구) • Stamp Tool(도장 도구)	• 이미지 크기, 저장 방법, 레이아웃 • 그라디언트, 필터 • 문자 효과 • 모양 도구, 변형, 합성 • 이미지 일부 또는 전체 색상 보정 • 이미지 효과 • 혼합 모드, 불투명도	20점	3개
문제3 [기능평가] 사진편집	• Layer Mask(레이어 마스크) • Shape Tool(모양 도구) • Stamp Tool(도장 도구) • Type Tool(문자 도구) • Layer Style(이미지 효과) • Mask(마스크)	• 이미지 크기, 저장 방법, 레이아웃 • 그라디언트, 필터 • 문자 효과 • 모양 도구, 변형, 합성 • 이미지 복사, 레이어 마스크 • 마스크 • 이미지 효과 • 혼합 모드, 불투명도	25점	4개
문제4 [실무응용] 이벤트 페이지 제작	• Gradient(그라디언트) • Pattern Overlay(패턴 오버레이) • Paint(페인트) • Shape Tool(모양 도구) • Pen Tool(펜 도구) • Type Tool(문자 도구) • Layer Style(이미지 효과) • Layer Mask(레이어 마스크)	• 이미지 크기, 저장 방법, 레이아웃 • 그라디언트, 필터 • 문자 효과 • 모양 도구, 변형, 합성 • 이미지 복사, 레이어 마스크 • 마스크 • 펜 도구 • 이미지 효과 • 혼합 모드, 불투명도	35점	5개

목차

PART 01 Photoshop CS4 핵심요약

PART 02 실전모의고사

PART 03 최신기출문제

PART 04 정답 및 해설

구성

※ 기본 익히기
포토샵의 기본 기능을 기능평가 문제별로 구분하여 이해하기 쉽도록 따라하기로 구성하였습니다.

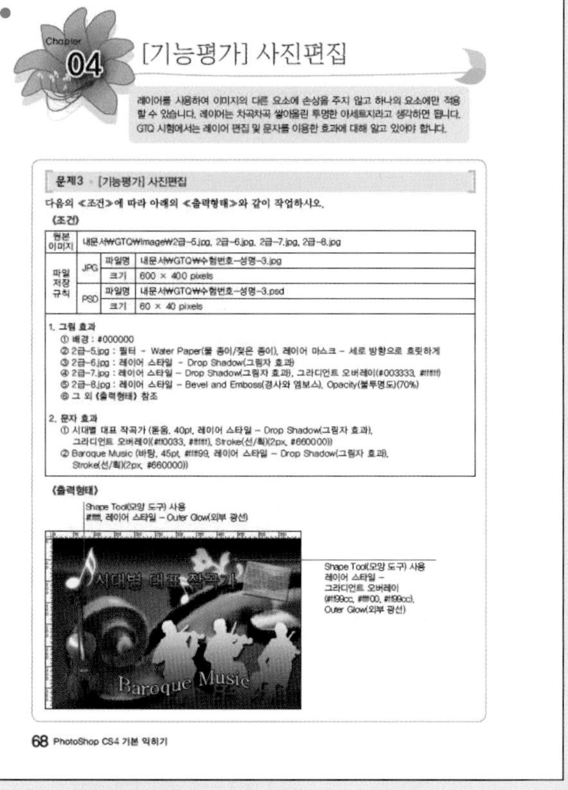
Chapter 04 [기능평가] 사진편집

레이어를 사용하여 이미지의 다른 요소에 손상을 주지 않고 하나의 요소에만 적용할 수 있습니다. 레이어는 차곡차곡 쌓아올린 투명한 아세테이트라고 생각하면 됩니다. GTQ 시험에서는 레이어 편집 및 문자를 이용한 효과에 대해 알고 있어야 합니다.

문제3 [기능평가] 사진편집

다음의 《조건》에 따라 아래의 《출력형태》와 같이 작업하시오.

《조건》

원본 이미지		내문서\GTQ\Image\2급-5.jpg, 2급-6.jpg, 2급-7.jpg, 2급-8.jpg	
파일 저장 규칙	JPG	파일명	내문서\GTQ\수험번호-성명-3.jpg
		크기	600 × 400 pixels
	PSD	파일명	내문서\GTQ\수험번호-성명-3.psd
		크기	60 × 40 pixels

1. 그림 효과
① 배경 : #000000
② 2급-5.jpg : 필터 - Water Paper(물 종이/젖은 종이), 레이어 마스크 - 세로 방향으로 흐릿하게
③ 2급-6.jpg : 레이어 스타일 - Drop Shadow(그림자 효과)
④ 2급-7.jpg : 레이어 스타일 - Drop Shadow(그림자 효과), 그라디언트 오버레이(#003333, #ffffff)
⑤ 2급-8.jpg : 레이어 스타일 - Bevel and Emboss(경사와 엠보스), Opacity(불투명도)(70%)
⑥ 그 외 《출력형태》 참조

2. 문자 효과
① 시대별 대표 작곡가 (돋움, 40pt, 레이어 스타일 - Drop Shadow(그림자 효과), 그라디언트 오버레이(#ff0033, #ffffff), Stroke(선/획)(2px, #660000))
② Baroque Music (바탕, 45pt, #ff99, 레이어 스타일 - Drop Shadow(그림자 효과), Stroke(선/획)(2px, #660000))

《출력형태》

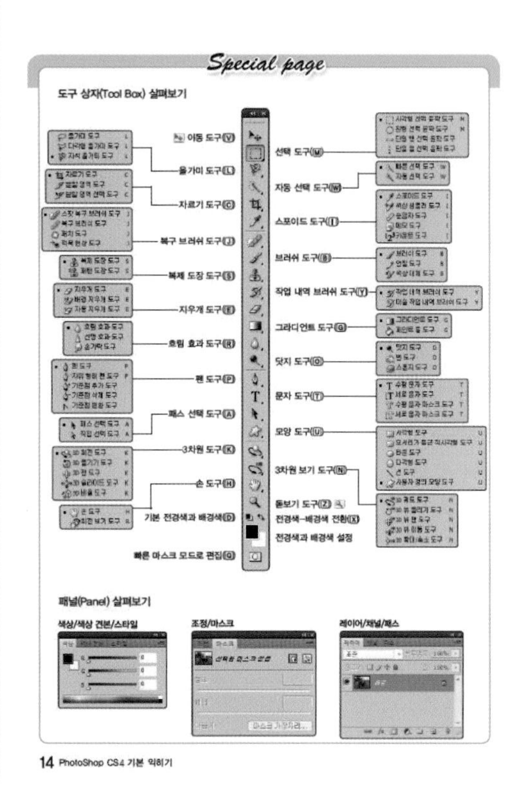

※ Special page
포토샵 기능 중에서 기능평가 문제에 추가되는 세부 사항에 대해 자세한 설명을 추가하여 꼭 알고 넘어갈 수 있도록 설명하였습니다.

※ 문제유형
실제 시험과 동일한 유형의 문제를 수록하였으며, 중간 평가로 본인의 실력을 확인해 볼 수 있습니다.

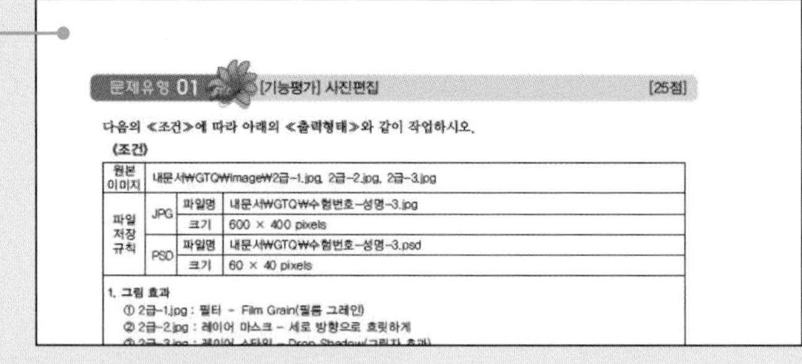
문제유형 01 [기능평가] 사진편집 [25점]

다음의 《조건》에 따라 아래의 《출력형태》와 같이 작업하시오.

《조건》

원본 이미지		내문서\GTQ\Image\2급-1.jpg, 2급-2.jpg, 2급-3.jpg	
파일 저장 규칙	JPG	파일명	내문서\GTQ\수험번호-성명-3.jpg
		크기	600 × 400 pixels
	PSD	파일명	내문서\GTQ\수험번호-성명-3.psd
		크기	60 × 40 pixels

1. 그림 효과
① 2급-1.jpg : 필터 - Film Grain(필름 그레인)
② 2급-2.jpg : 레이어 마스크 - 세로 방향으로 흐릿하게

※ 실전모의고사, 최신기출문제
실제 시험과 동일한 유형의 실전모의고사와 최신기출문제를 수록하여 시험에 충실히 대비할 수 있도록 구성하였습니다.

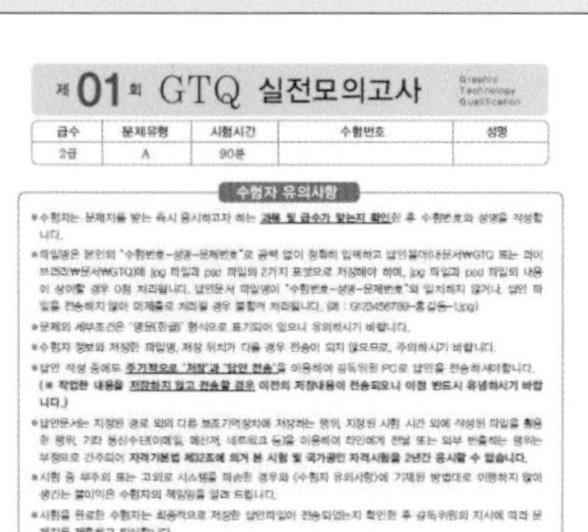

PART 01

Photoshop CS4 핵심요약

유의사항 및 답안작성요령 알아보기

KOAS 수험자용 프로그램을 실행하여 수험자를 등록한 후 답안을 작성합니다. 작성한 답안은 프로그램을 이용하여 전송하므로 프로그램을 사용하는 방법에 대해 알고 있어야 합니다.

수험자 유의사항

- 수험자는 문제지를 받는 즉시 응시하고자 하는 **과목 및 급수가 맞는지 확인**한 후 수험번호와 성명을 작성합니다.
- 파일명은 본인의 "수험번호-성명-문제번호"로 공백 없이 정확히 입력하고 답안폴더(내문서₩GTQ 또는 라이브러리₩문서₩GTQ)에 jpg 파일과 psd 파일의 2가지 포맷으로 저장해야 하며, jpg 파일과 psd 파일의 내용이 상이할 경우 0점 처리됩니다. 답안문서 파일명이 "수험번호-성명-문제번호"와 일치하지 않거나, 답안 파일을 전송하지 않아 미제출로 처리될 경우 불합격 처리됩니다. (예: G123456789-홍길동-1.jpg)
- 문제의 세부조건은 '영문(한글)' 형식으로 표기되어 있으니 유의하시기 바랍니다.
- 수험자 정보와 저장한 파일명, 저장 위치가 다를 경우 전송이 되지 않으므로, 주의하시기 바랍니다.
- 답안 작성 중에도 **주기적으로 '저장'과 '답안 전송'**을 이용하여 감독위원 PC로 답안을 전송하셔야합니다. **(※ 작업한 내용을 저장하지 않고 전송할 경우 이전의 저장내용이 전송되오니 이점 반드시 유념하시기 바랍니다.)**
- 답안문서는 지정된 경로 외의 다른 보조기억장치에 저장하는 행위, 지정된 시험 시간 외에 작성된 파일을 활용한 행위, 기타 통신수단(이메일, 메신저, 네트워크 등)을 이용하여 타인에게 전달 또는 외부 반출하는 행위는 부정으로 간주되어 **자격기본법 제32조에 의거 본 시험 및 국가공인 자격시험을 2년간 응시할 수 없습니다.**
- 시험 중 부주의 또는 고의로 시스템을 파손한 경우와 〈수험자 유의사항〉에 기재된 방법대로 이행하지 않아 생기는 불이익은 수험자의 책임임을 알려 드립니다.
- 시험을 완료한 수험자는 최종적으로 저장한 답안파일이 전송되었는지 확인한 후 감독위원의 지시에 따라 문제지를 제출하고 퇴실합니다.

답안 작성요령

- 온라인 답안 작성 절차
  수험자 등록 ⇒ 시험 시작 ⇒ 답안파일 저장 ⇒ 답안 전송 ⇒ 시험 종료
- 내문서₩GTQ₩Image폴더에 있는 그림 원본파일을 사용하여 답안을 작성하시고 최종답안을 답안폴더(내문서₩GTQ)에 저장하여 답안을 전송하시고, 이미지의 크기가 다른 경우 감점 처리됩니다.
- 배점은 총 100점으로 이루어지며, 점수는 각 문제별로 차등 배분됩니다.
- 각 문제는 주어진 〈조건〉에 따라 작성하고, 언급하지 않은 조건은 《출력형태》와 같이 작성합니다.
- 배치 등의 편의를 위해 주어진 눈금자의 단위는 '픽셀'입니다.
  그 외는 출력형태(효과, 이미지, 문자, 색상, 레이아웃, 규격 등)와 같게 작업하십시오.
- 문제 조건에 서체의 지정이 없을 경우 한글은 굴림이나 돋움, 영문은 Arial로 작업하십시오.
  (단, 그 외에 제시되지 않은 문자 속성을 기본값으로 작성하지 않은 경우는 감점 처리됩니다.)
- Image Mode(이미지 모드)는 별도의 처리조건이 없을 경우에는 RGB(8비트)로 작업하십시오.
- 모든 답안 파일은 해상도 72 pixels/inch로 작업하십시오.
- Layer(레이어)는 각 기능별로 분할해야 하며, 임의로 합칠 경우나 각 기능에 대한 속성을 해지할 경우 해당 요소는 0점 처리됩니다.

STEP 01 수험자 등록하고 이미지 확인하기

01 KOAS 수험자용 프로그램을 실행하기 위해 바탕화면에서 "KOAS 수험자용( )" 아이콘을 더블클릭합니다.

02 [수험자 등록] 대화상자가 나타나면 수험번호를 입력한 후 [확인] 단추를 클릭합니다.

수험번호를 잘못 입력하면 다음 화면으로 넘어가지 않으므로 수험번호를 정확히 입력합니다.

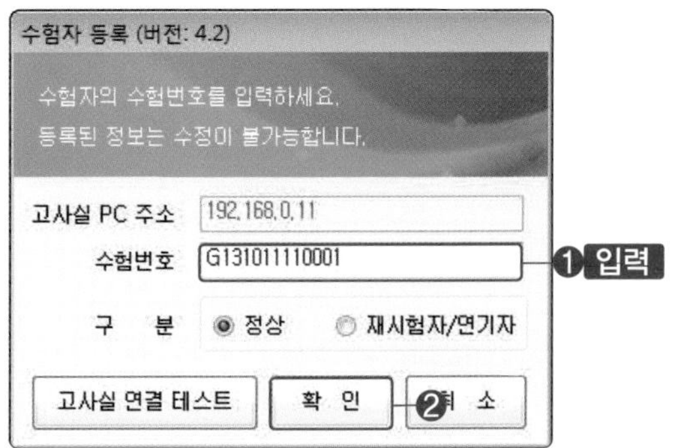

03 [MessageBox] 대화상자가 나타나면 수험번호와 구분을 확인한 후 이상이 없으면 [예] 단추를 클릭합니다.

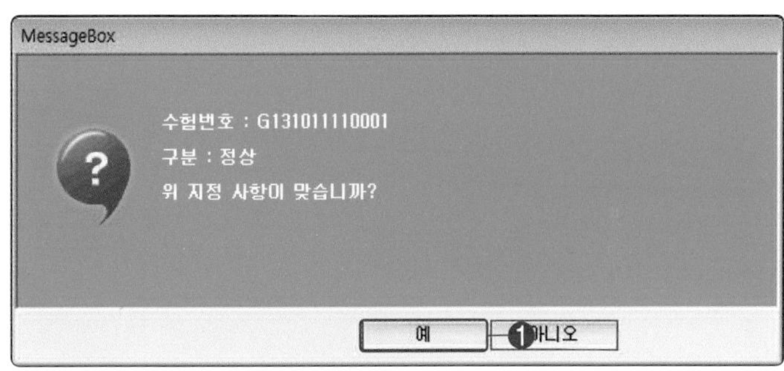

04 [수험자 버전 선택] 대화상자가 나타나면 [포토샵(PhotoShop)]을 선택한 후 [확인] 단추를 클릭합니다.

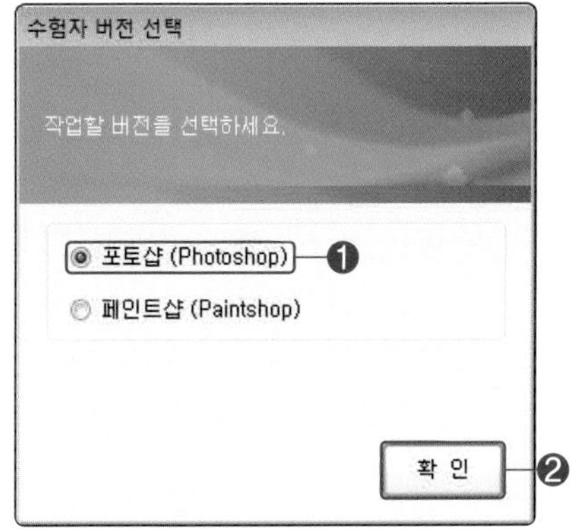

05 [수험자 버전 선택] 대화상자가 나타나면 수험번호, 성명, 수험과목, 좌석번호 등을 확인한 후 이상이 없으면 [확인] 단추를 클릭합니다.

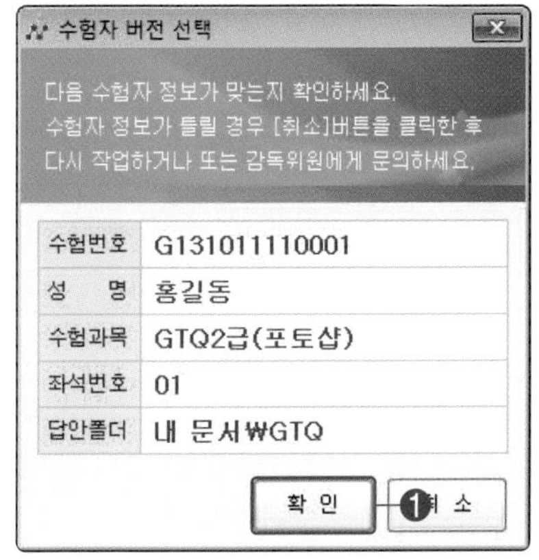

06 키보드 및 마우스를 사용할 수 없도록 잠금 상태가 되면 감독위원의 지시에 따라 잠금 기능이 해제될 때까지 대기합니다.

- 저장 및 그림 삽입은 내 문서₩ITQ 폴더를 사용하세요
- 10분 간격으로 저장 및 전송해 주세요.
- 답안 전송시 반드시 저장 후 전송해 주세요.
- 액세스 수험자는 답안 전송시 액세스 프로그램을 닫은 후 전송해 주세요
- 시험 종료후 수검용 프로그램(아래한글, 워드, 파워포인트, 액세스, 엑셀) 을 종료후 퇴실하여 주시기 바랍니다.
- 시험 잘 보세요.

07 잠금이 해제되면 답안을 작성할 때 사용할 그림이 있는지 확인하기 위해 [작업 폴더 보기]를 클릭합니다.

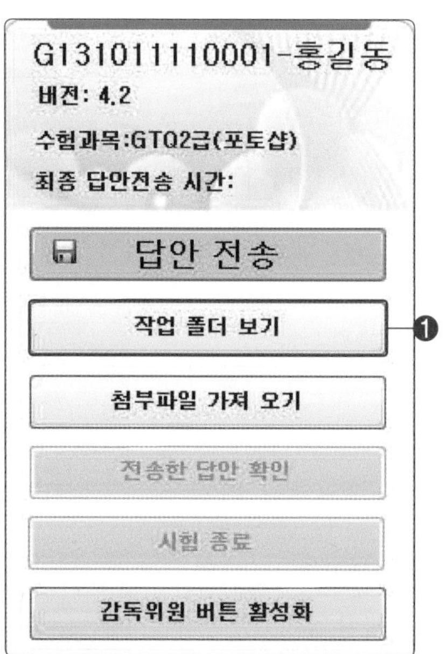

08 [라이브러리₩문서₩GTQ₩Image] 폴더가 나타나면 답안을 작성할 때 사용할 그림이 맞는지 확인합니다.

Tip

시험에 사용되는 이미지는 KOAS 수험자용 프로그램을 실행해야 생성됩니다.

STEP 02 문서 작성 준비하기

01 Adobe Photoshop CS4를 실행하기 위해 [시작]-[모든 프로그램]-[Adobe Photoshop CS4]를 클릭합니다.

Special page

PhotoShop CS4 화면 구성 살펴보기

❶ **메뉴 표시줄 :** 포토샵의 여러 가지 명령을 실행할 수 있는 메뉴들이 모여 있는 공간으로 파일(File), 편집(Edit), 이미지(Image), 레이어(Layer), 선택(Select), 필터(Filter), 분석(Analysis), 3D, 보기(View), 창(Window), 도움말(Help)과 같이 11가지의 메뉴가 있습니다.

❷ **실행 바 :** 컴퓨터에 저장된 이미지 파일의 내용을 확인할 때에 필요한 기능들을 아이콘 형태로 모아놓은 곳입니다.

❸ **옵션 바 :** 도구상자(Tool Box)에서 선택한 도구에 대한 세부적인 기능을 설정할 수 있습니다.

❹ **도구 상자(Tool Box) :** 이미지 편집 작업에 사용되는 다양한 기능들을 각각의 아이콘으로 만들어 모아 놓은 곳으로, 아이콘 오른쪽 아래에 삼각형이 있는 아이콘을 누르고 있으면 숨은 메뉴가 표시됩니다.

❺ **파일명 탭 :** 작업중인 파일의 이름과 화면 확대 비율, 그리고 색상 모드가 표시됩니다.

❻ **캔버스 :** 실제적으로 이미지를 편집하는 작업 공간입니다.

❼ **상태 표시줄 :** 화면 확대 비율, 파일 크기 등 현재 작업 중인 파일에 대한 정보가 표시됩니다.

❽ **패널(Panel) :** 자주 사용하는 기능들을 그룹별로 모아 놓은 곳으로, Photoshop CS4에서는 총 23개의 패널이 제공됩니다([창] 메뉴 목록에서 원하는 패널 이름을 선택하여 표시 또는 숨길 수 있음).

Special page

도구 상자(Tool Box) 살펴보기

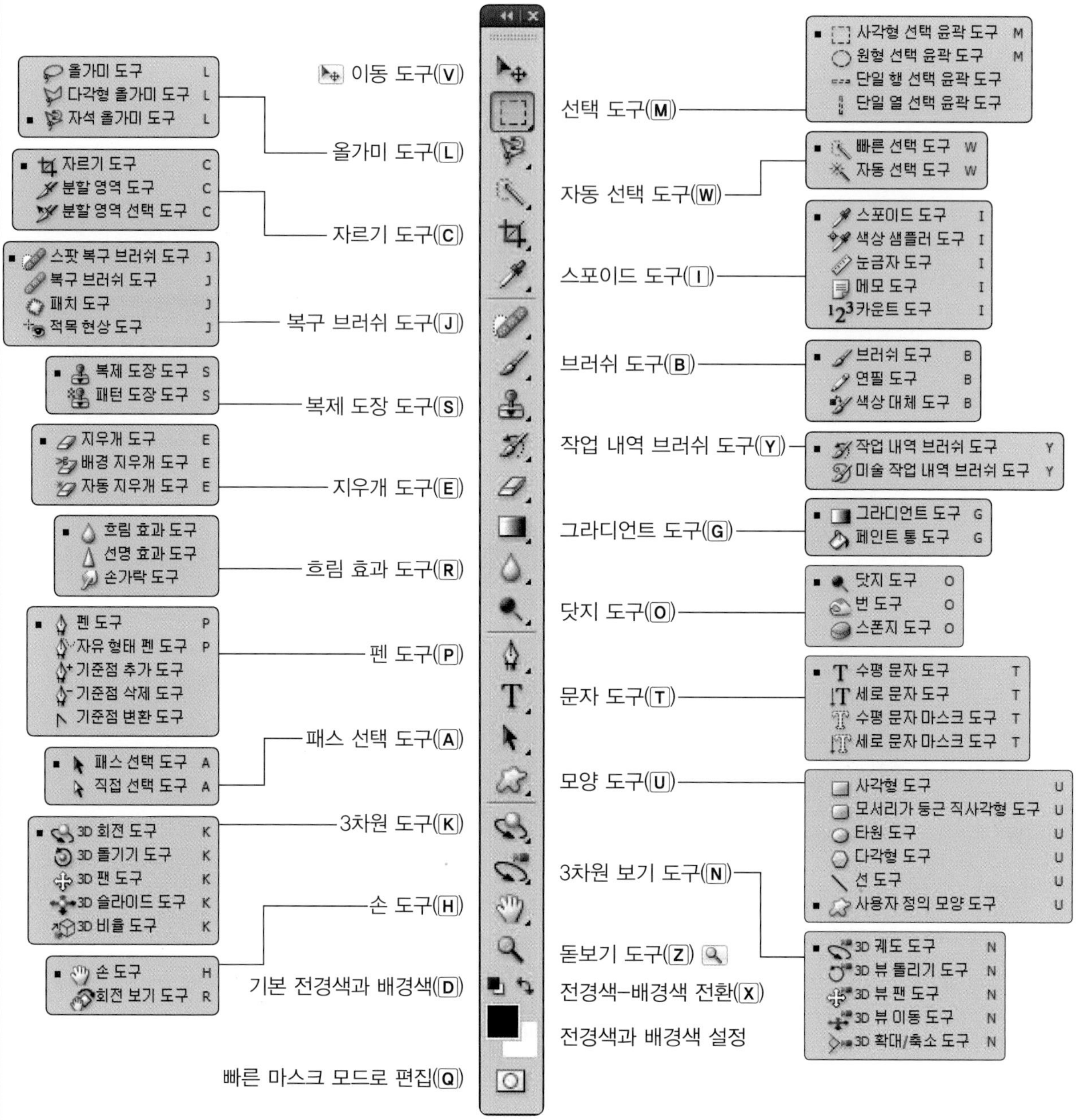

- 이동 도구(V)
- 올가미 도구(L): 올가미 도구 L, 다각형 올가미 도구 L, 자석 올가미 도구 L
- 자르기 도구(C): 자르기 도구 C, 분할 영역 도구 C, 분할 영역 선택 도구 C
- 복구 브러쉬 도구(J): 스팟 복구 브러쉬 도구 J, 복구 브러쉬 도구 J, 패치 도구 J, 적목 현상 도구 J
- 복제 도장 도구(S): 복제 도장 도구 S, 패턴 도장 도구 S
- 지우개 도구(E): 지우개 도구 E, 배경 지우개 도구 E, 자동 지우개 도구 E
- 흐림 효과 도구(R): 흐림 효과 도구, 선명 효과 도구, 손가락 도구
- 펜 도구(P): 펜 도구 P, 자유 형태 펜 도구 P, 기준점 추가 도구, 기준점 삭제 도구, 기준점 변환 도구
- 패스 선택 도구(A): 패스 선택 도구 A, 직접 선택 도구 A
- 3차원 도구(K): 3D 회전 도구 K, 3D 돌기기 도구 K, 3D 팬 도구 K, 3D 슬라이드 도구 K, 3D 비율 도구 K
- 손 도구(H): 손 도구 H, 회전 보기 도구 R
- 기본 전경색과 배경색(D)
- 빠른 마스크 모드로 편집(Q)
- 선택 도구(M): 사각형 선택 윤곽 도구 M, 원형 선택 윤곽 도구 M, 단일 행 선택 윤곽 도구, 단일 열 선택 윤곽 도구
- 자동 선택 도구(W): 빠른 선택 도구 W, 자동 선택 도구 W
- 스포이드 도구(I): 스포이드 도구 I, 색상 샘플러 도구 I, 눈금자 도구 I, 메모 도구 I, 카운트 도구 I
- 브러쉬 도구(B): 브러쉬 도구 B, 연필 도구 B, 색상 대체 도구 B
- 작업 내역 브러쉬 도구(Y): 작업 내역 브러쉬 도구 Y, 미술 작업 내역 브러쉬 도구 Y
- 그라디언트 도구(G): 그라디언트 도구 G, 페인트 통 도구 G
- 닷지 도구(O): 닷지 도구 O, 번 도구 O, 스폰지 도구 O
- 문자 도구(T): 수평 문자 도구 T, 세로 문자 도구 T, 수평 문자 마스크 도구 T, 세로 문자 마스크 도구 T
- 모양 도구(U): 사각형 도구 U, 모서리가 둥근 직사각형 도구 U, 타원 도구 U, 다각형 도구 U, 선 도구 U, 사용자 정의 모양 도구 U
- 3차원 보기 도구(N): 3D 궤도 도구 N, 3D 뷰 돌리기 도구 N, 3D 뷰 팬 도구 N, 3D 뷰 이동 도구 N, 3D 확대/축소 도구 N
- 돋보기 도구(Z)
- 전경색–배경색 전환(X)
- 전경색과 배경색 설정

패널(Panel) 살펴보기

색상/색상 견본/스타일

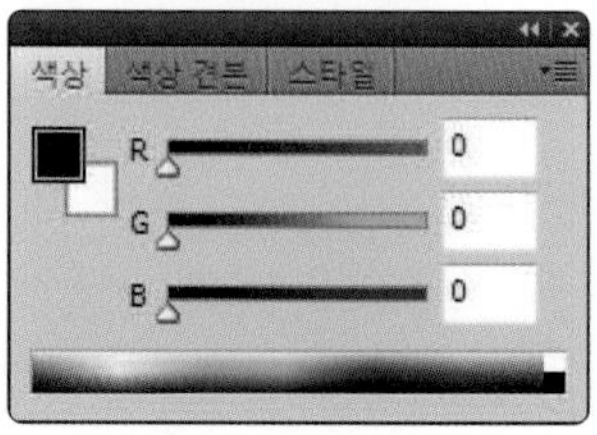

색상 | 색상 견본 | 스타일

R 0
G 0
B 0

조정/마스크

조정 | 마스크

선택한 마스크 없음

농도:
페더:
다듬기: 마스크 가장자리...

레이어/채널/패스

레이어 | 채널 | 패스

표준 불투명도: 100%
잠그기: 칠: 100%
배경

02 포토샵 CS4가 실행되면 [파일(File)]-[새로 만들기(New)]를 클릭합니다.

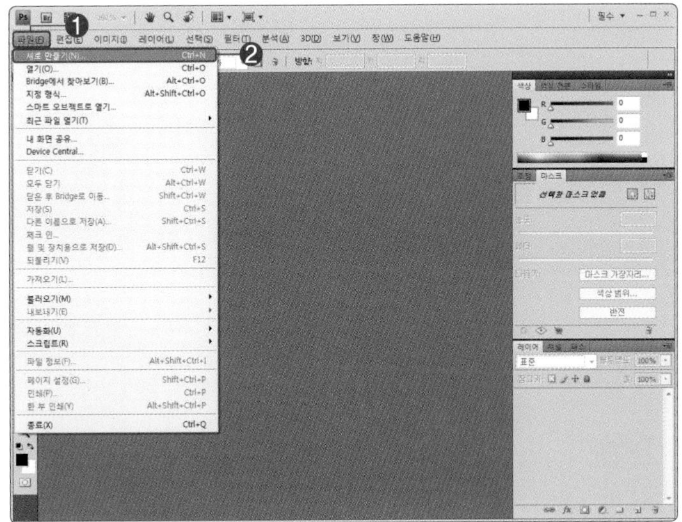

03 [새로 만들기(New)] 대화상자가 나타나면 폭(Width)과 높이(Height)를 입력한 후 해상도(Resolution)를 입력한 다음 [확인(OK)] 단추를 클릭합니다.

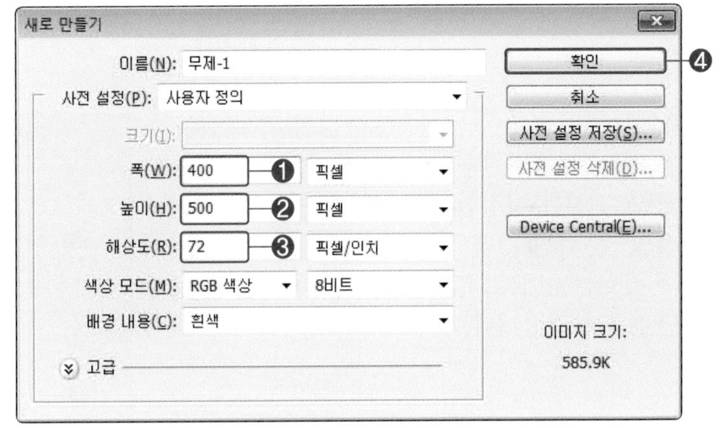

Tip

별도의 지시사항이 없을 경우 기본값을 사용

- 해상도(Resolution) : 72 픽셀/인치
- 색상 모드(Color Mode) : RGB 색상
- 배경 내용(Background) : 흰색(White)

단위 설정

포토샵의 이미지 크기를 정하는 단위에는 픽셀(pixels), 인치(inch), 센티미터(cm), 밀리미터(mm), 포인트(point), 파이카(picas), 열(columns) 등의 단위를 사용하며, 처음 실행하였을 경우 단위가 센티미터(cm)로 되어 있습니다. GTQ 포토샵 문제에서는 이미지 크기를 정하는 단위로 픽셀(pixels)을 사용하며, 단위 선택에 따라 이미지의 크기가 달라지므로 주의해야 합니다.

04 이미지 창이 만들어지면 눈금자가 표시되는지 확인한 후 눈금자가 나타나지 않을 경우 [보기(View)]-[눈금자(Rulers)]를 클릭합니다.

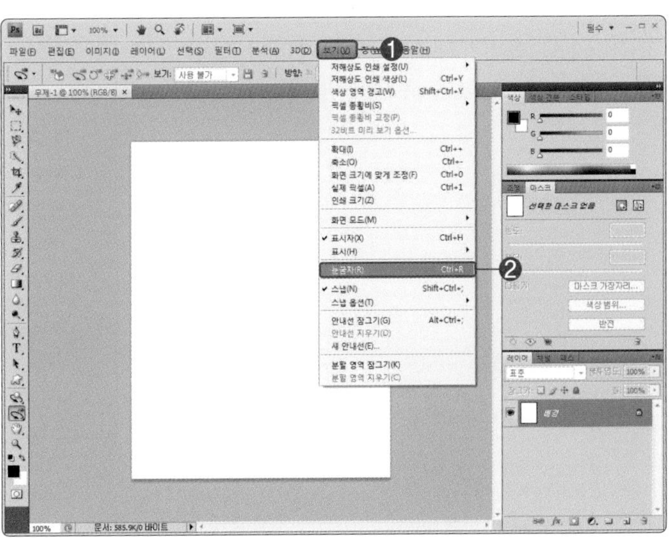

Tip

[보기]-[눈금자] 메뉴 앞에 체크 표시가 되어 있으면 화면에 표시된 상태를 의미하며, 한 번 더 클릭하면 체크 표시가 해제가 되며 화면에서 숨겨집니다.

STEP 03 답안 저장하고 전송하기

01 작업중인 파일을 저장하기 위해 [파일(File)]–[다른 이름으로 저장(Save As)]을 클릭합니다.

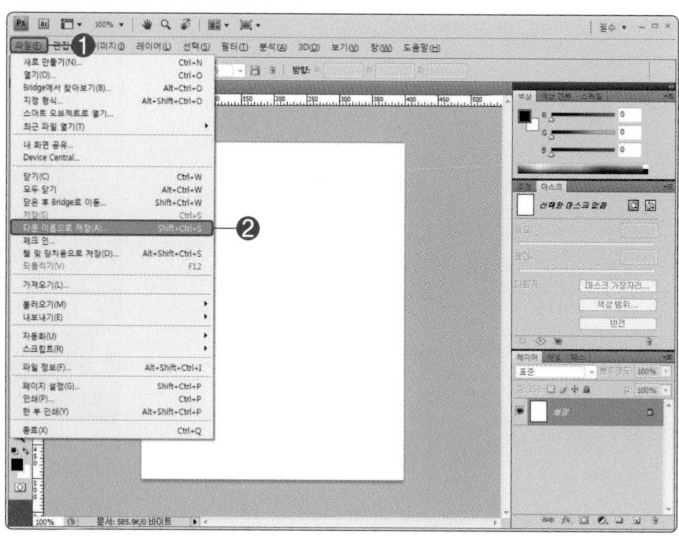

Tip

빈 문서 이기 때문에 [파일]–[저장] 메뉴가 비활성화 되어 [파일]–[다른 이름으로 저장] 메뉴를 사용하는 것으로 실제 시험에서는 [파일]–[저장] 메뉴를 사용하여 저장합니다.

02 [다른 이름으로 저장(Save As)] 대화상자가 나타나면 저장 위치(라이브러리₩문서₩GTQ)를 지정한 후 파일 이름(수험번호–성명–문제번호)을 입력한 다음 형식(JPEG (*.JPG;*.JPEG;*.JPE))을 선택하고 [저장] 단추를 클릭합니다.

03 [JPEG 옵션] 대화상자가 나타나면 품질(Quality)을 지정한 후 [확인(OK)] 단추를 클릭합니다.

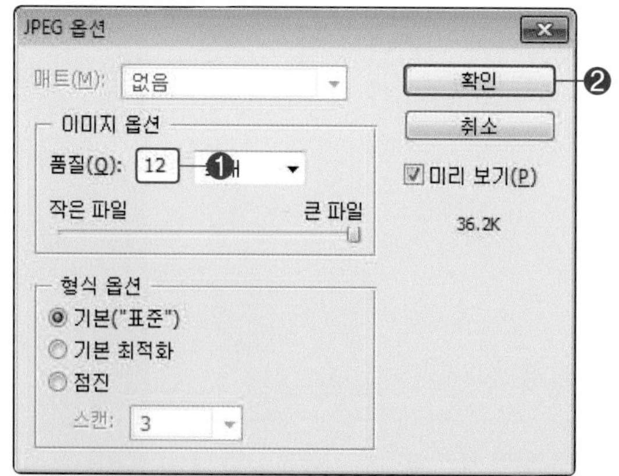

Tip

품질(Quality)이란?

JPEG 형식으로 저장할 때의 이미지 압축률을 조절하는 기능으로 품질의 단위 값이 낮을수록 압축률이 높아 파일 용량은 작아지지만 이미지의 품질은 손상이 될 수 있습니다. GTQ 시험에서의 JPEG 파일 품질은 "12"로 사용합니다.

04 JPG 파일로 저장이 완료되면 PSD 파일로 저장하기 위해 [이미지(Image)]-[이미지 크기(Image Size)]를 클릭합니다.

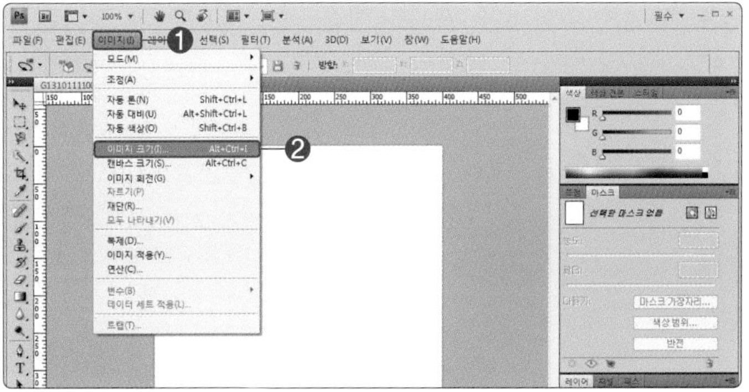

05 [이미지 크기(Image Size)] 대화상자가 나타나면 폭(40)을 입력한 후 [확인(OK)] 단추를 클릭합니다.

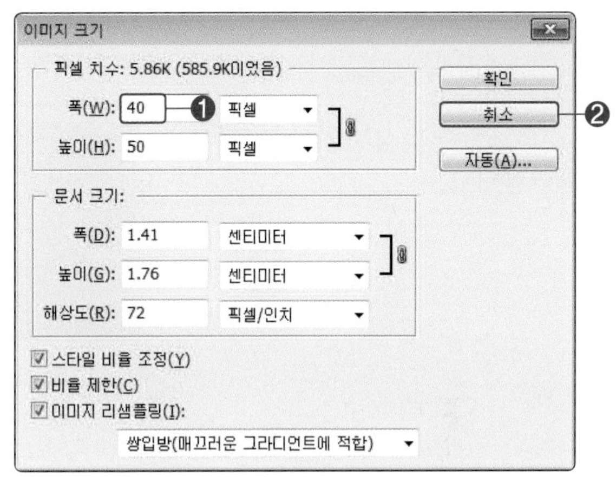

Tip

[이미지 크기(Image Size)] 대화상자의 [비율 제한]이 체크되어 있을 경우 폭(Width)을 입력하면 비율에 맞게 높이(Height)의 값이 자동으로 변경됩니다.

06 작업중인 파일을 저장하기 위해 [파일(File)]-[다른 이름으로 저장(Save As)]을 클릭합니다.

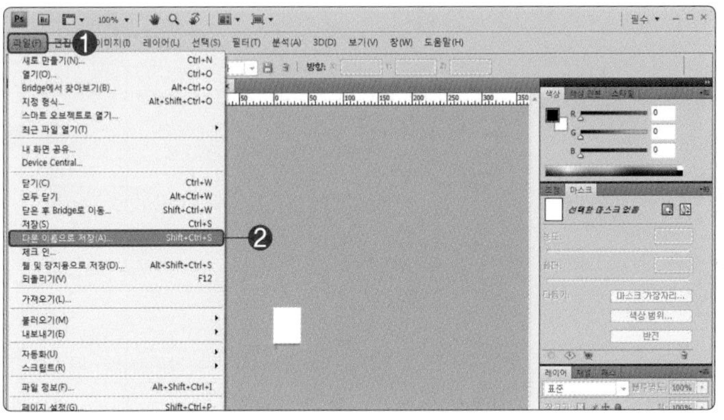

07 [다른 이름으로 저장(Save As)] 대화상자가 나타나면 저장 위치(라이브러리₩문서₩GTQ)를 지정한 후 파일 이름(수험번호-성명-문제번호)을 입력한 다음 형식(Photoshop(*.PSD;*.PDD))을 선택하고 [저장] 단추를 클릭합니다.

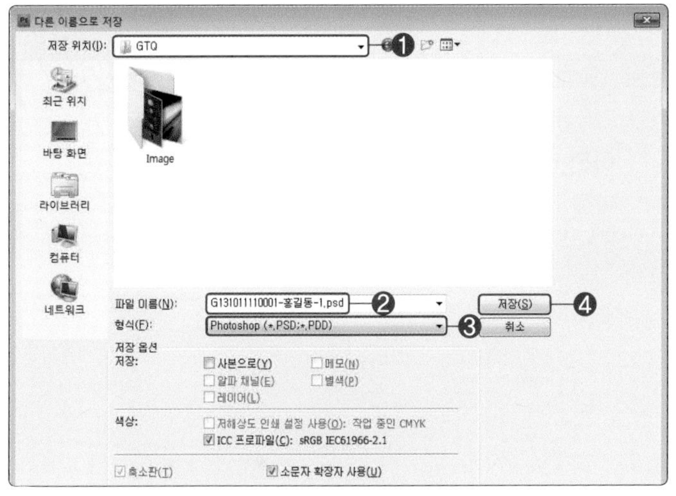

Tip

GTQ 시험 문제에서의 PSD 파일은 문제에 제시된 조건에 따라 크기를 축소하여 저장해야 합니다.

08 KOAS 수험자용 프로그램을 선택한 후 [답안 전송] 단추를 클릭합니다.

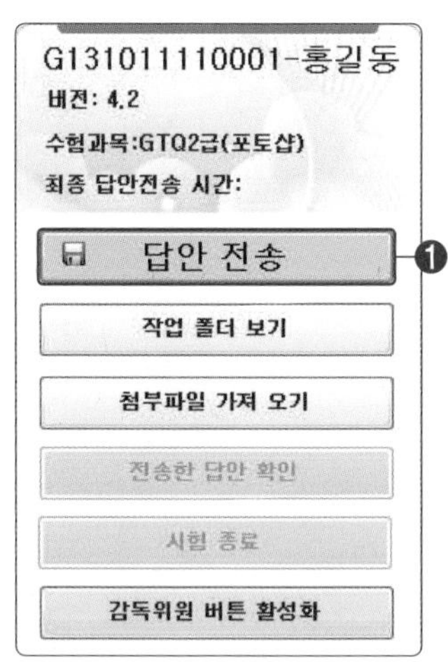

09 [MessageBox] 대화상자가 나타나면 [예] 단추를 클릭합니다.

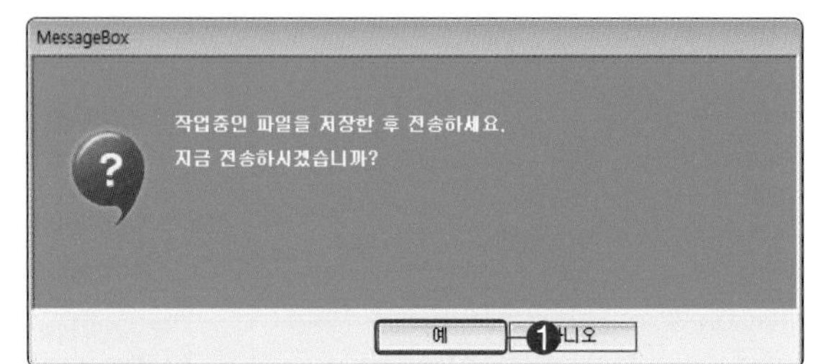

10 [고사실 PC로 답안 파일 보내기] 대화상자가 나타나면 전송할 파일을 선택한 후 [답안전송] 단추를 클릭합니다.

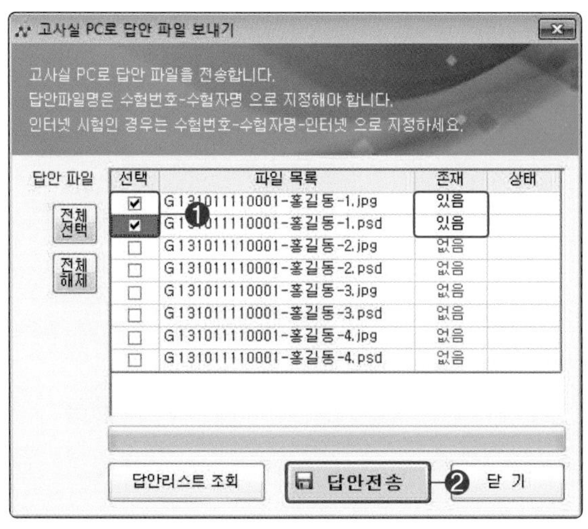

Tip

전송하고자 하는 파일의 존재 여부가 '없음'으로 표시되면 파일명 및 저장 위치를 확인합니다.

Special page

이전 파일 용량과 동일함

이전 전송한 파일 용량과 동일할 경우 나타나는 경고창입니다. 저장을 했는지 확인한 후 [답안 전송]을 합니다.

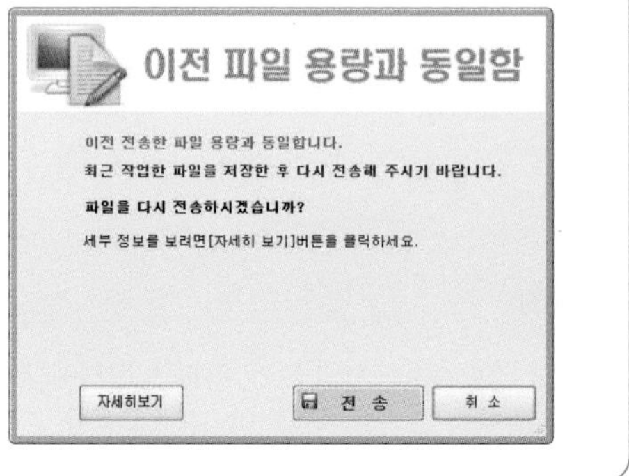

11 [MessageBox] 대화상자가 나타나면 [확인] 단추를 클릭합니다.

12 [고사실 PC로 답안 파일 보내기] 대화상자가 다시 나타나면 [닫기] 단추를 클릭합니다.

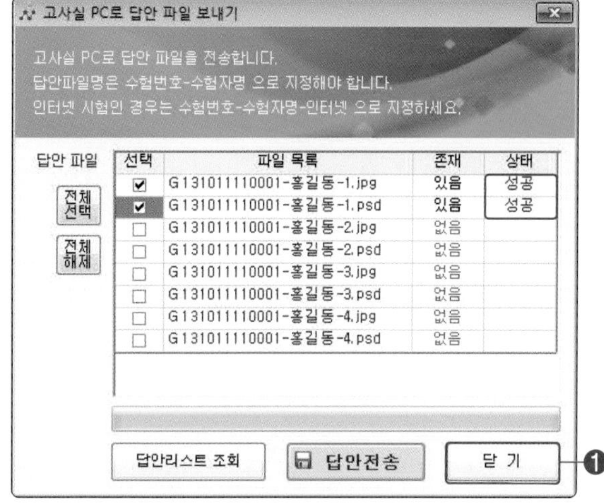

Tip

전송한 파일의 상태 여부가 '성공'으로 표시되는지 확인합니다.

문제유형 01 다음의 ≪답안 작성요령≫에 따라 답안 작성을 준비해 보세요.

답안 작성요령

- 온라인 답안 작성 절차
  수험자 등록 ⇒ 시험 시작 ⇒ 답안파일 저장 ⇒ 답안 전송 ⇒ 시험 종료
- 내문서₩GTQ₩Image폴더에 있는 그림 원본파일을 사용하여 답안을 작성하시고 최종답안을 답안폴더(내문서₩GTQ)에 저장하여 답안을 전송하시고, 이미지의 크기가 다른 경우 감점 처리됩니다.
- 배점은 총 100점으로 이루어지며, 점수는 각 문제별로 차등 배분됩니다.
- 각 문제는 주어진 〈조건〉에 따라 작성하고, 언급하지 않은 조건은 《출력형태》와 같이 작성합니다.
- 배치 등의 편의를 위해 주어진 눈금자의 단위는 '픽셀'입니다.
  그 외는 출력형태(효과, 이미지, 문자, 색상, 레이아웃, 규격 등)와 같게 작업하십시오.
- 문제 조건에 서체의 지정이 없을 경우 한글은 굴림이나 돋움, 영문은 Arial로 작업하십시오.
  (단, 그 외에 제시되지 않은 문자 속성을 기본값으로 작성하지 않은 경우는 감점 처리됩니다.)
- Image Mode(이미지 모드)는 별도의 처리조건이 없을 경우에는 RGB(8비트)로 작업하십시오.
- 모든 답안 파일은 해상도 72 pixels/inch로 작업하십시오.
- Layer(레이어)는 각 기능별로 분할해야 하며, 임의로 합칠 경우나 각 기능에 대한 속성을 해지할 경우 해당 요소는 0점 처리됩니다.

[기능평가] Tool(도구) 활용

Tool(도구)을 이용한 이미지 복제 및 변형, 문자효과에 대해 출제됩니다. GTQ 시험에서는 Tool(도구) 사용이 반복적으로 이루어지기 때문에 Tool(도구) 활용에 대해 알고 있어야 합니다.

문제1 • [기능평가] Tool(도구) 활용

다음의 ≪조건≫에 따라 아래의 ≪출력형태≫와 같이 작업하시오.

《조건》

<table>
<tr><td>원본 이미지</td><td colspan="3">내문서₩GTQ₩Image₩2급-1.jpg</td></tr>
<tr><td rowspan="4">파일 저장 규칙</td><td rowspan="2">JPG</td><td>파일명</td><td>내문서₩GTQ₩수험번호-성명-1.jpg</td></tr>
<tr><td>크기</td><td>400 × 500 pixels</td></tr>
<tr><td rowspan="2">PSD</td><td>파일명</td><td>내문서₩GTQ₩수험번호-성명-1.psd</td></tr>
<tr><td>크기</td><td>40 × 50 pixels</td></tr>
</table>

1. 그림 효과
   ① 복제 및 변형 : 인형
   ② Shape Tool(모양 도구) 사용 :
   - 별 모양 (#ffff00, #ccffff,
     레이어 스타일 – Inner Shadow(내부 그림자))
   - 높은 음자리표 모양 (#ffffff,
     레이어 스타일 – Outer Glow(외부 광선))

2. 문자 효과
   ① Classical Music World (Arial, Regular, 45pt,
   레이어 스타일 – 그라디언트 오버레이(#cc6633, #ffffff),
   Stroke(선/획)(2px, #330000))

《출력형태》

STEP 01 이미지 창 생성 및 이미지 복사하기

01 Adobe Photoshop CS4를 실행하기 위해 [시작]-[모든 프로그램]-[Adobe Photoshop CS4]를 클릭합니다.

02 [파일(File)]-[새로 만들기(New)]를 클릭합니다.

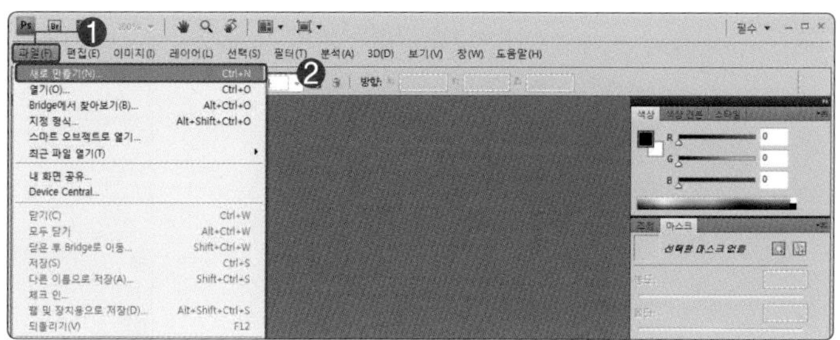

03 [새로 만들기(New)] 대화상자가 나타나면 폭(Width)과 높이(Height)를 입력한 후 해상도(Resolution)를 입력한 다음 [확인(OK)] 단추를 클릭합니다.

별도의 지시사항이 없을 경우 기본값을 사용

- 해상도(Resolution) : 72 픽셀/인치
- 색상 모드(Color Mode) : RGB 색상
- 배경 내용(Background) : 흰색(White)

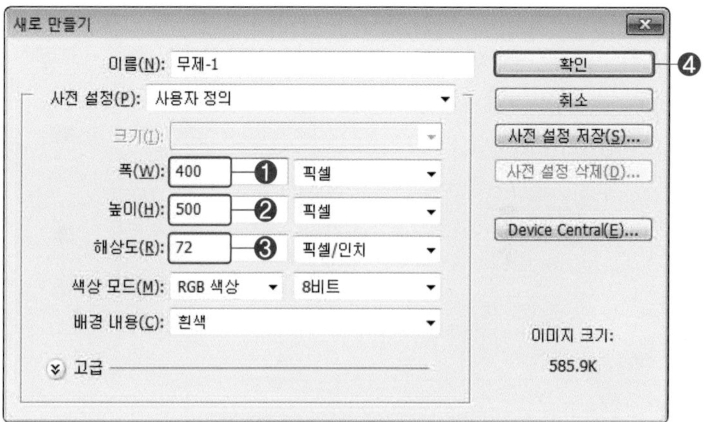

04 눈금자 위치에서 안쪽으로 마우스를 드래그하여 안내선(Guides)을 100 픽셀(pixels) 단위로 작성합니다.

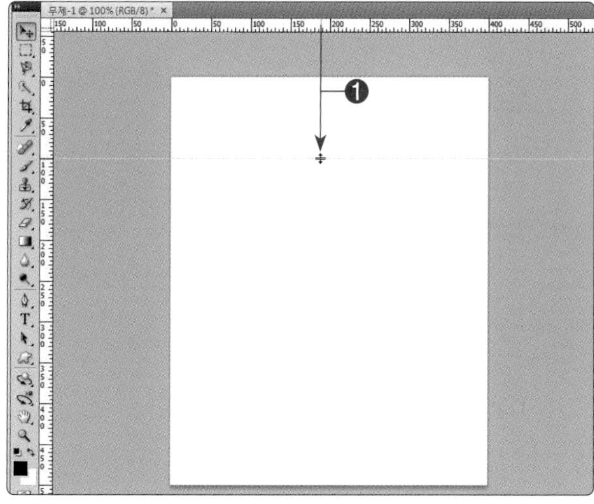

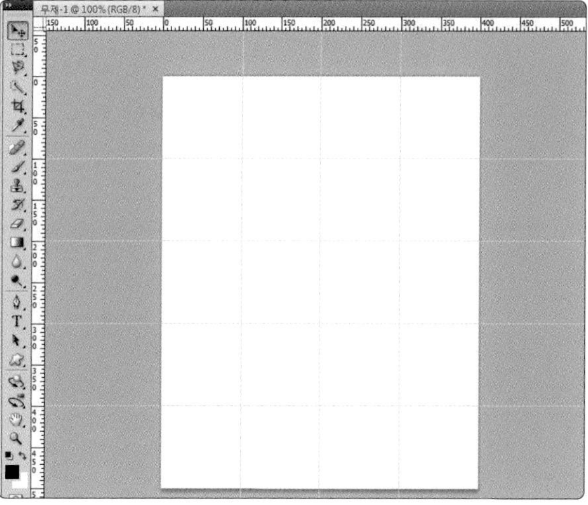

Tip

안내선(Guides)

- 안내선(Guides)은 작업의 편의를 위한 일종의 기준선 또는 가이드를 말합니다.
- 만들어진 안내선은 Ctrl+;를 눌러 나타내거나 숨길 수 있습니다.
- 생성된 안내선은 [이동 도구]를 클릭한 후 마우스로 드래그하여 위치를 이동하거나 삭제할 수 있습니다.

05 [파일(File)]-[열기(Open)]를 클릭합니다.

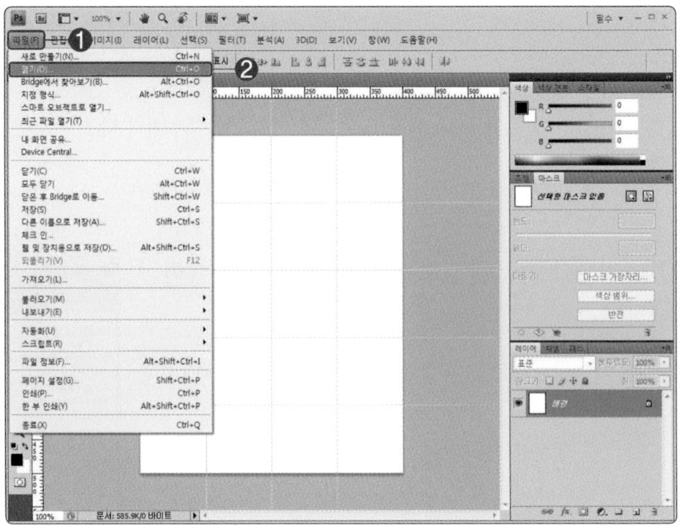

06 [열기(Open)] 대화상자가 나타나면 찾는 위치(라이브러리₩문서₩GTQ₩Image)를 지정한 후 파일(2급-1.jpg)을 선택한 다음 [열기] 단추를 클릭합니다.

Tip

- 시험 이미지 : 라이브러리₩문서₩GTQ₩Image
- 교재 이미지 : 라이브러리₩문서₩GTQ₩Part1₩Image

07 이미지가 불러와지면 [이미지(Image)]-[이미지 크기(Image Size)]를 클릭한 후 [이미지 크기(Image Size)] 대화상자가 나타나면 높이(500)를 입력한 다음 [확인(OK)] 단추를 클릭합니다.

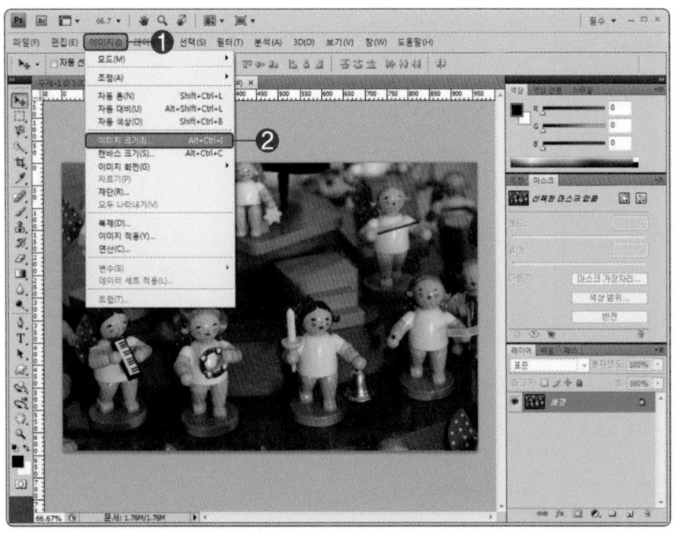

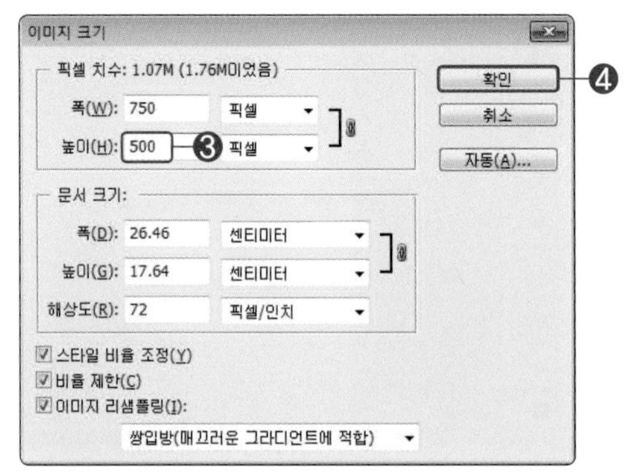

Tip

이미지 크기 조절은 이미지의 크기에 따라 작업하지 않을 수도 있습니다.

08 이미지 크기가 수정되면 복사하여 [무제-1] 문서에 붙여 넣기 위해 이미지를 모두 선택(Ctrl+A)한 후 복사(Ctrl+C)를 합니다.

09 이미지가 복사되면 [무제-1] 문서 탭을 클릭하여 작업 이미지 창으로 이동한 후 붙여넣기(Ctrl+V)를 실행한 다음 출력 형태를 확인하여 이미지를 이동합니다.

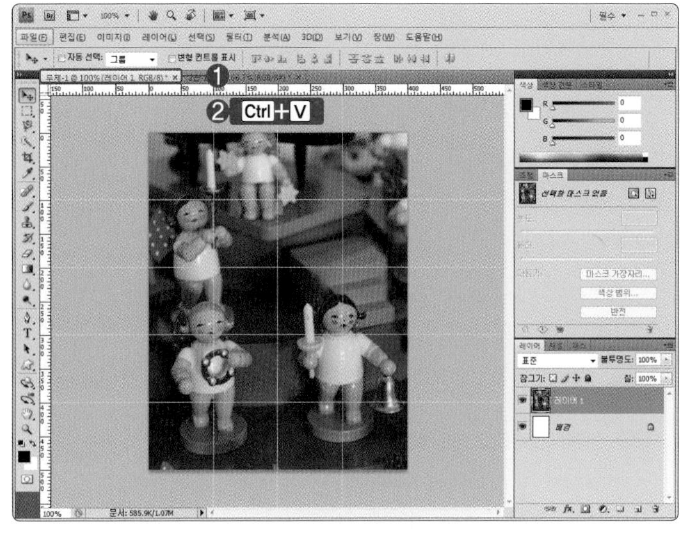

Tip

[이동 도구]가 선택된 상태에서 마우스를 드래그하면 사진을 이동할 수 있습니다.

10 [2급-1.JPG] 문서탭의 [닫기] 단추를 클릭한 후 [닫기전 변경한 내용을 저장하시겠습니까?]라고 묻는 대화상자가 나타나면 [아니오] 단추를 클릭합니다.

Tip

[무제-1] 작업 이미지 창의 [레이어] 패널에는 [배경] 레이어 이외에 [레이어1] 레이어가 추가됩니다. GTQ 시험에서는 작업 순서에 따른 레이어 생성을 임의로 합치거나 각 기능의 속성을 해제할 경우 해당 요소가 0점 처리됨을 주의해야 합니다.

STEP 02 이미지 복제 및 변형하기

01 도구 상자(Tool Box)에서 [돋보기 도구(Zoom Tool)]를 선택한 후 인형 부분을 드래그합니다.

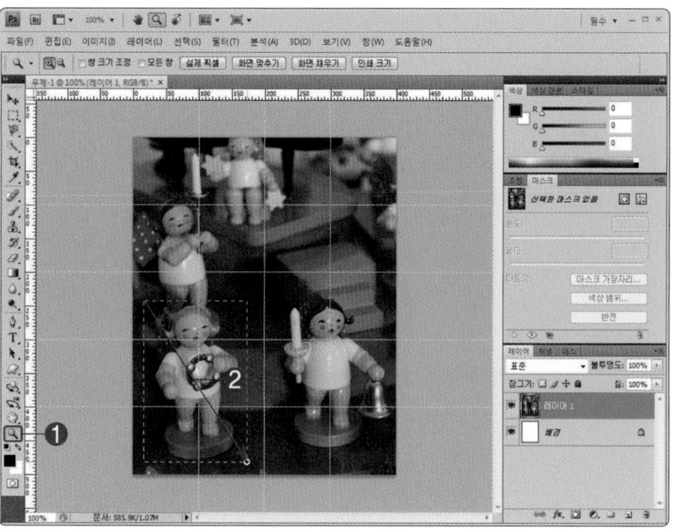

02 이미지가 확대되면 도구 상자(Tool Box)에서 [자석 올가미 도구(Magnetic Lasso Tool)]를 선택한 후 옵션 바에서 빈도 수(100)를 지정합니다.

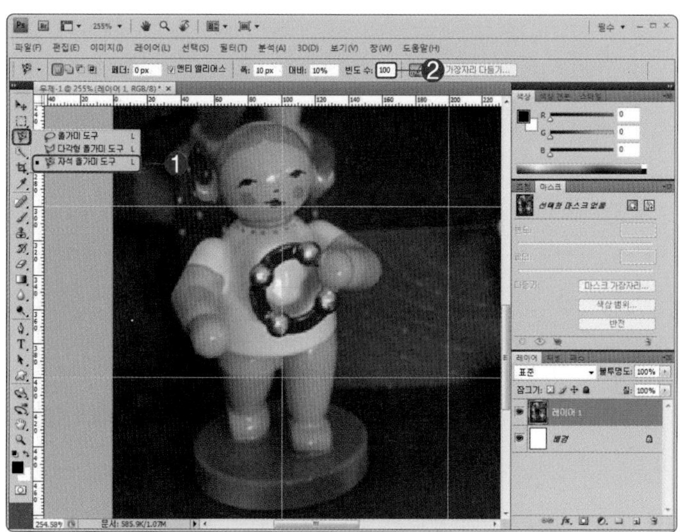

Tip

도구 상자(Tool Box)의 확장 도구 사용법

도구 상자의 도구 중에서 하나 이상의 도구가 포함된 경우 도구의 오른쪽 아래에 작은 삼각형 점이 표시되며, 해당 도구를 마우스로 길게 누르면 도구의 숨겨진 확장 도구가 화면에 표시됩니다.

03 시작 지점을 클릭한 후 인형을 따라 마우스를 드래그하여 선택 영역으로 지정합니다.

04 화면 배율을 100%로 지정한 후 인형을 복사(Ctrl+C)한 다음 붙여넣기(Ctrl+V)를 합니다.

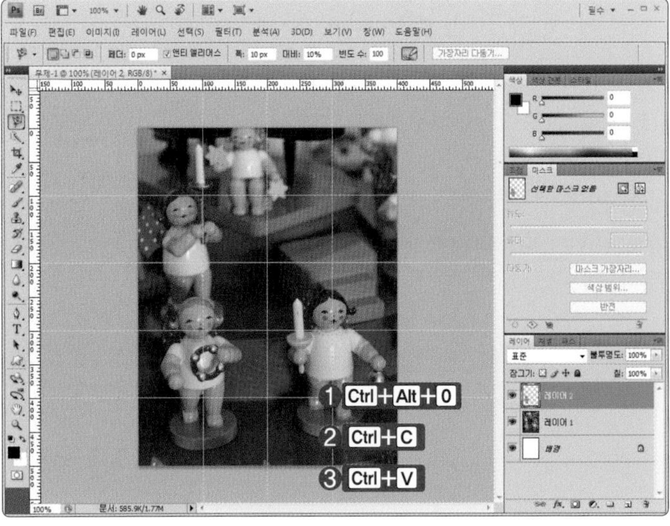

Tip

화면 배율 지정

- Ctrl++ : 100%씩 화면 배율을 확대
- Ctrl+- : 100%씩 화면 배율을 축소
- Ctrl+0 : 이미지 창 크기에 맞게 화면 배율을 지정
- Ctrl+Alt+0 : 현재 화면 배율에 관계없이 화면 배율을 원본 이미지의 100%로 지정

05 복제된 인형의 크기를 조절하기 위해 [편집(Edit)]-[자유 변형(Free Transform)]을 클릭합니다.

Tip

자율변형에 사용하는 키

- Shift : 같은 비율로 확대/축소
- Alt : 가운데를 기준으로 확대/축소
- Shift+Alt : 가운데를 기준으로 같은 비율로 확대/축소

06 크기 조절점이 나타나면 조절점을 드래그하여 크기를 조절한 후 이미지의 위치를 이동한 다음 Enter를 누릅니다.

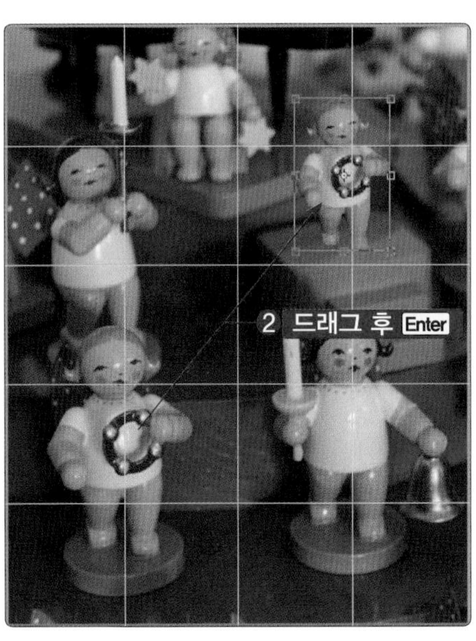

Tip

도형 위에 마우스 포인터를 위치시킨 후 마우스 포인터 모양이 ▶ 모양으로 변경되면 드래그하여 이동합니다.

STEP 03 별 모양 도형 작성하기

01 도구 상자(Tool Box)에서 [사용자 정의 모양 도구(Custom Shape Tool)]를 선택한 후 옵션 바에서 [사용자 정의 모양 피커(Click to open Custom shape picker)]의 목록 단추를 클릭합니다.

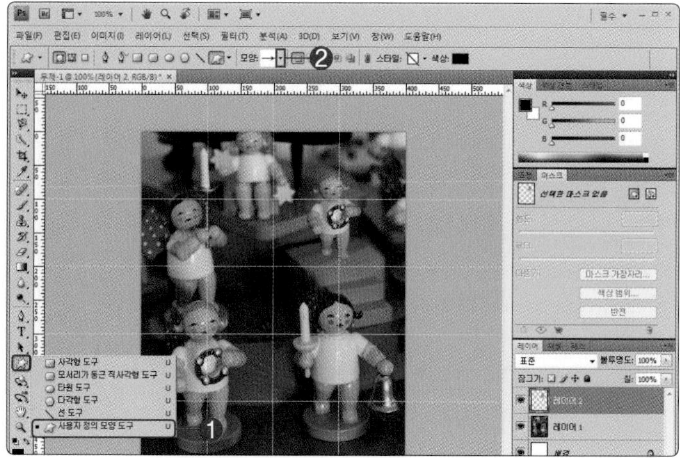

02 사용자 정의 모양이 나타나면 [팝업 메뉴 단추]-[모양(Shapes)]을 클릭합니다.

별 모양은 모양(Shapes) 그룹에 포함되어 있습니다. 사용할 모양이 어느 그룹에 속해 있는지 모를 경우에는 모두(All) 그룹을 선택한 후 찾는 것이 유리합니다.

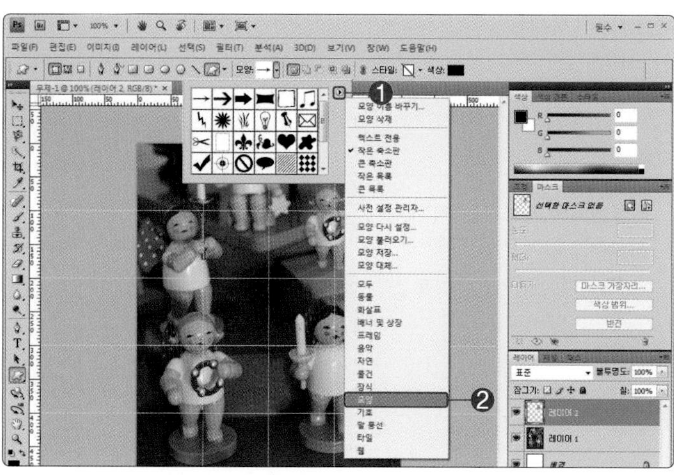

03 [현재 모양을 모양.csh의 모양으로 대체하시겠습니까?]라고 묻는 대화상자가 나타나면 [확인(OK)] 단추를 클릭합니다.

04 사용자 정의 모양이 모양(Shapes)으로 변경되면 [5 포인트 별(5 Point Star)]을 클릭합니다.

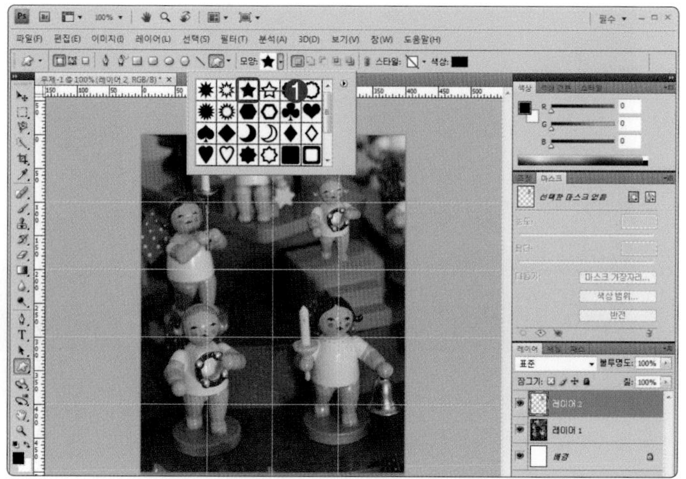

05 마우스 포인터 모양이 + 모양으로 변경되면 별 모양을 삽입하고자 하는 위치를 드래그합니다.

Tip

자율변형에 사용하는 키

- Shift : 같은 비율로 확대/축소
- Alt : 가운데를 기준으로 확대/축소
- Shift+Alt : 가운데를 기준으로 같은 비율로 확대/축소

06 별 모양에 색상을 지정하기 위해 레이어 패널의 [레이어 축소판(Layer thumbnail)]을 더블클릭합니다.

Tip

도형의 색 변경은 레이어 축소판(Layer thumbnail)을 사용합니다.

07 [색상 피커(Color Picker)] 대화상자가 나타나면 색상(ffff00)을 입력한 후 [확인(OK)] 단추를 클릭합니다.

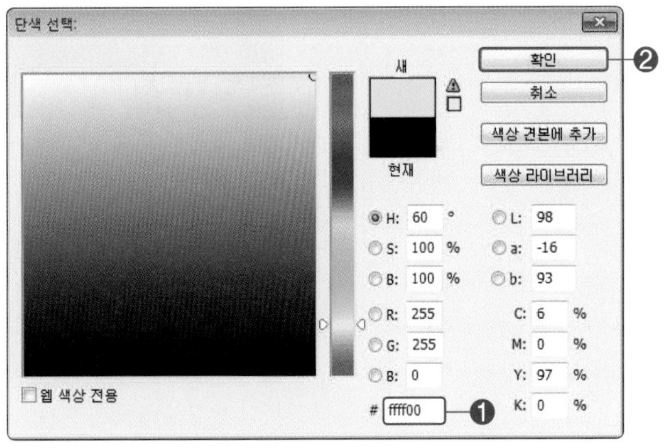

08 레이어 패널에서 fx [레이어 스타일(Layer Style)]을 클릭한 후 [내부 그림자(Inner Shadow)]를 클릭합니다.

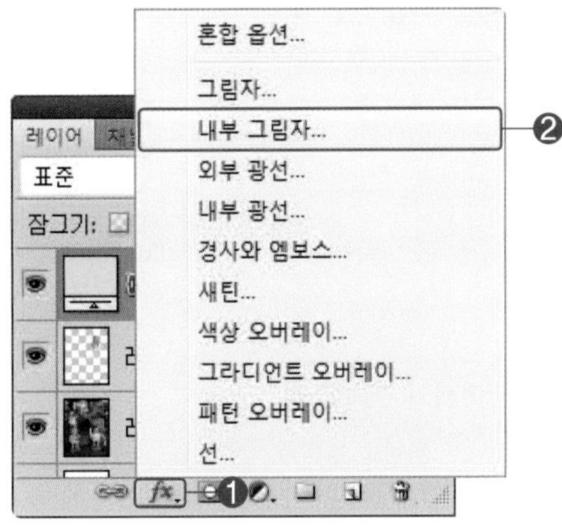

09 [레이어 스타일(Layer Style)] 대화상자의 [내부 그림자(Inner Shadow)] 스타일이 나타나면 속성을 지정한 후 [확인(OK)] 단추를 클릭합니다.

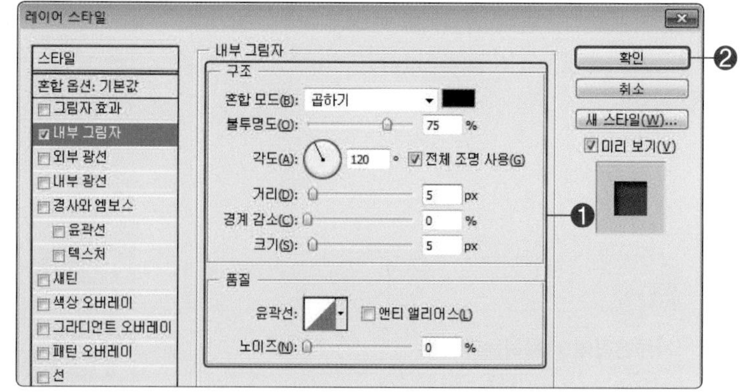

10 도형을 회전시키기 위해 [편집(Edit)]-[패스 자유 변형(Free Transform Path)]을 클릭합니다.

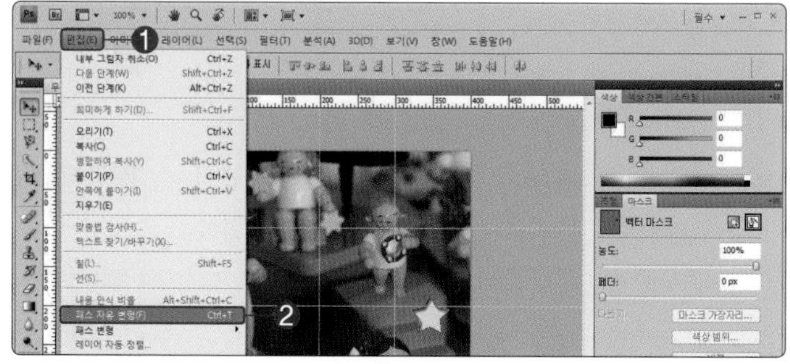

11 크기 조절점의 모서리 부분에 마우스 포인터를 위치시킨 후 마우스 포인터 모양이 ↰ 모양으로 변경되면 드래그하여 도형을 회전시킨 다음 Enter를 누릅니다.

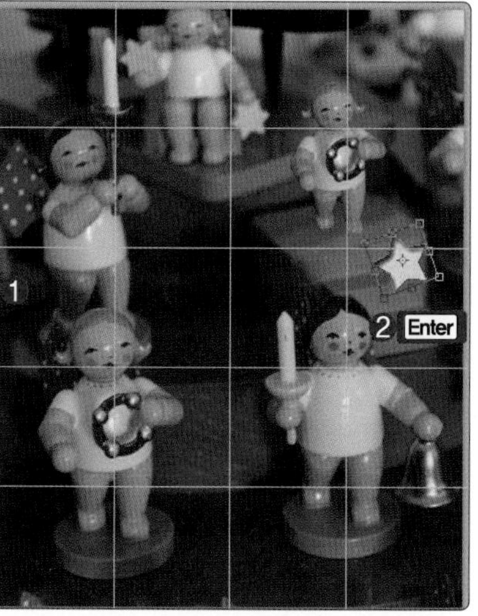

12 작성된 별 모양 도형을 복사하기 위해 레이어 패널에서 '모양 1' 레이어를 [새 레이어 추가(Create a new layer)]로 드래그합니다.

Tip

도형 복사 및 새로운 도형 삽입에서의 주의할 점

도형을 복사하거나 도형을 삽입한 후 새로운 도형을 추가로 삽입하는 경우 최근에 삽입한 도형의 색 및 투명도, 레이어 효과 등이 새로운 도형에도 적용됩니다. 만약, 문제의 조건에 따라 새로 추가한 도형의 색 및 투명도, 레이어 효과 등이 다른 경우 반드시 수정해야 합니다.

13 별 모양에 색상을 지정하기 위해 레이어 패널의 [레이어 축소판(Layer thumbnail)]을 더블클릭합니다.

14 [색상 피커(Color Picker)] 대화상자가 나타나면 색상(ccffff)을 입력한 후 [확인(OK)] 단추를 클릭합니다.

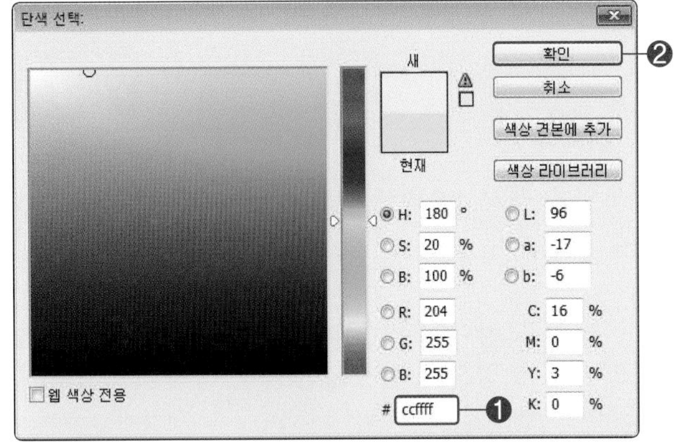

15 도형의 크기 및 회전시키기 위해 [편집(Edit)]-[패스 자유 변형(Free Transform Path)]을 클릭합니다.

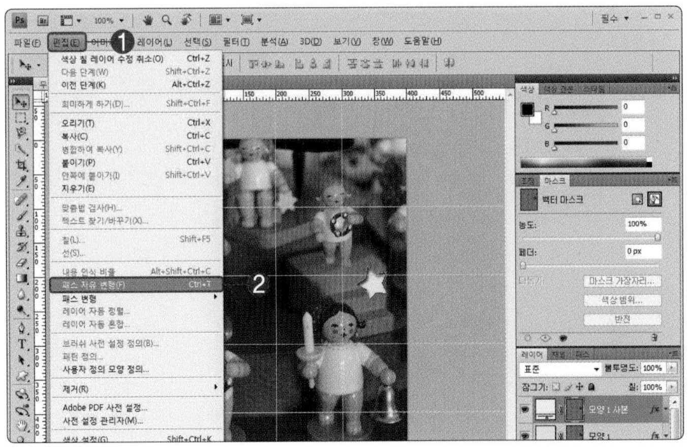

16 도형을 드래그하여 위치를 이동한 후 크기 조절점의 모서리 부분에 마우스 포인터를 위치시킨 다음 마우스 포인터 모양이 ↻ 모양으로 변경되면 드래그하여 도형을 회전시키고 크기를 조절한 후 Enter를 누릅니다.

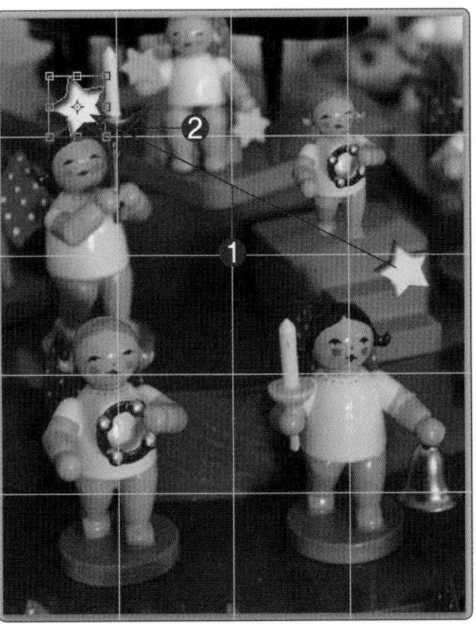

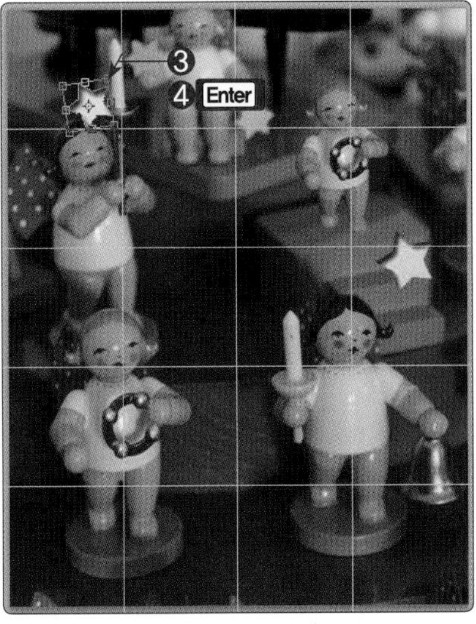

Tip

도형 위에 마우스 포인터를 위치시킨 후 마우스 포인터 모양이 ▶ 모양으로 변경되면 드래그하여 이동합니다.

STEP 04 높은 음자리표 모양 도형 작성하기

01 도구 상자(Tool Box)에서 [사용자 정의 모양 도구(Custom Shape Tool)]를 선택한 후 옵션 바에서 [사용자 정의 모양 피커(Click to open Custom shape picker)]의 목록 단추를 클릭한 다음 [팝업 메뉴 단추]-[음악(Music)]을 클릭합니다.

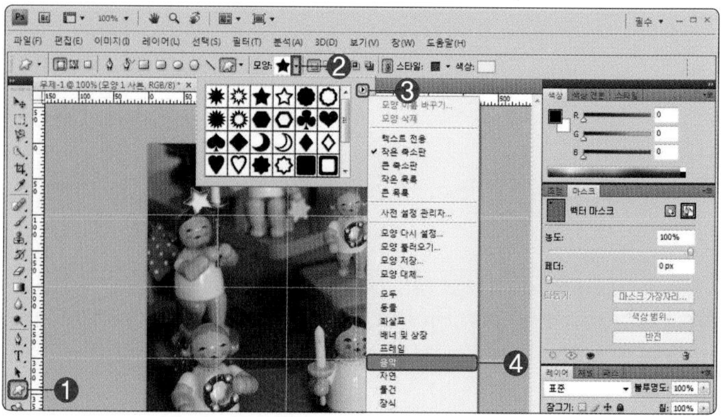

02 [현재 모양을 음악.csh의 모양으로 대체하시겠습니까?]라고 묻는 대화상자가 나타나면 [확인(OK)] 단추를 클릭합니다.

03 사용자 정의 모양이 음악(Music)으로 변경되면 [높은 음자리표(Treble Clef)]를 클릭한 후 마우스 포인터 모양이 + 모양으로 변경되면 높은 음자리표 모양을 삽입하고자 하는 위치를 드래그합니다.

04 높은 음자리표 모양에 색상을 지정하기 위해 레이어 패널의 [레이어 축소판(Layer thumbnail)]을 더블클릭한 후 [색상 피커(Color Picker)] 대화상자가 나타나면 색상(ffffff)을 입력한 다음 [확인(OK)] 단추를 클릭합니다.

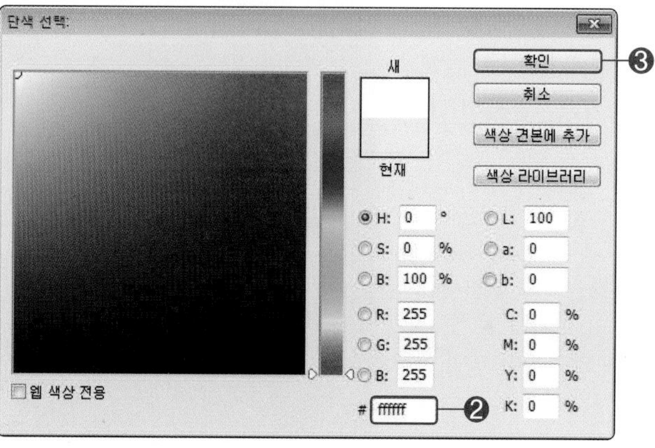

05 레이어 패널에서 '모양 2' 레이어에 적용된 효과(내부 그림자)를 [휴지통(Delete layer)]으로 드래그하여 이전 효과를 삭제합니다.

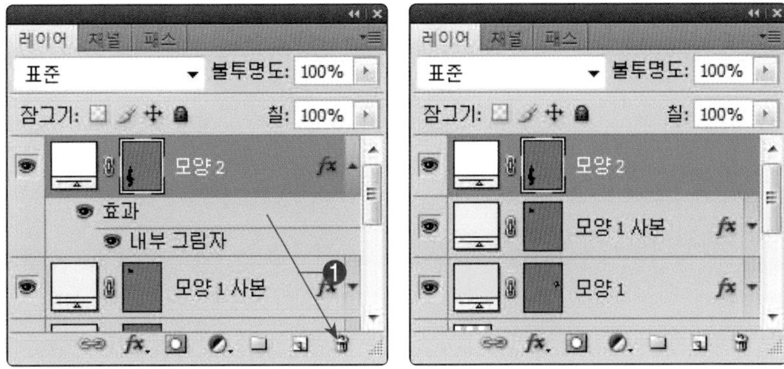

Tip

- 도형을 작성할 경우 가장 최근에 적용된 레이어의 효과가 삽입하는 도형에 지정됩니다. 필요 없는 경우 [휴지통]으로 드래그하여 삭제해야 합니다.
- 레이어 이름 오른쪽 [레이어 스타일]의 [목록 단추]를 누르면 현재 레이어에 적용된 레이어 스타일 효과를 표시합니다.

06 레이어 패널에서 fx [레이어 스타일(Layer Style)]을 클릭한 후 [외부 광선(Outer Glow)]을 클릭한 다음 [레이어 스타일(Layer Style)] 대화상자의 [외부 광선(Outer Glow)] 스타일이 나타나면 속성을 지정한 후 [확인(OK)] 단추를 클릭합니다.

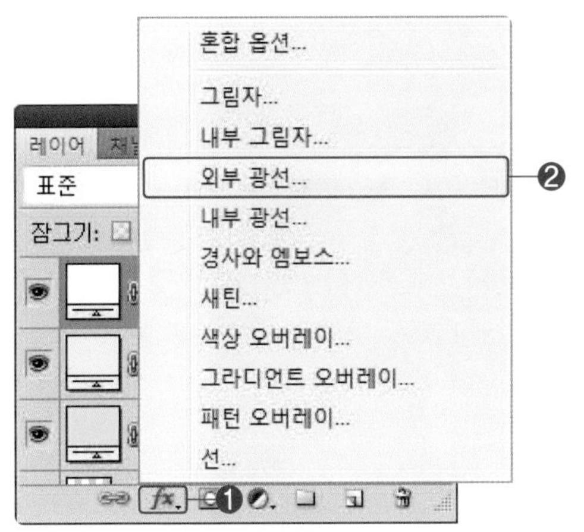

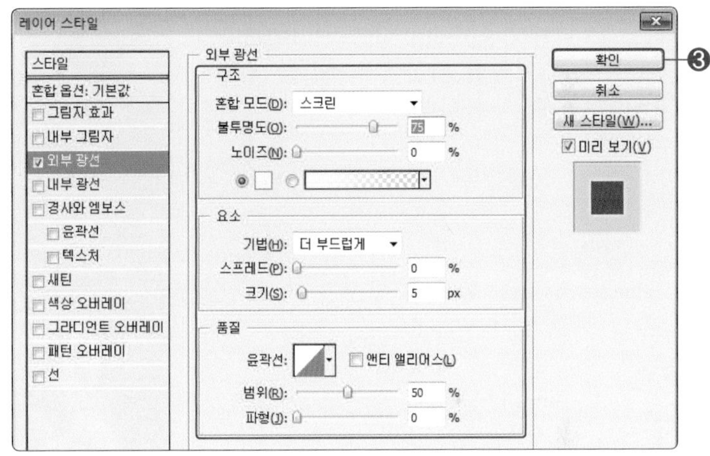

07 도형을 회전시키기 위해 [편집(Edit)]-[패스 자유 변형(Free Transform Path)]을 클릭합니다.

08 크기 조절점의 모서리 부분에 마우스 포인터를 위치시킨 후 마우스 포인터 모양이 ↻ 모양으로 변경되면 드래그하여 도형을 회전시킨 다음 Enter를 누릅니다.

STEP 05 텍스트 작성하기

01 도구 상자(Tool Box)에서 T[수평 문자 도구(Horizontal Type Tool)]를 선택한 후 옵션 바에서 글꼴(Arial)과 글꼴 스타일(Regular), 글꼴 크기(45 pt), 가운데 정렬( )을 지정합니다.

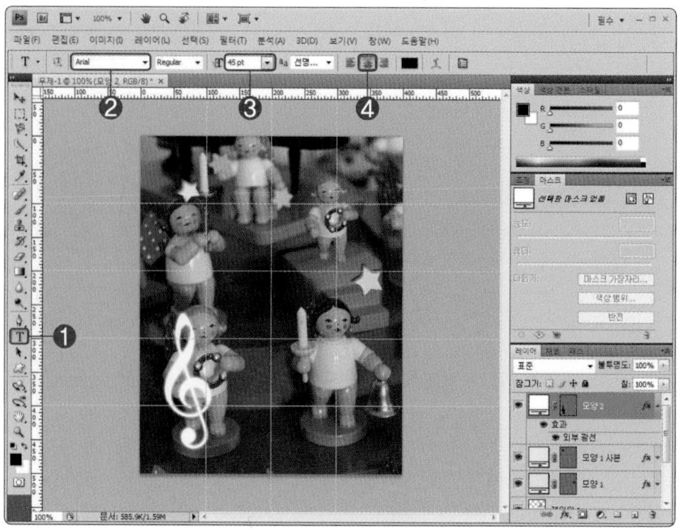

02 텍스트를 삽입할 위치의 가운데 부분을 클릭한 후 "Classical Music"를 입력, Enter를 눌러 다음 줄로 이동한 다음 "World"를 입력하고 Ctrl+Enter를 누릅니다.

03 텍스트가 입력된 레이어 패널에서 fx[레이어 스타일(Layer Style)]을 클릭한 후 [그라디언트 오버레이(Gradient Overlay)]를 클릭합니다.

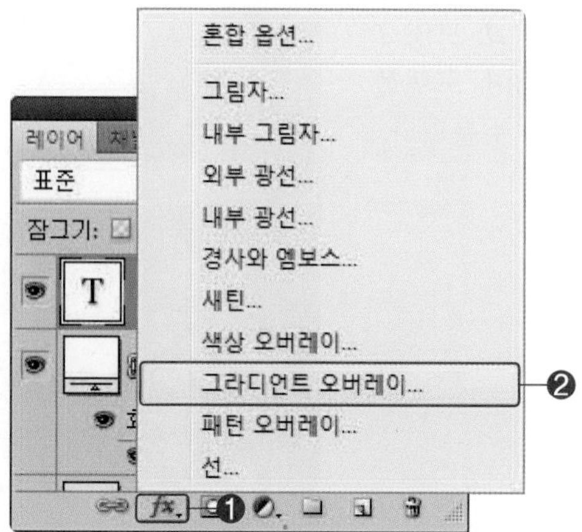

04 [레이어 스타일(Layer Style)] 대화상자의 [그라디언트 오버레이(Gradient Overlay)] 스타일이 나타나면 [그라디언트 편집(Click to edit the Gradient)]을 클릭합니다.

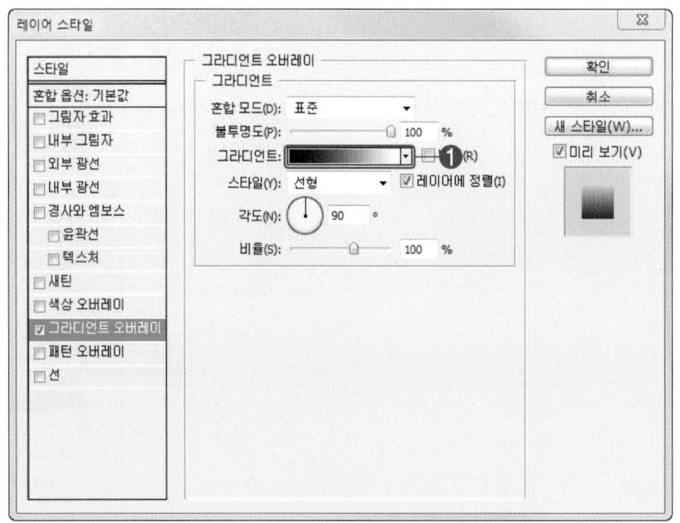

05 [그라디언트 편집기(Gradient Editor)] 대화상자가 나타나면 왼쪽 [색상 정지점(Color Stop)]을 더블클릭합니다.

06 [색상 피커(Color Picker)] 대화상자가 나타나면 색상(cc6633)을 입력한 후 [확인(OK)] 단추를 클릭합니다.

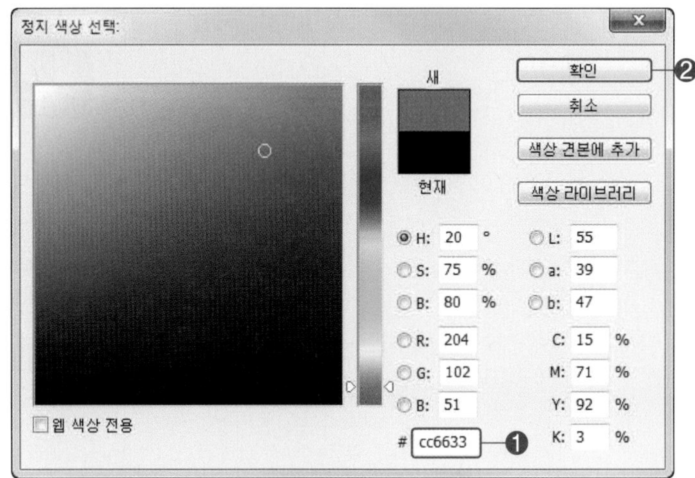

07 [그라디언트 편집기(Gradient Editor)] 대화상자가 다시 나타나면 오른쪽 색상 정지점(Color Stop)]을 더블클릭합니다.

08 [색상 피커(Color Picker)] 대화상자가 나타나면 색상(ffffff)을 입력한 후 [확인(OK)] 단추를 클릭합니다.

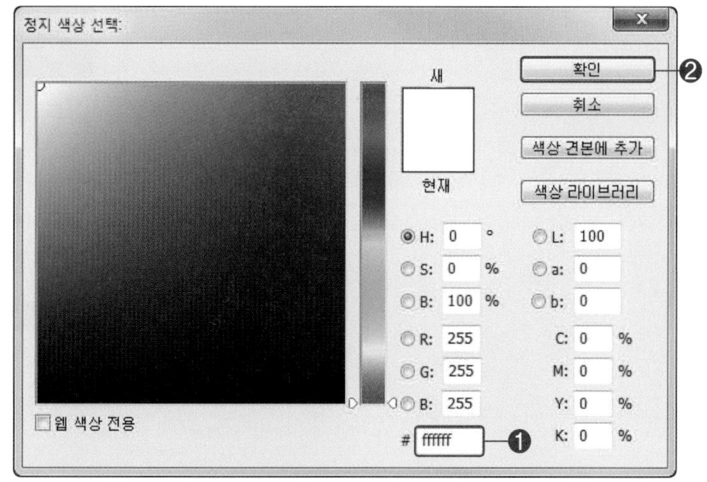

09 [그라디언트 편집기(Gradient Editor)] 대화상자가 다시 나타나면 [확인(OK)] 단추를 클릭합니다.

10 [레이어 스타일(Layer Style)] 대화상자의 [그라디언트 오버레이(Gradient Overlay)] 스타일이 다시 나타나면 [선(Stroke)]을 클릭합니다.

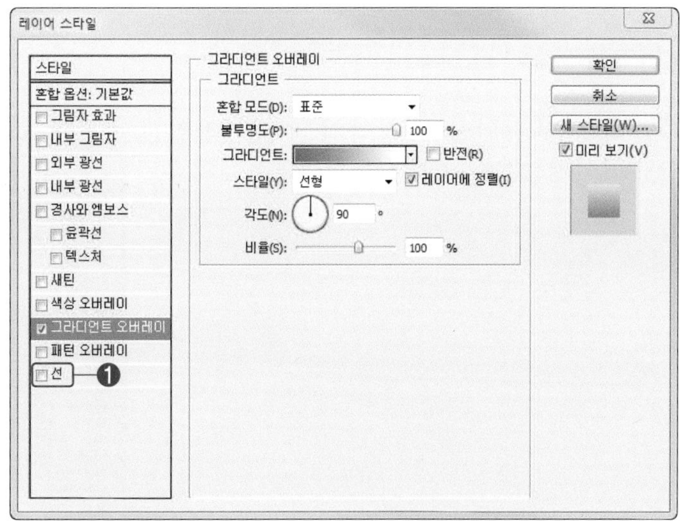

11 [레이어 스타일(Layer Style)] 대화상자의 [선(Stroke)] 스타일이 나타나면 크기(2)를 입력한 후 색상(Color)을 클릭합니다.

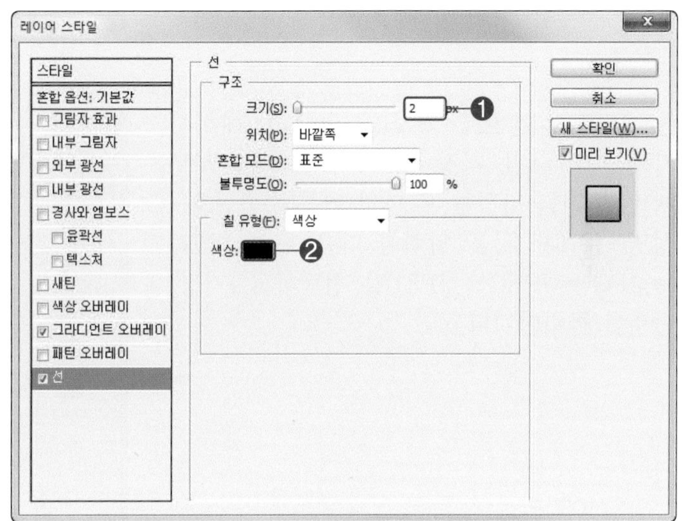

12 [색상 피커(Color Picker)] 대화상자가 나타나면 색상(330000)을 입력한 후 [확인(OK)] 단추를 클릭합니다.

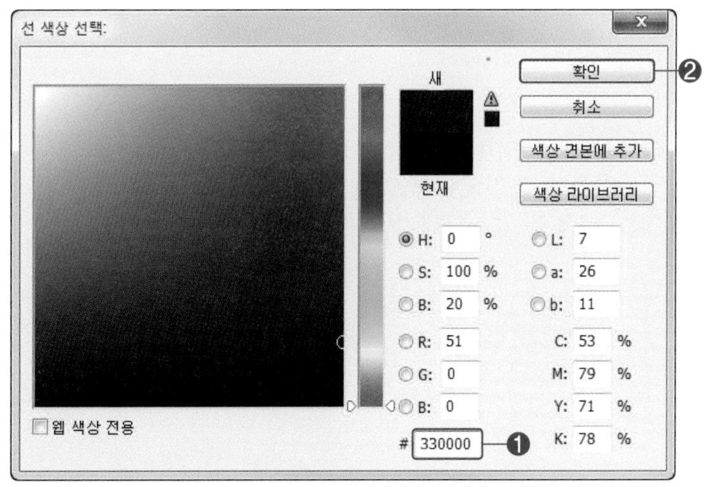

13 [레이어 스타일(Layer Style)] 대화상자의 [선(Stroke)] 스타일이 다시 나타나면 [확인(OK)] 단추를 클릭합니다.

STEP 06 답안 저장 및 전송하기

01 작성한 답안을 저장하기 위해 [파일(File)]-[저장(Save)]을 클릭합니다.

02 [다른 이름으로 저장(Save As)] 대화상자가 나타나면 저장 위치(라이브러리₩문서₩GTQ)를 지정한 후 파일 이름(수험번호-성명-문제번호)을 입력한 다음 형식(JPEG(*.JPG;*.JPEG;*.JPE))을 선택하고 [저장] 단추를 클릭합니다.

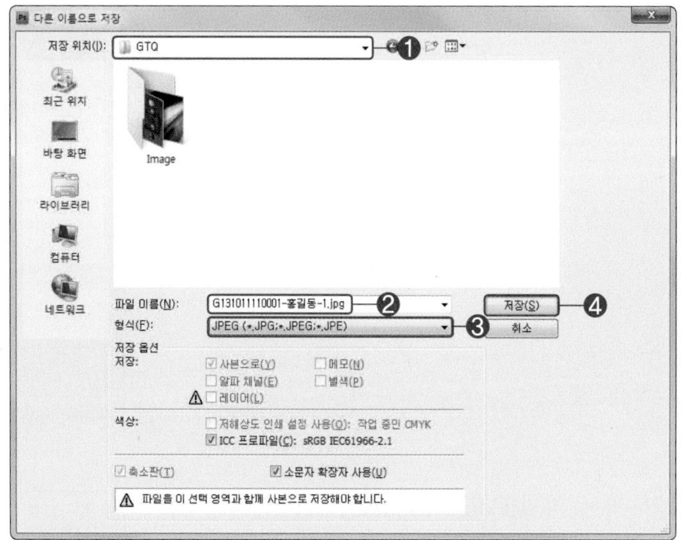

03 [JPEG 옵션(JPEG Options)] 대화상자가 나타나면 품질(Quality)을 지정한 후 [확인(OK)] 단추를 클릭합니다.

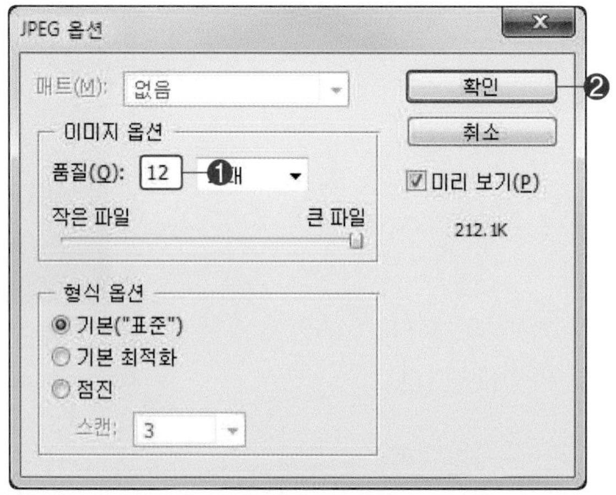

Tip

품질(Quality)이란?

JPEG 형식으로 저장할 때의 이미지 압축률을 조절하는 기능으로 품질의 단위 값이 낮을수록 압축률이 높아 파일 용량은 작아지지만 이미지의 품질은 손상이 될 수 있습니다. GTQ 시험에서의 JPEG 파일 품질은 "12"로 사용합니다.

04 PSD 파일로 저장하기 위해 [이미지(Image)]-[이미지 크기(Image Size)]를 클릭합니다.

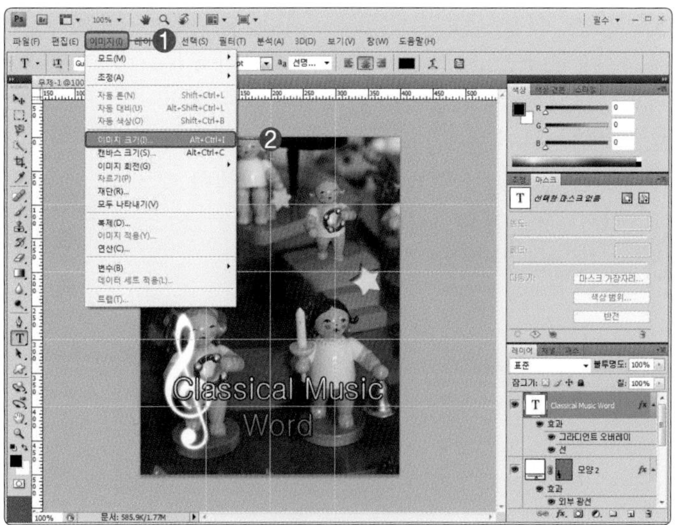

05 [이미지 크기(Image Size)] 대화상자가 나타나면 폭(40)을 입력한 후 [확인(OK)] 단추를 클릭합니다.

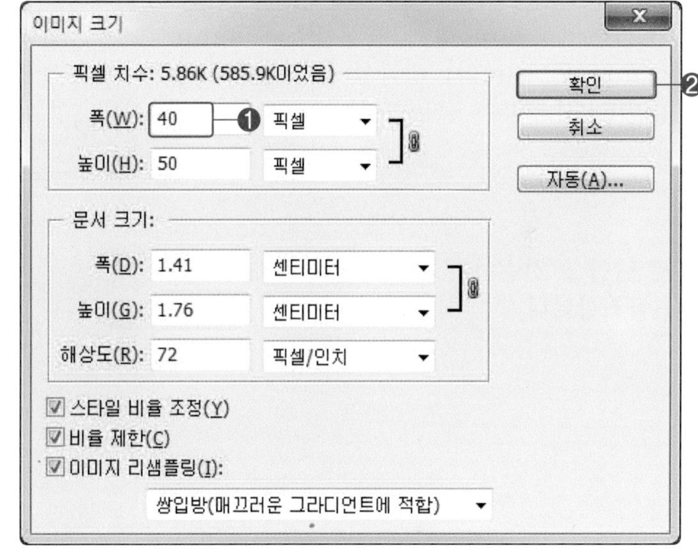

Tip

[이미지 크기(Image Size)] 대화상자의 [비율 제한]이 체크되어 있을 경우 폭(Width)을 입력하면 비율에 맞게 높이(Height)의 값이 자동으로 변경됩니다.

06 이미지 크기가 변경되면 [파일(File)]-[저장(Save)]을 클릭합니다.

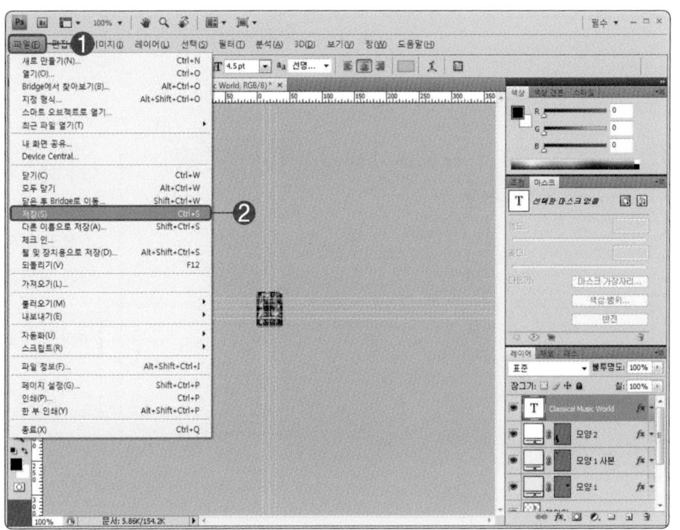

07 [다른 이름으로 저장(Save As)] 대화상자가 나타나면 저장 위치(라이브러리₩문서₩GTQ)를 지정한 후 파일 이름(수험번호-성명-문제번호)을 입력한 다음 형식(Photoshop (*.PSD;*.PDD))를 선택하고 [저장] 단추를 클릭합니다.

08 [Photoshop 형식 옵션(Photoshop Format Options)] 대화상자가 나타나면 [확인(OK)] 단추를 클릭합니다.

09 답안을 전송하기 위해 [최소화] 단추를 클릭합니다.

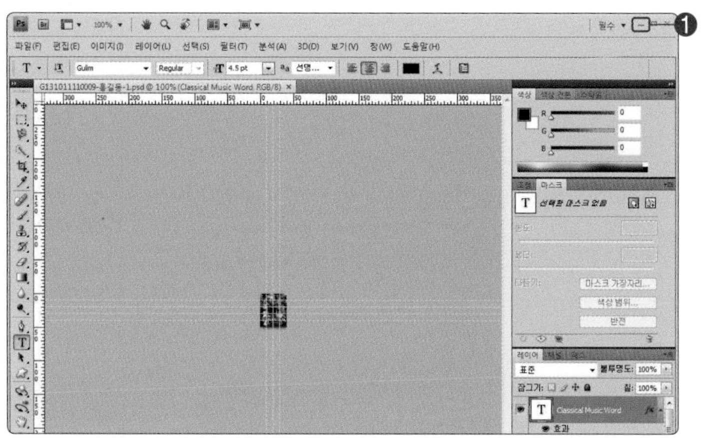

10 KOAS 수험자용 프로그램에서 [답안 전송] 단추를 클릭합니다.

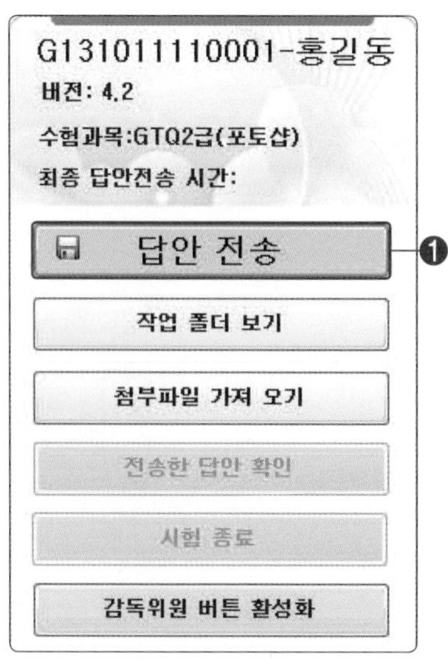

11 [MessageBox] 대화상자가 나타나면 [예] 단추를 클릭합니다.

12 [고사실 PC로 답안 파일 보내기] 대화상자가 나타나면 전송할 파일을 선택한 후 [답안전송] 단추를 클릭합니다.

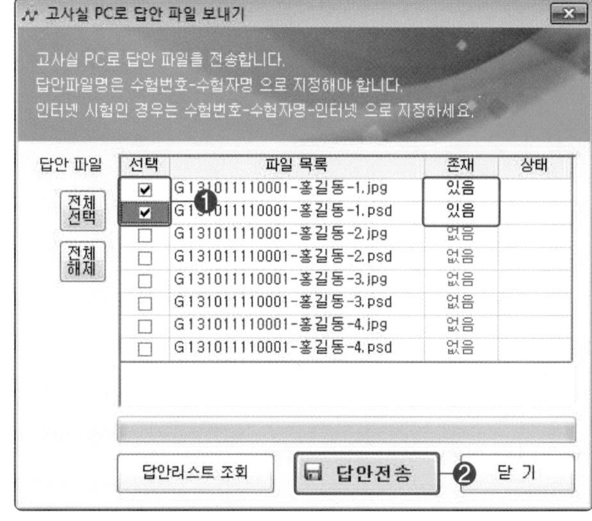

Tip

전송하고자 하는 파일의 존재 여부가 '없음'으로 표시되면 파일명 및 저장 위치를 확인합니다.

13 [MessageBox] 대화상자가 나타나면 [확인] 단추를 클릭합니다.

14 [고사실 PC로 답안 파일 보내기] 대화상자가 다시 나타나면 [닫기] 단추를 클릭합니다.

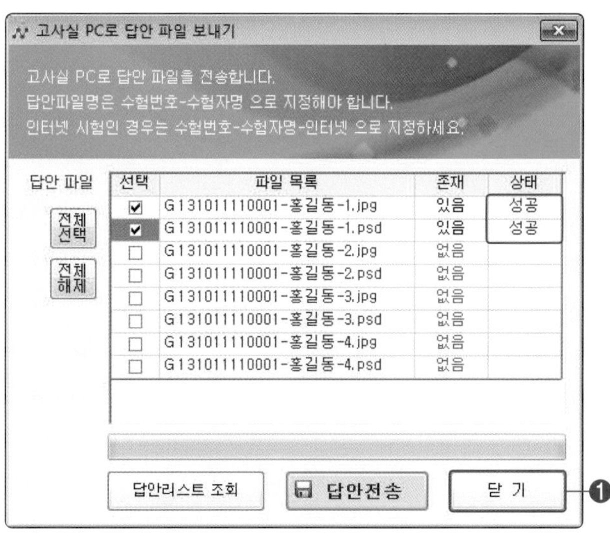

Tip

전송한 파일의 상태 여부가 '성공'으로 표시되는지 확인합니다.

문제유형 01 [기능평가] Tool(도구) 활용 [20점]

다음의 ≪조건≫에 따라 아래의 ≪출력형태≫와 같이 작업하시오.

《조건》

시험에서는 라이브러리₩문서₩GTQ₩Image 폴더에 있는 그림 원본파일을 사용하여 답안을 작성한다.

원본 이미지	내문서₩GTQ₩Image₩2급-1.jpg		
파일 저장 규칙	JPG	파일명	내문서₩GTQ₩수험번호-성명-1.jpg
		크기	400 × 500 pixels
	PSD	파일명	내문서₩GTQ₩수험번호-성명-1.psd
		크기	40 × 50 pixels

1. 그림 효과
   ① 복제 및 변형 : 헤드라이트
   ② Shape Tool(모양 도구) 사용 :
   - 해 모양 (#ff0000, 레이어 스타일 – Outer Glow(외부 광선))
   - 구름 모양 (#ffffff, 레이어 스타일 – Drop Shadow(그림자 효과))

2. 문자 효과
   ① 창조적 도전이 나를 변화시킨다. (돋움, 25pt, #0000ff, 레이어 스타일 – Stroke(선/획)(2px, #ffffff))

《출력형태》

문제유형 02 [기능평가] Tool(도구) 활용 [20점]

다음의 ≪조건≫에 따라 아래의 ≪출력형태≫와 같이 작업하시오.

《조건》

원본 이미지	내문서₩GTQ₩Image₩2급-2.jpg		
파일 저장 규칙	JPG	파일명	내문서₩GTQ₩수험번호-성명-2.jpg
		크기	400 × 500 pixels
	PSD	파일명	내문서₩GTQ₩수험번호-성명-2.psd
		크기	40 × 50 pixels

1. 그림 효과
   ① 복제 및 변형 : 배번표
   ② Shape Tool(모양 도구) 사용 :
   - 자전거 모양 (레이어 스타일 – Outer Glow(외부 광선), 그라디언트 오버레이(#ff7700, #335566, #88cc33))

2. 문자 효과
   ① 화천DMZ랠리전국 (HY견고딕, 22pt, #338899, 레이어 스타일 – Stroke(선/획)(2px, #ffffff))
   ② 평화자전거대회 (HY견고딕, 24pt, #55bbbb, 레이어 스타일 – Stroke(선/획)(3px, #ffffff), Drop Shadow(그림자 효과))

《출력형태》

문제유형 03 [기능평가] Tool(도구) 활용 [20점]

다음의 ≪조건≫에 따라 아래의 ≪출력형태≫와 같이 작업하시오.

《조건》

원본 이미지	내문서₩GTQ₩Image₩2급-3.jpg, 2급-4.jpg	
파일 저장 규칙	JPG	파일명	내문서₩GTQ₩수험번호-성명-3.jpg
		크기	400 × 300 pixels
	PSD	파일명	내문서₩GTQ₩수험번호-성명-3.psd
		크기	40 × 30 pixels

1. 그림 효과
   ① 복제 및 변형 : 사탕
   ② Shape Tool(모양 도구) 사용 :
   – 음표 모양 (#bbeeaa, 레이어 스타일 – Outer Glow(외부 광선))
   – 하트 모양 (레이어 스타일 – 그라디언트 오버레이 (#ffff00, #ffffff, #ff9900), Stroke(선/획)(1px, #0000ff))

2. 문자 효과
   ① Have a good time! (Arial, Bold, 35pt, 레이어 스타일 – 그라디언트 오버레이(#0000ff, #ff6600), Stroke(선/획)(2px, #ffffff))

《출력형태》

문제유형 04 [기능평가] Tool(도구) 활용 [20점]

다음의 ≪조건≫에 따라 아래의 ≪출력형태≫와 같이 작업하시오.

《조건》

원본 이미지	내문서₩GTQ₩Image₩2급-5.jpg	
파일 저장 규칙	JPG	파일명	내문서₩GTQ₩수험번호-성명-4.jpg
		크기	550 × 350 pixels
	PSD	파일명	내문서₩GTQ₩수험번호-성명-4.psd
		크기	55 × 35 pixels

1. 그림 효과
   ① 복제 및 변형 : 옥수수
   ② 2급-5.jpg : Opacity(불투명도)(50%)
   ③ Shape Tool(모양 도구) 사용 :
   – 꽃 모양 (#cc3333)
   – 나뭇잎 모양 (레이어 스타일 – 그라디언트 오버레이(#006600, #ffff00))

2. 문자 효과
   ① 통째로 우리 (돋움, 30pt, #ffffff, 레이어 스타일 – Stroke(선/획)(2px, #ff6600))
   ② C (Arial, Regular, 80pt, #006600)
   ③ rn (Arial, Regular, 80pt, #006600)

《출력형태》

[기능평가] 사진편집 기초

색상/명도 조절 및 필터 등의 기능을 이용하여 색상을 보정하고, 액자 모양을 제작하는 문제입니다. Tool(도구)을 이용한 이미지 복제 및 변형, 문자효과에 대해 출제됩니다. GTQ 시험에서는 Tool(도구) 사용이 반복적으로 이루어지기 때문에 Tool(도구) 활용에 대해 알고 있어야 합니다.

문제2 • [기능평가] 사진편집 기초

다음의 ≪조건≫에 따라 아래의 ≪출력형태≫와 같이 작업하시오.

《조건》

원본 이미지	내문서₩GTQ₩Image₩2급-2.jpg, 2급-3.jpg, 2급-4.jpg		
파일 저장 규칙	JPG	파일명	내문서₩GTQ₩수험번호-성명-2.jpg
		크기	400 × 500 pixels
	PSD	파일명	내문서₩GTQ₩수험번호-성명-2.psd
		크기	40 × 50 pixels

1. 그림 효과
   ① 색상 보정 : 2급-3.jpg - 빨간색 계열로 보정, 레이어 스타일 - Drop Shadow(그림자 효과)
   ② 액자 제작 : 필터 - Texturizer(텍스처화), 안쪽 테두리 (5px, #660000), 레이어 스타일 - Drop Shadow(그림자 효과)
   ③ 2급-4.jpg : 레이어 스타일 - Outer Glow(외부 광선)

2. 문자 효과
   ① 악기별 음악의 종류 (돋움, 32pt, #ffffff, 레이어 스타일 - Stroke(선/획)(3px, #663366))

《출력형태》

STEP 01 이미지 창 생성 및 이미지 복사하기

01 [파일(File)]-[새로 만들기(New)]를 클릭합니다.

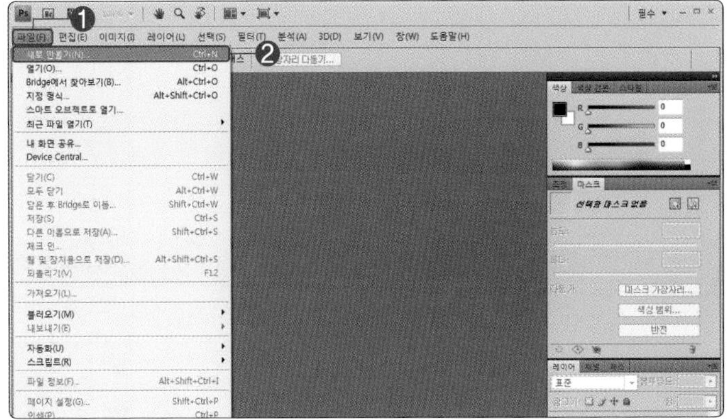

02 [새로 만들기(New)] 대화상자가 나타나면 폭(400)과 높이(500)를 입력한 후 해상도(72)를 입력한 다음 [확인(OK)] 단추를 클릭합니다.

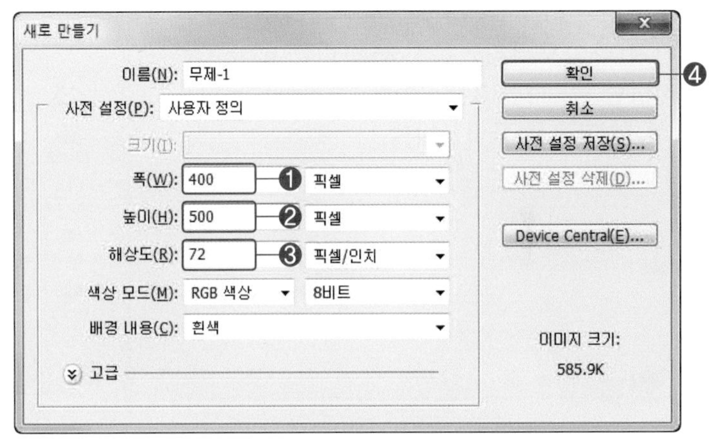

Tip

별도의 지시사항이 없을 경우 기본값을 사용

- 해상도(Resolution) : 72 픽셀/인치
- 색상 모드(Color Mode) : RGB 색상
- 배경 내용(Background) : 흰색(White)

03 눈금자를 드래그하여 안내선(Guides)을 100 픽셀(pixels) 단위로 작성합니다.

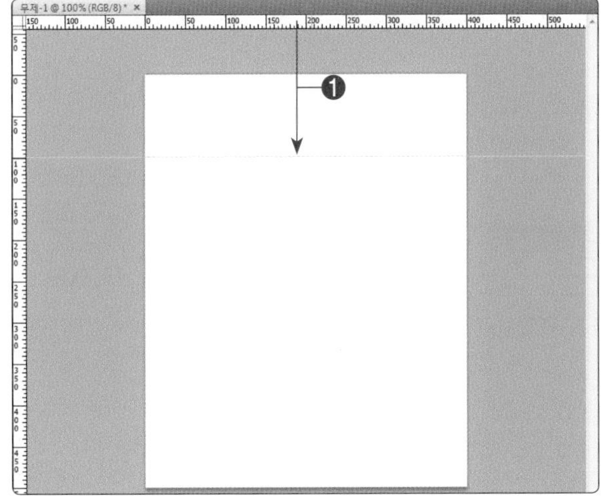

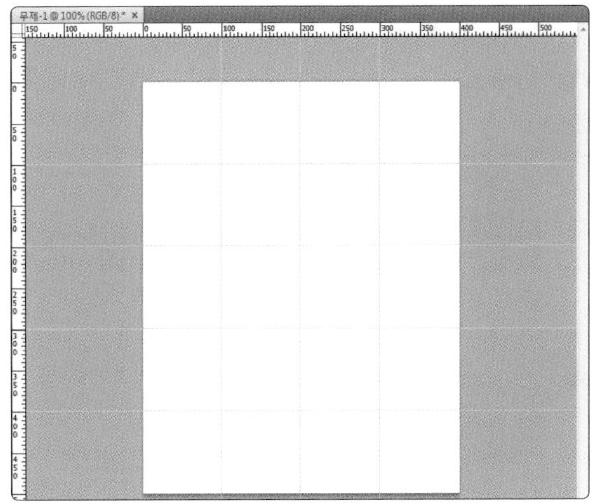

Tip

안내선(Guides)

- 안내선(Guides)은 작업의 편의를 위한 일종의 기준선 또는 가이드를 말합니다.
- 만들어진 안내선은 Ctrl+;를 눌러 나타내거나 숨길 수 있습니다.
- 생성된 안내선은 [이동 도구]를 클릭한 후 마우스로 드래그하여 위치를 이동하거나 삭제할 수 있습니다.

04 [파일(File)]-[열기(Open)]를 클릭합니다.

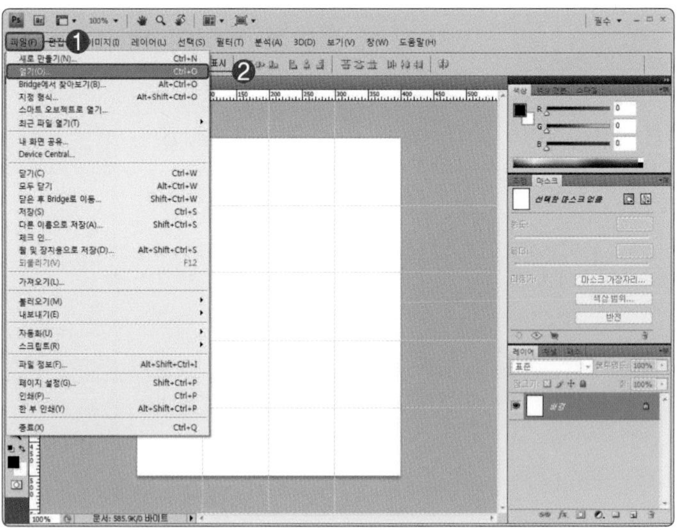

05 [열기(Open)] 대화상자가 나타나면 찾는 위치(라이브러리₩문서₩GTQ₩Image)를 지정한 후 파일(2급-2.jpg)을 선택한 다음 [열기] 단추를 클릭합니다.

Tip

- 시험 이미지 : 라이브러리₩문서₩GTQ₩Image
- 교재 이미지 : 라이브러리₩문서₩GTQ₩Part1₩Image

06 이미지가 불러와지면 [이미지(Image)]-[이미지 크기(Image Size)]를 클릭한 후 [이미지 크기(Image Size)] 대화상자가 나타나면 폭(400)을 입력한 다음 [확인(OK)] 단추를 클릭합니다.

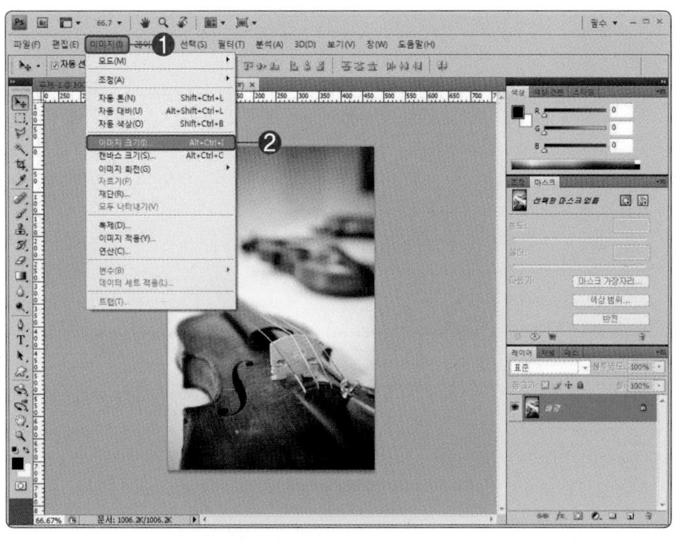

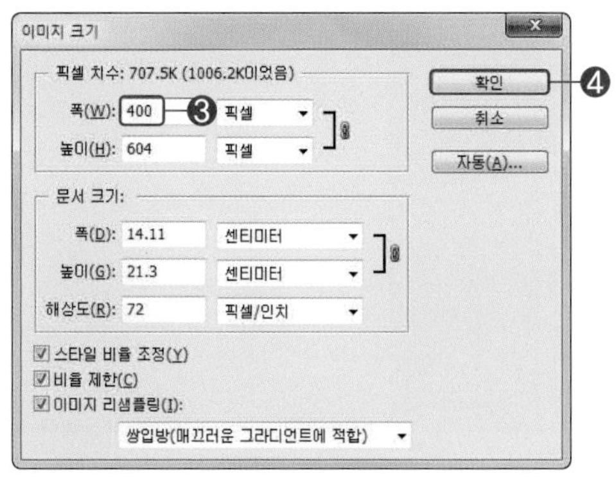

Tip

이미지 크기 조절은 이미지의 크기에 따라 작업하지 않을 수도 있습니다.

07 이미지 크기가 수정되면 복사하여 [무제-1] 문서에 붙여 넣기 위해 이미지를 모두 선택(Ctrl+A)한 후 복사(Ctrl+C)를 합니다.

08 이미지가 복사되면 [무제-1] 문서탭을 클릭하여 작업 이미지 창으로 이동한 후 붙여넣기(Ctrl+V)를 실행한 다음 출력 형태에 맞게 이미지를 이동합니다.

Tip

[이동 도구]가 선택된 상태에서 마우스를 드래그하면 사진을 이동할 수 있습니다.

09 [2급-2.JPG] 문서탭의 ×[닫기] 단추를 클릭한 후 [닫기전 변경한 내용을 저장하시겠습니까?]라고 묻는 대화상자가 나타나면 [아니오] 단추를 클릭합니다.

Tip

[무제-1] 작업 이미지 창의 [레이어] 패널에는 [배경] 레이어 이외에 [레이어1] 레이어가 추가됩니다. GTQ 시험에서는 작업 순서에 따른 레이어 생성을 임의로 합치거나 각 기능의 속성을 해제할 경우 해당 요소가 0점 처리됨을 주의해야 합니다.

STEP 02 이미지 복사 및 변형하기

01 [파일(File)]-[열기(Open)] 메뉴를 클릭한 후 [열기(Open)] 대화상자가 나타나면 파일(2급-3)을 선택한 다음 [열기] 단추를 클릭합니다.

02 이미지 파일이 나타나면 도구 상자(Tool Box)에서 [자석 올가미 도구(Magnetic Lasso Tool)]를 선택한 후 옵션 바에서 빈도수(100)를 지정합니다.

03 시작 지점을 클릭한 후 마우스를 드래그하여 기타를 선택 영역으로 지정합니다.

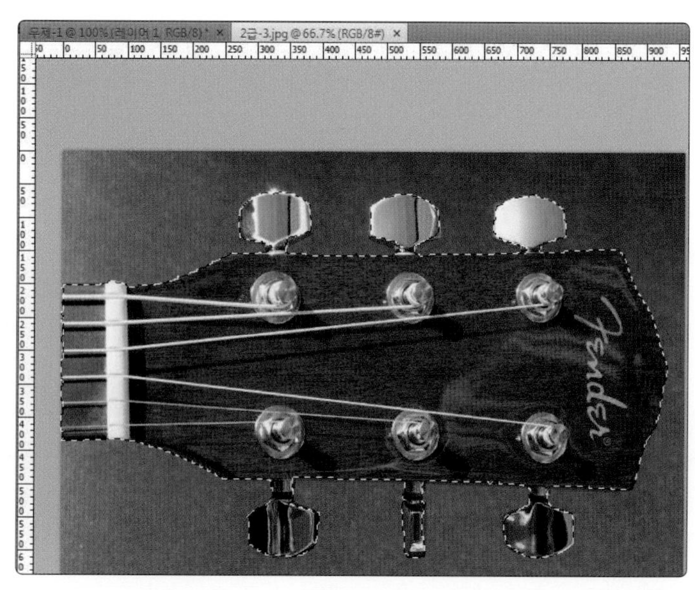

Tip

- 자석 올가미 도구(Magnetic Lasso Tool)는 마우스를 이동하면 자동으로 선택 영역이 지정되며 포인트가 생깁니다.
- 빈도 수(Frequency)는 이 포인트의 생성 개수를 조절할 수 있는 옵션으로 포인트가 많이 표시될수록 정교하게 선택됩니다.

04 기타를 복사(Ctrl+C)한 후 [무제-1] 탭을 클릭하여 작업 이미지 창으로 이동한 다음 붙여넣기(Ctrl+V)를 합니다.

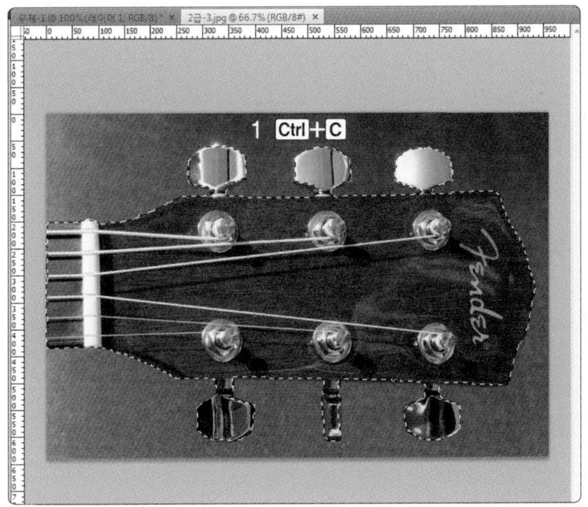

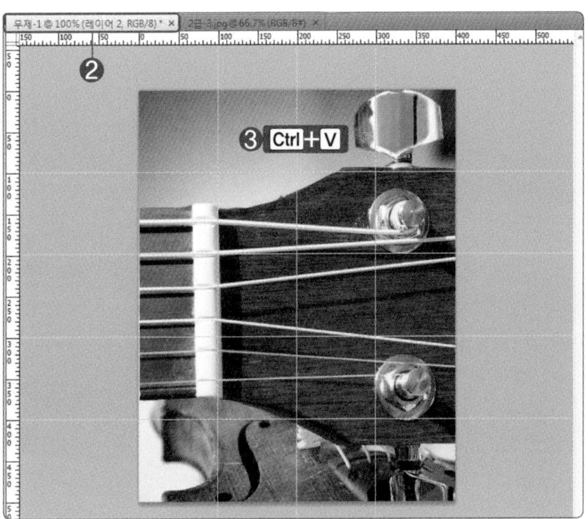

05 이미지가 복사되면 [2급-3.jpg] 문서 탭의 [닫기] 단추를 클릭하여 이미지를 닫습니다.

06 도구 상자(Tool Box)에서 [돋보기 도구(Zoom Tool)]를 선택한 후 Alt를 누른 상태에서 클릭하여 작업창을 축소합니다.

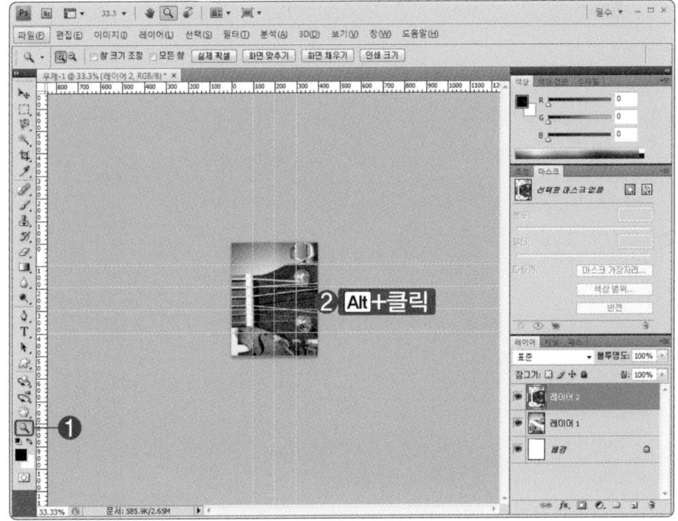

Tip

- [돋보기 도구(Zoom Tool)]에서 Alt는 확대와 축소를 서로 반전시키는 역할을 합니다.
- 현재 [돋보기 도구(Zoom Tool)]의 옵션 바에서 [확대]가 선택되어 있어 Alt를 누르고 클릭하면 작업창이 축소되는 것입니다.

07 기타의 크기를 조절하기 위해 [편집(Edit)]-[자유 변형(Free Transform)]을 클릭합니다.

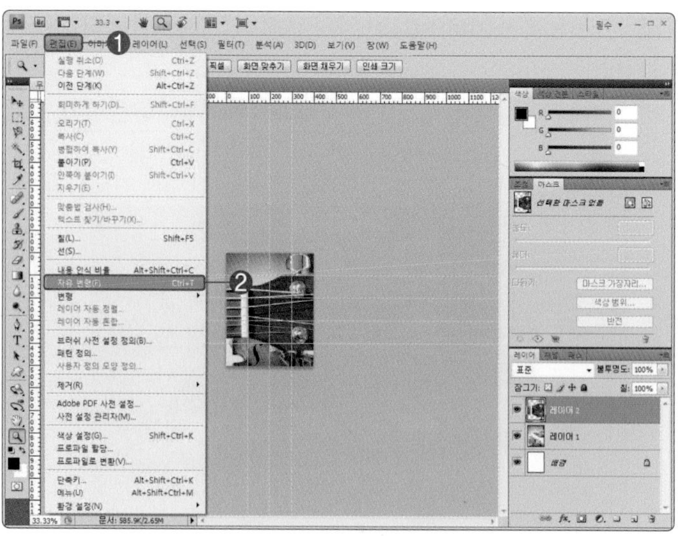

08 크기 조절점이 나타나면 조절점을 드래그하여 크기를 조절한 후 크기 조절점의 모서리 부분에 마우스 포인터를 위치시킨 다음 마우스 포인터 모양이 ↺ 모양으로 변경되면 드래그하여 도형을 회전시키고 Enter를 누릅니다.

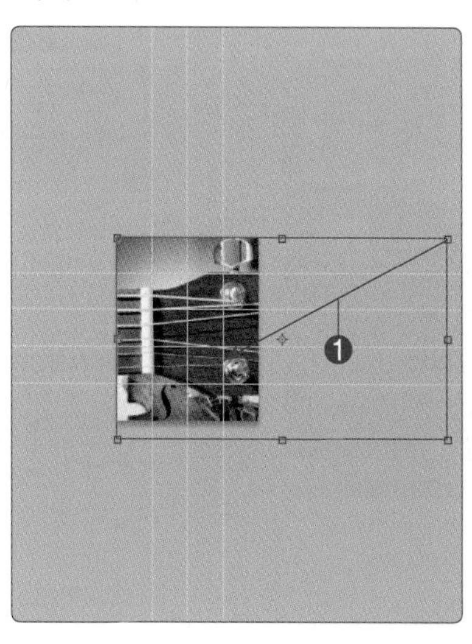

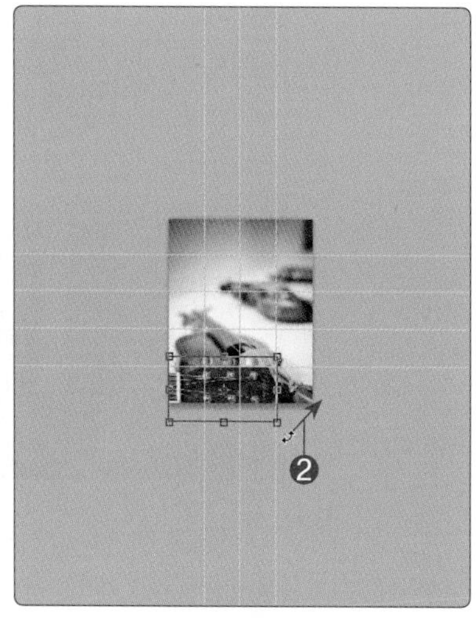

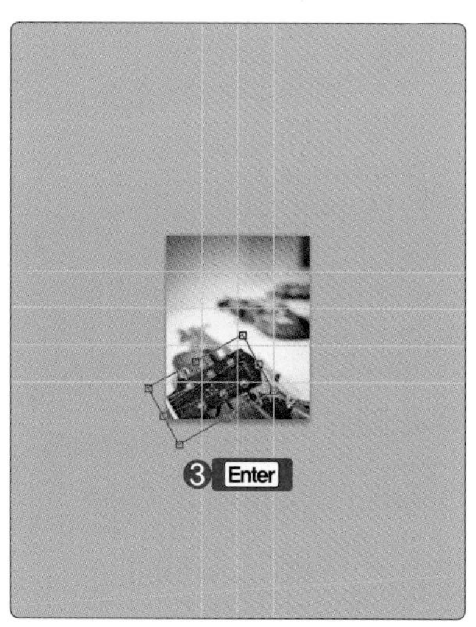

09 이미지를 확대한 후 레이어 스타일을 지정하기 위해 레이어 패널에서 fx.[레이어 스타일(Layer Style)]-[그림자 효과(Drop Shadow)]를 클릭합니다.

Tip

화면 배율 지정

- Ctrl++ : 100%씩 화면 배율을 확대
- Ctrl+- : 100%씩 화면 배율을 축소
- Ctrl+0 : 이미지 창 크기에 맞게 화면 배율을 지정
- Ctrl+Alt+0 : 현재 화면 배율에 관계없이 화면 배율을 원본 이미지의 100%로 지정

10 [레이어 스타일(Layer Style)] 대화상자의 [그림자 효과(Drop Shadow)] 스타일이 나타나면 속성을 지정한 후 [확인(OK)] 단추를 클릭합니다.

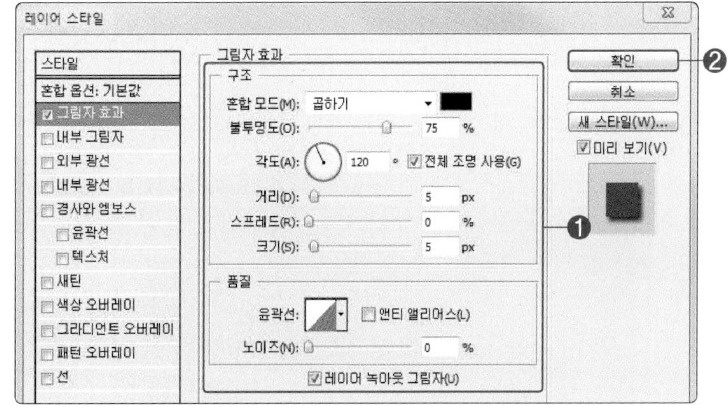

11 색상을 보정하기 위해 레이어 패널에서 Ctrl을 누른 상태에서 '레이어 2' 레이어를 클릭한 후 기타가 선택영역으로 지정되면 [새 칠 또는 조정 레이어(Create new fill or adjustment layer)]–[색조/채도(Hue/Saturation)]를 클릭합니다.

12 [조정] 패널에 색조/채도(Hue/Saturation) 화면이 표시되면 색상화(Colorize)를 선택한 후 색조(Hue)와 채도(Saturation)를 지정합니다.

Tip

색조/채도(Hue/Saturation)를 이용하면 이미지에 있는 특정 색상 구성 요소의 색조/채도 및 명도를 조정하거나 이미지의 모든 색상을 동시에 조정할 수 있습니다.

- 색조(Hue) : 픽셀의 원래 색상을 기준으로 색상환 주위를 회전하는 각도를 반영합니다. 양수값은 시계 방향으로 회전하고, 음수값은 반시계 방향으로 회전합니다.
- 채도(Saturation) : 색상환의 중심에서 멀어지거나 가까워지면 바뀝니다.
- 밝기(Lightness) : 밝기를 증가(흰색 추가) 하거나 밝기를 감소(검정 추가) 시킵니다.
- 색상화(Colorize) : 이 옵션을 선택하면 색상이 단색 톤으로 바뀝니다.

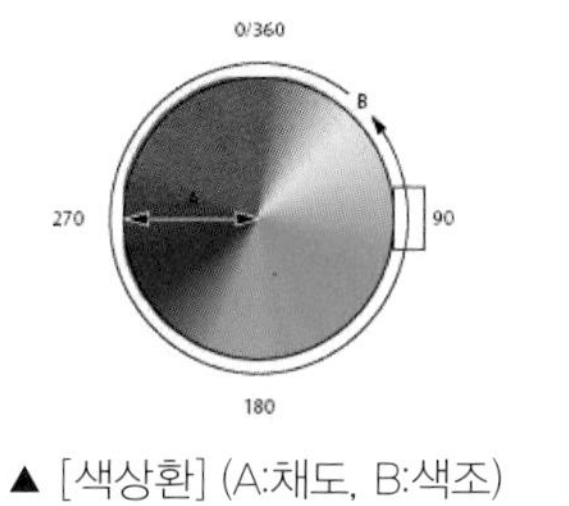

▲ [색상환] (A:채도, B:색조)

STEP 03 액자 제작하기

01 눈금자를 드래그하여 테두리로 작성할 위치만큼 이동합니다.

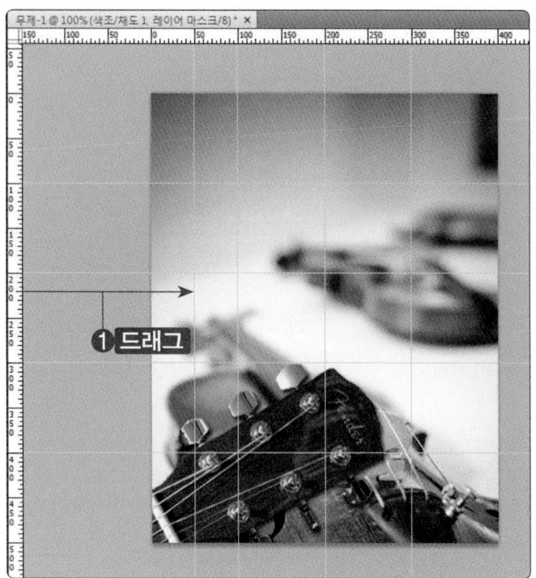

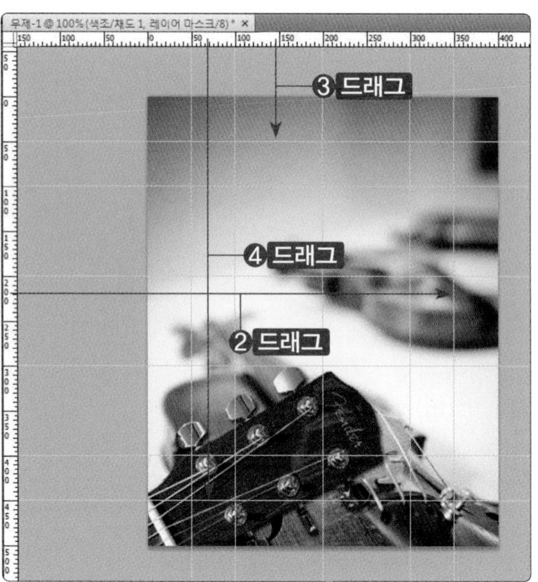

02 레이어 패널에서 '레이어 1' 레이어를 선택한 후 도구 상자(Tool Box)에서 [사각형 선택 윤곽 도구(Rectangular Marquee Tool)]를 선택한 다음 안내선에 맞춰 범위를 지정합니다.

Tip

[레이어] 패널을 더블클릭하면 레이어 패널의 레이어 목록이 다시 표시됩니다.

03 선택 영역이 지정되면 [선택(Select)]-[수정(Modify)]-[매끄럽게(Smooth)]를 클릭합니다.

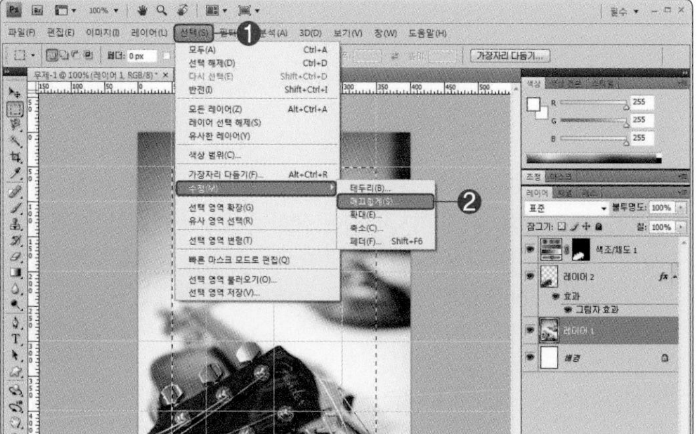

04 [선택 영역 매끄럽게 만들기(Smooth Selection)] 대화상자가 나타나면 샘플 반경(Sample Radius)을 입력한 후 [확인(OK)] 단추를 클릭합니다.

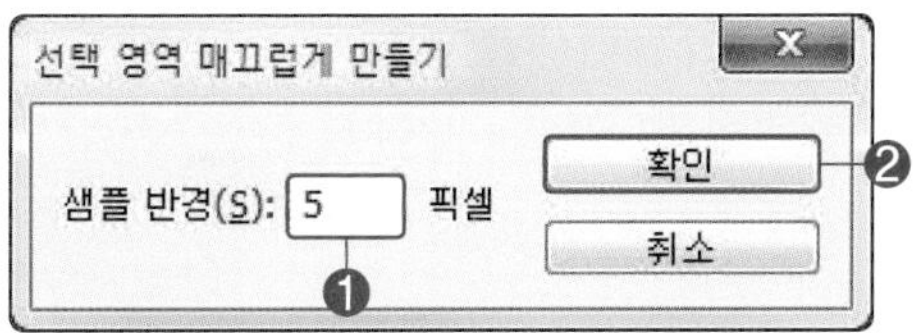

05 선택 영역이 지정되면 [선택(Select)]-[반전(Inverse)]을 클릭합니다.

06 선택 영역이 반전되면 복사(Ctrl+C)한 후 붙여넣기(Ctrl+V)를 합니다.

07 필터를 지정하기 위해 [필터(Filter)]-[텍스처(Texture)]-[텍스처화(Texturizer)]를 클릭합니다.

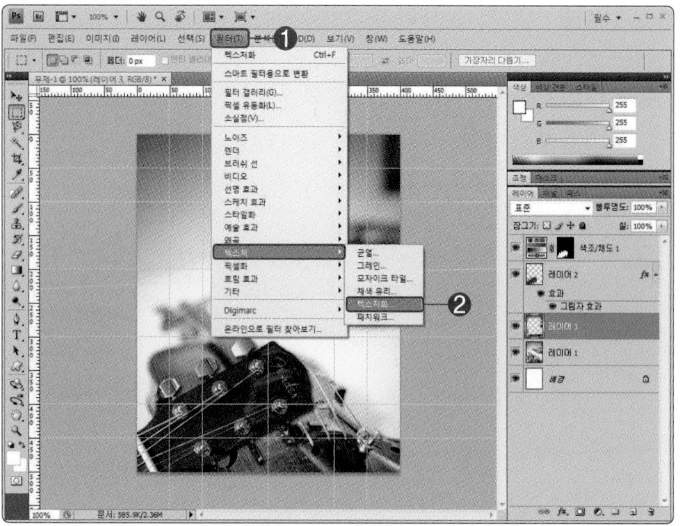

08 [텍스처화(Texturizer)] 대화상자가 나타나면 텍스처(캔바스)를 선택한 후 비율(100)과 부조(5)를 지정한 다음 [확인(OK)] 단추를 클릭합니다.

09 테두리 선을 작성하기 위해 레이어 패널에서 Ctrl을 누른 상태에서 '레이어 3' 레이어를 클릭한 후 선택 영역이 지정되면 [선택(Select)]-[반전(Inverse)]을 클릭합니다.

10 안쪽 테두리를 지정하기 위해 [편집(Edit)]–[선(Stroke)]을 클릭합니다.

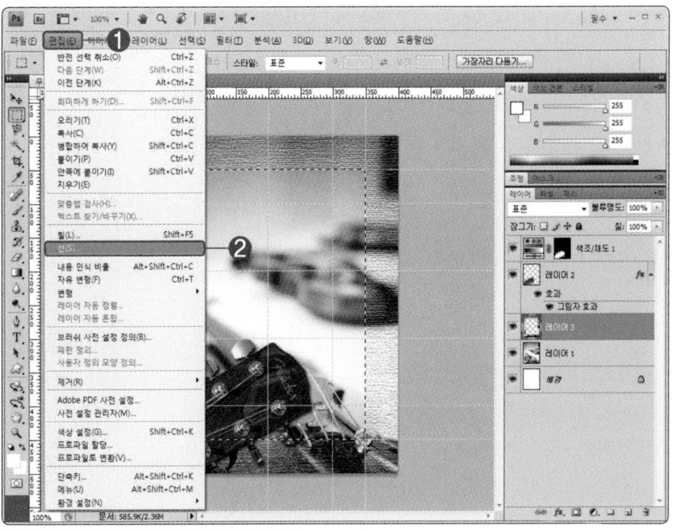

11 [선(Stroke)] 대화상자가 나타나면 폭(5)을 입력한 후 색상을 클릭한 다음 [색상 피커(Color Picker)] 대화상자가 나타나면 색상(660000)을 입력하고 [확인(OK)] 단추를 클릭합니다.

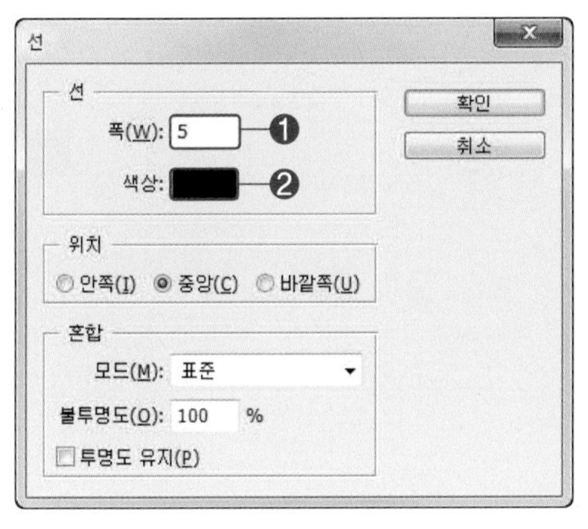

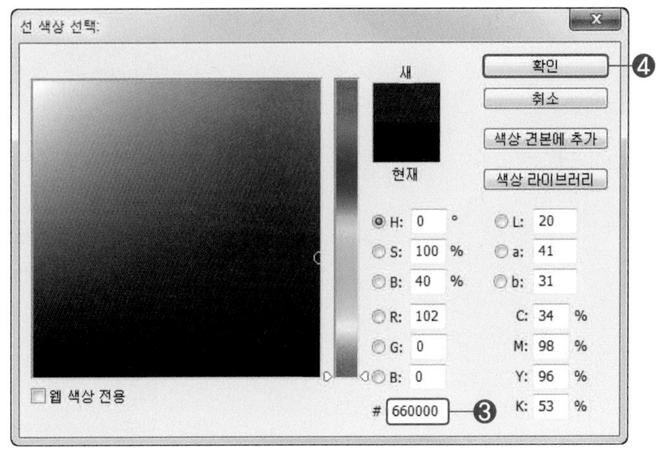

12 [선(Stroke)] 대화상자가 다시 나타나면 위치(안쪽)을 선택한 후 [확인(OK)] 단추를 클릭합니다.

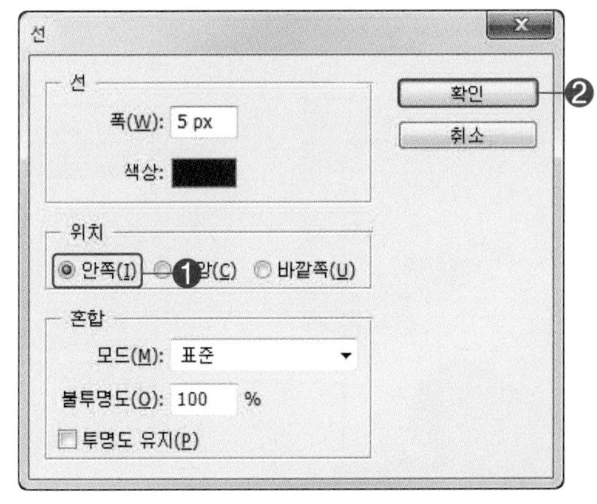

13 레이어 스타일을 지정하기 위해 [레이어(Layer)]-[레이어 스타일(Layer Style)]-[그림자 효과(Drop Shadow)]를 클릭합니다.

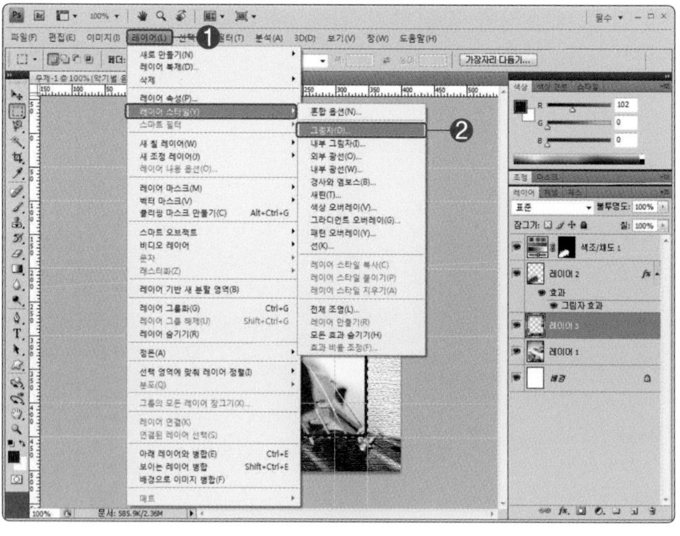

Tip

[레이어] 패널의 fx.[레이어 스타일]를 클릭한 후 [그림자 효과(Drop Shadow)]를 선택해도 그림자 효과를 설정할 수 있습니다.

14 [레이어 스타일(Layer Style)] 대화상자의 [그림자 효과(Drop Shadow)] 스타일이 나타나면 속성을 지정한 후 [확인(OK)] 단추를 클릭합니다.

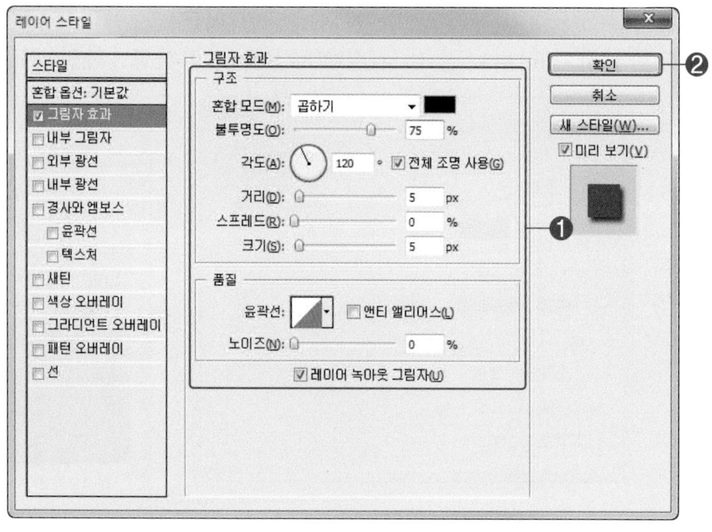

15 액자 모양이 완성되어 표시됩니다.

STEP 04 이미지 복사 및 레이어 스타일 지정하기

01 [파일(File)]-[열기(Open)]를 클릭한 후 [열기(Open)] 대화상자가 나타나면 파일(2급-4)을 선택한 다음 [열기] 단추를 클릭합니다.

02 이미지 파일이 나타나면 도구 상자(Tool Box)에서 [자석 올가미 도구(Magnetic Lasso Tool)]를 선택한 후 옵션 바에서 빈도수(100)를 지정합니다.

03 시작 지점을 클릭한 후 마우스를 드래그하여 팬플룻을 선택 영역으로 지정한 다음 복사(Ctrl+C)합니다.

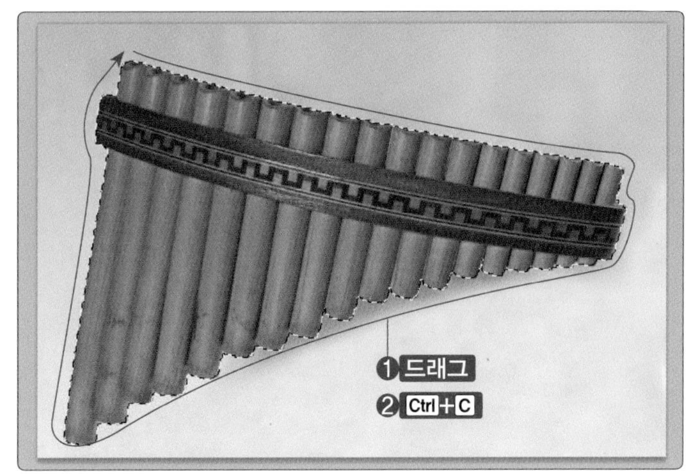

04 [무제-1] 작업 이미지 창을 선택한 후 레이어 패널에서 '레이어 1' 레이어를 클릭한 다음 붙여넣기(Ctrl+V)하고 [2급-4.jpg] 문서탭의 [닫기] 단추를 클릭합니다.

05 팬플룻의 크기를 조절하기 위해 [편집(Edit)]-[자유 변형(Free Transform)]을 클릭합니다.

06 크기 조절점이 나타나면 조절점을 드래그하여 크기를 조절한 후 Enter를 누릅니다.

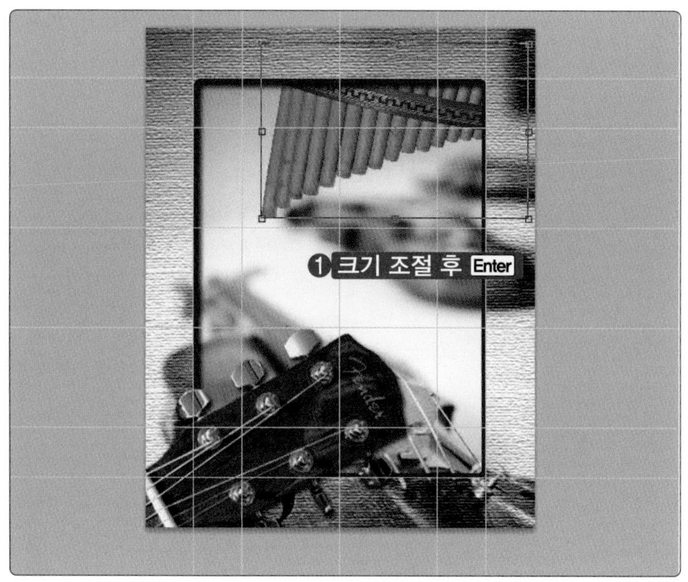

07 레이어 패널에서 fx.[레이어 스타일(Layer Style)]-[외부 광선(Outer Glow)]을 클릭합니다.

08 [레이어 스타일(Layer Style)] 대화상자의 [외부 광선(Outer Glow)] 스타일이 나타나면 속성을 지정한 후 [확인(OK)] 단추를 클릭합니다.

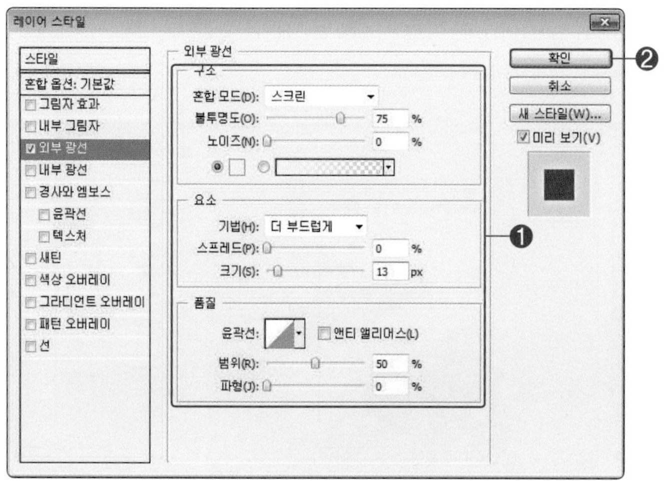

STEP 05 텍스트 작성하기

01 도구 상자(Tool Box)에서 T[수평 문자 도구(Horizontal Type Tool)]를 선택한 후 옵션 바에서 글꼴(돋움)과 글꼴 크기(32pt)를 지정한 다음 색상 설정(Set the text color)을 클릭합니다.

02 [색상 피커(Color Picker)] 대화상자가 나타나면 색상(ffffff)을 입력한 후 [확인(OK)] 단추를 클릭합니다.

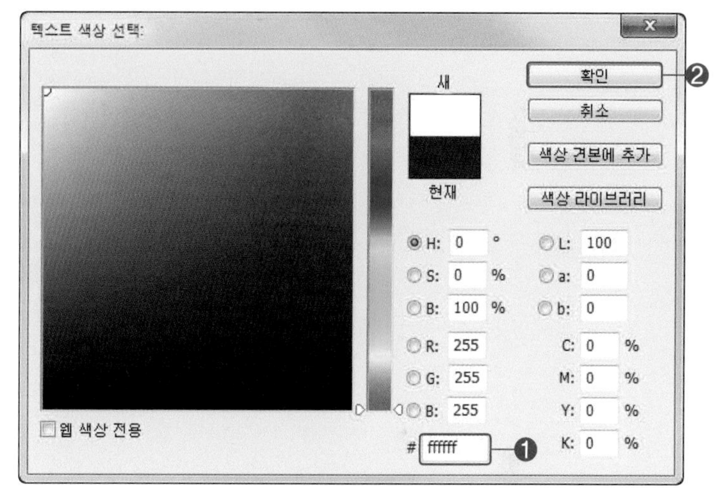

03 레이어 패널에서 '색조/채도 1' 레이어를 선택한 후 텍스트를 삽입할 위치를 클릭한 다음 "악기별 음악의 종류"를 입력하고 Ctrl+Enter를 누릅니다.

04 레이어 패널에서 fx.[레이어 스타일(Layer Style)]-[선(Stroke)]을 클릭합니다.

05 [레이어 스타일(Layer Style)] 대화상자의 [선(Stroke)] 스타일이 나타나면 크기(3)를 입력한 후 색상(Color)을 클릭합니다.

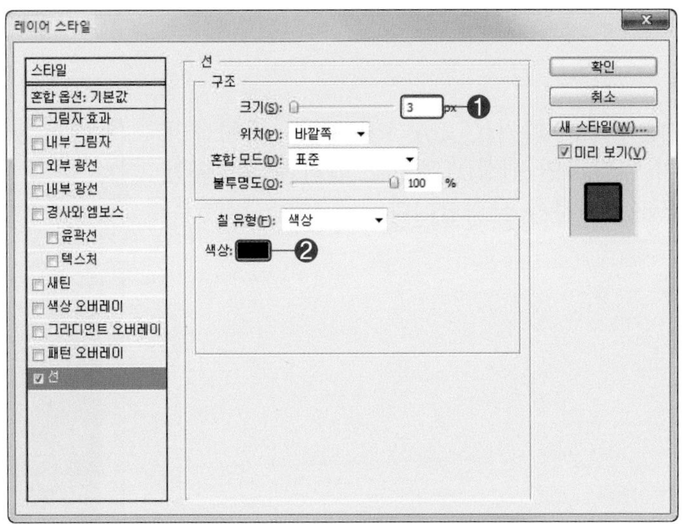

06 [색상 피커(Color Picker)] 대화상자가 나타나면 색상(663366)을 입력한 후 [확인(OK)] 단추를 클릭합니다.

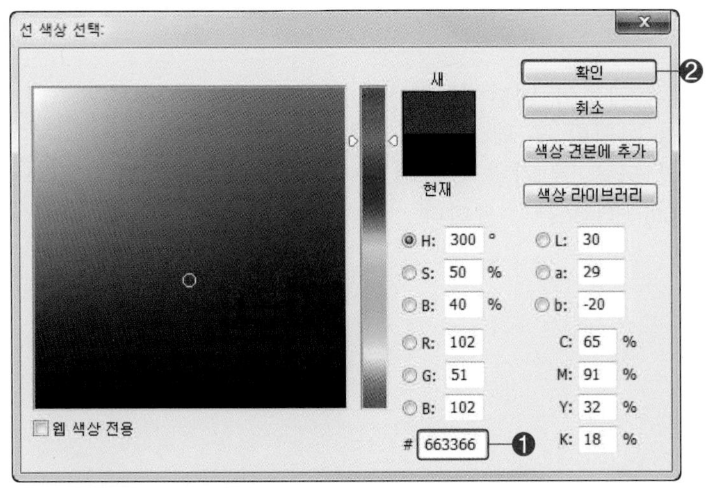

07 [레이어 스타일(Layer Style)] 대화상자의 [선(Stroke)] 스타일이 다시 나타나면 [확인(OK)] 단추를 클릭합니다.

08 텍스트에 변형을 주기 위해 옵션 바에서 [텍스트 변형(Warp Text)]을 클릭합니다.

09 [텍스트 변형(Warp Text)] 대화상자가 나타나면 스타일(상승)을 선택한 후 구부리기(+50%)를 지정한 다음 [확인(OK)] 단추를 클릭합니다.

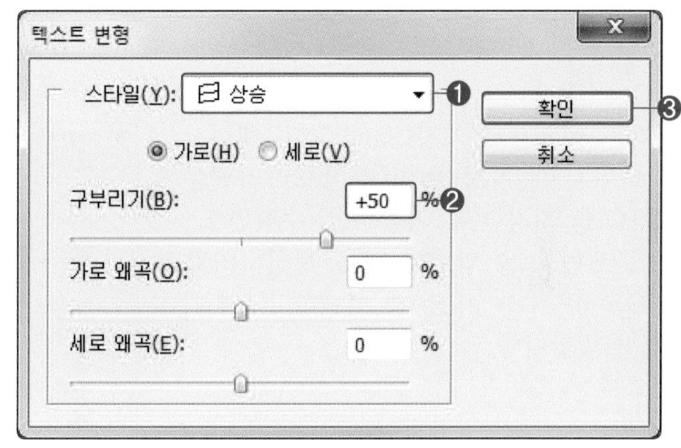

10 도구 상자(Tool Box)에서 [이동 도구(Move Tool)]를 선택한 후 드래그하여 위치를 이동합니다.

STEP 06 답안 저장 및 전송하기

01 작성한 답안을 저장하기 위해 [파일(File)]-[저장(Save)]을 클릭합니다.

02 [다른 이름으로 저장(Save As)] 대화상자가 나타나면 저장 위치(라이브러리₩문서₩GTQ)를 지정한 후 파일 이름(수험번호-성명-문제번호)을 입력한 다음 형식(JPEG(*.JPG;*.JPEG;*.JPE))을 선택하고 [저장] 단추를 클릭합니다.

03 [JPEG 옵션(JPEG Options)] 대화상자가 나타나면 품질(Quality)을 지정한 후 [확인(OK)] 단추를 클릭합니다.

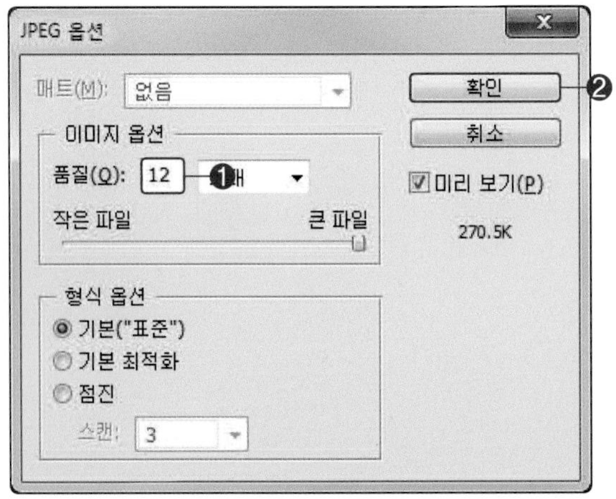

04 PSD 파일로 저장하기 위해 [이미지(Image)]-[이미지 크기(Image Size)]를 클릭합니다.

05 [이미지 크기(Image Size)] 대화상자가 나타나면 폭(40)을 입력한 후 [확인(OK)] 단추를 클릭합니다.

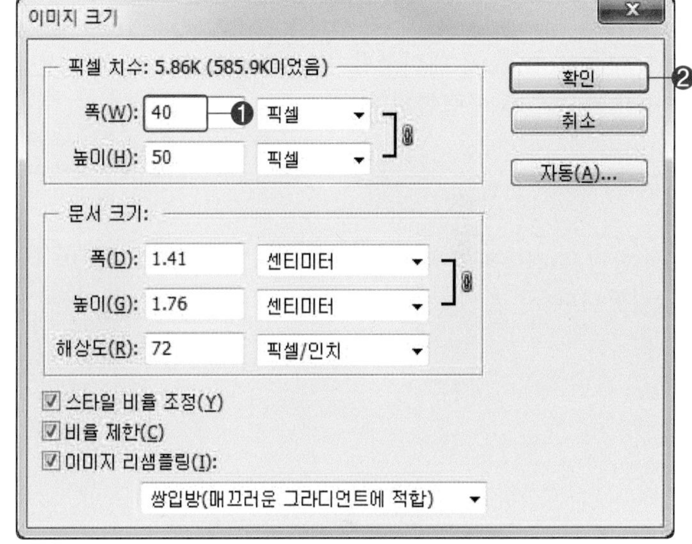

Tip

[이미지 크기(Image Size)] 대화상자의 [비율 제한]이 체크되어 있을 경우 폭(Width)을 입력하면 비율에 맞게 높이(Height)의 값이 자동으로 변경됩니다.

06 이미지 크기가 변경되면 [파일(File)]-[저장(Save)]을 클릭합니다.

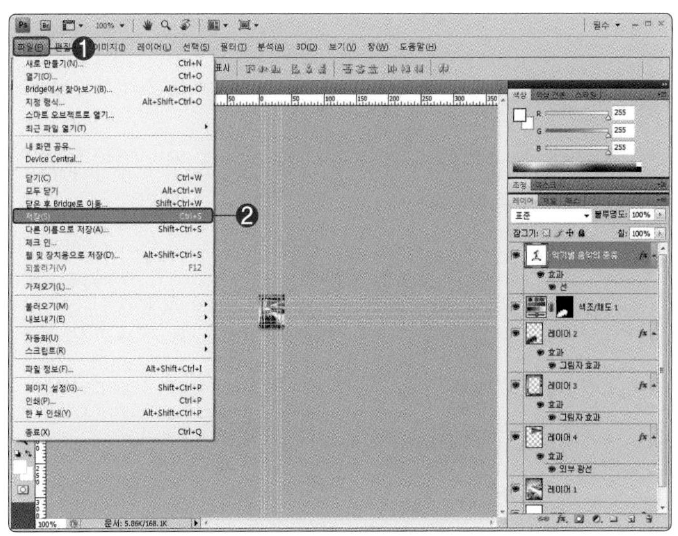

07 [다른 이름으로 저장(Save As)] 대화상자가 나타나면 저장 위치(라이브러리₩문서₩GTQ)를 지정한 후 파일 이름(수험번호-성명-문제번호)을 입력한 다음 형식(Photoshop (*.PSD;*.PDD))를 선택하고 [저장] 단추를 클릭합니다.

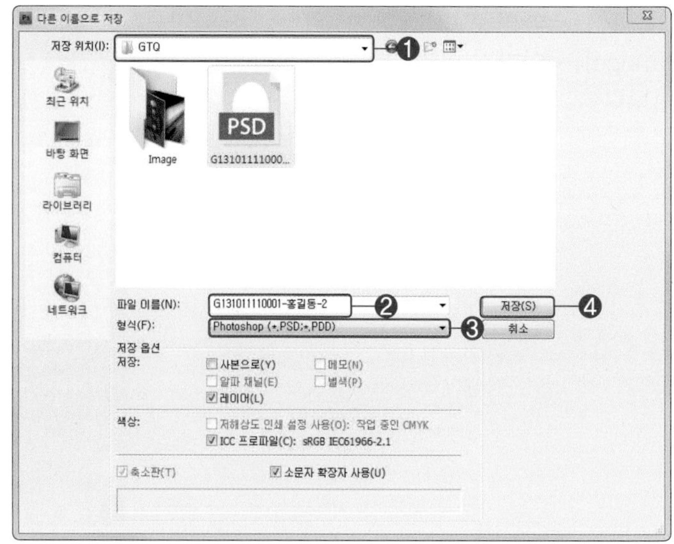

08 [Photoshop 형식 옵션(Photoshop Format Options)] 대화상자가 나타나면 [확인(OK)] 단추를 클릭합니다.

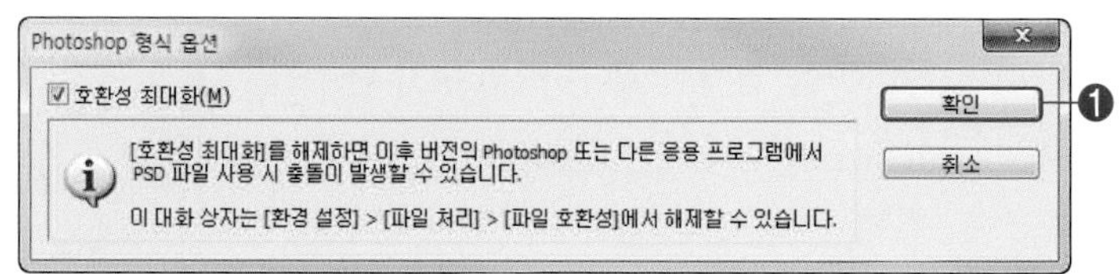

09 답안을 전송하기 위해 [최소화] 단추를 클릭합니다.

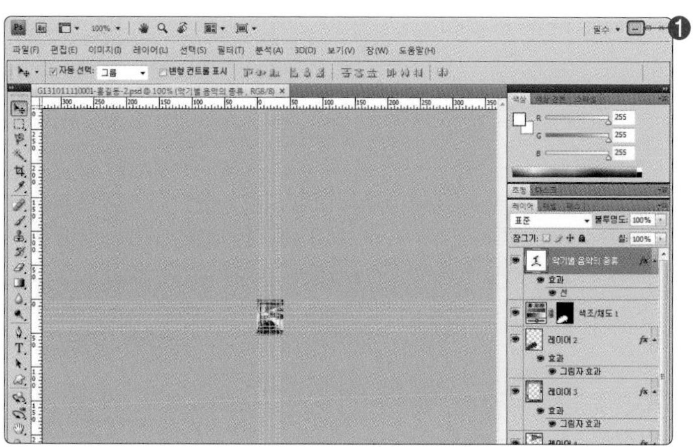

10 KOAS 수험자용 프로그램에서 [답안 전송] 단추를 클릭합니다.

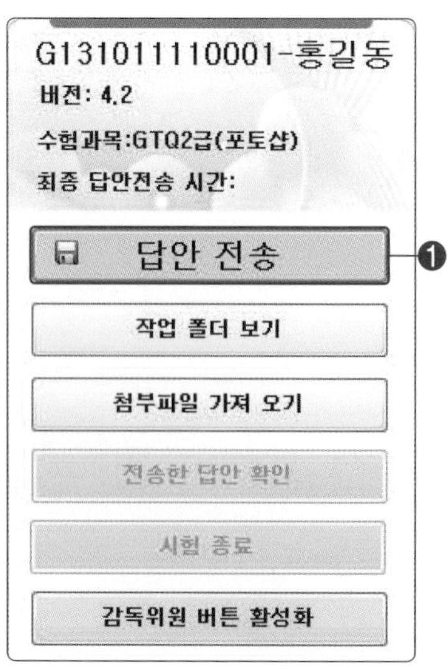

11 [MessageBox] 대화상자가 나타나면 [예] 단추를 클릭합니다.

12 [고사실 PC로 답안 파일 보내기] 대화상자가 나타나면 전송할 파일을 선택한 후 [답안전송] 단추를 클릭합니다.

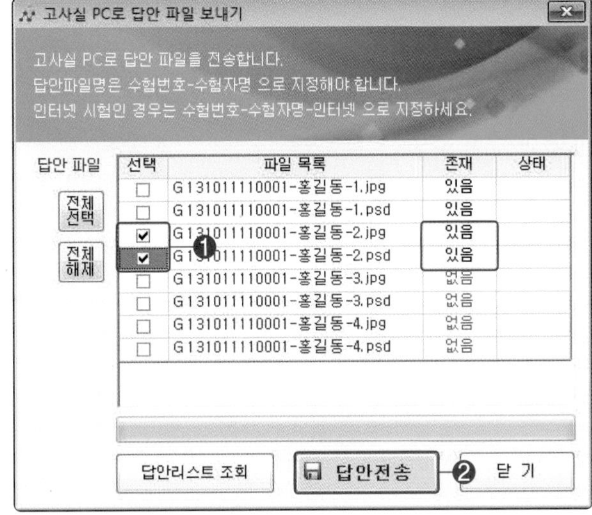

Tip

전송하고자 하는 파일의 존재 여부가 '없음'으로 표시되면 파일명 및 저장 위치를 확인합니다.

13 [MessageBox] 대화상자가 나타나면 [확인] 단추를 클릭합니다.

14 [고사실 PC로 답안 파일 보내기] 대화상자가 다시 나타나면 [닫기] 단추를 클릭합니다.

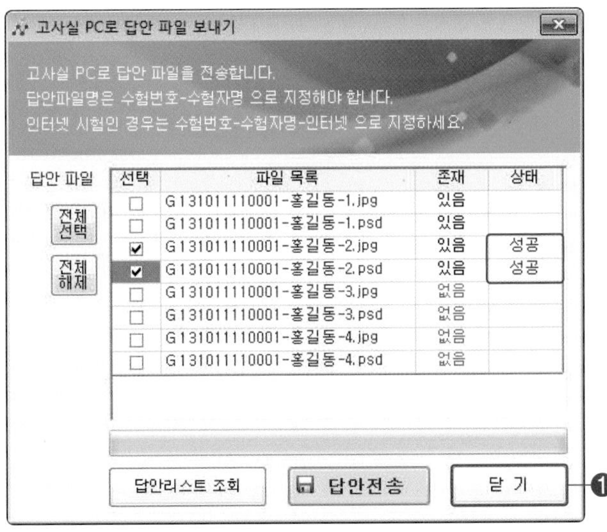

Tip

전송한 파일의 상태 여부가 '성공'으로 표시되는지 확인합니다.

문제유형 01 [기능평가] 사진편집 기초 [20점]

다음의 ≪조건≫에 따라 아래의 ≪출력형태≫와 같이 작업하시오.

《조건》

원본 이미지	내문서₩GTQ₩Image₩2급-1.jpg, 2급-2.jpg, 2급-3.jpg		
파일 저장 규칙	JPG	파일명	내문서₩GTQ₩수험번호-성명-2.jpg
		크기	400 × 500 pixels
	PSD	파일명	내문서₩GTQ₩수험번호-성명-2.psd
		크기	40 × 50 pixels

1. 그림 효과
   ① 색상 보정 : 2급-2.jpg – 빨간색 계열로 보정
   ② 액자 제작 :
   필터 – Tiles(타일),
   안쪽 테두리 (4px, #338877),
   레이어 스타일 – Drop Shadow(그림자 효과)
   ③ 2급-4.jpg : 레이어 스타일 – Outer Glow(외부 광선)

2. 문자 효과
   ① H+N (Arial, Bold, 60pt, #ffffff,
   레이어 스타일 – Drop Shadow(그림자 효과))

《출력형태》

문제유형 02 [기능평가] 사진편집 기초 [20점]

다음의 ≪조건≫에 따라 아래의 ≪출력형태≫와 같이 작업하시오.

《조건》

원본 이미지	내문서₩GTQ₩Image₩2급-4.jpg, 2급-5.jpg		
파일 저장 규칙	JPG	파일명	내문서₩GTQ₩수험번호-성명-2.jpg
		크기	400 × 500 pixels
	PSD	파일명	내문서₩GTQ₩수험번호-성명-2.psd
		크기	40 × 50 pixels

1. 그림 효과
   ① 색상 보정 : 2급-4.jpg – 보라색 계열로 보정
   ② 액자 제작 :
   필터 – Texturizer(텍스처화),
   안쪽 테두리 (5px, #ff9900),
   레이어 스타일 – Drop Shadow(그림자 효과)
   ③ 2급-5.jpg : 레이어 스타일 – Outer Glow(외부 광선)

2. 문자 효과
   ① 세계양궁선수권대회 (굴림, 30pt, #ffffff, 레이어 스타일 – Drop Shadow(그림자 효과), Stroke(선/획)(2px, #ff0000))
   ② 기간 : 2018년 9월 1일~9일 (굴림, 16pt, #ffffff)
   ③ 장소 : 울산 문수국제양궁장 (굴림, 16pt, #ffffff)

《출력형태》

문제유형 03 [기능평가] 사진편집 기초 [20점]

다음의 ≪조건≫에 따라 아래의 ≪출력형태≫와 같이 작업하시오.

《조건》

원본 이미지	내문서₩GTQ₩Image₩2급-6.jpg, 2급-7.jpg, 2급-8.jpg		
파일 저장 규칙	JPG	파일명	내문서₩GTQ₩수험번호-성명-3.jpg
		크기	400 × 500 pixels
	PSD	파일명	내문서₩GTQ₩수험번호-성명-3.psd
		크기	40 × 50 pixels

1. 그림 효과
   ① 색상 보정 : 2급-7.jpg - 초록색 계열로 보정
   ② 액자 제작 :
   바깥 테두리 (#0066cc),
   필터 - Patchwork(패치워크),
   안쪽 테두리 (7px, #003366)
   ③ 2급-8.jpg : 레이어 스타일 - Drop Shadow(그림자 효과)

2. 문자 효과
   ① 더 높이 더 멀리~ (궁서, 32pt, #ff0000, 레이어 스타일 - Stroke(선/획)(2px, #ddff77), Drop Shadow(그림자 효과))

《출력형태》

문제유형 04 [기능평가] 사진편집 기초 [20점]

다음의 ≪조건≫에 따라 아래의 ≪출력형태≫와 같이 작업하시오.

《조건》

원본 이미지	내문서₩GTQ₩Image₩2급-9.jpg, 2급-10.jpg, 2급-11.jpg		
파일 저장 규칙	JPG	파일명	내문서₩GTQ₩수험번호-성명-4.jpg
		크기	400 × 500 pixels
	PSD	파일명	내문서₩GTQ₩수험번호-성명-4.psd
		크기	40 × 50 pixels

1. 그림 효과
   ① 색상 보정 : 2급-11.jpg - 빨간색 계열로 보정
   ② 액자 제작 :
   바깥 테두리 (#99ccff),
   필터 - Texturizer(텍스처화),
   안쪽 테두리 (6px, #000000)
   ③ 2급-11.jpg : 레이어 스타일 - Outer Glow(외부 광선)

2. 문자 효과
   ① 고양세계꽃박람회 (돋움, 18pt, #000000, 레이어 스타일 - Stroke(선/획)(2px, #ffcc00), Drop Shadow(그림자 효과))

《출력형태》

문제유형 05 [기능평가] 사진편집 기초 [20점]

다음의 ≪조건≫에 따라 아래의 ≪출력형태≫와 같이 작업하시오.

《조건》

원본 이미지	내문서₩GTQ₩Image₩2급-12.jpg, 2급-13.jpg, 2급-14.jpg	
파일 저장 규칙	JPG	파일명	내문서₩GTQ₩수험번호-성명-5.jpg
		크기	400 × 500 pixels
	PSD	파일명	내문서₩GTQ₩수험번호-성명-5.psd
		크기	40 × 50 pixels

1. 그림 효과
   ① 색상 보정 : 2급-13.jpg - 보라색 계열로 보정, 레이어 스타일 - Outer Glow(외부 광선)
   ② 액자 제작 : 바깥 테두리 (#ffff00), 필터 - Sponge(스폰지 효과), 안쪽 테두리(5px, #00ffff), 레이어 스타일 - Drop Shadow(그림자 효과)
   ③ 2급-14.jpg : 레이어 스타일 - Drop Shadow(그림자 효과)
2. 문자 효과
   ① 귀여운 고양이 (궁서, 24pt, #000000, 레이어 스타일 - Drop Shadow(그림자 효과))

《출력형태》

문제유형 06 [기능평가] 사진편집 기초 [20점]

다음의 ≪조건≫에 따라 아래의 ≪출력형태≫와 같이 작업하시오.

《조건》

원본 이미지	내문서₩GTQ₩Image₩2급-15.jpg, 2급-16.jpg, 2급-17.jpg	
파일 저장 규칙	JPG	파일명	내문서₩GTQ₩수험번호-성명-6.jpg
		크기	400 × 500 pixels
	PSD	파일명	내문서₩GTQ₩수험번호-성명-6.psd
		크기	40 × 50 pixels

1. 그림 효과
   ① 색상 보정 : 2급-15.jpg - 녹색 계열로 보정
   (부채의 빨간 부분을 녹색 계열로 보정)
   ② 액자 제작 : 바깥 테두리 (#996633), 필터 - Texturizer(텍스처화), 안쪽 테두리(5px, #ff99ff), 레이어 스타일 - Drop Shadow(그림자 효과)
   ③ 2급-17.jpg : 레이어 스타일 - Outer Glow(외부 광선)
2. 문자 효과
   ① 한국문화축제 (궁서, 40pt, #ffffff, 레이어 스타일 - Stroke(선/획)(2px, #993333))

《출력형태》

문제유형 07 [기능평가] 사진편집 기초 [20점]

다음의 ≪조건≫에 따라 아래의 ≪출력형태≫와 같이 작업하시오.

《조건》

원본 이미지	내문서₩GTQ₩Image₩2급-18.jpg, 2급-19.jpg, 2급-20.jpg		
파일 저장 규칙	JPG	파일명	내문서₩GTQ₩수험번호-성명-7.jpg
		크기	400 × 500 pixels
	PSD	파일명	내문서₩GTQ₩수험번호-성명-7.psd
		크기	40 × 50 pixels

1. 그림 효과
   ① 색상 보정 : 2급-19.jpg – 파란색 계열로 보정
   레이어 스타일 – Drop Shadow(그림자 효과)
   ② 액자 제작 :
   바깥 테두리 (#660000),
   필터 – Mosaic Tiles(모자이크 타일),
   안쪽 테두리 (5px, #ff9900),
   레이어 스타일 – Drop Shadow(그림자 효과)
   ③ 2급-20.jpg : 레이어 스타일 – Drop Shadow(그림자 효과)

2. 문자 효과
   ① Beauty of KOREA (Arial, Regular, 35pt, #0033ff,
   레이어 스타일 – Stroke(선/획)(3px, #ffffff),
   Drop Shadow(그림자 효과))

《출력형태》

문제유형 08 [기능평가] 사진편집 기초 [20점]

다음의 ≪조건≫에 따라 아래의 ≪출력형태≫와 같이 작업하시오.

《조건》

원본 이미지	내문서₩GTQ₩Image₩2급-21.jpg, 2급-22.jpg, 2급-23.jpg		
파일 저장 규칙	JPG	파일명	내문서₩GTQ₩수험번호-성명-8.jpg
		크기	400 × 500 pixels
	PSD	파일명	내문서₩GTQ₩수험번호-성명-8.psd
		크기	40 × 50 pixels

1. 그림 효과
   ① 색상 보정 : 2급-23.jpg – 하늘색 계열로 보정,
   레이어 스타일 – Outer Glow(외부 광선)
   ② 액자 제작 :
   필터 – Patchwork(패치워크/이어붙이기),
   안쪽 테두리 (5px, #ff0000),
   레이어 스타일 – Drop Shadow(그림자 효과)
   ③ 2급-22.jpg : 레이어 스타일 – Drop Shadow(그림자 효과)

2. 문자 효과
   ① 책을 읽자 (굴림, 50pt, #006699,
   레이어 스타일 – Stroke(선/획)(2px, #ffffff))

《출력형태》

[기능평가] 사진편집

레이어를 사용하여 이미지의 다른 요소에 손상을 주지 않고 하나의 요소에만 적용할 수 있습니다. 레이어는 차곡차곡 쌓아올린 투명한 아세트지라고 생각하면 됩니다. GTQ 시험에서는 레이어 편집 및 문자를 이용한 효과에 대해 알고 있어야 합니다.

문제3 • [기능평가] 사진편집

다음의 ≪조건≫에 따라 아래의 ≪출력형태≫와 같이 작업하시오.

《조건》

원본 이미지	내문서₩GTQ₩Image₩2급-5.jpg, 2급-6.jpg, 2급-7.jpg, 2급-8.jpg		
파일 저장 규칙	JPG	파일명	내문서₩GTQ₩수험번호-성명-3.jpg
		크기	600 × 400 pixels
	PSD	파일명	내문서₩GTQ₩수험번호-성명-3.psd
		크기	60 × 40 pixels

1. 그림 효과
   ① 배경 : #000000
   ② 2급-5.jpg : 필터 - Water Paper(물 종이/젖은 종이), 레이어 마스크 - 세로 방향으로 흐릿하게
   ③ 2급-6.jpg : 레이어 스타일 - Drop Shadow(그림자 효과)
   ④ 2급-7.jpg : 레이어 스타일 - Drop Shadow(그림자 효과), 그라디언트 오버레이(#003333, #ffffff)
   ⑤ 2급-8.jpg : 레이어 스타일 - Bevel and Emboss(경사와 엠보스), Opacity(불투명도)(70%)
   ⑥ 그 외 《출력형태》 참조

2. 문자 효과
   ① 시대별 대표 작곡가 (돋움, 40pt, 레이어 스타일 - Drop Shadow(그림자 효과), 그라디언트 오버레이(#ff0033, #ffffff), Stroke(선/획)(2px, #660000))
   ② Baroque Music (바탕, 45pt, #ffff99, 레이어 스타일 - Drop Shadow(그림자 효과), Stroke(선/획)(2px, #660000))

《출력형태》

Shape Tool(모양 도구) 사용
#ffffff, 레이어 스타일 - Outer Glow(외부 광선)

Shape Tool(모양 도구) 사용
레이어 스타일 -
그라디언트 오버레이
(#ff99cc, #ffff00, #ff99cc),
Outer Glow(외부 광선)

STEP 01 이미지 창 생성 및 배경 지정하기

01 [파일(File)]-[새로 만들기(New)]를 클릭합니다.

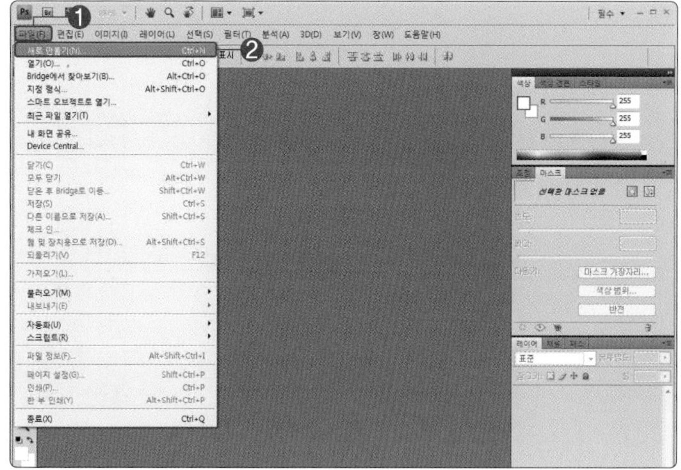

02 [새로 만들기(New)] 대화상자가 나타나면 폭(Width)과 높이(Height)를 입력한 후 해상도(Resolution)를 입력한 다음 [확인(OK)] 단추를 클릭합니다.

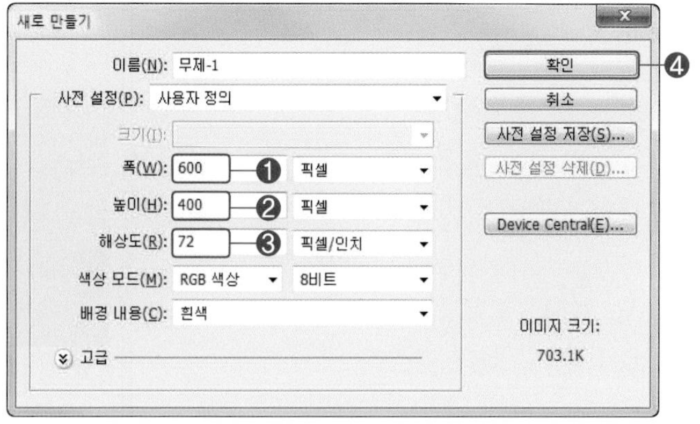

Tip

별도의 지시사항이 없을 경우 기본값을 사용

- 해상도(Resolution) : 72 픽셀/인치
- 색상 모드(Color Mode) : RGB 색상
- 배경 내용(Background) : 흰색(White)

03 눈금자를 드래그하여 안내선(Guides)을 100 픽셀(pixels) 단위로 작성합니다.

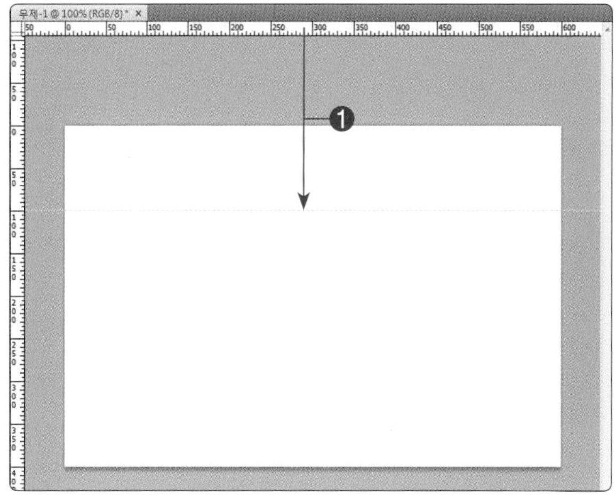

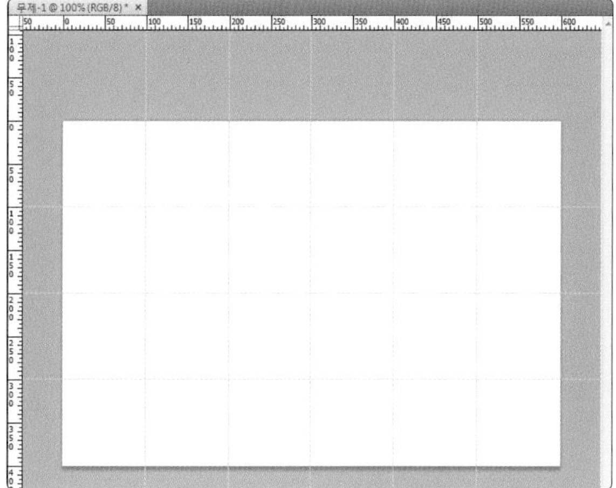

Tip

안내선(Guides)

- 안내선(Guides)은 작업의 편의를 위한 일종의 기준선 또는 가이드를 말합니다.
- 만들어진 안내선은 Ctrl+;를 눌러 나타내거나 숨길 수 있습니다.
- 생성된 안내선은 [이동 도구]를 클릭한 후 마우스로 드래그하여 위치를 이동하거나 삭제할 수 있습니다.

04 배경을 지정하기 위해 도구 상자(Tool Box)에서 전경색 설정(Set foreground color)을 클릭합니다.

05 [색상 피커(Color Picker)] 대화상자가 나타나면 색상(000000)을 입력한 후 [확인(OK)] 단추를 클릭합니다.

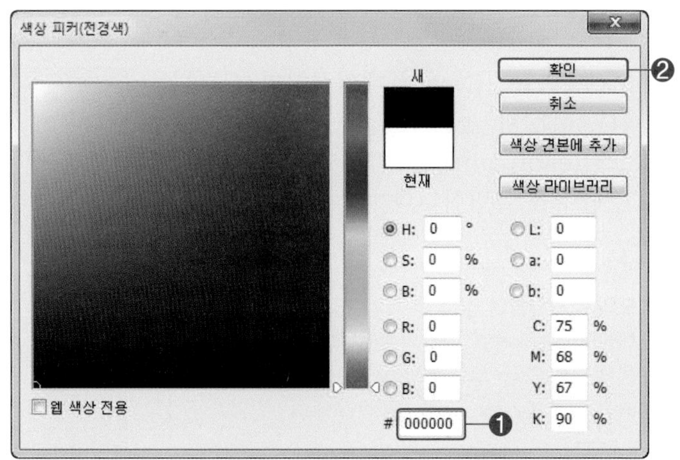

06 전경색이 변경되면 Alt+Delete를 눌러 배경에 전경색을 지정합니다.

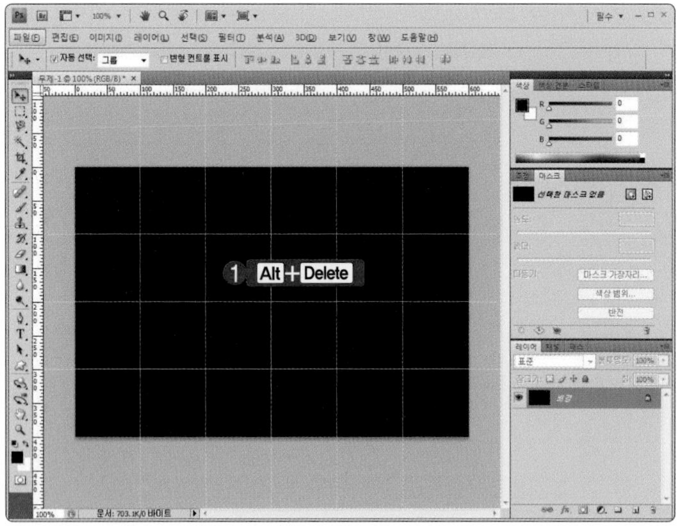

STEP 02 필터 및 레이어 마스크 작성하기

01 [파일(File)]-[열기(Open)]를 클릭한 후 [열기(Open)] 대화상자가 나타나면 파일(2급-5)을 선택한 다음 [열기] 단추를 클릭합니다.

02 파일의 크기를 변경하기 위해 [이미지(Image)]-[이미지 크기(Image Size)]를 클릭한 후 [이미지 크기(Image Size)] 대화상자가 나타나면 높이(400)를 입력한 다음 [확인(OK)] 단추를 클릭합니다.

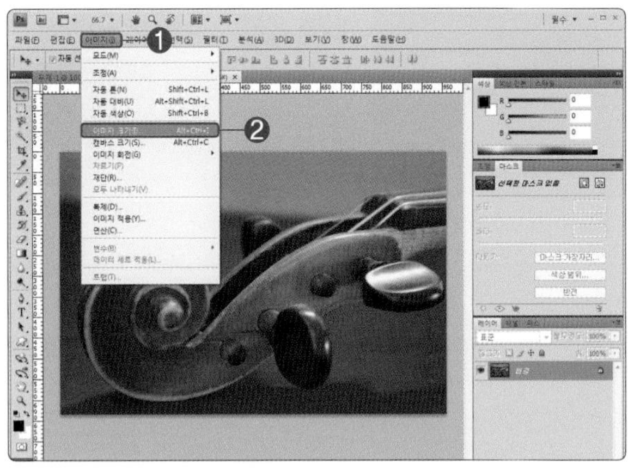

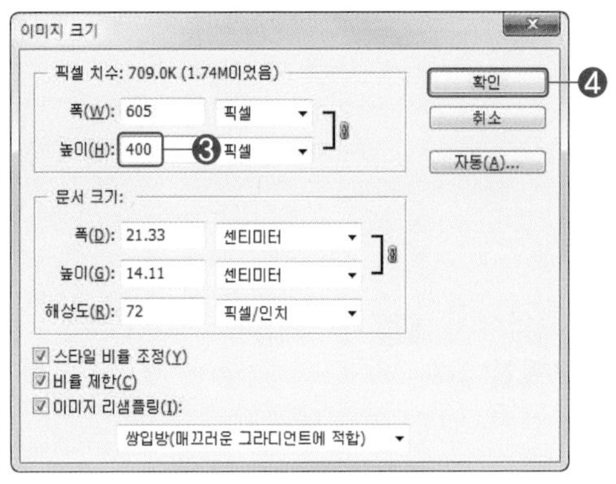

03 이미지 크기가 수정되면 모두 선택(Ctrl+A)한 후 복사(Ctrl+C)를 한 다음 [무제-1] 문서 탭을 클릭하여 작업 이미지 창으로 이동하고 붙여넣기(Ctrl+V)를 실행합니다.

04 [2급-5.JPG] 문서탭의 ×[닫기] 단추를 클릭한 후 [닫기전 변경한 내용을 저장하시겠습니까?]라고 묻는 대화상자가 나타나면 [아니오] 단추를 클릭합니다.

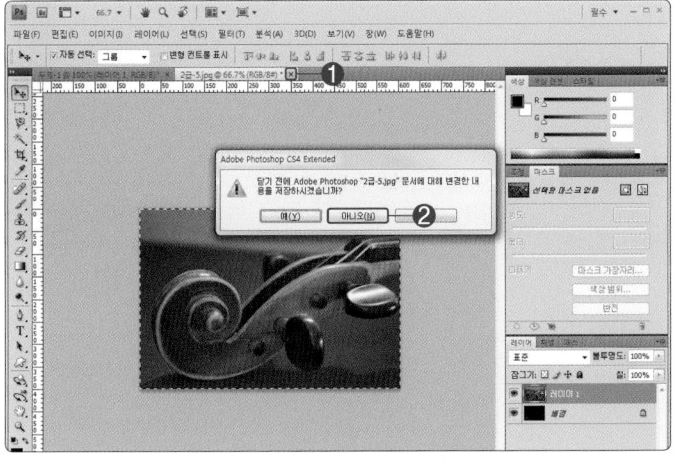

05 필터를 지정하기 위해 [필터(Filter)]-[스케치 효과(Sketch)]-[물 종이(Water Paper)]를 클릭합니다.

06 [물 종이(Water Paper)] 대화상자가 나타나면 섬유 길이(Fiber Length), 명도(Brightness), 대비(Contrast)를 지정한 후 [확인(OK)] 단추를 클릭합니다.

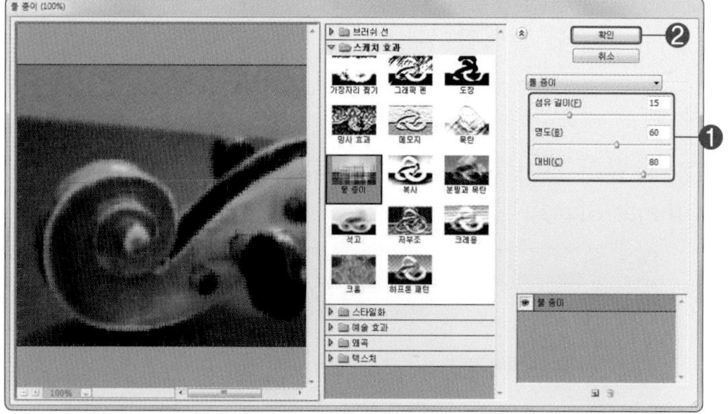

07 레이어 패널에서 [레이어 마스크(Layer Mask)]를 클릭합니다.

08 레이어 마스크가 추가되면 도구 상자(Tool Box)에서 [그라디언트 도구(Gradient Tool)]를 선택한 후 옵션 바에서 를 클릭한 다음 를 선택하고 이미지의 위쪽 부분을 중심으로 아래에서 위로 드래그하여 세로 방향으로 흐릿하게 작성합니다.

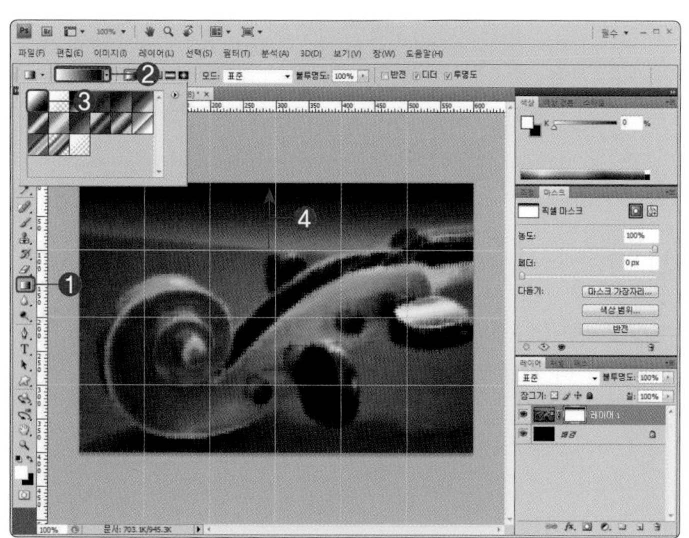

Tip

레이어 마스크(Layer Mask)의 모양이 출력형태와 다를 경우 Ctrl+Z 또는 Alt+Ctrl+Z를 눌러 이전 단계로 되돌린 후 다시 드래그하여 레이어 마스크를 작성합니다.

STEP 03 이미지 복사 및 레이어 스타일 지정하기 – 1

01 [파일(File)]–[열기(Open)]를 클릭한 후 [열기(Open)] 대화상자가 나타나면 파일(2급–6)을 선택한 다음 [열기] 단추를 클릭합니다.

02 이미지 작업 창의 크기를 조절한 후 도구 상자(Tool Box)에서 [돋보기 도구(Zoom Tool)]를 선택한 다음 바이올린을 확대합니다.

03 이미지가 확대되면 도구 상자(Tool Box)에서 [자석 올가미 도구(Magnetic Lasso Tool)]를 선택한 후 옵션 바에서 빈도 수(100)를 지정합니다.

04 시작 지점을 클릭한 후 바이올린을 따라 마우스를 드래그하여 선택 영역으로 지정합니다.

Tip

자석 올가미 도구(Magnetic Lasso Tool)로 선택 영역을 지정할 때에 화면 보다 이미지가 큰 경우 SpaceBar를 누른 상태에서 드래그하여 이동합니다.

05 바이올린이 선택되면 복사(Ctrl+C)를 한 후 [무제-1] 문서 탭을 클릭하여 작업 이미지 창으로 이동한 다음 붙여넣기(Ctrl+V)를 실행하고 [2급-6.JPG] 문서탭의 × [닫기] 단추를 클릭하여 문서를 닫습니다.

06 [편집(Edit)]-[변형(Transform)]-[가로로 뒤집기(Flip Horizontal)]를 눌러 이미지를 좌우 대칭 시킵니다.

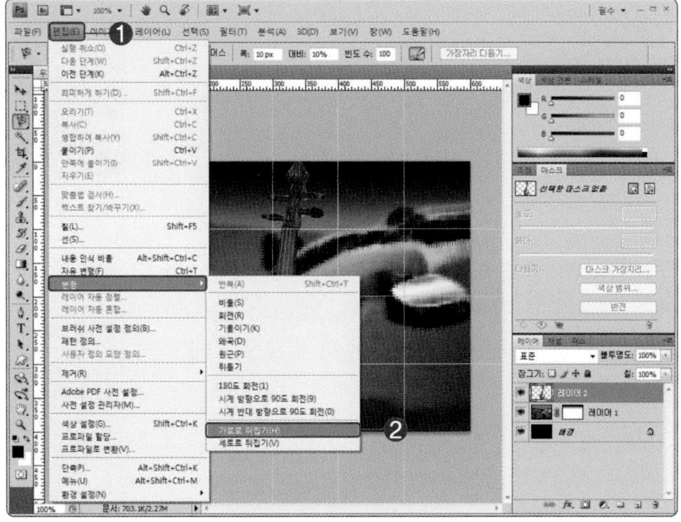

07 바이올린 크기를 변경하기 위해 [편집(Edit)]-[자유 변형(Free Transform)]을 클릭합니다.

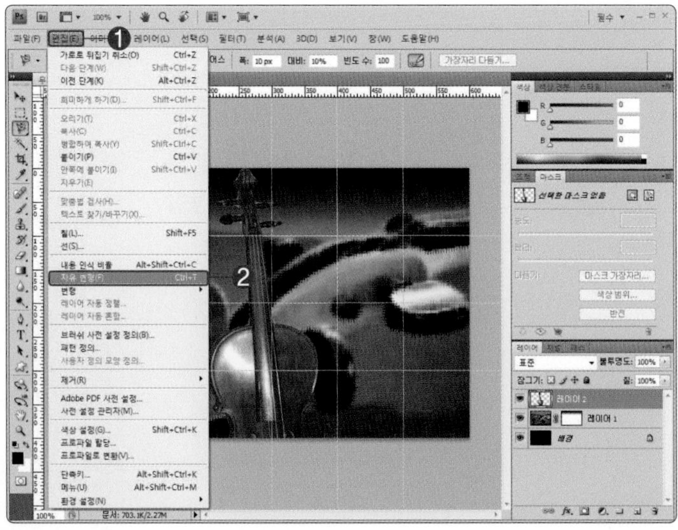

08 크기 조절점이 표시되면 드래그하여 크기를 조절한 후 위치를 이동한 다음 Enter를 누릅니다.

Tip

자율변형에 사용하는 키

- Shift : 같은 비율로 확대/축소
- Alt : 가운데를 기준으로 확대/축소
- Shift+Alt : 가운데를 기준으로 같은 비율로 확대/축소

09 레이어 패널에서 fx[레이어 스타일(Layer Style)]을 클릭한 후 [그림자 효과(Drop Shadow)]를 클릭합니다.

10 [레이어 스타일(Layer Style)] 대화상자의 [그림자 효과(Drop Shadow)] 스타일이 나타나면 속성을 지정한 후 [확인(OK)] 단추를 클릭합니다.

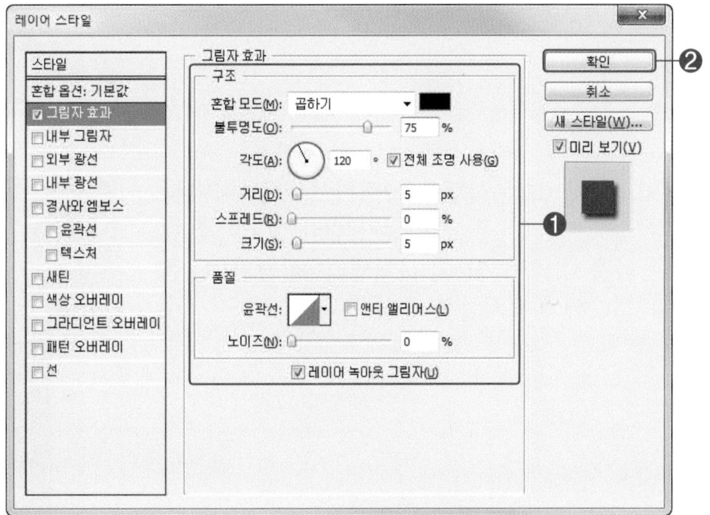

Tip

《출력형태》의 그림자 방향을 보고 수험자가 각도를 임의로 지정합니다.

STEP 04 이미지 복사 및 레이어 스타일 지정하기 – 2

01 [파일(File)]–[열기(Open)]를 클릭한 후 [열기(Open)] 대화상자가 나타나면 파일(2급–7)을 선택한 다음 [열기] 단추를 클릭합니다.

02 도구 상자(Tool Box)에서 [자동 선택 도구(Magic Wand Tool)]를 선택한 후 옵션 바에서 허용치(Tolerance)에 '5'를 입력합니다.

03 선택 영역으로 지정할 부분을 클릭한 후 복사(Ctrl+C)를 합니다.

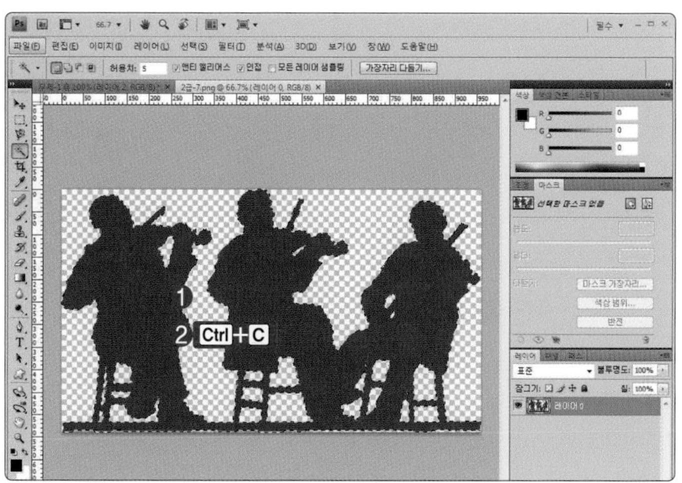

04 [무제–1] 문서탭을 클릭하여 작업 이미지 창으로 이동한 후 붙여넣기(Ctrl+V)를 실행한 다음 [2급–7.JPG] 문서탭의 [닫기] 단추를 클릭하여 문서를 닫습니다.

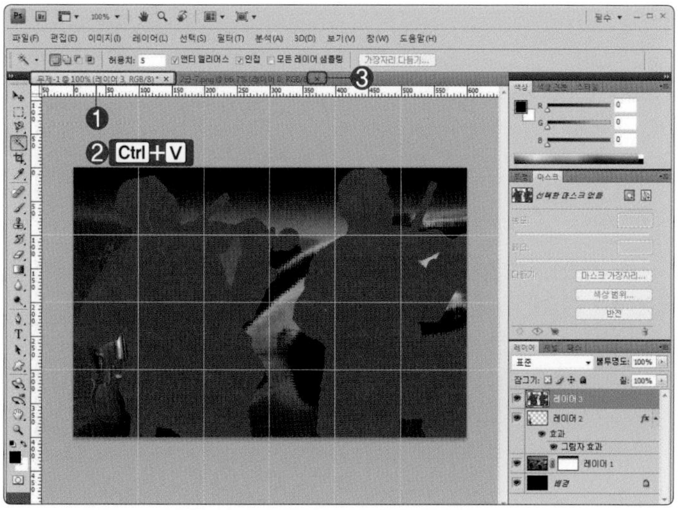

05 도구 상자(Tool Box)에서 [돋보기 도구(Zoom Tool)]를 선택한 후 Alt를 누른 상태에서 클릭하여 화면을 축소합니다.

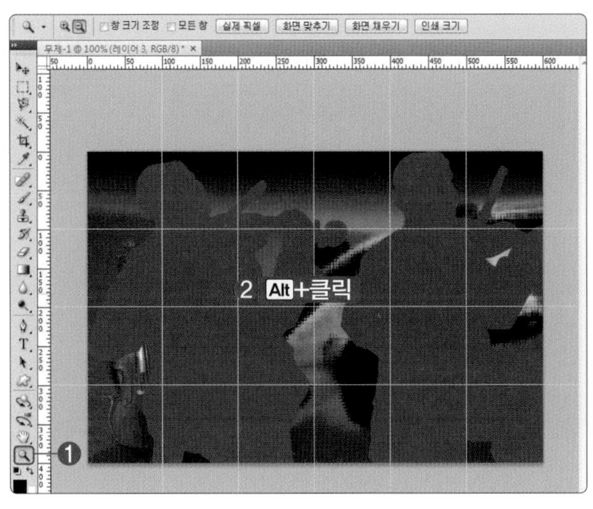

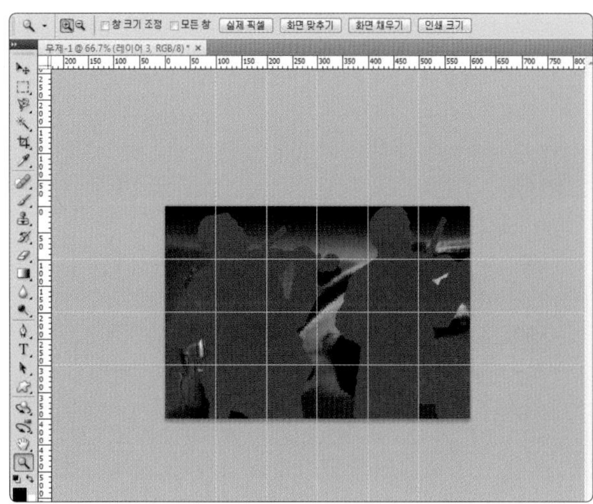

Tip

- [돋보기 도구(Zoom Tool)]에서 Alt는 확대와 축소를 서로 반전시키는 역할을 합니다.
- 현재 [돋보기 도구(Zoom Tool)]의 옵션에서 [확대]가 선택되어 있어 Alt를 누르고 클릭하면 작업창이 축소되는 것입니다.

06 복사된 인형의 크기를 조절하기 위해 [편집(Edit)]-[자유 변형(Free Transform)]을 클릭합니다.

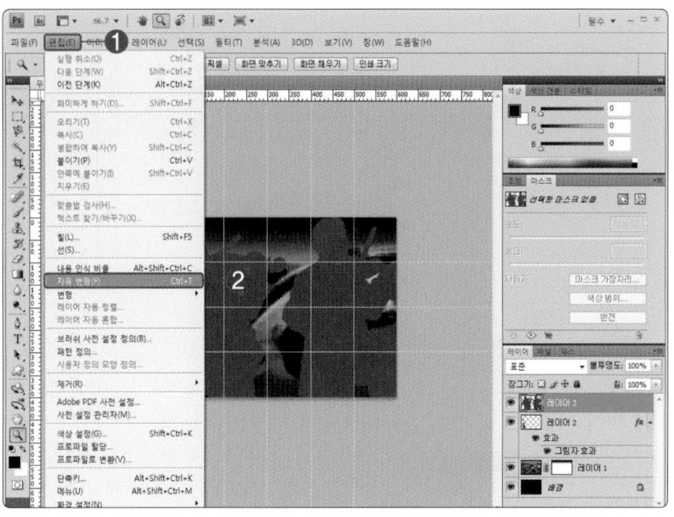

07 크기 조절점이 나타나면 조절점을 드래그하여 크기를 조절한 후 Enter를 누릅니다.

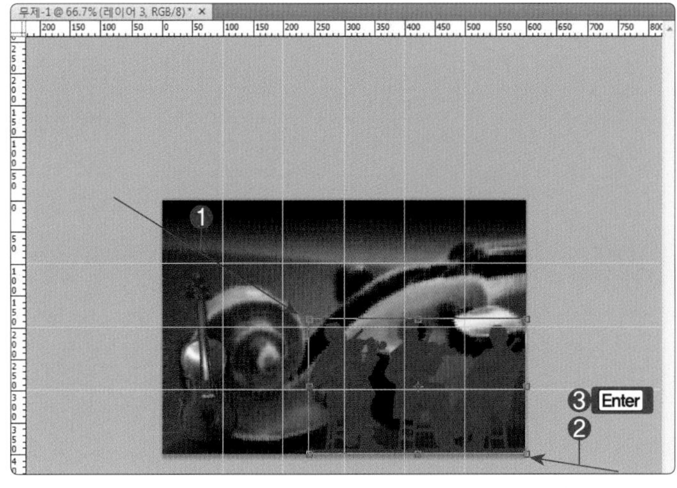

08 Ctrl+Alt+0을 눌러 이미지를 확대한 후 레이어 패널에서 fx.[레이어 스타일(Layer Style)]을 클릭한 다음 [그림자 효과(Drop Shadow)]를 클릭합니다.

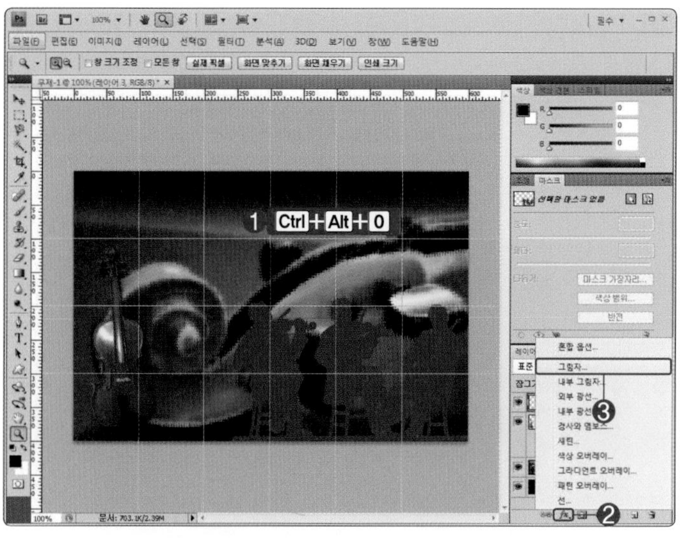

Tip

화면 배율 지정

- Ctrl+(+) : 100%씩 화면 배율을 확대
- Ctrl+(−) : 100%씩 화면 배율을 축소
- Ctrl+0 : 이미지 창 크기에 맞게 화면 배율을 지정
- Ctrl+Alt+0 : 현재 화면 배율에 관계없이 화면 배율을 원본 이미지의 100%로 지정

09 [레이어 스타일(Layer Style)] 대화상자의 [그림자 효과(Drop Shadow)] 스타일이 나타나면 속성을 지정한 후 [그라디언트 오버레이(Gradient Overlay)]를 클릭합니다.

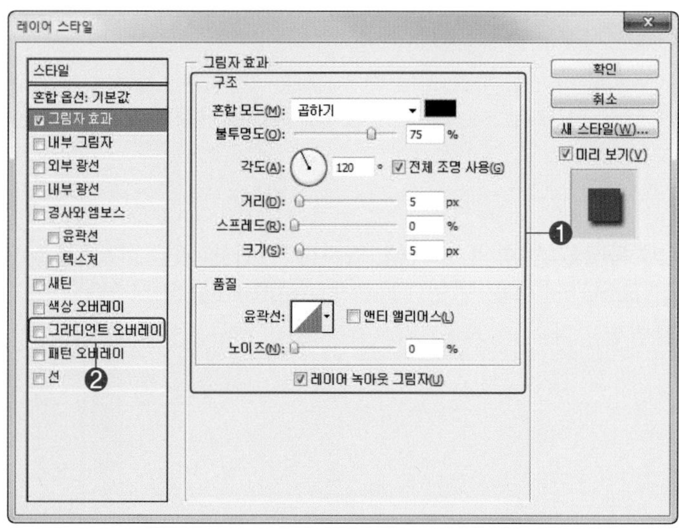

10 [레이어 스타일(Layer Style)] 대화상자의 [그라디언트 오버레이(Gradient Overlay)] 탭이 나타나면 [그라디언트 편집(Click to edit the Gradient)]을 클릭합니다.

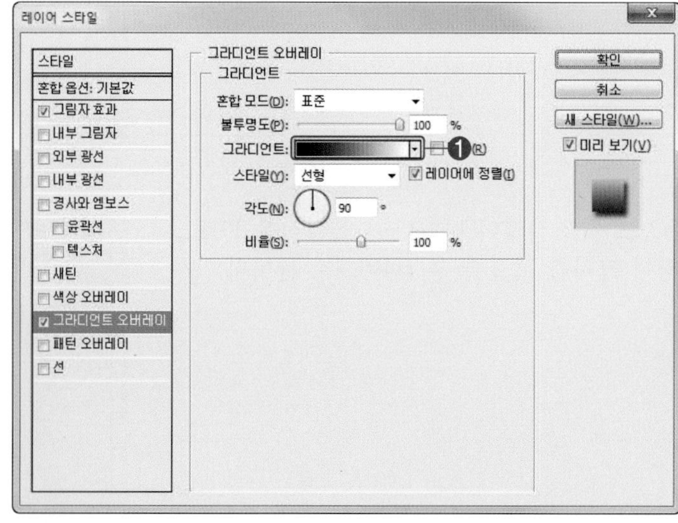

11 [그라디언트 편집기(Gradient Editor)] 대화상자가 나타나면 왼쪽 색상 정지점(Color Stop)]을 더블클릭합니다.

12 [색상 피커(Color Picker)] 대화상자가 나타나면 색상(003333)을 입력한 후 [확인(OK)] 단추를 클릭합니다.

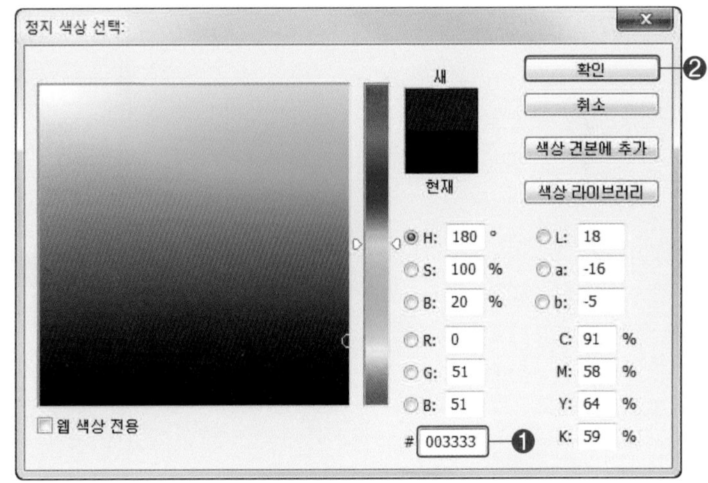

13 [그라디언트 편집기(Gradient Editor)] 대화상자가 다시 나타나면 오른쪽 색상 정지점(Color Stop)]을 더블클릭합니다.

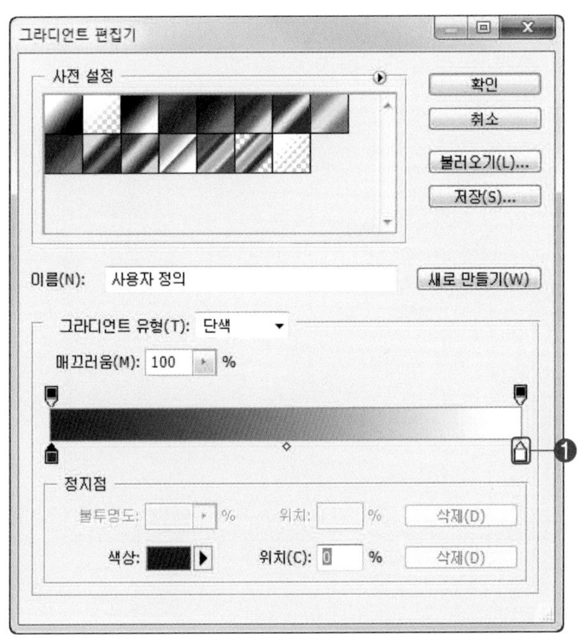

14 [색상 피커(Color Picker)] 대화상자가 나타나면 색상(ffffff)을 입력한 후 [확인(OK)] 단추를 클릭합니다.

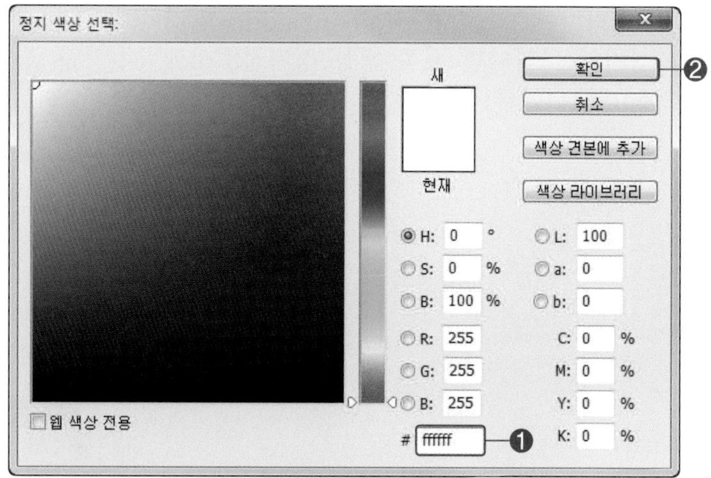

15 [그라디언트 편집기(Gradient Editor)] 대화상자가 다시 나타나면 [확인(OK)] 단추를 클릭합니다.

16 [레이어 스타일(Layer Style)] 대화상자의 [그라디언트 오버레이(Gradient Overlay)] 탭이 다시 나타나면 [확인(OK)] 단추를 클릭합니다.

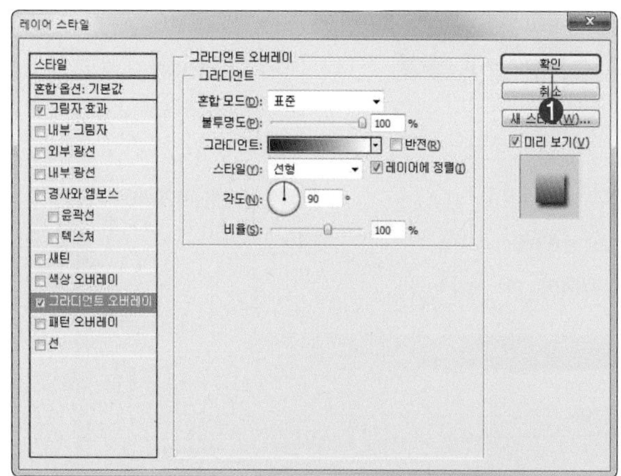

STEP 05 이미지 복사 및 레이어 스타일 지정하기 – 3

01 [파일(File)]–[열기(Open)]를 클릭한 후 [열기(Open)] 대화상자가 나타나면 파일(2급–8)을 선택한 다음 [열기] 단추를 클릭합니다.

02 이미지 파일이 나타나면 도구 상자(Tool Box)에서 [다각형 올가미 도구(Polygonal Lasso Tool)]를 선택합니다.

03 시작 지점을 클릭한 후 악보의 모서리 부분을 클릭하여 선택 영역으로 지정한 다음 복사(Ctrl+C)를 합니다.

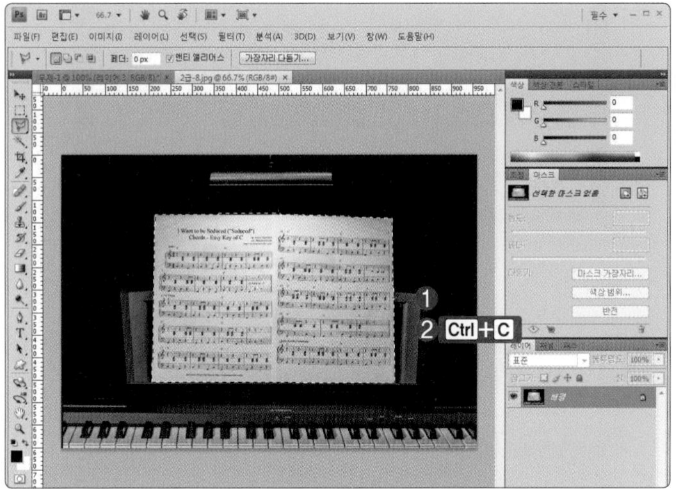

04 [무제–1] 문서탭을 클릭하여 작업 이미지 창으로 이동한 후 붙여넣기(Ctrl+V)를 실행한 다음 [2급–8.JPG] 문서탭의 [닫기] 단추를 클릭하여 문서를 닫습니다.

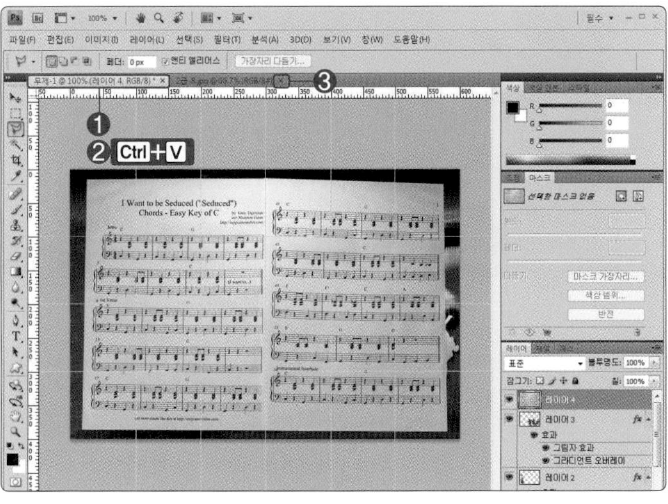

05 악보의 크기를 조절하기 위해 [편집(Edit)]–[자유 변형(Free Transform)]을 클릭합니다.

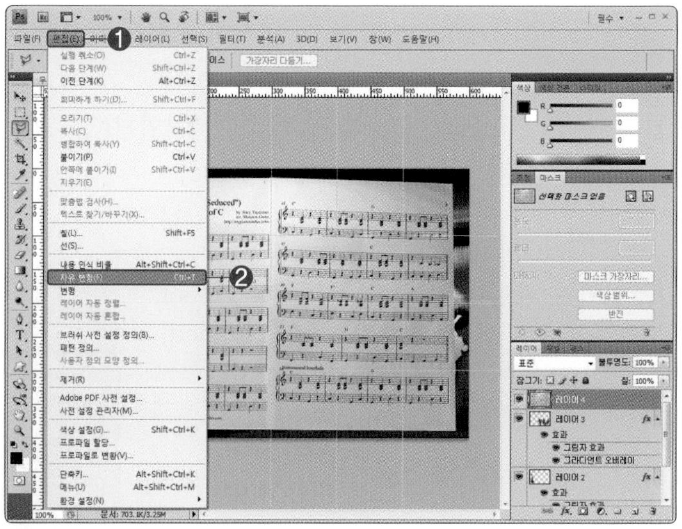

06 크기 조절점이 나타나면 조절점을 드래그하여 크기를 조절합니다.

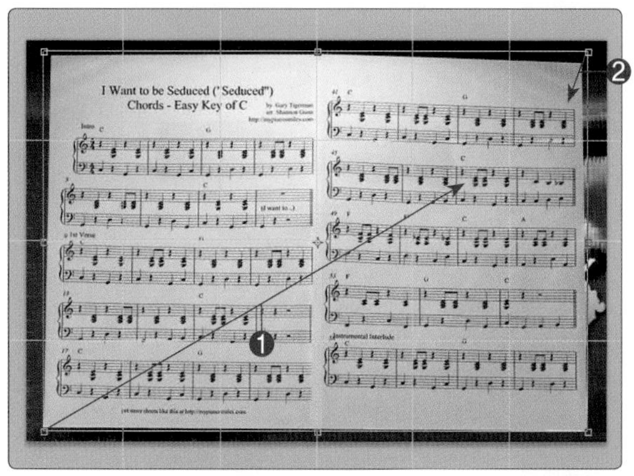

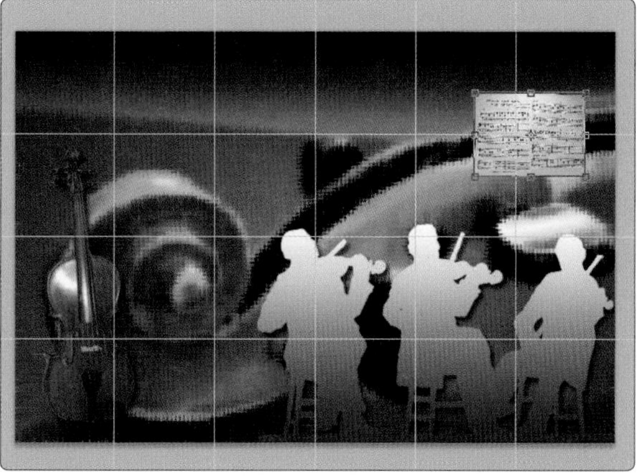

07 크기 조절점의 모서리 부분에 마우스 포인터를 위치시킨 후 마우스 포인터 모양이 ↶ 모양으로 변경되면 드래그하여 도형을 회전시킨 다음 Enter를 누릅니다.

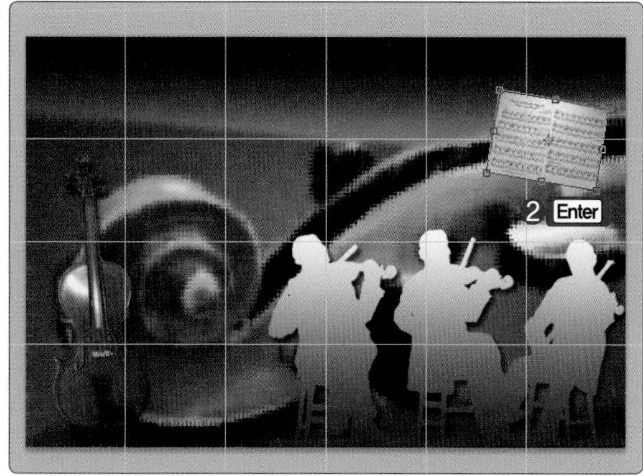

08 레이어 패널에서 fx.[레이어 스타일(Layer Style)]을 클릭한 후 [경사와 엠보스(Bevel and Emboss)]를 클릭합니다.

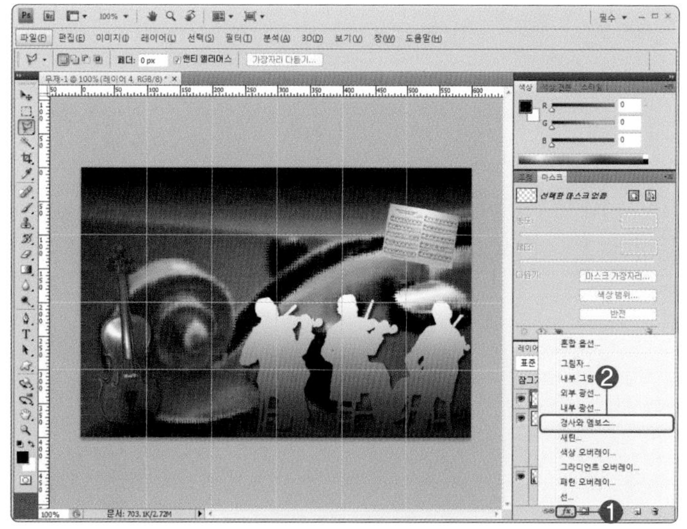

09 [레이어 스타일(Layer Style)] 대화상자의 [경사와 엠보스(Bevel and Emboss)] 스타일이 나타나면 속성을 지정한 후 [확인(OK)] 단추를 클릭합니다.

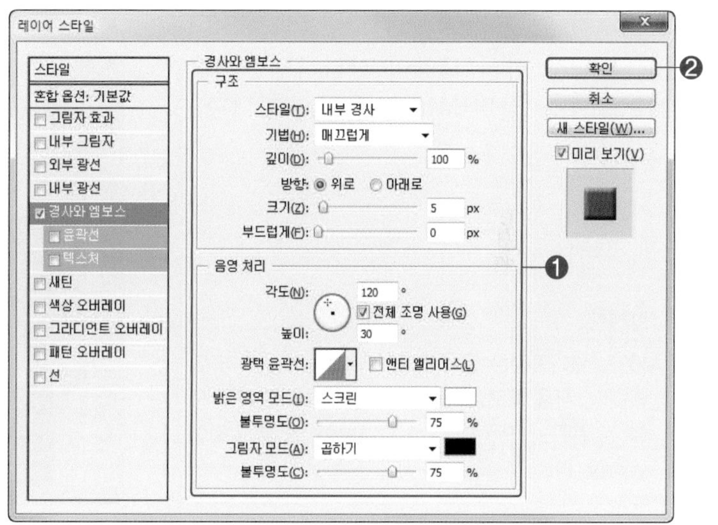

10 레이어 패널의 불투명도(Opacity)에 '70%'로 입력합니다.

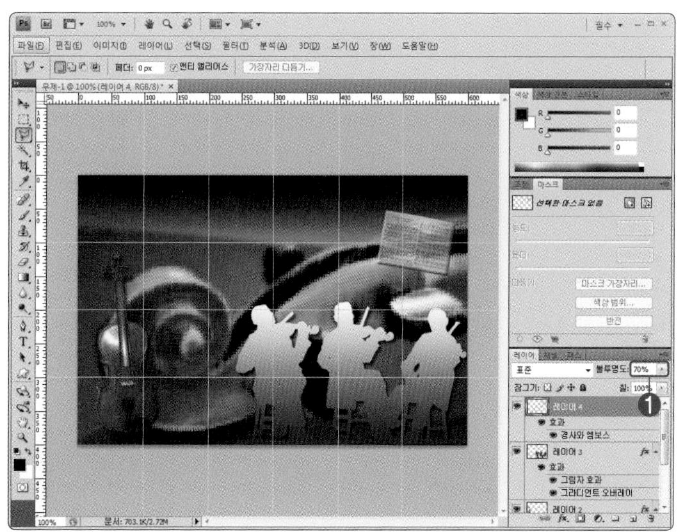

STEP 06 16분 음표 도형 작성하기

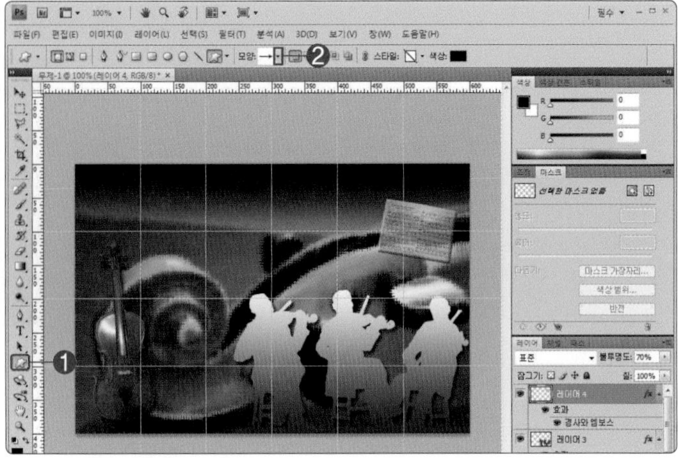

01 도구 상자(Tool Box)에서 [사용자 정의 모양 도구(Custom Shape Tool)]를 선택한 후 옵션 바에서 [사용자 정의 모양 피커(Click to open Custom shape picker)]의 목록 단추를 클릭합니다.

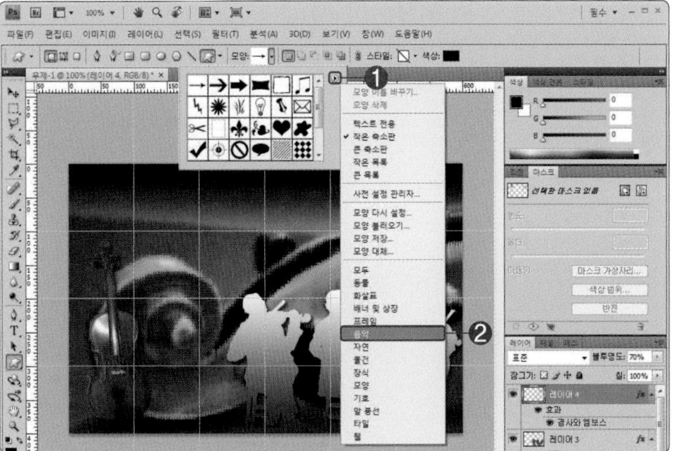

02 사용자 정의 모양이 나타나면 [팝업 메뉴 단추]-[음악(Music)]을 클릭합니다.

16분 음표 모양은 음악(Music) 그룹에 포함되어 있습니다. 사용할 모양이 어느 그룹에 속해 있는지 모를 경우에는 모두(All) 그룹을 선택한 후 찾는 것이 유리합니다.

03 [현재 모양을 음악.csh의 모양으로 대체하시겠습니까?]라고 묻는 대화상자가 나타나면 [확인(OK)] 단추를 클릭합니다.

Adobe Photoshop

현재 모양을 음악의 모양으로 대체하시겠습니까?

확인 ❶ 취소 첨부(A)

04 사용자 정의 모양이 모양(Shapes)으로 변경되면 [16분 음표(Sixteenth Note)]를 클릭합니다.

05 마우스 포인터 모양이 + 모양으로 변경되면 16분 음표 모양을 삽입하고자 하는 위치를 드래그합니다.

06 16분 음표 모양에 색상을 지정하기 위해 레이어 패널의 [레이어 축소판(Layer thumbnail)]을 더블클릭합니다.

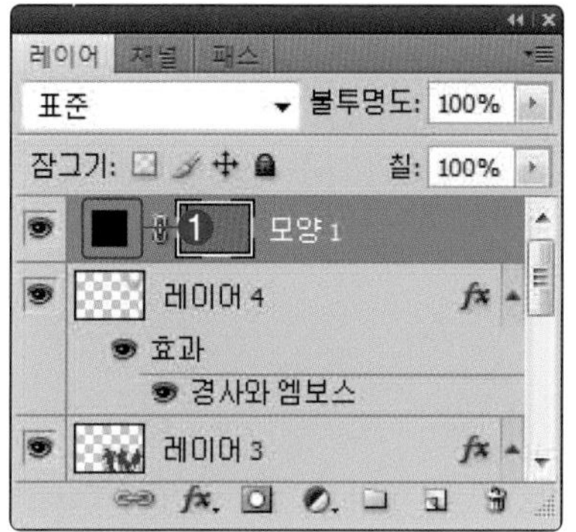

07 [색상 피커(Color Picker)] 대화상자가 나타나면 색상(ffffff)을 입력한 후 [확인(OK)] 단추를 클릭합니다.

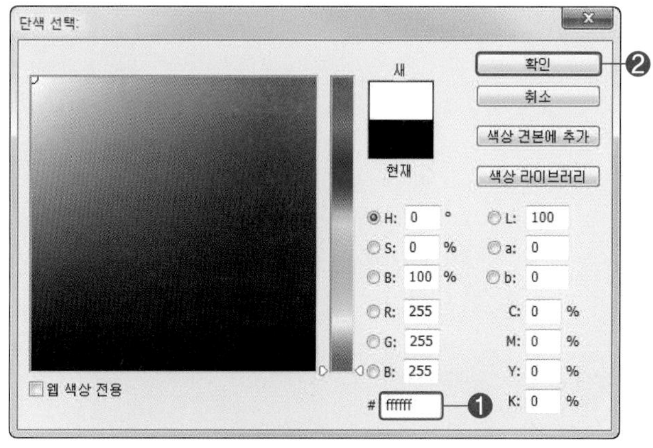

08 레이어 패널에서 fx.[레이어 스타일(Layer Style)]을 클릭한 후 [외부 광선(Outer Glow)]을 클릭합니다.

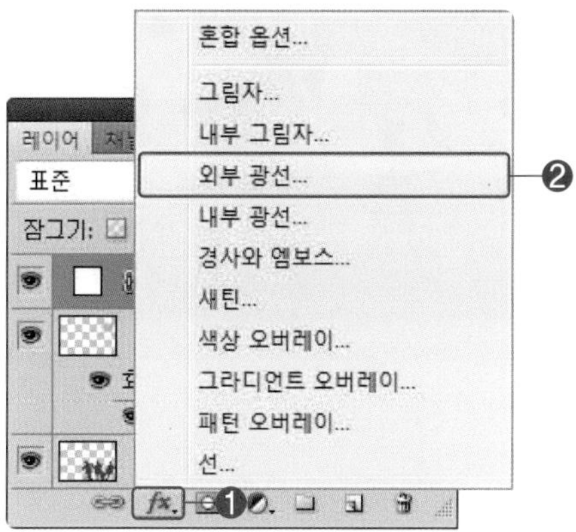

09 [레이어 스타일(Layer Style)] 대화상자의 [외부 광선(Outer Glow)] 스타일이 나타나면 속성을 지정한 후 [확인(OK)] 단추를 클릭합니다.

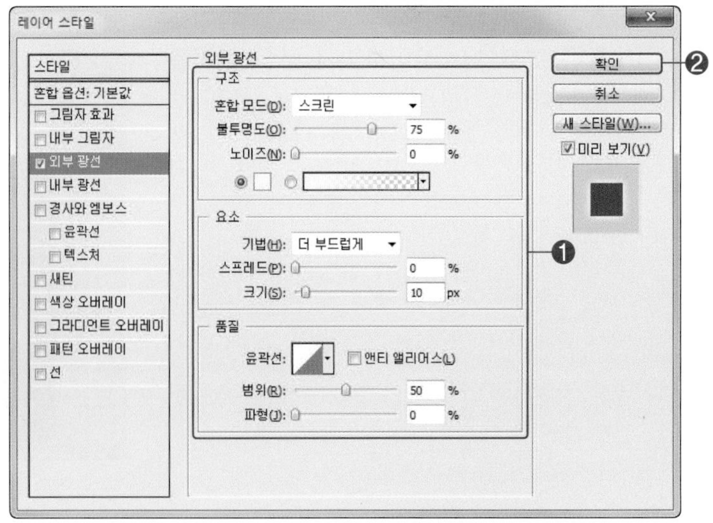

10 도형을 회전시키기 위해 [편집(Edit)]-[패스 자유 변형(Free Transform Path)]을 클릭합니다.

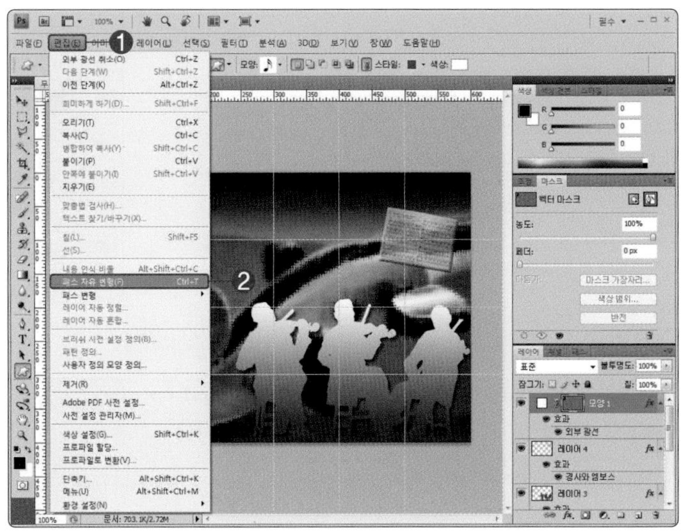

11 크기 조절점의 모서리 부분에 마우스 포인터를 위치시킨 후 마우스 포인터 모양이 ↰ 모양으로 변경되면 드래그하여 도형을 회전시킨 다음 Enter를 누릅니다.

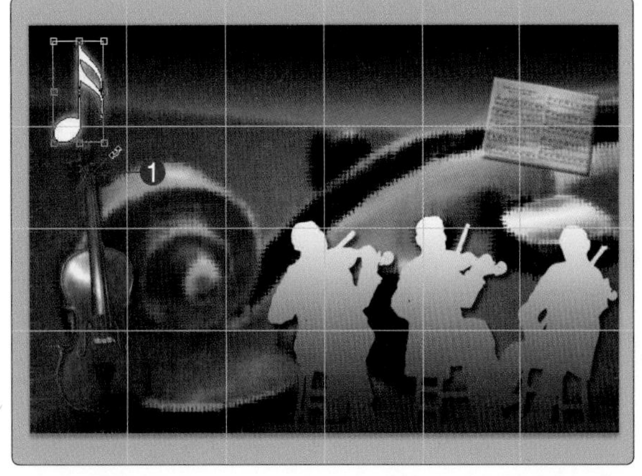

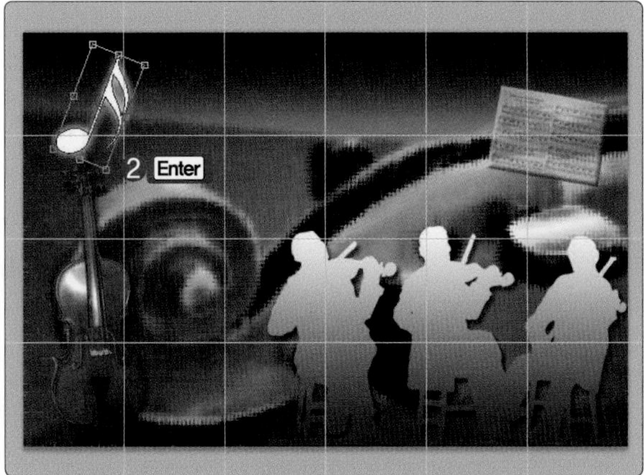

12 작성된 16분 음표 모양 도형을 복사하기 위해 레이어 패널에서 '모양 1' 레이어를 [새 레이어 추가(Create a new layer)]로 드래그합니다.

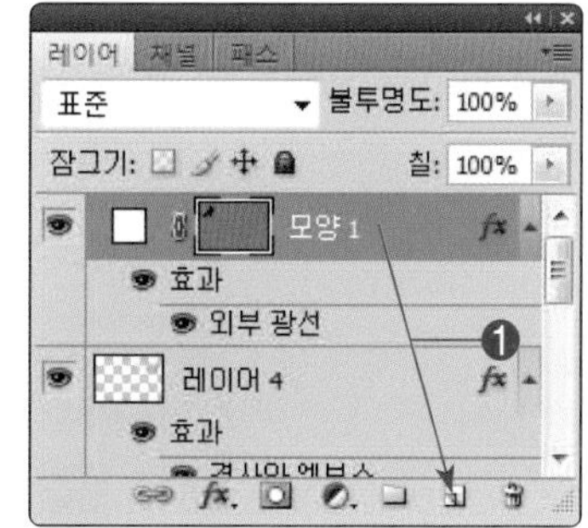

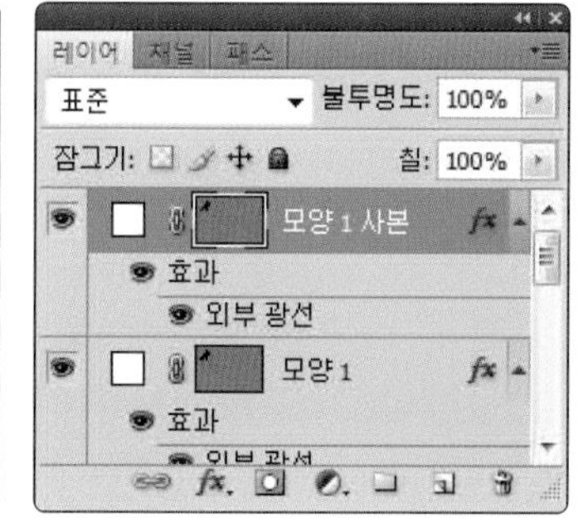

13 도형의 크기 및 회전시키기 위해 [편집(Edit)]-[패스 자유 변형(Free Transform Path)]을 클릭합니다.

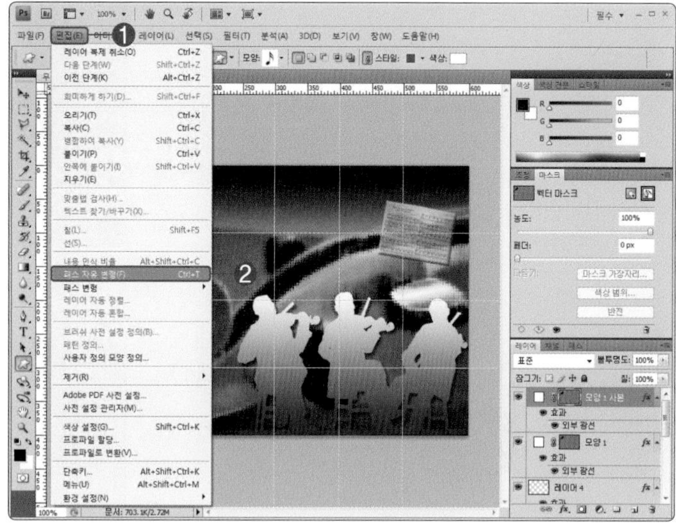

14 도형을 드래그하여 위치를 이동한 후 크기 조절점의 모서리 부분에 마우스 포인터를 위치시킨 다음 마우스 포인터 모양이 ↲ 모양으로 변경되면 드래그하여 도형을 회전시키고 크기를 조절한 후 Enter를 누릅니다.

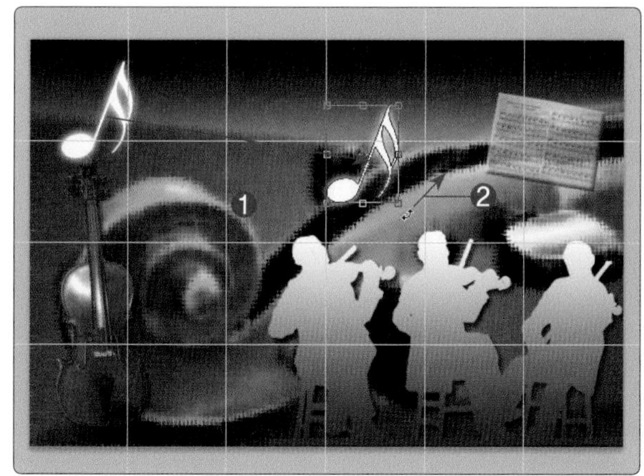

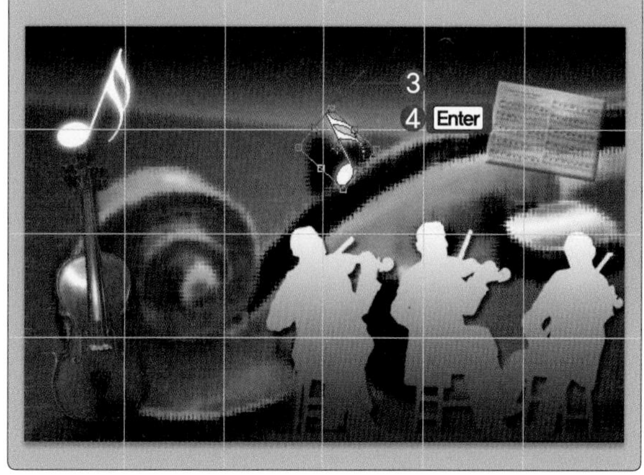

STEP 07 꽃 장식 도형 작성하기

01 옵션 바에서 [사용자 정의 모양 피커(Click to open Custom shape picker)]의 목록 단추를 클릭한 후 [팝업 메뉴 단추]-[장식(Ornaments)]을 클릭합니다.

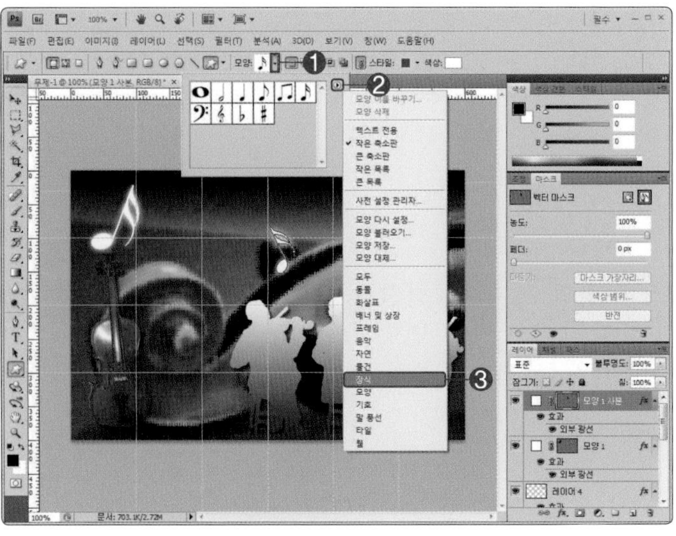

Tip

꽃 장식 3 모양은 장식(Ornaments) 그룹에 포함되어 있습니다. 사용할 모양이 어느 그룹에 속해 있는지 모를 경우에는 모두(All) 그룹을 선택한 후 찾는 것이 유리합니다.

02 [현재 모양을 장식.csh의 모양으로 대체하시겠습니까?]라고 묻는 대화상자가 나타나면 [확인(OK)] 단추를 클릭합니다.

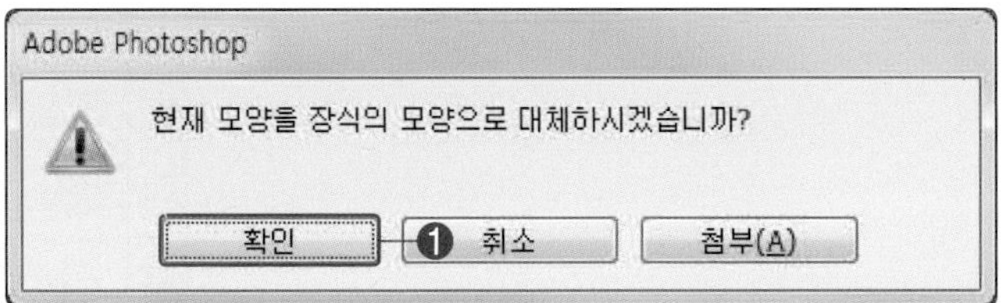

03 사용자 정의 모양이 장식(Ornaments)으로 변경되면 [꽃 장식 3(Floral Ornament 3)]을 클릭한 후 마우스 포인터 모양이 + 모양으로 변경되면 꽃 장식 3 모양을 삽입하고자 하는 위치를 드래그합니다.

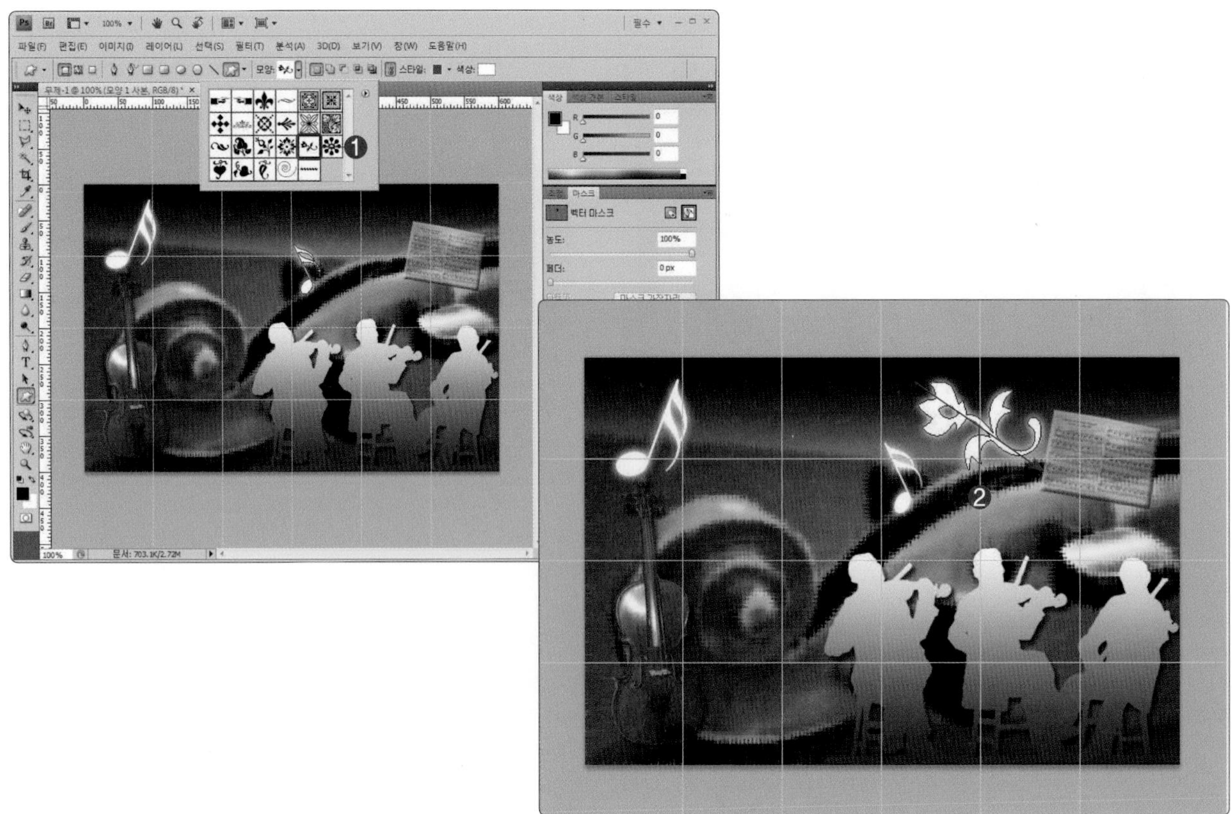

04 레이어 패널에서 fx.[레이어 스타일(Layer Style)]을 클릭한 후 [그라디언트 오버레이(Gradient Overlay)]을 클릭한 다음 [레이어 스타일(Layer Style)] 대화상자의 [그라디언트 오버레이(Gradient Overlay)] 탭이 나타나면 [그라디언트 편집(Click to edit the Gradient)]을 클릭합니다.

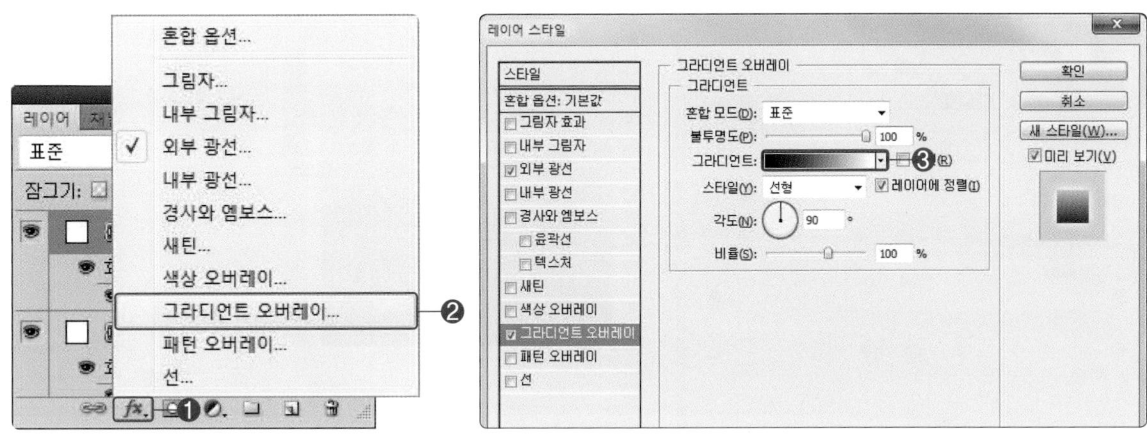

05 [그라디언트 편집기(Gradient Editor)] 대화상자가 나타나면 왼쪽 색상 정지점(Color Stop)]을 더블 클릭한 후 [색상 피커(Color Picker)] 대화상자가 나타나면 색상(ff99cc)을 입력한 다음 [확인(OK)] 단추를 클릭합니다.

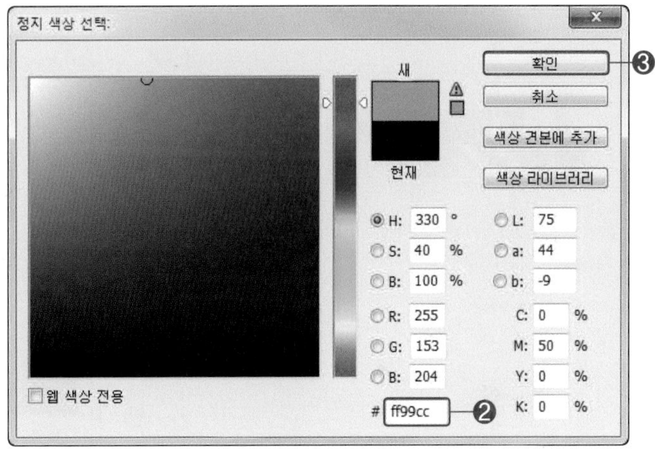

06 [그라디언트 편집기(Gradient Editor)] 대화상자가 다시 나타나면 가운데 부분에 마우스 포인터를 위치시킨 후 모양으로 변경되면 클릭하여 색상 정지점(Color Stop)을 추가합니다.

07 가운데 색상 정지점(Color Stop)]이 추가되면 더블클릭한 후 [색상 피커(Color Picker)] 대화상자가 나타나면 색상(ffff00)을 입력한 다음 [확인(OK)] 단추를 클릭합니다.

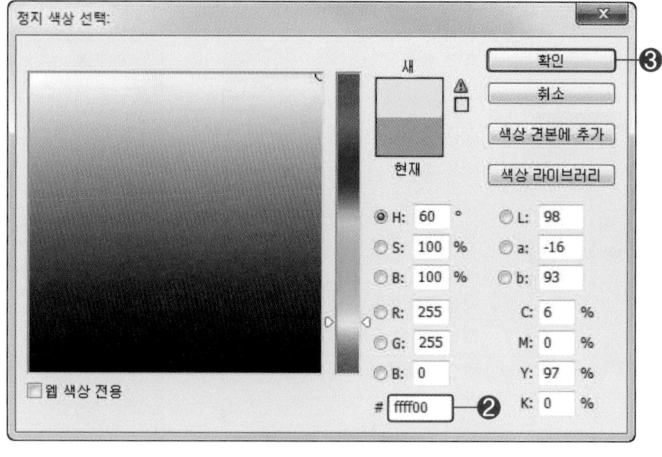

08 [그라디언트 편집기(Gradient Editor)] 대화상자가 다시 나타나면 오른쪽 색상 정지점(Color Stop)]이 추가되면 더블클릭한 후 [색상 피커(Color Picker)] 대화상자가 나타나면 색상(ff99cc)을 입력한 다음 [확인(OK)] 단추를 클릭합니다.

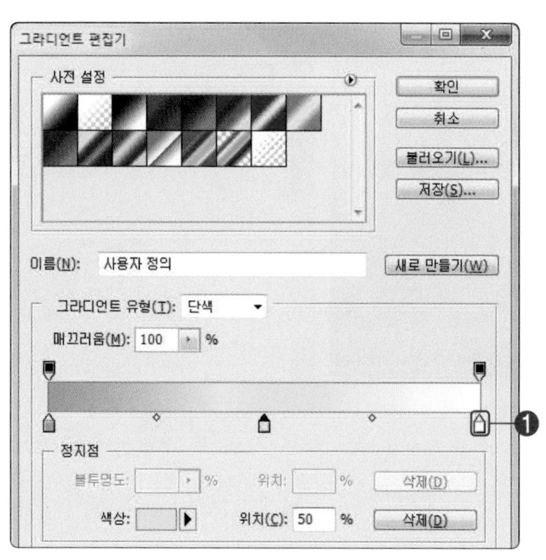

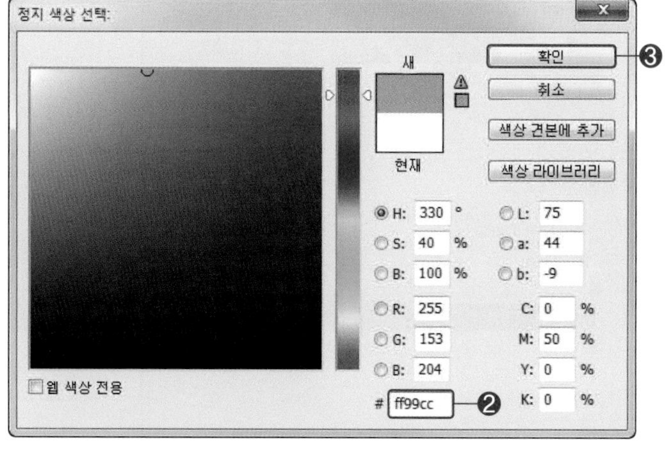

09 [그라디언트 편집기(Gradient Editor)] 대화상자가 다시 나타나면 [확인(OK)] 단추를 클릭합니다.

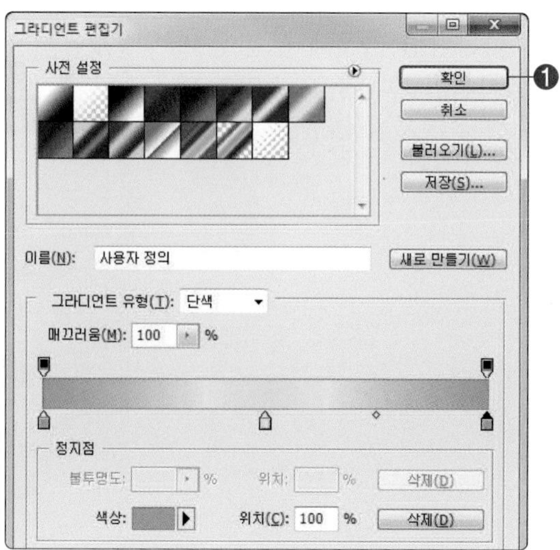

10 [레이어 스타일(Layer Style)] 대화상자의 [그라디언트 오버레이(Gradient Overlay)] 탭이 다시 나타나면 [외부 광선(Outer Glow)] 스타일을 클릭합니다.

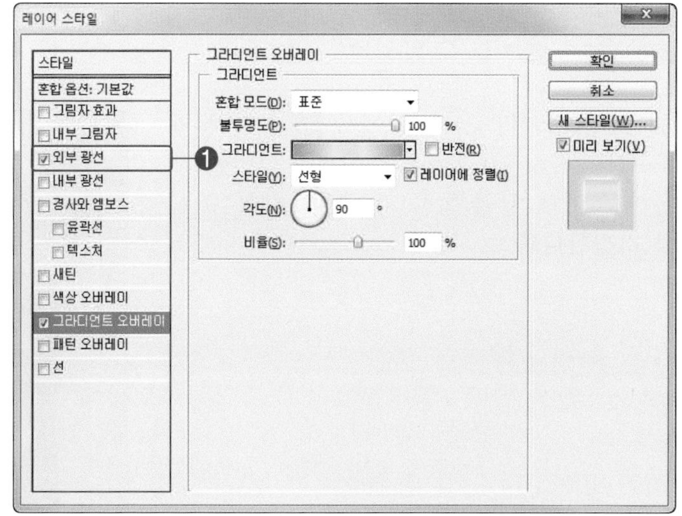

11 [레이어 스타일(Layer Style)] 대화상자의 [외부 광선(Outer Glow)] 스타일이 나타나면 속성을 지정한 후 [확인(OK)] 단추를 클릭합니다.

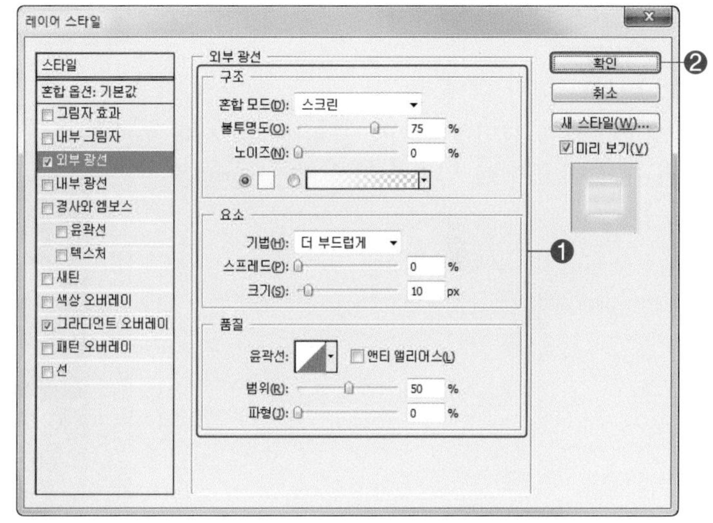

12 꽃 장식 도형이 완성됩니다.

STEP 08 텍스트 작성하기 - 1

01 도구 상자(Tool Box)에서 [T][수평 문자 도구(Horizontal Type Tool)]를 선택한 후 옵션 바에서 글꼴(돋움)과 글꼴 크기(40pt)를 지정합니다.

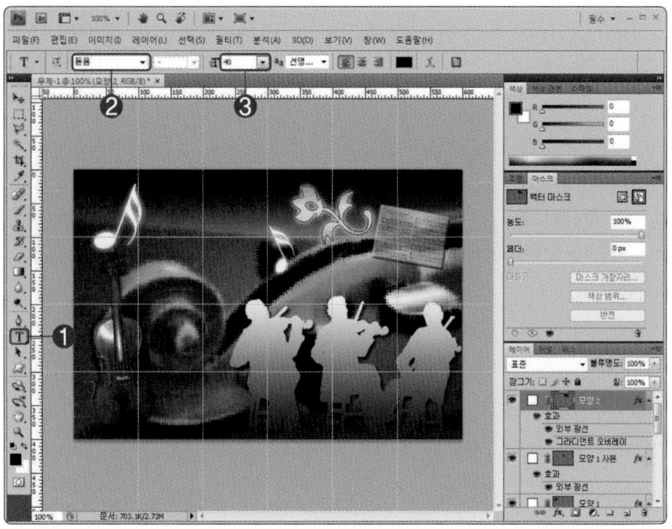

02 텍스트를 삽입할 위치를 클릭한 후 “시대별 대표 작곡가”를 입력한 다음 Ctrl+Enter를 누릅니다.

03 레이어 패널에서 [fx.][레이어 스타일(Layer Style)]을 클릭한 후 [그림자 효과(Drop Shadow)]를 클릭한 다음 [레이어 스타일(Layer Style)] 대화상자의 [그림자 효과(Drop Shadow)] 스타일이 나타나면 속성을 지정한 다음 [그라디언트 오버레이(Gradient Overlay)]를 클릭합니다.

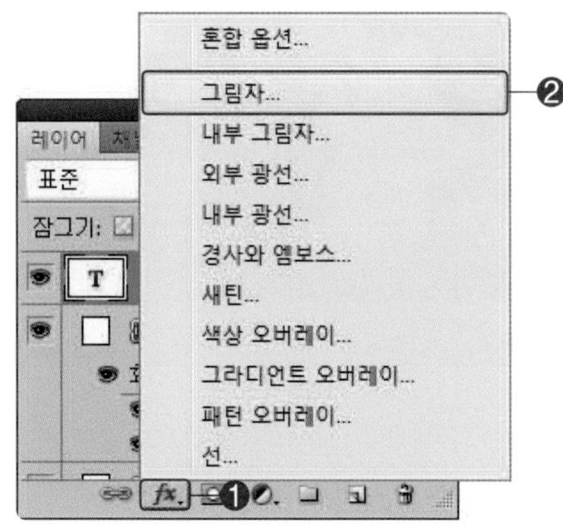

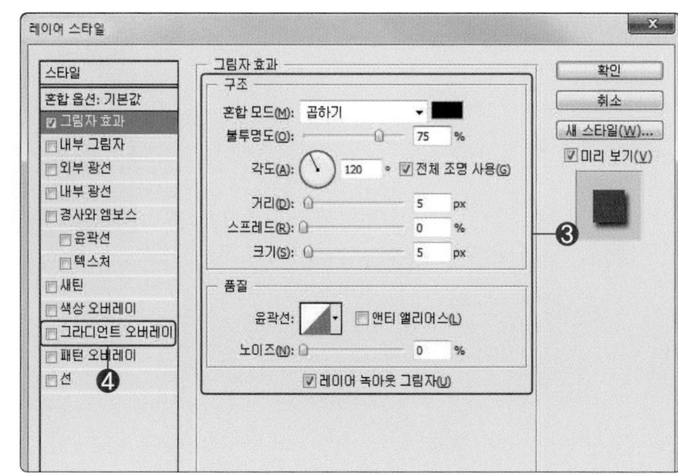

04 [레이어 스타일(Layer Style)] 대화상자의 [그라디언트 오버레이(Gradient Overlay)] 스타일이 나타나면 [그라디언트 편집(Click to edit the Gradient)]을 클릭합니다.

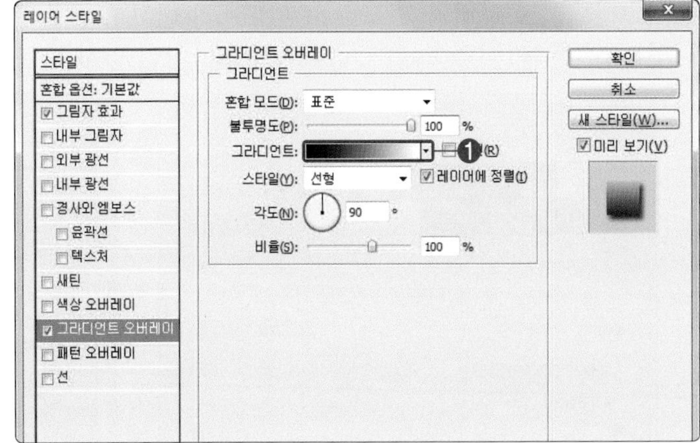

05 [그라디언트 편집기(Gradient Editor)] 대화상자가 나타나면 왼쪽 색상 정지점(Color Stop)]을 더블클릭한 후 [색상 피커(Color Picker)] 대화상자가 나타나면 색상(ff0033)을 입력한 다음 [확인(OK)] 단추를 클릭합니다.

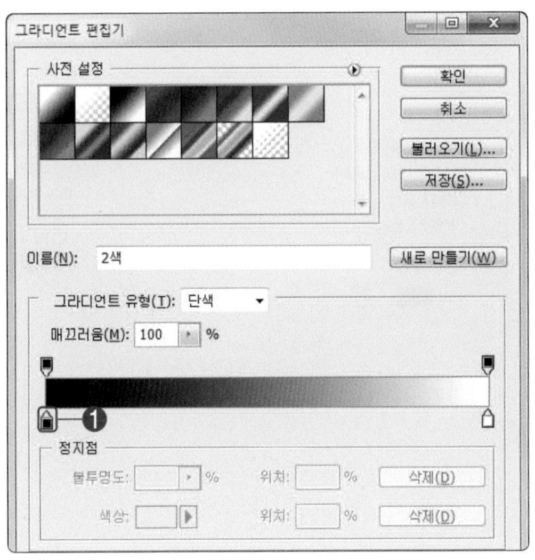

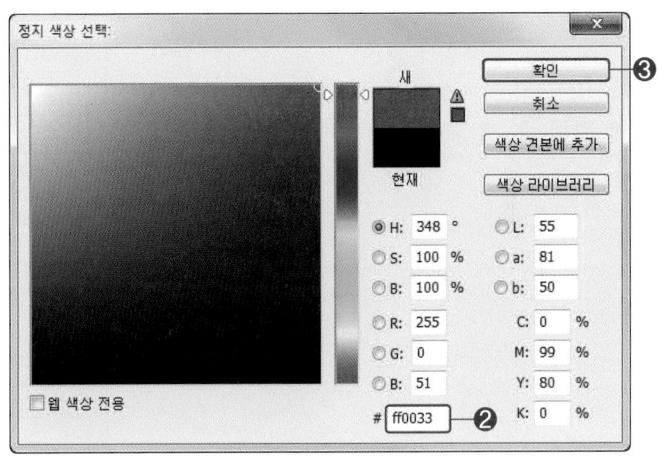

06 [그라디언트 편집기(Gradient Editor)] 대화상자가 다시 나타나면 오른쪽 색상 정지점(Color Stop)]을 더블클릭한 후 [색상 피커(Color Picker)] 대화상자가 나타나면 색상(ffffff)을 입력한 다음 [확인(OK)] 단추를 클릭합니다.

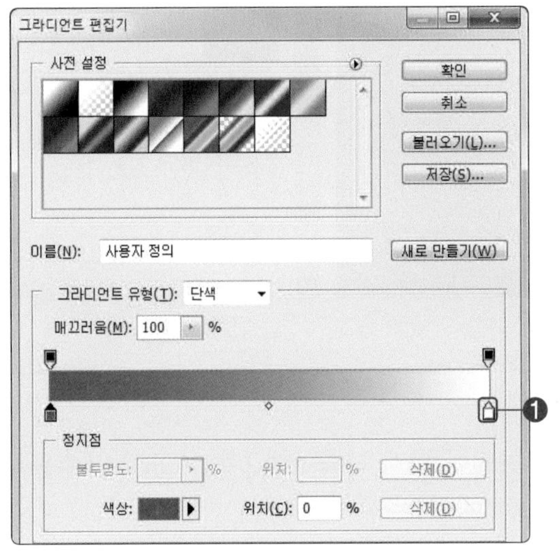

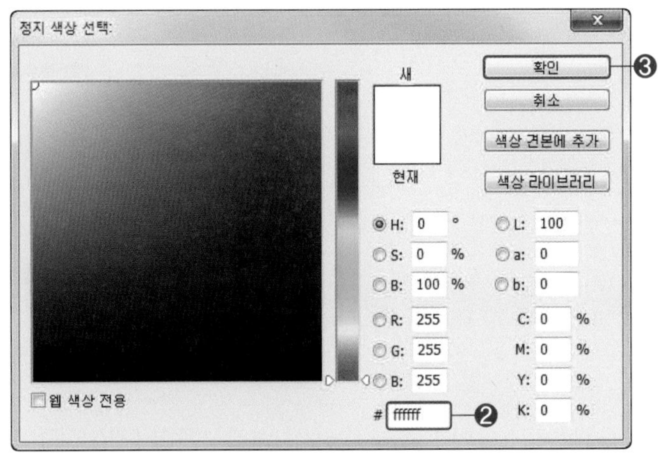

07 [그라디언트 편집기(Gradient Editor)] 대화상자가 다시 나타나면 [확인(OK)] 단추를 클릭한 후 [그라디언트 오버레이(Gradient Overlay)] 스타일이 다시 나타나면 [선(Stroke)]을 클릭합니다.

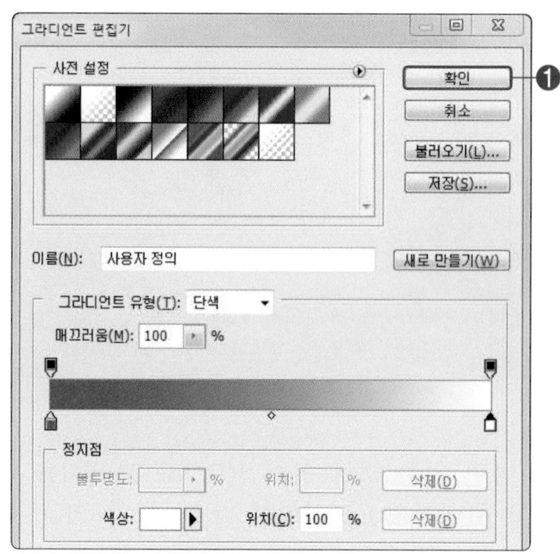

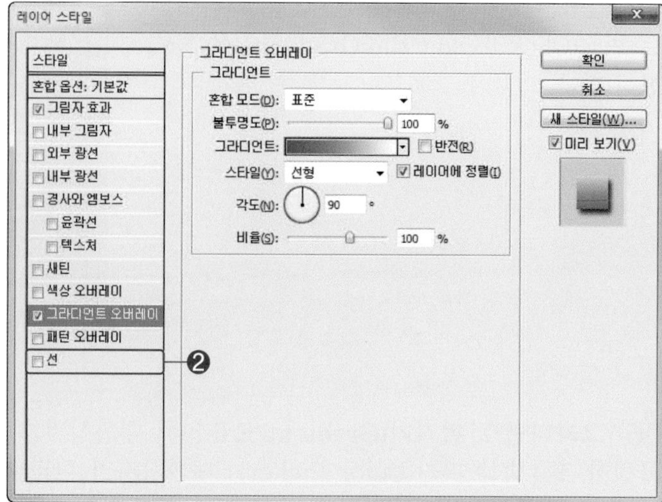

08 [레이어 스타일(Layer Style)] 대화상자의 [선(Stroke)] 스타일이 나타나면 크기(2)를 입력한 후 색상(Color)을 클릭합니다.

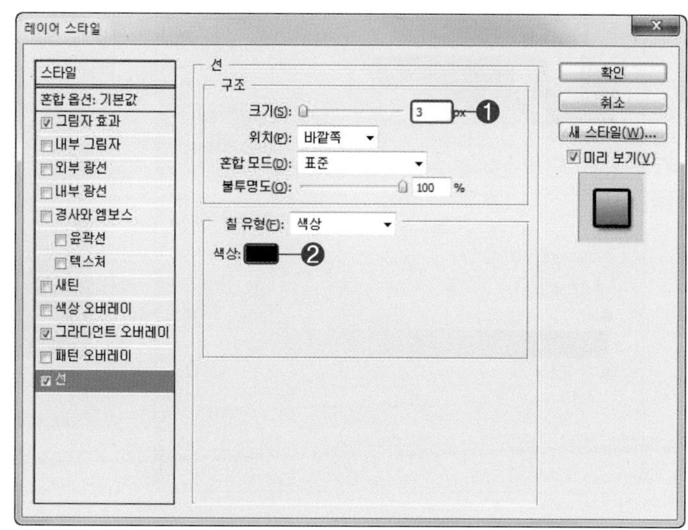

09 [색상 피커(Color Picker)] 대화상자가 나타나면 색상(660000)을 입력한 후 [확인(OK)] 단추를 클릭합니다.

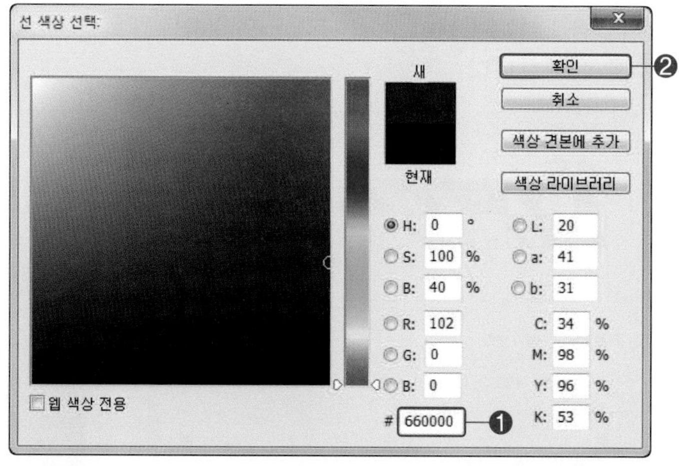

10 [레이어 스타일(Layer Style)] 대화상자의 [선(Stroke)] 스타일이 다시 나타나면 [확인(OK)] 단추를 클릭합니다.

STEP 09 텍스트 작성하기 – 2

01 텍스트를 삽입할 위치를 클릭한 후 "Baroque Music"을 입력한 다음 Ctrl+Enter를 누릅니다.

Tip

GTQ 문제에서 여러 개의 텍스트를 입력할 경우 두 번째 텍스트는 먼저 내용을 입력한 후 글꼴 및 글꼴 크기 등의 속성을 수정해야 첫 번째 텍스트의 설정이 변경되지 않습니다.

02 옵션 바에서 글꼴(바탕)과 글꼴 크기(45 pt)를 지정한 후 색상 설정(Set the text color)을 클릭합니다.

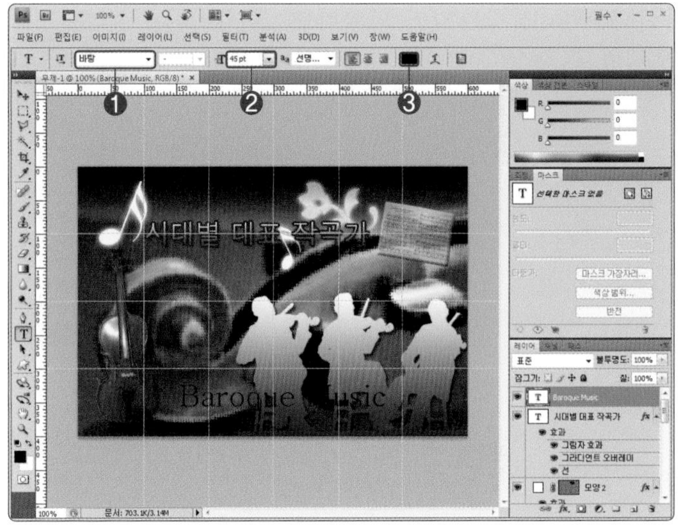

03 [색상 피커(Color Picker)] 대화상자가 나타나면 색상(ffff99)을 입력한 후 [확인(OK)] 단추를 클릭합니다.

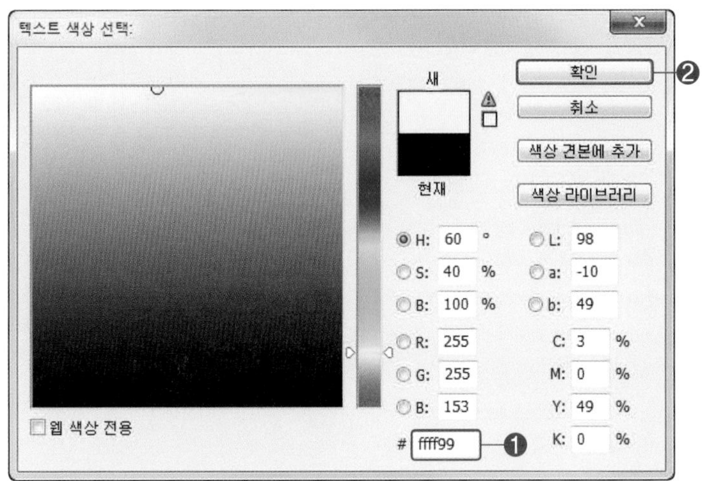

04 레이어 패널에서 fx.[레이어 스타일(Layer Style)]을 클릭한 후 [그림자 효과(Drop Shadow)]를 클릭한 다음 [레이어 스타일(Layer Style)] 대화상자의 [그림자 효과(Drop Shadow)] 스타일이 나타나면 속성을 지정한 다음 [선(Stroke)]을 클릭합니다.

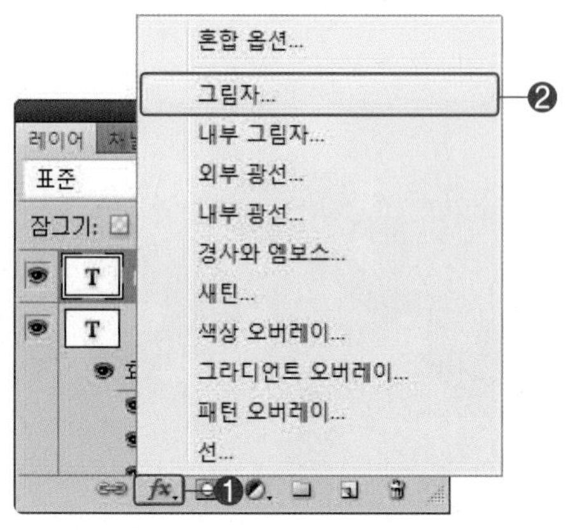

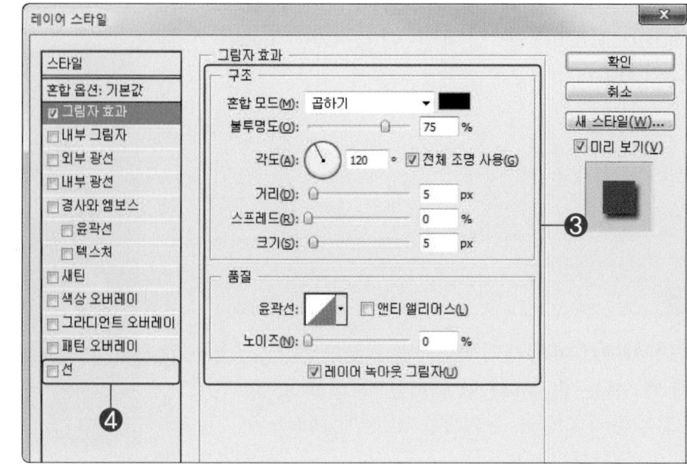

05 [레이어 스타일(Layer Style)] 대화상자의 [선(Stroke)] 스타일이 나타나면 크기(2)를 입력한 후 색상(Color)을 클릭합니다.

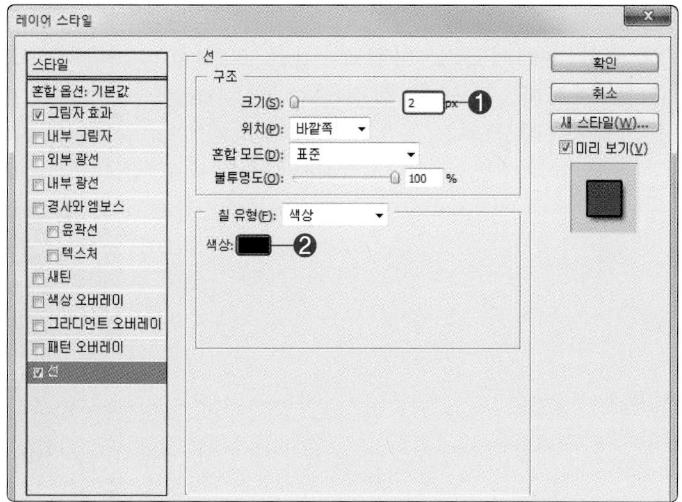

06 [색상 피커(Color Picker)] 대화상자가 나타나면 색상(660000)을 입력한 후 [확인(OK)] 단추를 클릭합니다.

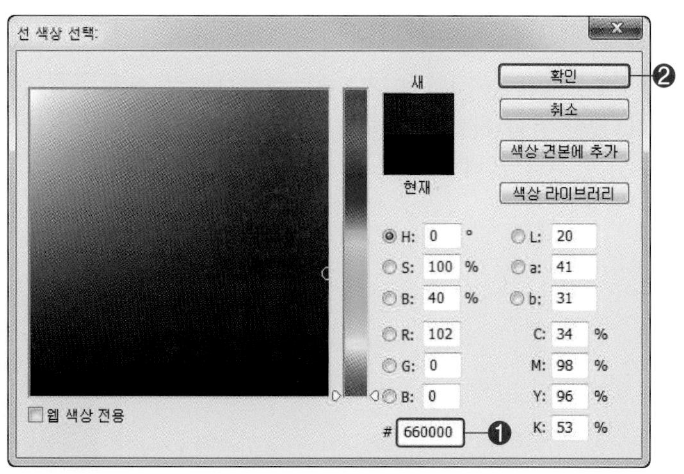

07 [레이어 스타일(Layer Style)] 대화상자의 [선(Stroke)] 스타일이 다시 나타나면 [확인(OK)] 단추를 클릭합니다.

08 텍스트에 변형을 주기 위해 옵션 바에서 [텍스트 변형(Warp Text)]을 클릭합니다.

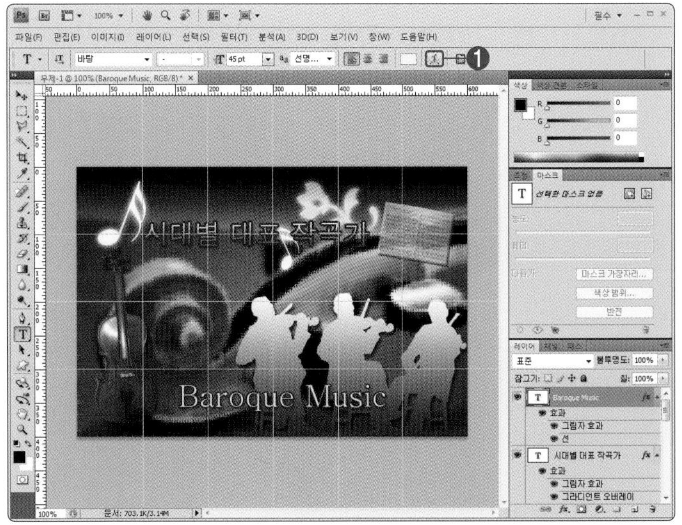

09 [텍스트 변형(Warp Text)] 대화상자가 나타나면 스타일(깃발)을 선택한 후 구부리기(+50%)를 지정한 다음 [확인(OK)] 단추를 클릭합니다.

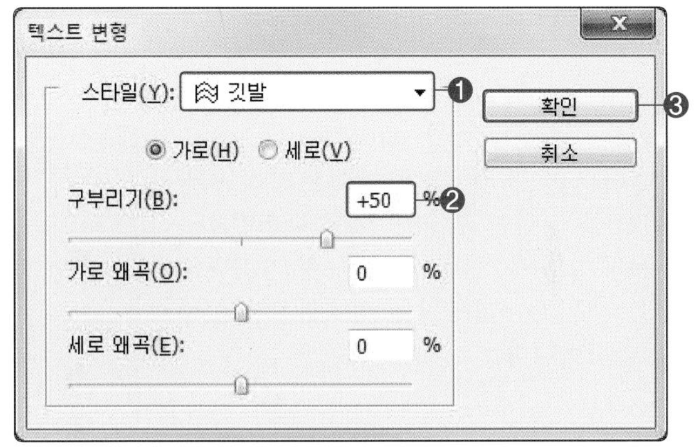

10 도구 상자(Tool Box)에서 [이동 도구(Move Tool)]를 선택한 후 드래그하여 위치를 이동합니다.

STEP 10 답안 저장 및 전송하기

01 작성한 답안을 저장하기 위해 [파일(File)]-[저장(Save)]을 클릭합니다.

02 [다른 이름으로 저장(Save As)] 대화상자가 나타나면 저장 위치(라이브러리₩문서₩GTQ)를 지정한 후 파일 이름(수험번호-성명-문제번호)을 입력한 다음 형식(JPEG(*.JPG;*.JPEG;*.JPE))을 선택하고 [저장] 단추를 클릭합니다.

03 [JPEG 옵션(JPEG Options)] 대화상자가 나타나면 품질(Quality)을 지정한 후 [확인(OK)] 단추를 클릭합니다.

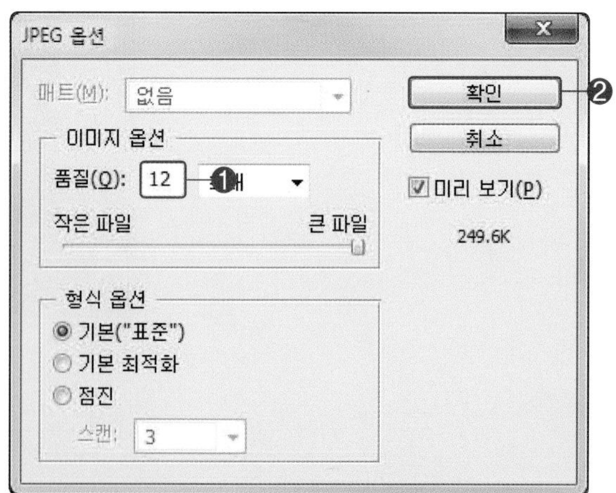

04 PSD 파일로 저장하기 위해 [이미지(Image)]-[이미지 크기(Image Size)]를 클릭합니다.

05 [이미지 크기(Image Size)] 대화상자가 나타나면 폭(60)을 입력한 후 [확인(OK)] 단추를 클릭합니다.

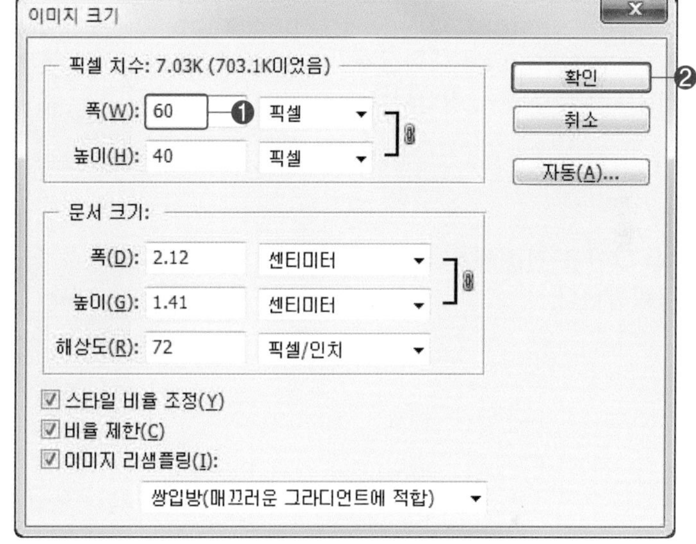

Tip

[이미지 크기(Image Size)] 대화상자의 [비율 제한]이 체크되어 있을 경우 폭(Width)을 입력하면 비율에 맞게 높이(Height)의 값이 자동으로 변경됩니다.

06 이미지 크기가 변경되면 [파일(File)]-[저장(Save)]을 클릭합니다.

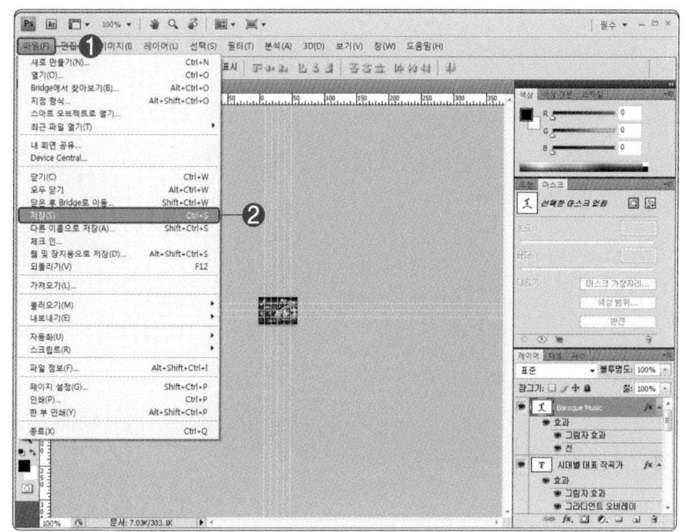

07 [다른 이름으로 저장(Save As)] 대화상자가 나타나면 저장 위치(라이브러리₩문서₩GTQ)를 지정한 후 파일 이름(수험번호-성명-문제번호)을 입력한 다음 형식(Photoshop (*.PSD;*.PDD))를 선택하고 [저장] 단추를 클릭합니다.

08 [Photoshop 형식 옵션(Photoshop Format Options)] 대화상자가 나타나면 [확인(OK)] 단추를 클릭합니다.

09 답안을 전송하기 위해 [최소화] 단추를 클릭합니다.

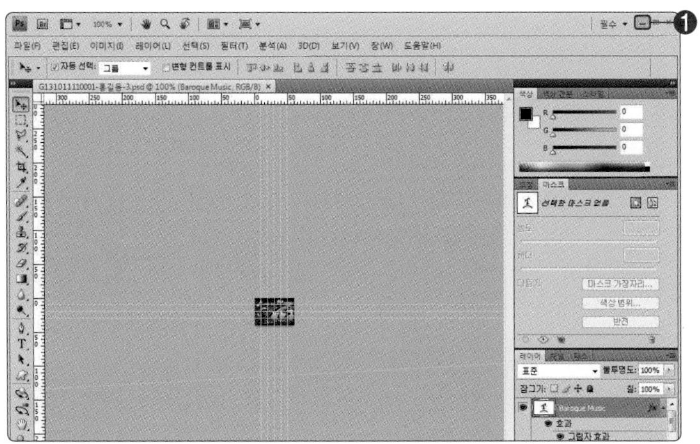

10 KOAS 수험자용 프로그램에서 [답안 전송] 단추를 클릭합니다.

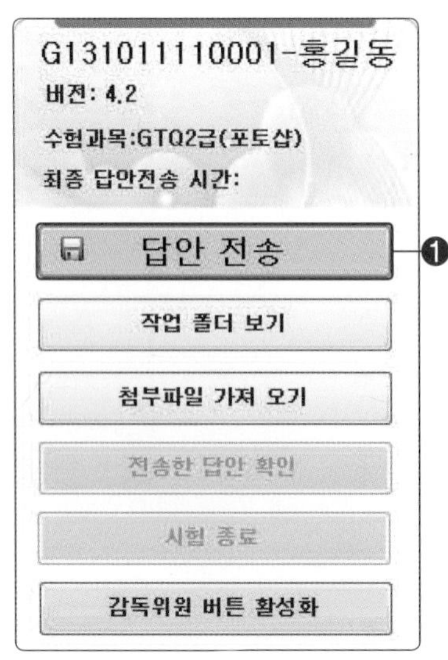

11 [MessageBox] 대화상자가 나타나면 [예] 단추를 클릭합니다.

12 [고사실 PC로 답안 파일 보내기] 대화상자가 나타나면 전송할 파일을 선택한 후 [답안전송] 단추를 클릭합니다.

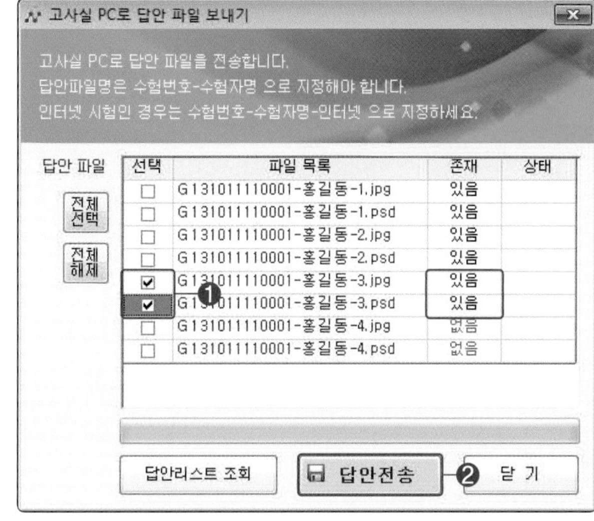

Tip

전송하고자 하는 파일의 존재 여부가 '없음'으로 표시되면 파일명 및 저장 위치를 확인합니다.

13 [MessageBox] 대화상자가 나타나면 [확인] 단추를 클릭합니다.

14 [고사실 PC로 답안 파일 보내기] 대화상자가 다시 나타나면 [닫기] 단추를 클릭합니다.

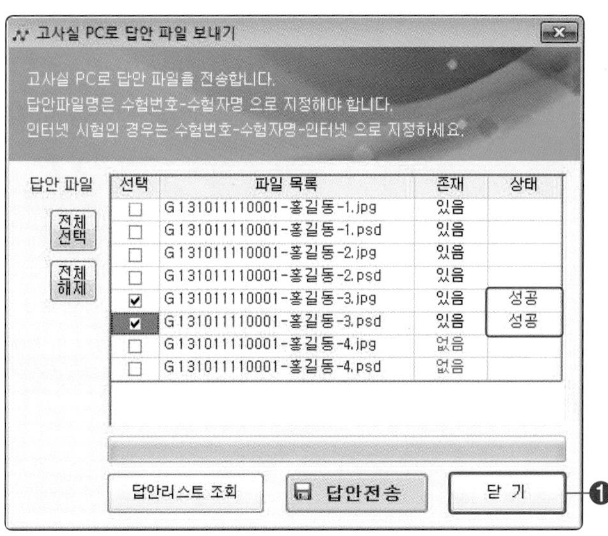

Tip

전송한 파일의 상태 여부가 '성공'으로 표시되는지 확인합니다.

다음의 ≪조건≫에 따라 아래의 ≪출력형태≫와 같이 작업하시오.

《조건》

<table>
<tr><td>원본 이미지</td><td colspan="3">내문서₩GTQ₩Image₩2급-1.jpg, 2급-2.jpg, 2급-3.jpg</td></tr>
<tr><td rowspan="4">파일 저장 규칙</td><td rowspan="2">JPG</td><td>파일명</td><td>내문서₩GTQ₩수험번호-성명-3.jpg</td></tr>
<tr><td>크기</td><td>600 × 400 pixels</td></tr>
<tr><td rowspan="2">PSD</td><td>파일명</td><td>내문서₩GTQ₩수험번호-성명-3.psd</td></tr>
<tr><td>크기</td><td>60 × 40 pixels</td></tr>
</table>

1. 그림 효과
   ① 2급-1.jpg : 필터 - Film Grain(필름 그레인)
   ② 2급-2.jpg : 레이어 마스크 - 가로 방향으로 흐릿하게
   ③ 2급-3.jpg : 레이어 스타일 - Drop Shadow(그림자 효과)
   ④ 그 외 《출력형태》 참조

2. 문자 효과
   ① Enjoy your (Arial, Bold, 35pt, #ffffff, 레이어 스타일 - Stroke(선/획)(2px, #ff9900))
   ② Leisure (Arial, Bold Italic, 60pt, #ffffff, 레이어 스타일 - Stroke(선/획)(2px, #ff9900))
   ③ 주행전 자전거 안전점검 및 보호장구 착용 (돋움, 26pt, #227777,
   레이어 스타일 - Drop Shadow(그림자 효과), Stroke(선/획)(2px, #ffffff))

《출력형태》

Shape Tool(모양 도구) 사용
#ff9900, 레이어 스타일 - Outer Glow(외부 광선)

Shape Tool(모양 도구) 사용
#ff9900,
Opacity(불투명도)(50%)

문제유형 02 [기능평가] 사진편집 [25점]

다음의 ≪조건≫에 따라 아래의 ≪출력형태≫와 같이 작업하시오.

《조건》

원본 이미지	내문서\GTQ\Image\2급-4.jpg, 2급-5.jpg, 2급-6.jpg, 2급-7.jpg		
파일 저장 규칙	JPG	파일명	내문서\GTQ\수험번호-성명-3.jpg
		크기	600 × 400 pixels
	PSD	파일명	내문서\GTQ\수험번호-성명-3.psd
		크기	60 × 40 pixels

1. 그림 효과
   ① 2급-5.jpg : 레이어 마스크 – 대각선 방향으로 흐릿하게
   ② 2급-6.jpg : 레이어 스타일 – Drop Shadow(그림자 효과)
   ③ 2급-7.jpg : Brightness/Contrast(명도/대비)(–38,20), 레이어 스타일 – Drop Shadow(그림자 효과)
   ④ 그 외 《출력형태》 참조

2. 문자 효과
   ① 우리것을 소중히 (궁서, 50pt, #993300, 레이어 스타일 – Stroke(선/획)(1px, #ffcc99))
   ② '우리것을 소중히' 그림자 (레이어 복제 후 변형, #000000)

《출력형태》

Shape Tool(모양 도구) 사용
#ffffff, Opacity(불투명도)(70%)

Shape Tool(모양 도구) 사용
#336600,
Opacity(불투명도)(50%)

[기능평가] 사진편집 [25점]

다음의 ≪조건≫에 따라 아래의 ≪출력형태≫와 같이 작업하시오.

《조건》

<table>
<tr><td>원본 이미지</td><td colspan="3">내문서₩GTQ₩Image₩2급-8.jpg, 2급-9.jpg, 2급-10.jpg, 2급-11.jpg</td></tr>
<tr><td rowspan="4">파일 저장 규칙</td><td rowspan="2">JPG</td><td>파일명</td><td>내문서₩GTQ₩수험번호-성명-3.jpg</td></tr>
<tr><td>크기</td><td>600 × 400 pixels</td></tr>
<tr><td rowspan="2">PSD</td><td>파일명</td><td>내문서₩GTQ₩수험번호-성명-3 .psd</td></tr>
<tr><td>크기</td><td>60 × 40 pixels</td></tr>
</table>

1. 그림 효과
   ① 2급-8.jpg : 필터 - Crosshatch(그물눈)
   ② 2급-9.jpg : 레이어 마스크 - 세로 방향으로 흐릿하게
   ③ 2급-10.jpg : 필터 - Ocean Ripple(바다 물결), Opacity(불투명도)(70%)
   ④ 2급-11.jpg : Blending Mode(혼합 모드) - Multiply(곱하기)
   ⑤ 그 외 《출력형태》 참조

2. 문자 효과
   ① Sailing Yacht (Arial, Regular, 25pt, #ff0000,
   레이어 스타일 - 그라디언트 오버레이(#990000, #006600), Drop Shadow(그림자 효과))
   ② 화이트해븐비치에서 선상여행 (돋움, 16pt, #228800)

《출력형태》

Shape Tool(모양 도구) 사용
#006600, Opacity(불투명도)(50%)

Shape Tool(모양 도구) 사용
#ffffff, 레이어 스타일 -
Stroke(선/획)(3px, #ff0000),
Opacity(불투명도)(50%)

다음의 ≪조건≫에 따라 아래의 ≪출력형태≫와 같이 작업하시오.

《조건》

<table>
<tr><td>원본 이미지</td><td colspan="3">내문서₩GTQ₩Image₩2급-12.jpg, 2급-13.jpg, 2급-14.jpg, 2급-15.jpg, 2급-16.jpg</td></tr>
<tr><td rowspan="4">파일 저장 규칙</td><td rowspan="2">JPG</td><td>파일명</td><td>내문서₩GTQ₩수험번호-성명-3.jpg</td></tr>
<tr><td>크기</td><td>600 × 400 pixels</td></tr>
<tr><td rowspan="2">PSD</td><td>파일명</td><td>내문서₩GTQ₩수험번호-성명-3.psd</td></tr>
<tr><td>크기</td><td>60 × 40 pixels</td></tr>
</table>

1. 그림 효과
   ① 2급-12.jpg : 필터 - Gaussian Blur(가우시안 흐림 효과)
   ② 2급-13.jpg : 레이어 스타일 - Drop Shadow(그림자 효과)
   ③ 2급-14.jpg : 레이어 스타일 - Outer Glow(외부 광선)
   ④ 2급-15.jpg : 레이어 스타일 - Drop Shadow(그림자 효과)
   ⑤ 2급-16.jpg : 레이어 스타일 - Inner Shadow(내부 그림자)
   ⑥ 그 외 《출력형태》 참조

2. 문자 효과
   ① 나비 축제 (바탕, 50pt, #ffffff, 레이어 스타일 - Drop Shadow(그림자 효과))
   ② 자연과 함께 성장하는 동심 (굴림, 25pt, #0088ff, 레이어 스타일 - Stroke(선/획)(2px, #ffffff))

《출력형태》

Shape Tool(모양 도구) 사용
레이어 스타일 - Drop Shadow(그림자 효과),
그라디언트 오버레이(#ff99ff, #00ffff)

Shape Tool(모양 도구) 사용
#ff0000,
Opacity(불투명도)(20%)

Chapter 05 [실무응용] 이벤트 페이지 제작

포토샵에서 사용되는 모든 기능을 이용하여 이미지 합성과 효과, 문자 디자인 등 여러가지 도구를 활용하여 이벤트 페이지를 제작합니다. 또한 도구(Tool) 사용이 반복적으로 이루어지기 때문에 도구 활용에 대해 알고 있어야 합니다.

문제4 • [실무응용] 이벤트 페이지 제작

다음의 ≪조건≫에 따라 아래의 ≪출력형태≫와 같이 작업하시오.

《조건》

원본 이미지	내문서₩GTQ₩Image₩2급-9.jpg, 2급-10.jpg, 2급-11.jpg, 2급-12.jpg, 2급-13.jpg		
파일 저장 규칙	JPG	파일명	내문서₩GTQ₩수험번호-성명-4.jpg
		크기	600 × 400 pixels
	PSD	파일명	내문서₩GTQ₩수험번호-성명-4.psd
		크기	60 × 40 pixels

1. 그림 효과
   ① 2급-9.jpg : 필터 - Watercolor(수채화 효과)
   ② 2급-10.jpg : 레이어 스타일 - Drop Shadow(그림자 효과)
   ③ 2급-11.jpg : 레이어 스타일 - Stroke(선/획)(3px, #ffffff), Opacity(불투명도)(70%)
   ④ 2급-12.jpg : 레이어 스타일 - Inner Shadow(내부 그림자)
   ⑤ 2급-13.jpg : 필터 - Texturizer(텍스처화)
   ⑥ 그 외 《출력형태》 참조

2. 문자 효과
   ① 생활 속의 클래식 음악 (돋움, 35pt, 레이어 스타일 - Stroke(선/획)(2px, #336666), 그라디언트 오버레이(#ff6600, #ffff00, #006633))
   ② 1인 1악기 (돋움, 35pt, #ffffff, 레이어 스타일 - Outer Glow(외부 광선), Bevel and Emboss(경사와 엠보스))
   ③ Music Play (Times New Roman, Regular, 33pt, #ff3333, 레이어 스타일 - Inner Shadow(내부 그림자))

《출력형태》

Shape Tool(모양 도구) 사용
레이어 스타일 - Outer Glow(외부 광선),
그라디언트 오버레이(#333300, #ff6600)

Shape Tool(모양 도구) 사용
레이어 스타일 -
Stroke(선/획)(3px, #330000),
Outer Glow(외부 광선)

Shape Tool(모양 도구) 사용
#669933, 레이어 스타일 -
Inner Shadow(내부 그림자)

STEP 01 작업 창 생성 및 이미지 복사하기

01 [파일(File)]–[새로 만들기(New)]를 클릭합니다.

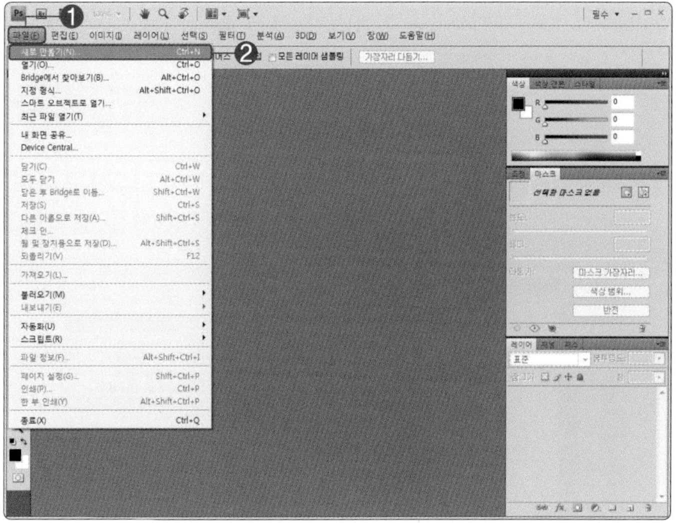

02 [새로 만들기(New)] 대화상자가 나타나면 폭(Width)과 높이(Height)를 입력한 후 해상도(Resolution)를 입력한 다음 [확인(OK)] 단추를 클릭합니다.

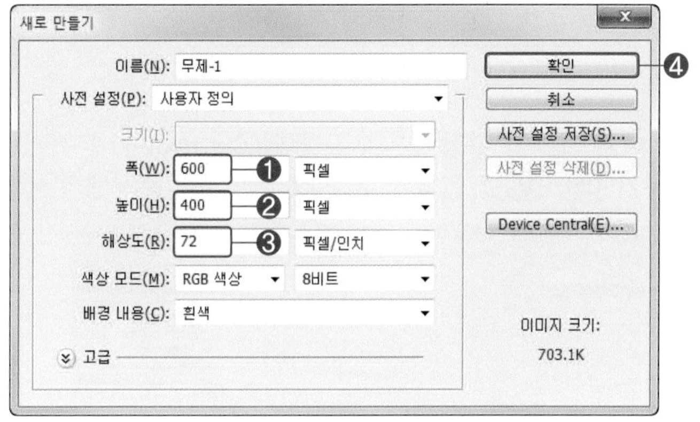

Tip

별도의 지시사항이 없을 경우 기본값을 사용

- 해상도(Resolution) : 72 픽셀/인치
- 색상 모드(Color Mode) : RGB 색상
- 배경 내용(Background) : 흰색(White)

03 눈금자를 드래그하여 안내선(Guides)을 100 픽셀(pixels) 단위로 작성합니다.

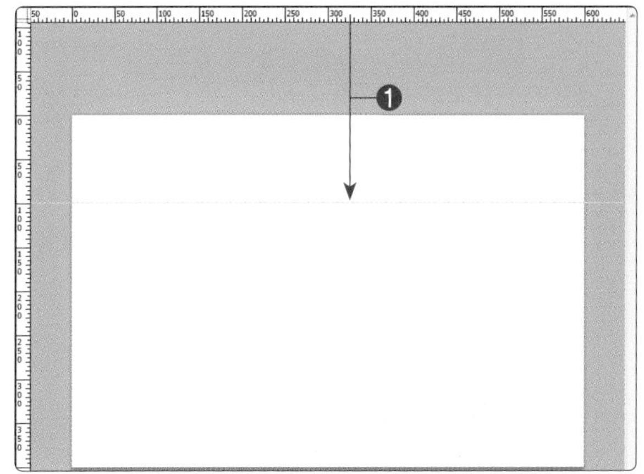

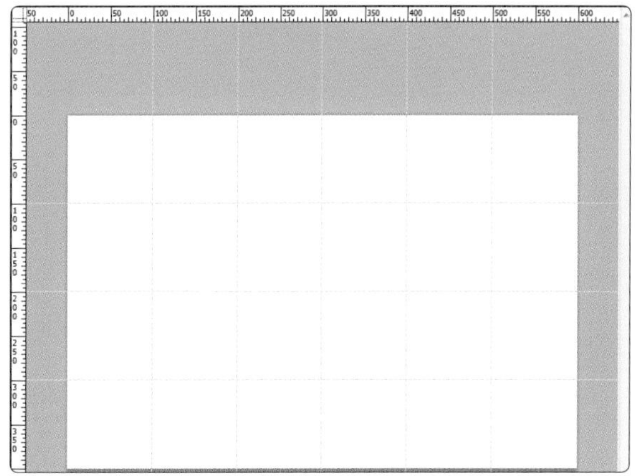

Tip

안내선(Guides)

- 안내선(Guides)은 작업의 편의를 위한 일종의 기준선 또는 가이드를 말합니다.
- 만들어진 안내선은 Ctrl+;를 눌러 나타내거나 숨길 수 있습니다.
- 생성된 안내선은 [이동 도구]를 클릭한 후 마우스로 드래그하여 위치를 이동하거나 삭제할 수 있습니다.

STEP 02 이미지 복사 및 필터 지정하기

01 [파일(File)]–[열기(Open)]를 클릭한 후 [열기(Open)] 대화상자가 나타나면 파일(2급–9)을 선택한 다음 [열기] 단추를 클릭합니다.

02 파일의 크기를 변경하기 위해 [이미지(Image)]–[이미지 크기(Image Size)]를 클릭한 후 [이미지 크기(Image Size)] 대화상자가 나타나면 높이(400)를 입력한 다음 [확인(OK)] 단추를 클릭합니다.

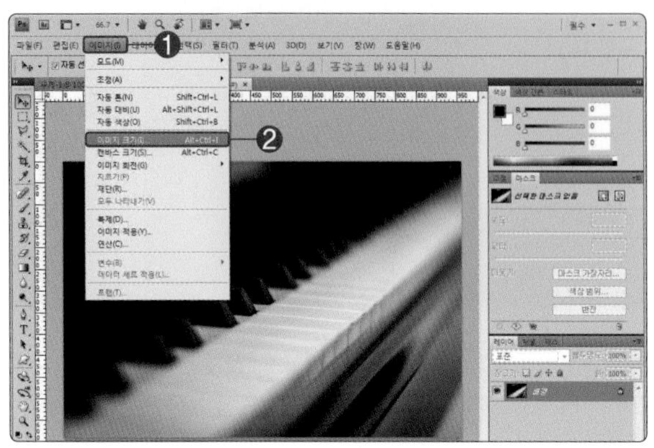

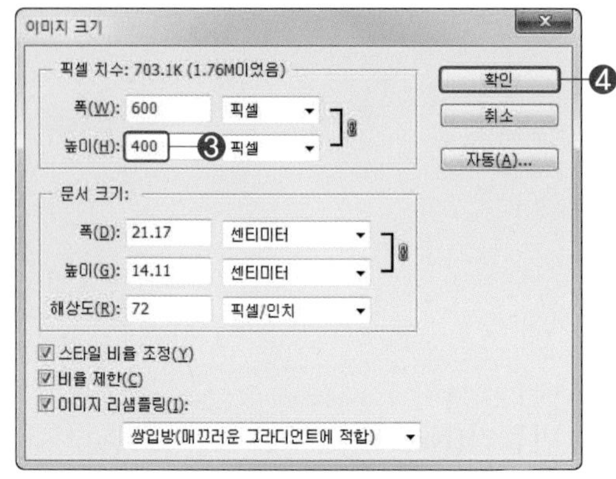

03 이미지 크기가 수정되면 모두 선택(Ctrl+A)한 후 복사(Ctrl+C)를 합니다. [무제–1] 문서탭을 클릭한 후 붙여넣기(Ctrl+V)를 실행한 다음 [2급–9.jpg] 문서탭의 ×[닫기] 단추를 클릭합니다.

04 필터를 지정하기 위해 [필터(Filter)]–[예술 효과(Artistic)]–[수채화 효과(Watercolor)]를 클릭한 후 [수채화 효과(Watercolor)] 대화상자가 나타나면 브러쉬 세부(9)와 음영 강도(1), 텍스처(1)를 입력한 다음 [확인(OK)] 단추를 클릭합니다.

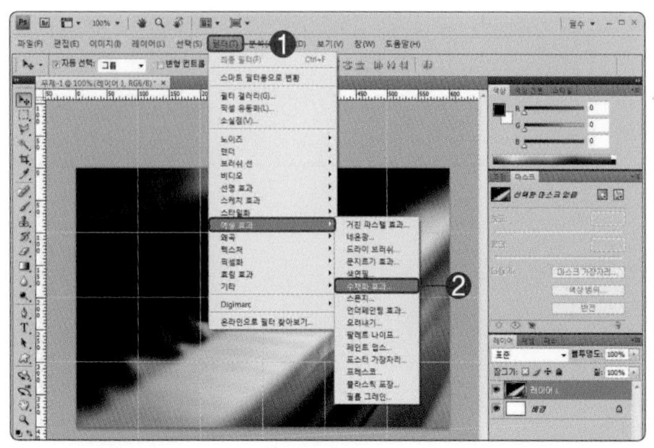

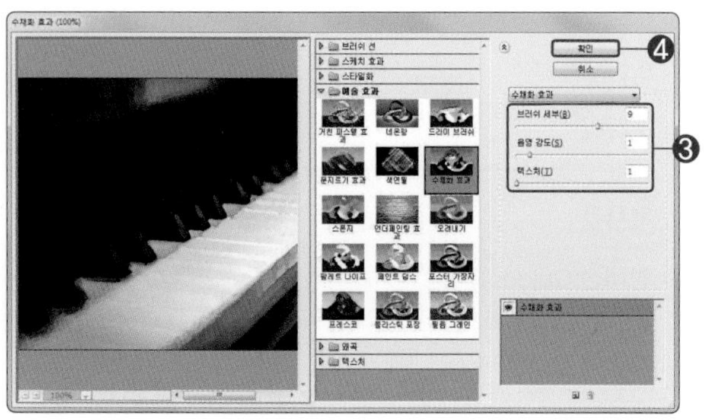

STEP 03 이미지 복사 및 레이어 스타일 지정하기 - 1

01 [파일(File)]-[열기(Open)]를 클릭한 후 [열기(Open)] 대화상자가 나타나면 파일(2급-10)을 선택한 다음 [열기] 단추를 클릭합니다.

02 이미지 파일이 나타나면 도구 상자(Tool Box)에서 [자동 선택 도구(Magic Wand Tool)]를 선택한 후 옵션 바에서 허용치(Tolerance)에 '30'을 입력한 다음 흰색의 빈 공간을 클릭합니다.

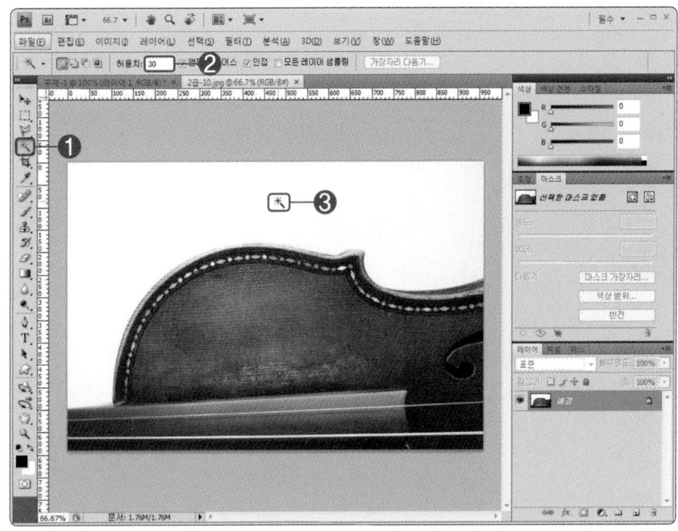

03 [선택(Select)]-[반전(Inverse)]을 클릭한 후 악기 모양이 선택되면 복사(Ctrl+C)를 합니다.

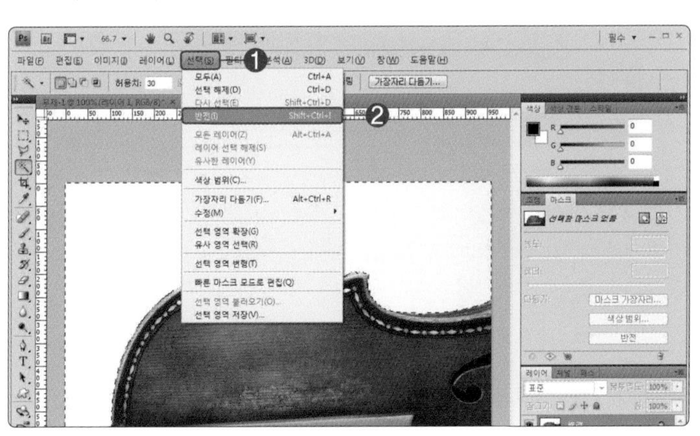

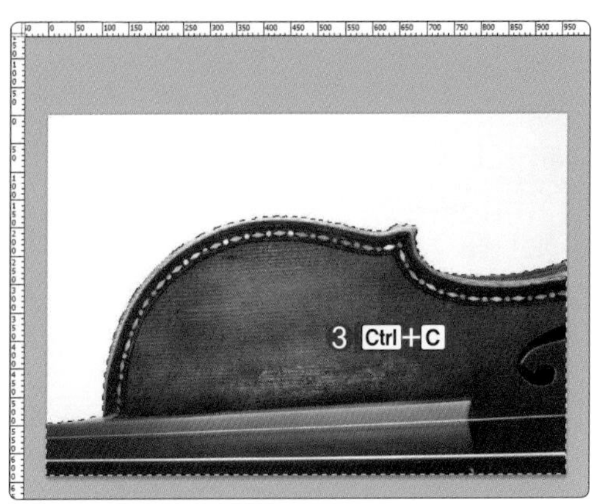

04 [무제-1] 문서탭을 클릭하여 작업 이미지 창으로 이동한 후 붙여넣기(Ctrl+V)를 실행한 다음 [2급-10.jpg] 문서탭의 [닫기] 단추를 클릭합니다.

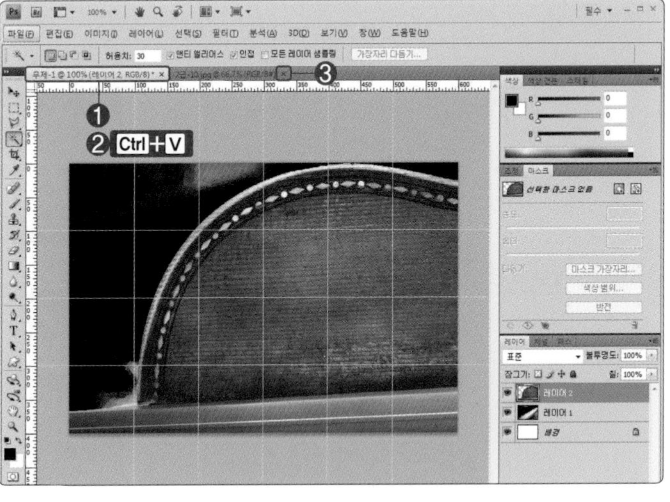

05 악기의 크기를 조절하기 위해 [편집(Edit)]-[자유 변형(Free Transform)]을 클릭합니다.

06 크기 조절점이 나타나면 조절점을 드래그하여 크기를 조절한 후 출력 형태에 맞게 이동한 다음 Enter를 누릅니다.

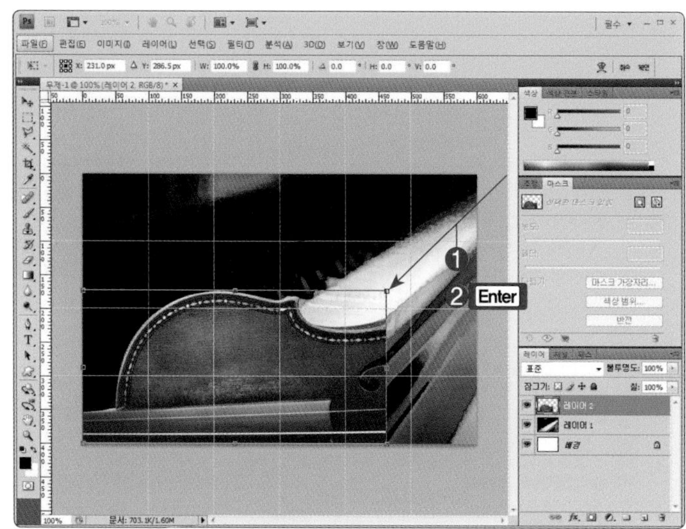

Tip

화면 배율 지정

- 크기를 조절할 때에 이미지의 화면 배율을 축소한 후 크기를 수정하면 편리하게 작업할 수 있습니다.
- Ctrl++ : 100%씩 화면 배율을 확대
- Ctrl+- : 100%씩 화면 배율을 축소
- Ctrl+0 : 이미지 창 크기에 맞게 화면 배율을 지정
- Ctrl+Alt+0 : 현재 화면 배율에 관계없이 화면 배율을 원본 이미지의 100%로 지정

07 레이어 스타일을 지정하기 위해 레이어 패널에서 fx.[레이어 스타일(Layer Style)]-[그림자 효과(Drop Shadow)]를 클릭합니다.

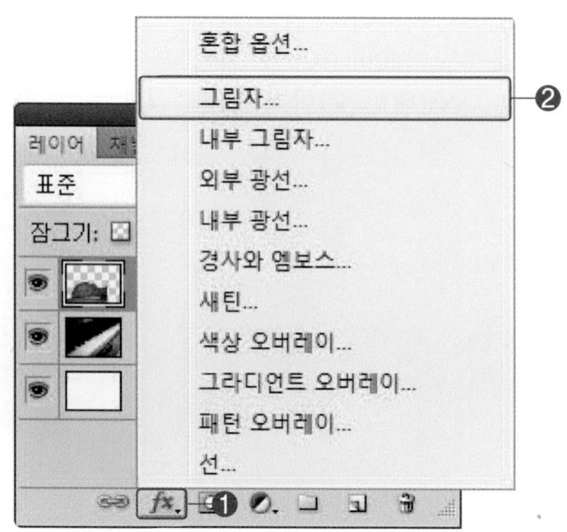

08 [레이어 스타일(Layer Style)] 대화상자의 [그림자 효과(Drop Shadow)] 스타일이 나타나면 속성을 지정한 후 [확인(OK)] 단추를 클릭합니다.

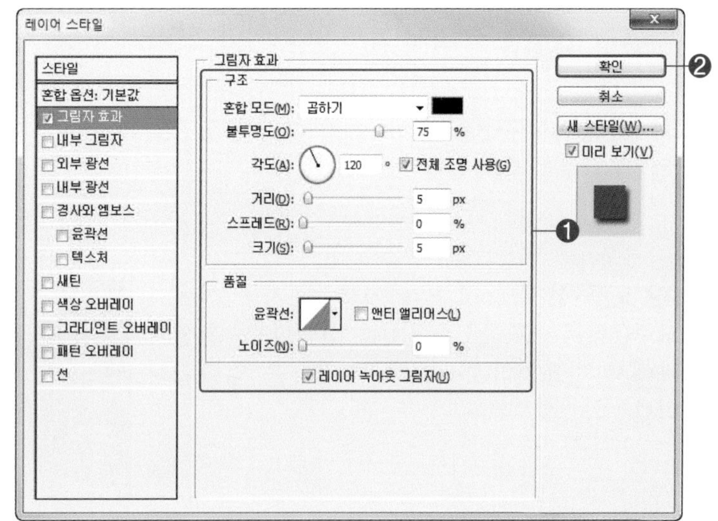

09 복사한 이미지에 그림자 효과가 지정됩니다.

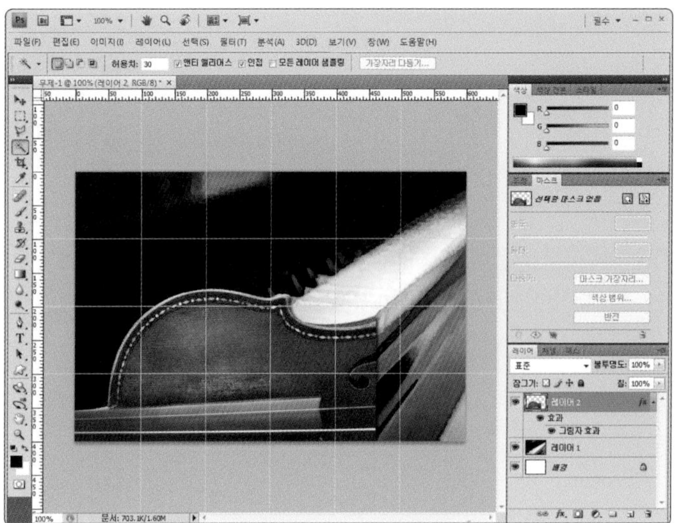

STEP 04 이미지 복사 및 레이어 스타일 지정하기 - 2

01 [파일(File)]-[열기(Open)]를 클릭한 후 [열기(Open)] 대화상자가 나타나면 파일(2급-11)을 선택한 다음 [열기] 단추를 클릭합니다.

02 도구 상자(Tool Box)에서 [자동 선택 도구(Magic Wand Tool)]를 선택한 후 옵션 바에서 허용치(Tolerance)에 '30'을 입력합니다.

03 사람 부분을 클릭하여 선택영역으로 지정한 후 복사(Ctrl+C)를 합니다.

04 [무제-1] 문서탭을 클릭하여 작업 이미지 창으로 이동한 후 붙여넣기(Ctrl+V)를 실행한 다음 [2급-11.jpg] 문서탭의 [닫기] 단추를 클릭합니다.

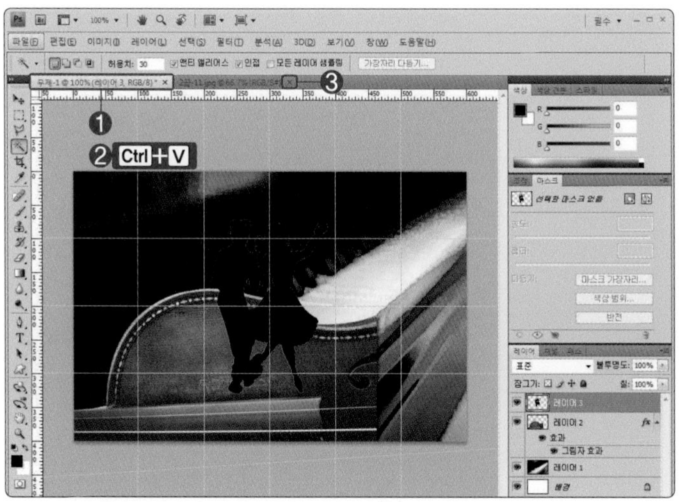

05 도구 상자(Tool Box)에서 [이동 도구(Move Tool)]를 선택한 후 복사한 이미지를 드래그하여 출력 형태와 같이 이동합니다.

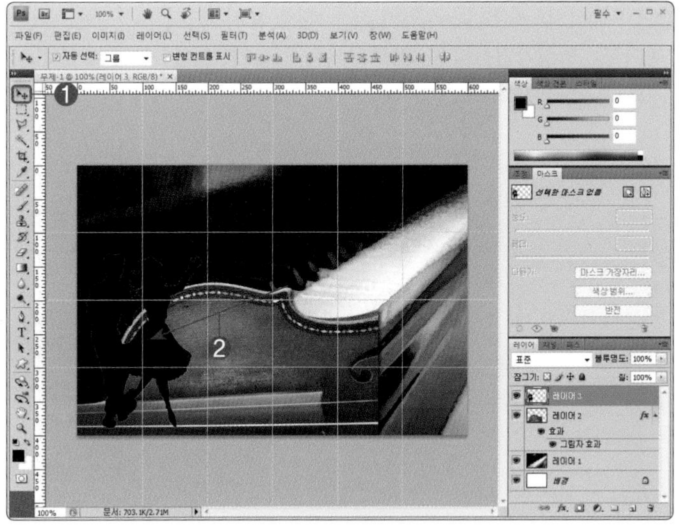

06 레이어 패널에서 fx.[레이어 스타일(Layer Style)]을 클릭한 후 [선(Stroke)]을 클릭합니다.

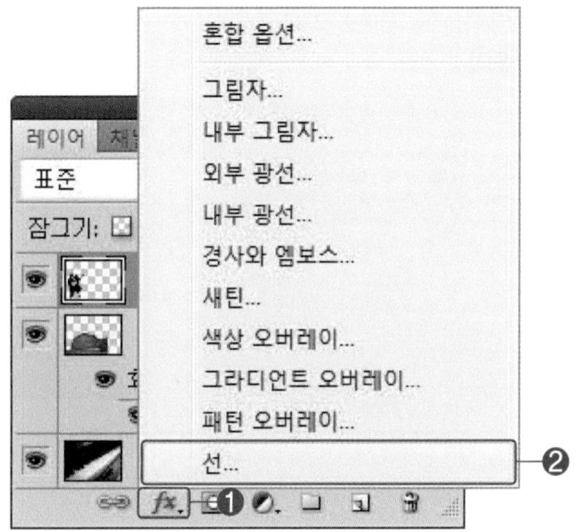

07 [레이어 스타일(Layer Style)] 대화상자의 [선(Stroke)] 스타일이 나타나면 크기(3)를 입력한 후 색상(Color)을 클릭합니다.

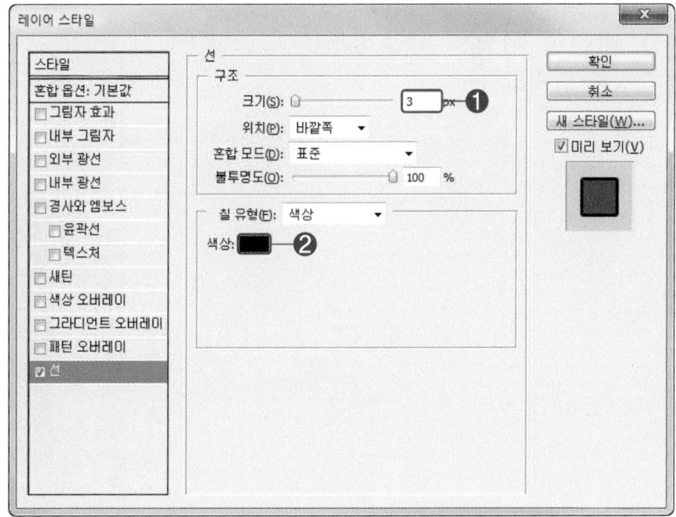

08 [색상 피커(Color Picker)] 대화상자가 나타나면 색상(ffffff)을 입력한 후 [확인(OK)] 단추를 클릭합니다.

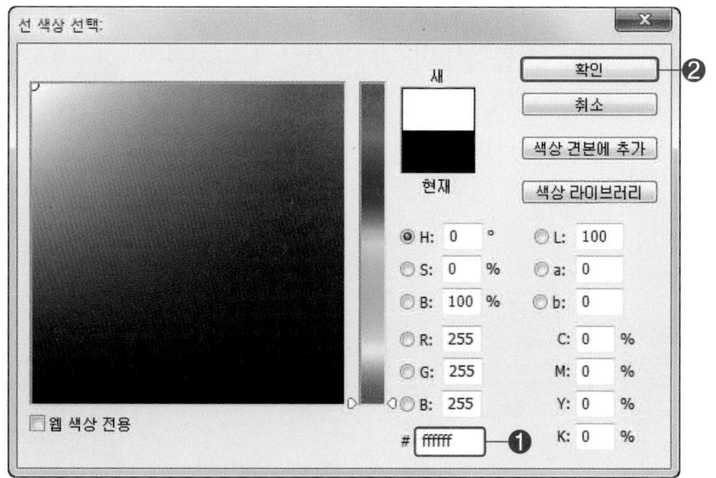

09 [레이어 스타일(Layer Style)] 대화상자의 [선(Stroke)] 스타일이 다시 나타나면 [확인(OK)] 단추를 클릭합니다.

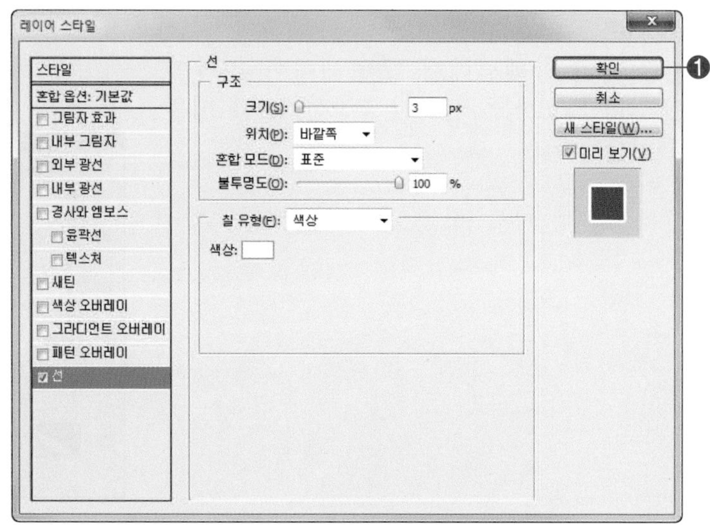

10 레이어 패널의 불투명도(Opacity)에 '70%'로 입력합니다.

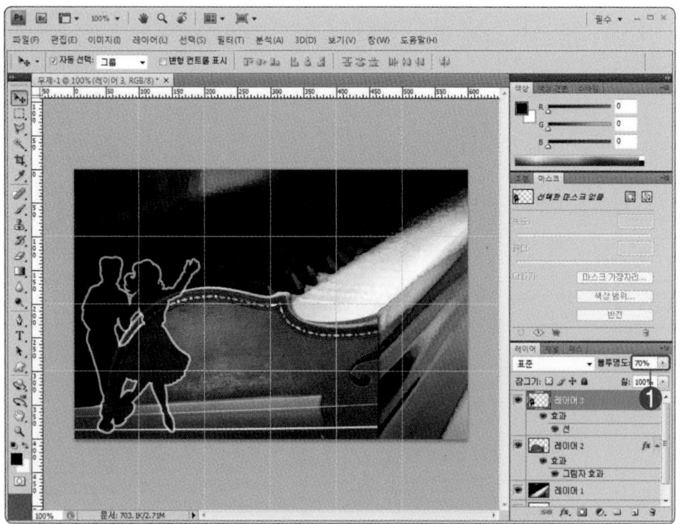

STEP 05 이미지 복사 및 레이어 스타일 지정하기 – 3

01 [파일(File)]–[열기(Open)]를 클릭한 후 [열기(Open)] 대화상자가 나타나면 파일(2급–12)을 선택한 다음 [열기] 단추를 클릭합니다.

02 도구 상자(Tool Box)에서 [돋보기 도구(Zoom Tool)]를 선택한 후 꽃 부분을 드래그하여 확대합니다.

03 이미지가 확대되면 도구 상자(Tool Box)에서 [자석 올가미 도구(Magnetic Lasso Tool)]를 선택한 후 옵션 바에서 빈도 수(100)를 지정합니다.

04 시작 지점을 클릭한 후 꽃을 따라 마우스를 드래그하여 선택 영역으로 지정한 후 복사(Ctrl+C)를 합니다.

05 [무제-1] 문서탭을 클릭한 후 붙여넣기(Ctrl+V)를 실행한 다음 [2급-12.jpg] 문서탭의 ×[닫기] 단추를 클릭합니다.

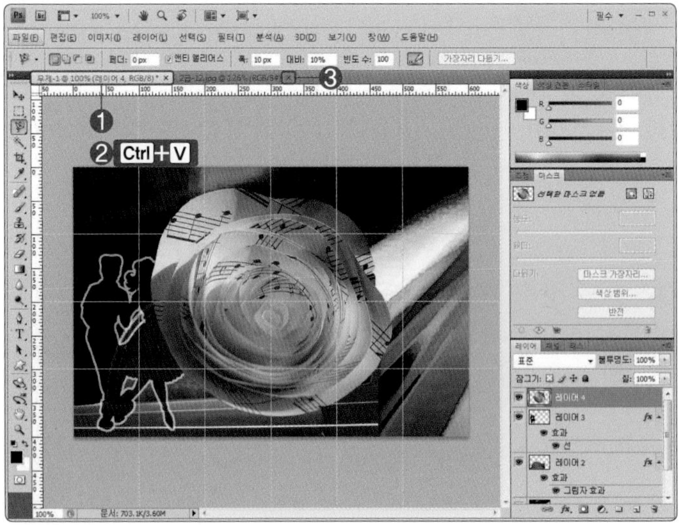

06 [편집(Edit)]-[자유 변형(Free Transform)]을 클릭한 후 크기 조절점을 드래그하여 크기 및 위치를 조절합니다.

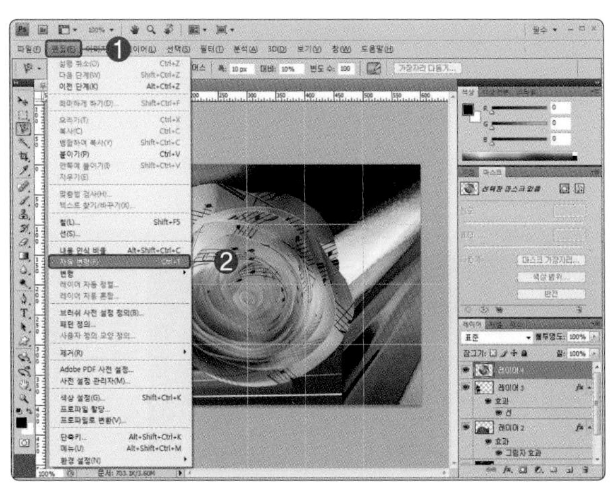

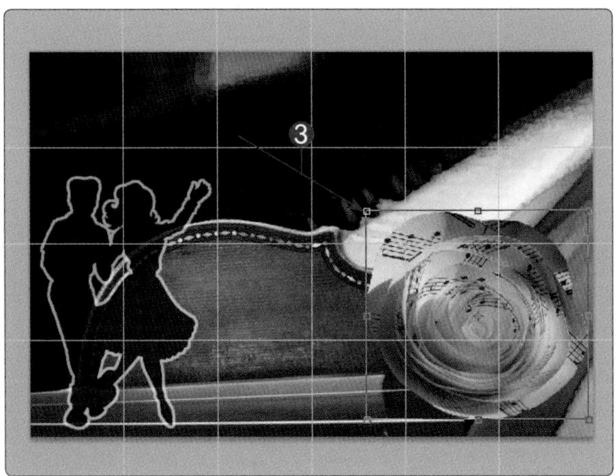

07 레이어 패널에서 fx[레이어 스타일(Layer Style)]을 클릭한 후 [내부 그림자(Inner Shadow)]를 클릭한 다음 [레이어 스타일(Layer Style)] 대화상자의 [내부 그림자(Inner Shadow)] 스타일이 나타나면 속성을 지정하고 [확인(OK)] 단추를 클릭합니다.

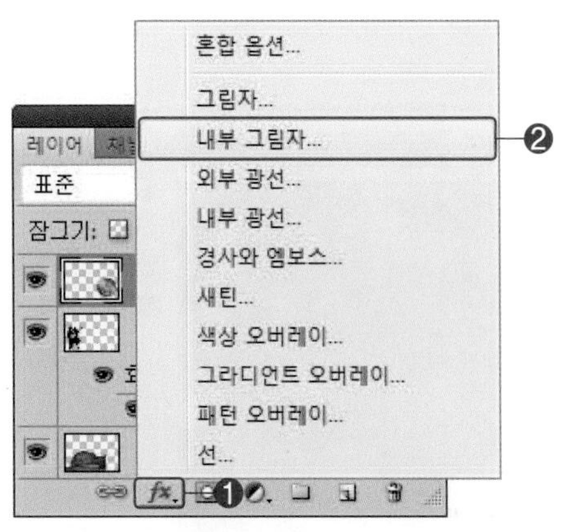

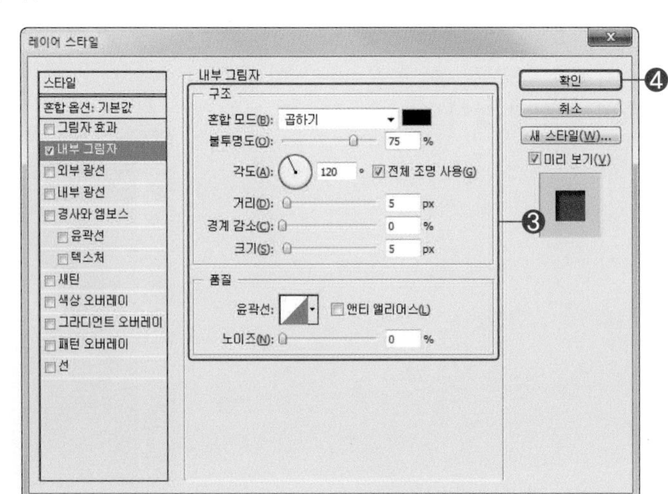

STEP 06 편지 봉투 도형 작성 및 레이어 마스크 작성하기

01 도구 상자(Tool Box)에서 [사용자 정의 모양 도구(Custom Shape Tool)]를 선택한 후 옵션 바에서 [사용자 정의 모양 피커(Click to open Custom shape picker)]의 목록 단추를 클릭합니다.

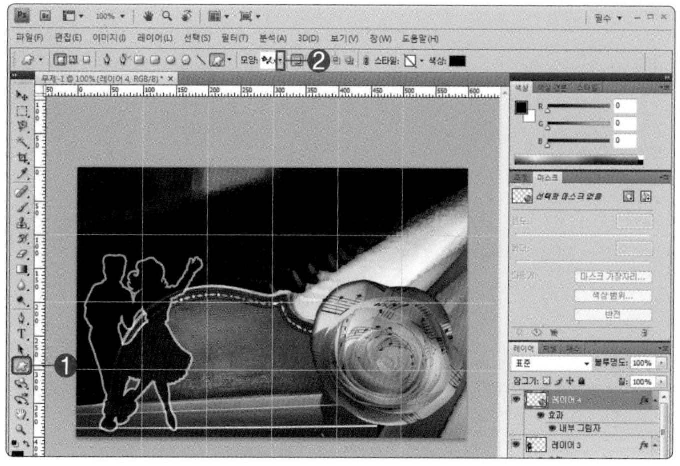

02 사용자 정의 모양이 나타나면 [팝업 메뉴 단추]-[물건(Objects)]을 클릭합니다.

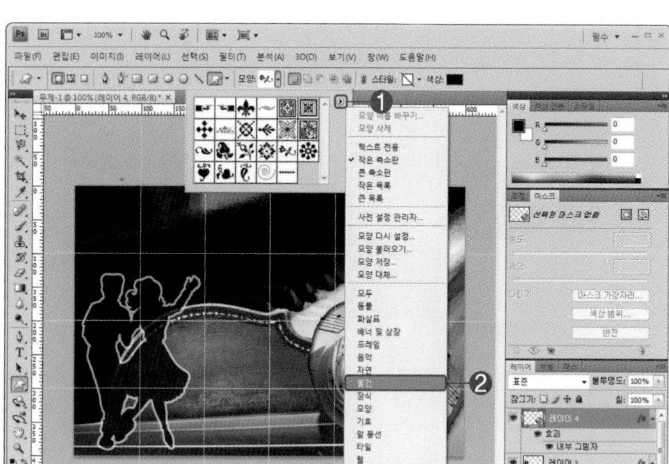

Tip

편지 봉투 1 모양은 물건(Objects) 그룹에 포함되어 있습니다. 사용할 모양이 어느 그룹에 속해 있는지 모를 경우에는 모두(All) 그룹을 선택한 후 찾는 것이 유리합니다.

03 [현재 모양을 물건.csh의 모양으로 대체하시겠습니까?]라고 묻는 대화상자가 나타나면 [확인(OK)] 단추를 클릭합니다.

Adobe Photoshop

현재 모양을 물건의 모양으로 대체하시겠습니까?

확인 ❶ 취소 첨부(A)

04 사용자 정의 모양이 물건(Objects)으로 변경되면 [편지 봉투 1(Envelope 1)]을 클릭합니다.

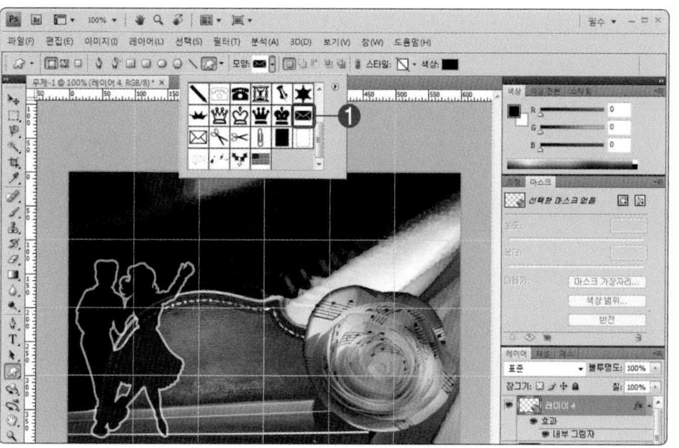

05 마우스 포인터 모양이 + 모양으로 변경되면 우편 모양을 삽입하고자 하는 위치를 드래그합니다.

06 도형을 회전시키기 위해 [편집(Edit)]-[패스 자유 변형(Free Transform Path)]을 클릭한 후 크기 조절점의 모서리 부분에 마우스 포인터를 위치시킨 다음 마우스 포인터 모양이 ↶ 모양으로 변경되면 드래그하여 도형을 회전시키고 Enter를 누릅니다.

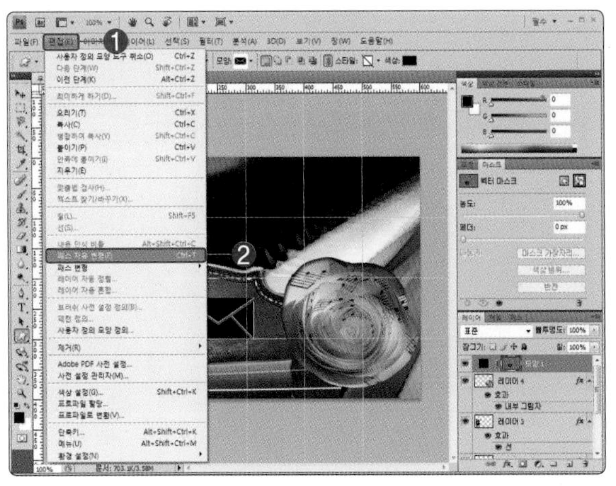

07 레이어 패널에서 fx [레이어 스타일(Layer Style)]을 클릭한 후 [선(Stroke)]을 클릭합니다.

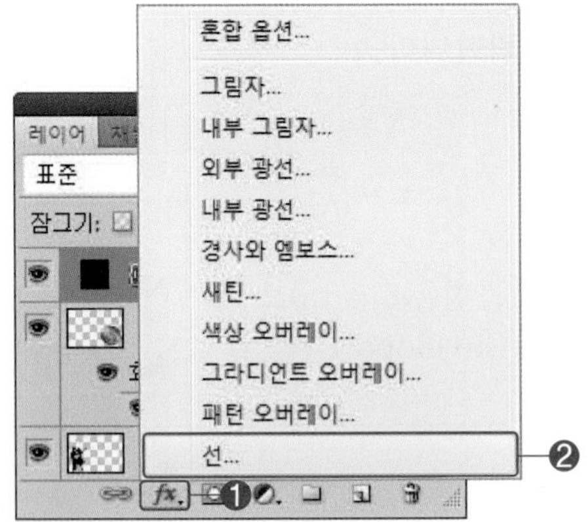

08 [레이어 스타일(Layer Style)] 대화상자의 [선(Stroke)] 스타일이 나타나면 크기(3)를 입력한 후 색상(Color)을 클릭한 다음 [색상 피커(Color Picker)] 대화상자가 나타나면 색상(330000)을 입력하고 [확인(OK)] 단추를 클릭합니다.

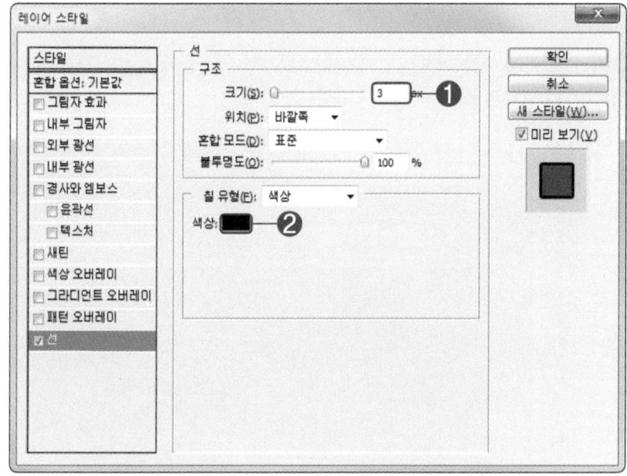

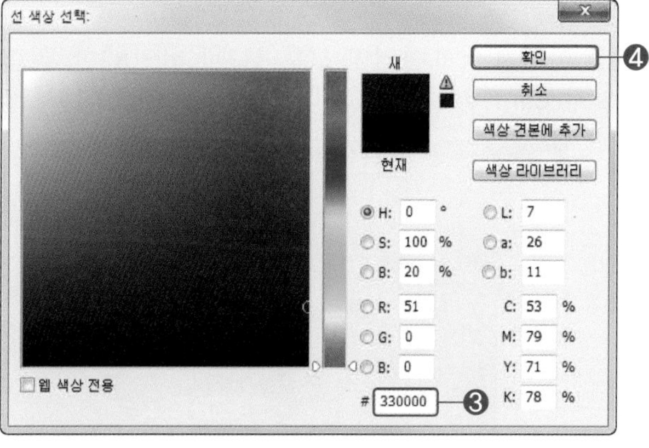

09 [레이어 스타일(Layer Style)] 대화상자의 [선(Stroke)] 스타일이 다시 나타나면 [외부 광선(Outer Glow)]을 클릭한 후 [레이어 스타일(Layer Style)] 대화상자의 [외부 광선(Outer Glow)] 스타일이 나타나면 속성을 지정한 다음 [확인(OK)] 단추를 클릭합니다.

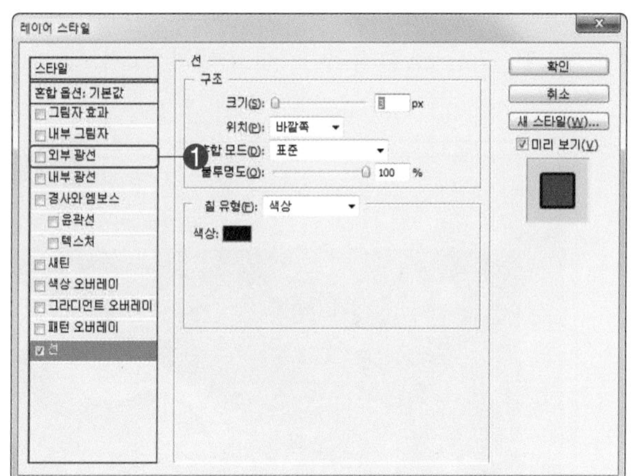

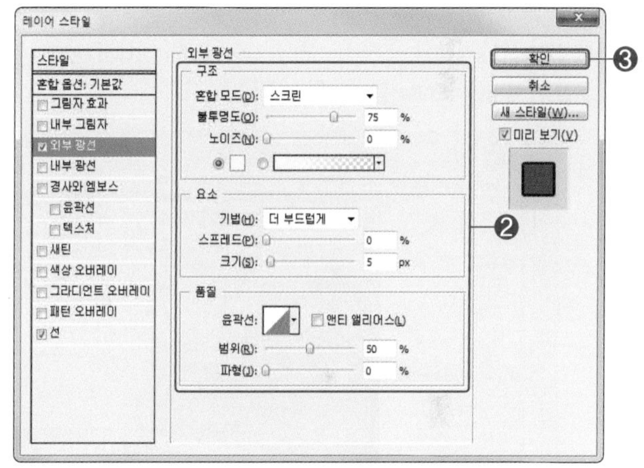

10 도형에 레이어 스타일 효과가 지정됩니다.

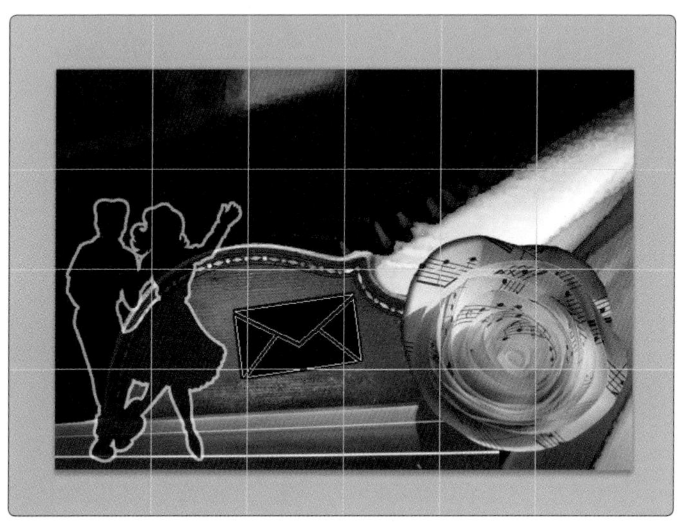

11 [파일(File)]-[열기(Open)]를 클릭한 후 [열기(Open)] 대화상자가 나타나면 파일(2급-13)을 선택한 다음 [열기] 단추를 클릭합니다.

12 이미지가 표시되면 모두 선택(Ctrl+A)한 후 복사(Ctrl+C)를 합니다. [무제-1] 문서탭을 클릭한 후 붙여넣기(Ctrl+V)를 실행한 다음 [2급-13.jpg] 문서탭의 ×[닫기] 단추를 클릭합니다.

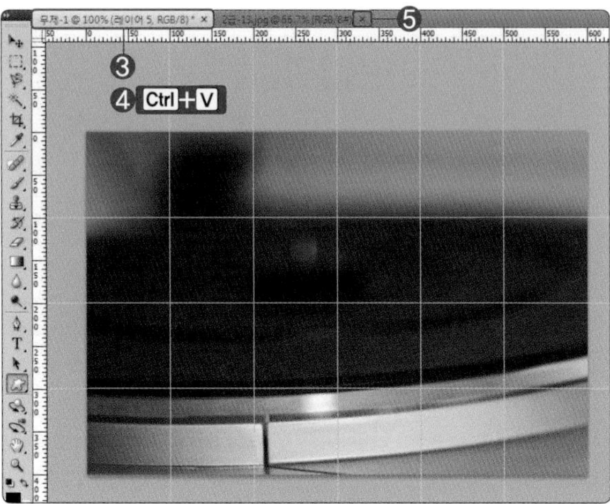

13 [편집(Edit)]-[자유 변형(Free Transform)]을 클릭한 후 크기 조절점을 드래그하여 크기 및 위치를 조절한 다음 Enter를 누릅니다.

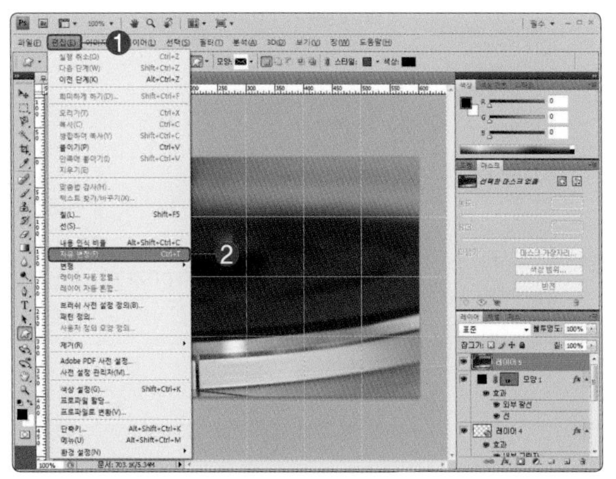

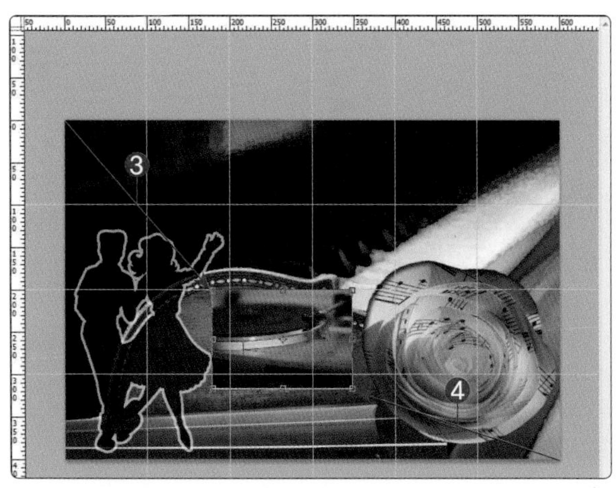

14 필터를 지정하기 위해 [필터(Filter)]-[텍스처(Texture)]-[텍스처화(Texturizer)]를 클릭합니다.

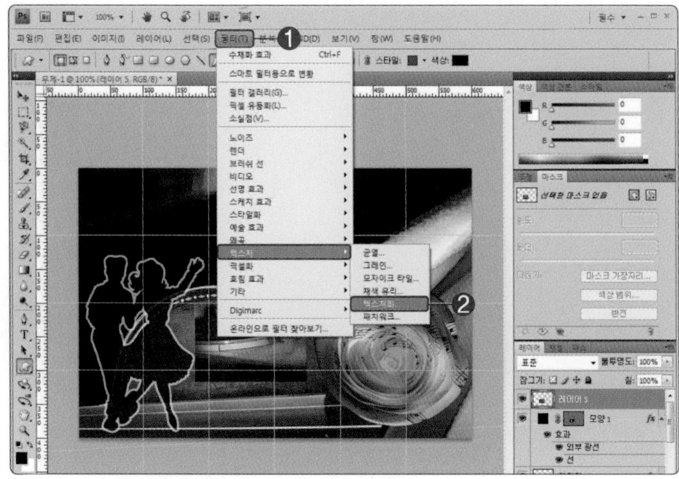

15 [텍스처화(Texturizer)] 대화상자가 나타나면 비율(100)과 부조(5)를 입력한 후 [확인(OK)] 단추를 클릭합니다.

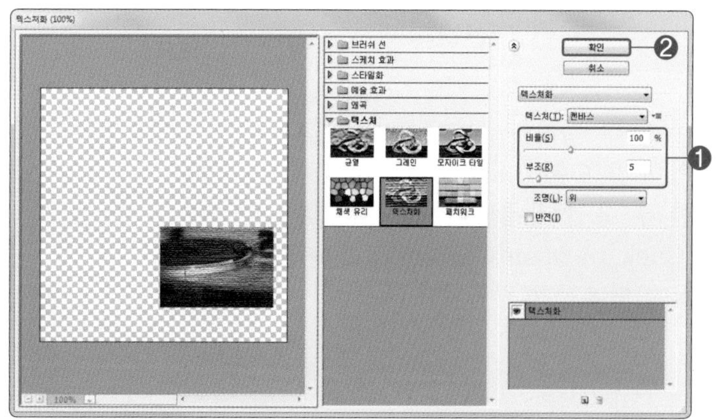

16 [레이어(Layer)]-[클리핑 마스크 만들기(Create Clipping Mask)]를 클릭합니다.

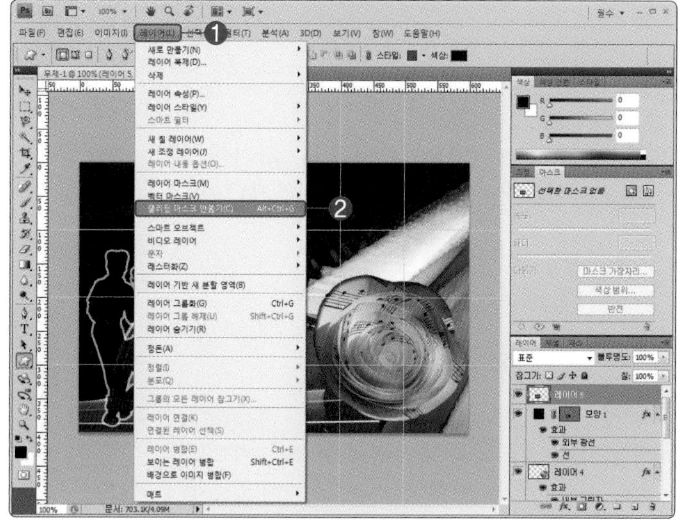

Tip

클리핑 마스크란 이미지를 훼손하지 않으면서 서로 합성하는 기능으로 특정 영역을 잘라내고, 나머지 영역은 가려주는 효과로 현재 선택된 레이어(2급-13.jpg)의 아래쪽 레이어(편지 봉투)와 합성을 합니다.

17 클리핑 마스크가 지정되면 이미지를 출력 형태에 맞게 이동합니다.

STEP 07 화살표 도형 작성하기

01 도구 상자(Tool Box)에서 [사용자 정의 모양 도구(Custom Shape Tool)]를 선택한 후 옵션 바에서 [사용자 정의 모양 피커(Click to open Custom shape picker)]의 목록 단추를 클릭합니다.

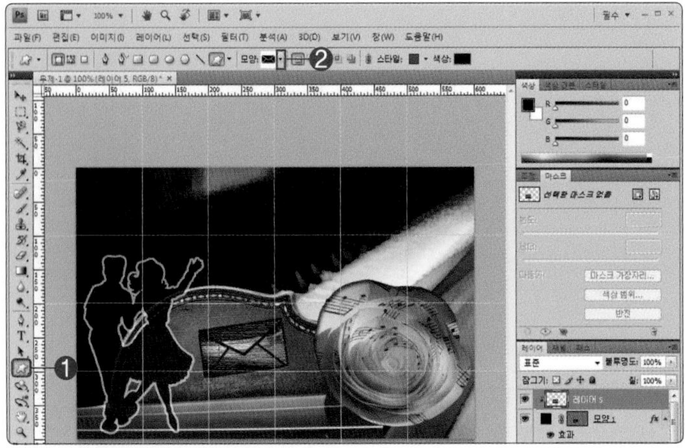

02 사용자 정의 모양이 나타나면 [팝업 메뉴 단추]-[화살표(Arrows)]를 클릭합니다.

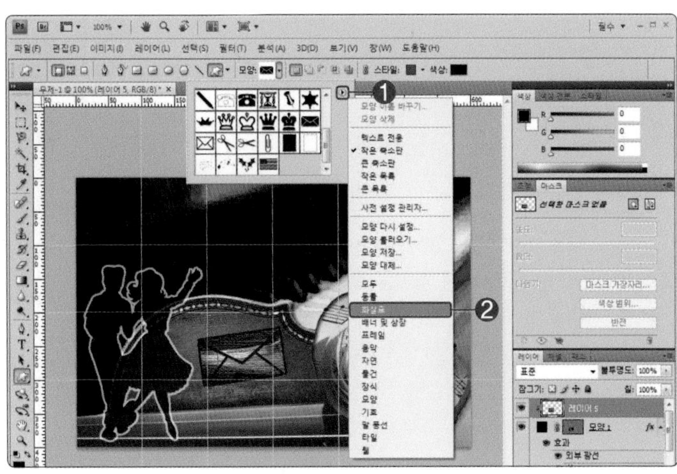

Tip

화살표 6 모양은 화살표(Arrows) 그룹에 포함되어 있습니다. 사용할 모양이 어느 그룹에 속해 있는지 모를 경우에는 모두(All) 그룹을 선택한 후 찾는 것이 유리합니다.

03 [현재 모양을 화살표.csh의 모양으로 대체하시겠습니까?]라고 묻는 대화상자가 나타나면 [확인(OK)] 단추를 클릭합니다.

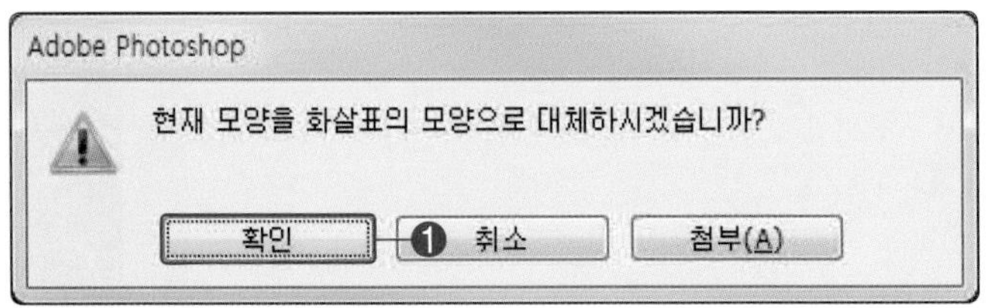

04 사용자 정의 모양이 화살표(Arrows) 목록으로 변경되면 [화살표 6(Arrow 6)]을 클릭한 후 마우스 포인터 모양이 + 모양으로 변경될 때에 드래그하여 화살표 모양을 삽입합니다.

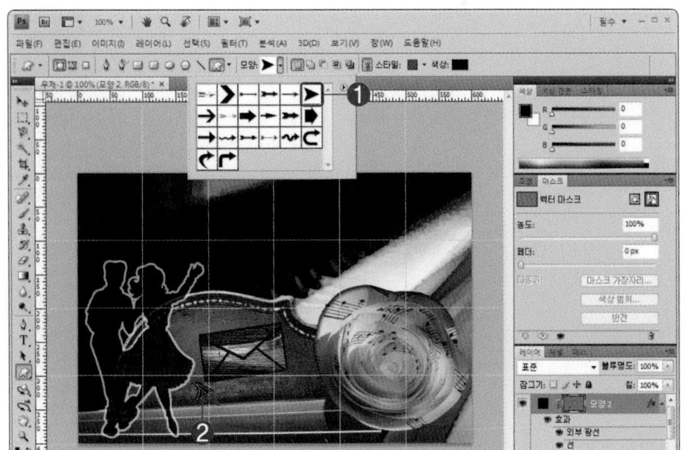

05 레이어 패널에서 '모양 2' 레이어의 아래쪽 '효과'를 [휴지통(Delete layer)]으로 드래그하여 이전 효과를 삭제합니다.

06 화살표 모양에 색상을 지정하기 위해 레이어 패널의 [레이어 축소판(Layer thumbnail)]을 더블클릭한 후 [색상 피커(Color Picker)] 대화상자가 나타나면 색상(669933)을 입력한 후 [확인(OK)] 단추를 클릭합니다.

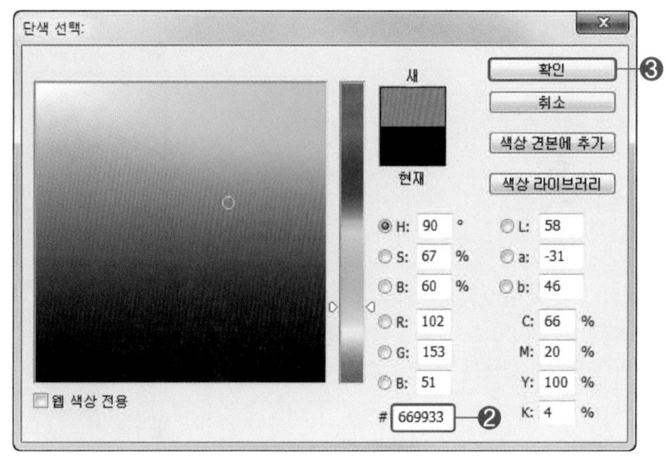

07 레이어 패널에서 [레이어 스타일(Layer Style)]을 클릭한 후 [내부 그림자(Inner Shadow)]를 클릭한 다음 [레이어 스타일(Layer Style)] 대화상자의 [내부 그림자(Inner Shadow)] 스타일이 나타나면 속성을 지정하고 [확인(OK)] 단추를 클릭합니다.

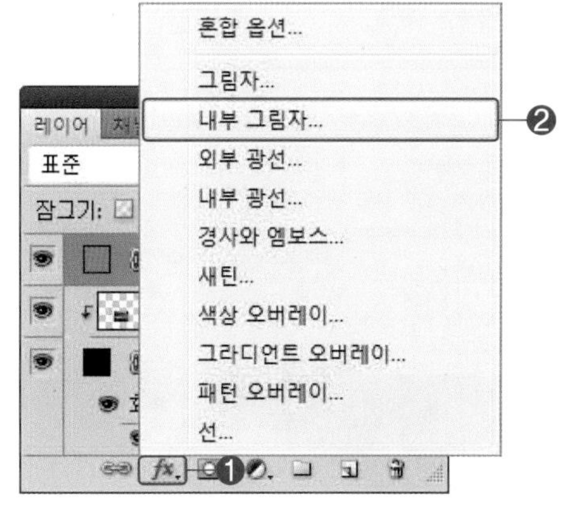

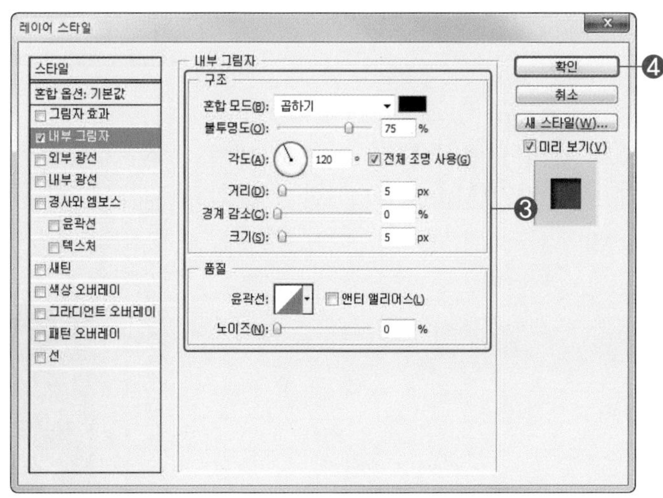

STEP 08 음악 켜기 도형 작성하기

01 도구 상자(Tool Box)에서 [사용자 정의 모양 도구(Custom Shape Tool)]를 선택한 후 옵션 바에서 [사용자 정의 모양 피커(Click to open Custom shape picker)]의 목록 단추를 클릭합니다.

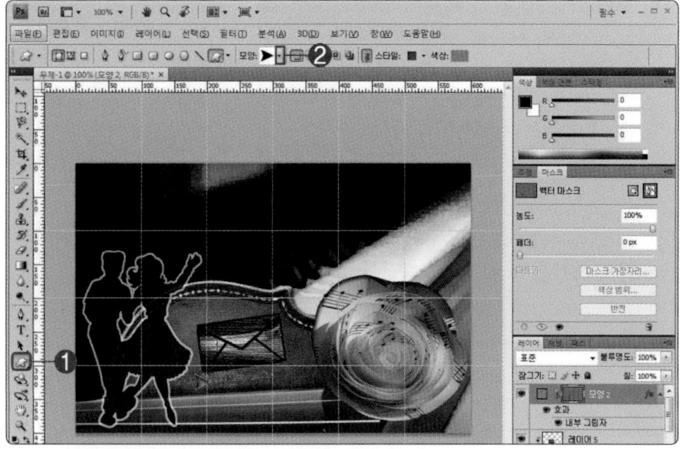

02 사용자 정의 모양이 나타나면 [팝업 메뉴 단추]-[웹(Web)]을 클릭합니다.

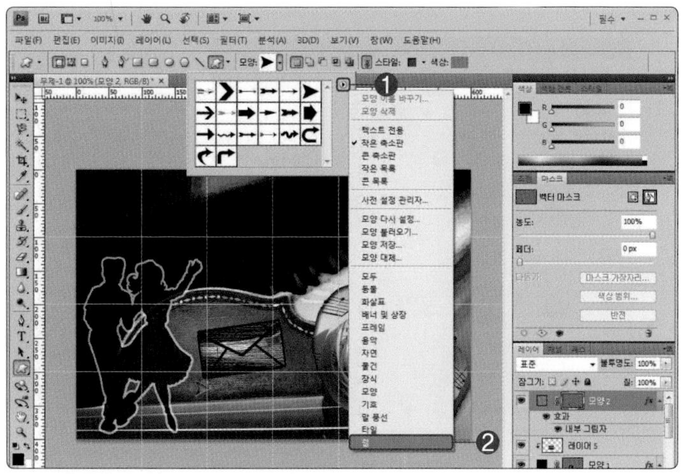

음악 켜기 모양은 웹(Web) 그룹에 포함되어 있습니다. 사용할 모양이 어느 그룹에 속해 있는지 모를 경우에는 모두(All) 그룹을 선택한 후 찾는 것이 유리합니다.

03 [현재 모양을 웹.csh의 모양으로 대체하시겠습니까?]라고 묻는 대화상자가 나타나면 [확인(OK)] 단추를 클릭합니다.

Adobe Photoshop

현재 모양을 웹의 모양으로 대체하시겠습니까?

확인 ❶ 취소 첨부(A)

04 사용자 정의 모양이 웹(Web)으로 변경되면 [음악 켜기(Music On)]를 클릭합니다.

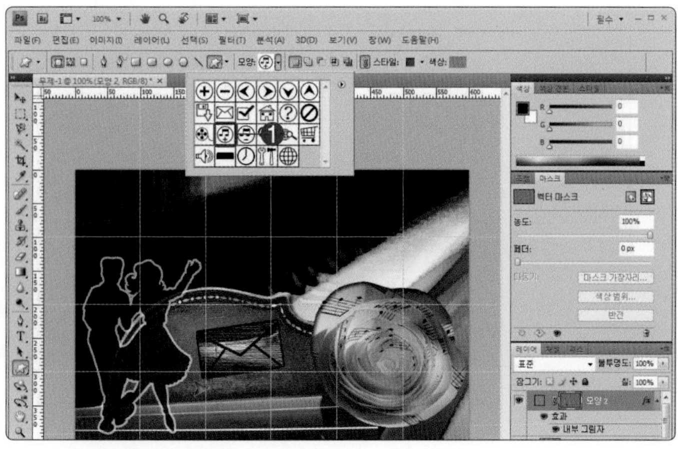

05 마우스 포인터 모양이 + 모양으로 변경되면 음악 켜기 모양을 삽입하고자 하는 위치를 드래그합니다.

06 레이어 패널에서 '모양 3' 레이어의 [목록] 단추를 클릭한 후 '효과'를 [휴지통(Delete layer)]으로 드래그하여 이전 효과를 삭제합니다.

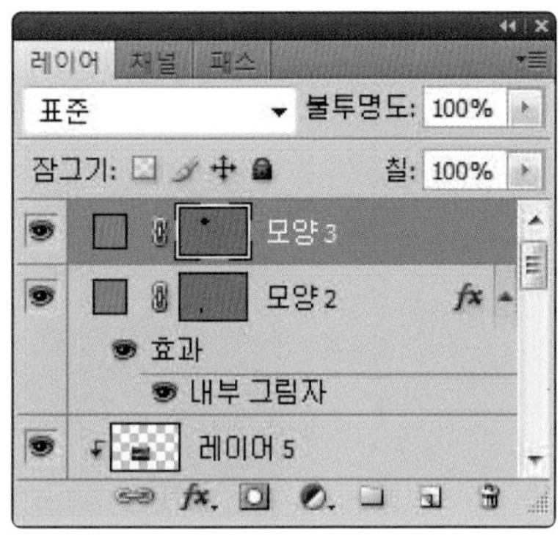

07 레이어 패널에서 [레이어 스타일(Layer Style)]을 클릭한 후 [외부 광선(Outer Glow)]을 클릭한 다음 [레이어 스타일(Layer Style)] 대화상자의 [외부 광선(Outer Glow)] 스타일이 나타나면 속성을 지정하고 [그라디언트 오버레이(Gradient Overlay)]를 클릭합니다.

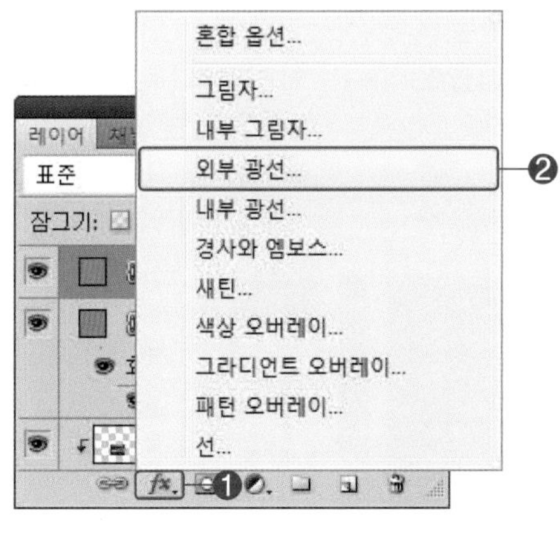

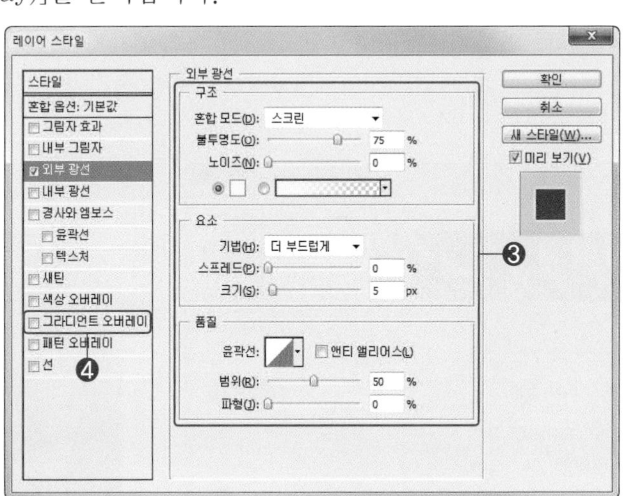

08 [레이어 스타일(Layer Style)] 대화상자의 [그라디언트 오버레이(Gradient Overlay)] 스타일이 나타나면 [그라디언트 편집(Click to edit the Gradient)]을 클릭합니다.

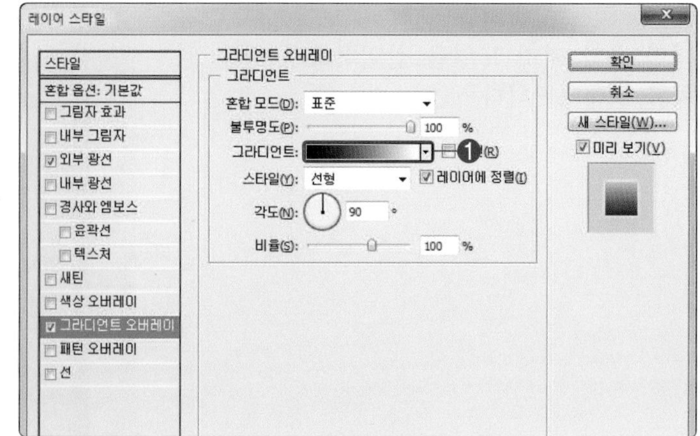

09 [그라디언트 편집기(Gradient Editor)] 대화상자가 나타나면 왼쪽 색상 정지점(Color Stop)]을 더블클릭한 후 [색상 피커(Color Picker)] 대화상자가 나타나면 색상(333300)을 입력한 다음 [확인(OK)] 단추를 클릭합니다.

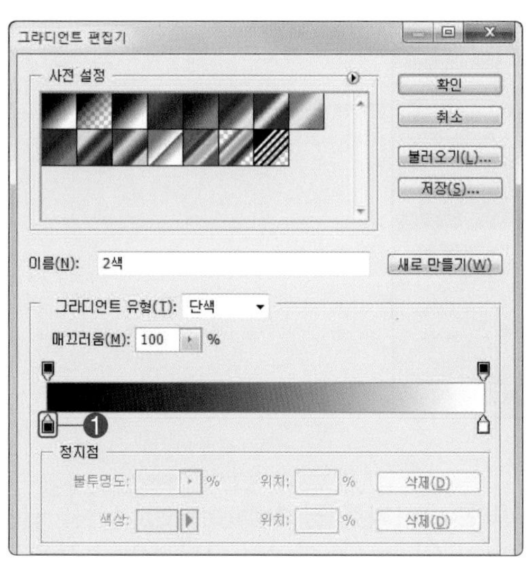

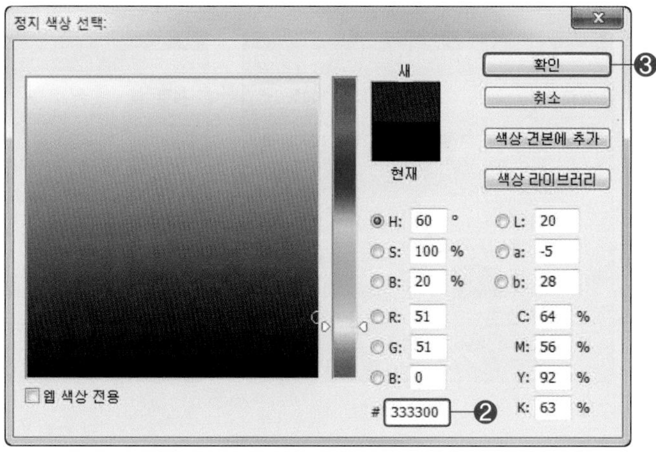

10 [그라디언트 편집기(Gradient Editor)] 대화상자가 다시 나타나면 오른쪽 색상 정지점(Color Stop)]을 더블클릭한 후 [색상 피커(Color Picker)] 대화상자가 나타나면 색상(ff6600)을 입력한 다음 [확인(OK)] 단추를 클릭합니다.

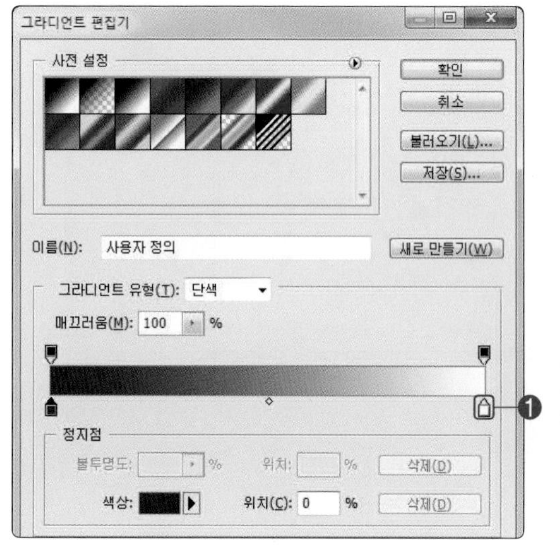

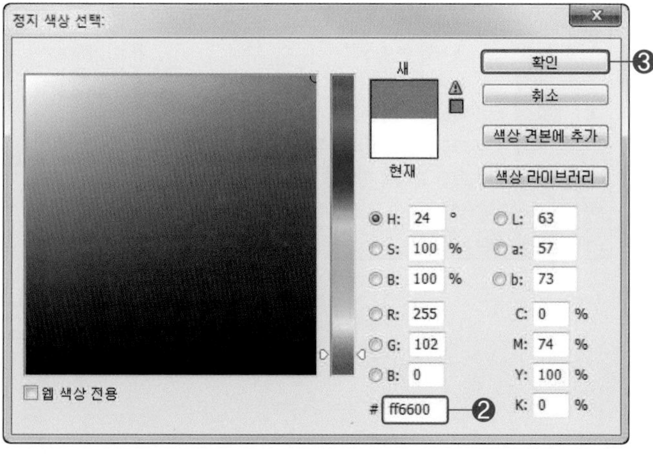

11 [그라디언트 편집기(Gradient Editor)] 대화상자가 다시 나타나면 [확인(OK)] 단추를 클릭합니다.

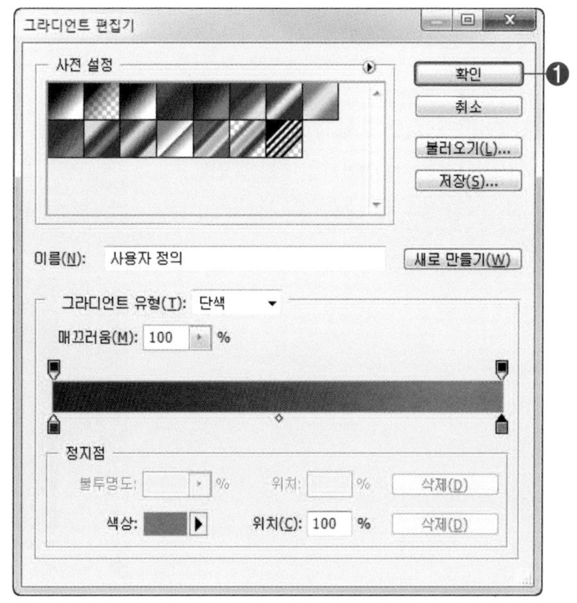

12 [그라디언트 오버레이(Gradient Overlay)] 스타일이 다시 나타나면 각도(-90)를 입력한 후 [확인(OK)] 단추를 클릭합니다.

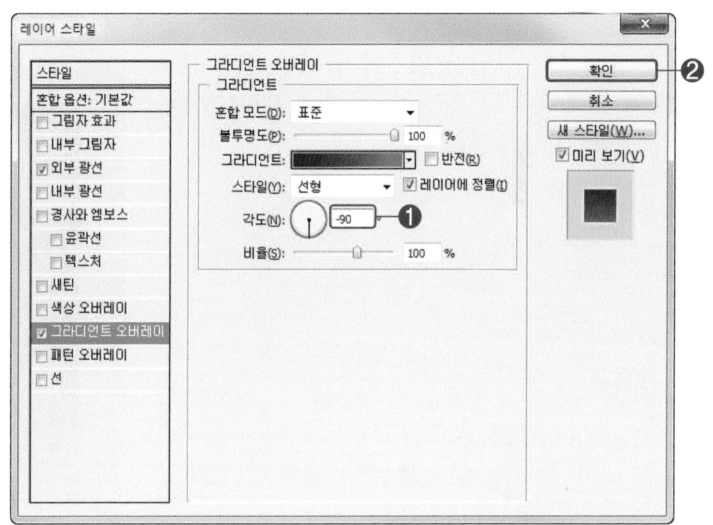

13 음악 켜기 모양의 도형이 완성됩니다.

STEP 09 텍스트 작성하기 – 1

01 도구 상자(Tool Box)에서 T[수평 문자 도구(Horizontal Type Tool)]를 선택한 후 옵션 바에서 글꼴(돋움)과 글꼴 크기(35 pt)를 지정합니다.

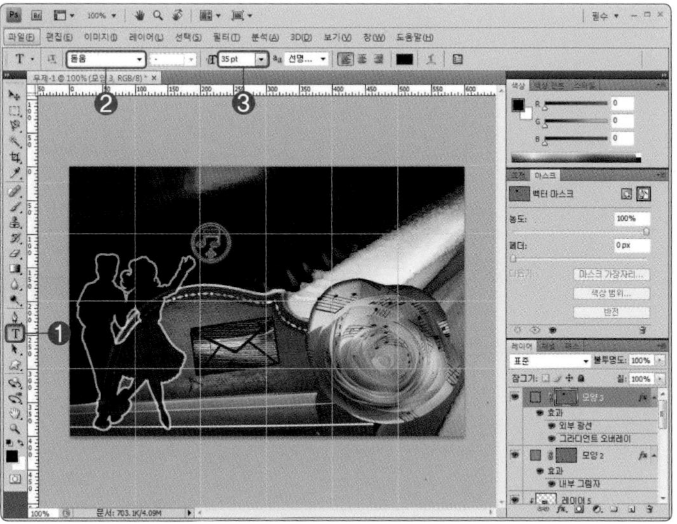

02 텍스트를 삽입할 위치를 클릭한 후 "생활 속의 클래식 음악"을 입력한 다음 Ctrl+Enter를 누릅니다.

Tip

배경색이 검정색이어서 검정색 글꼴로 입력한 텍스트 내용이 보이지 않을 경우 밝은 배경 쪽에서 입력한 후 이동하는 것이 편리합니다.

03 레이어 패널에서 fx[레이어 스타일(Layer Style)]을 클릭한 후 [선(Stroke)]을 클릭한 다음 [레이어 스타일(Layer Style)] 대화상자의 [선(Stroke)] 탭이 나타나면 크기(2)를 입력한 후 색상(Color)을 클릭합니다.

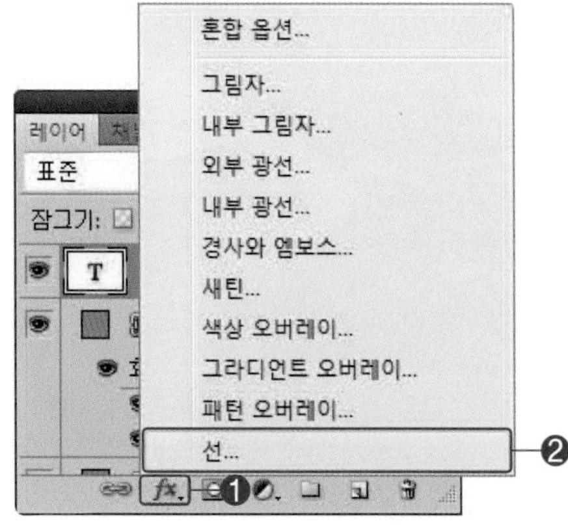

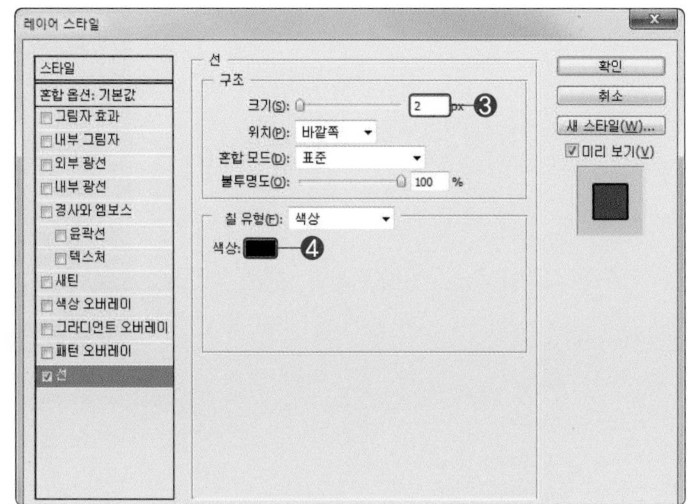

04 [색상 피커(Color Picker)] 대화상자가 나타나면 색상(336666)을 입력한 후 [확인(OK)] 단추를 클릭합니다.

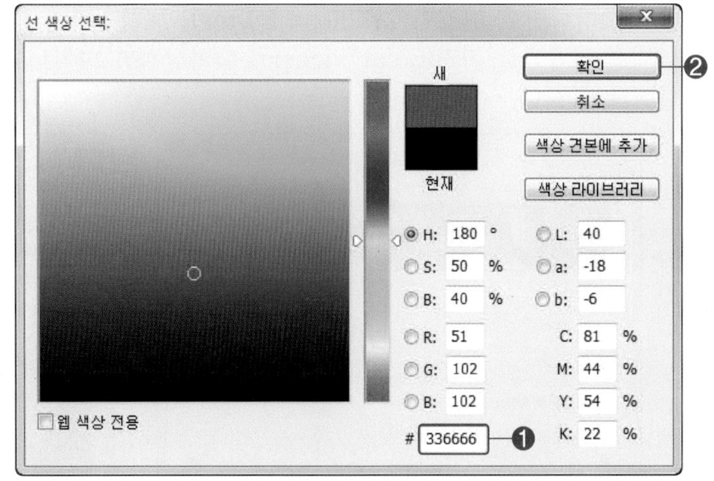

05 [레이어 스타일(Layer Style)] 대화상자가 다시 나타나면 [그라디언트 오버레이(Gradient Overlay)]를 클릭합니다.

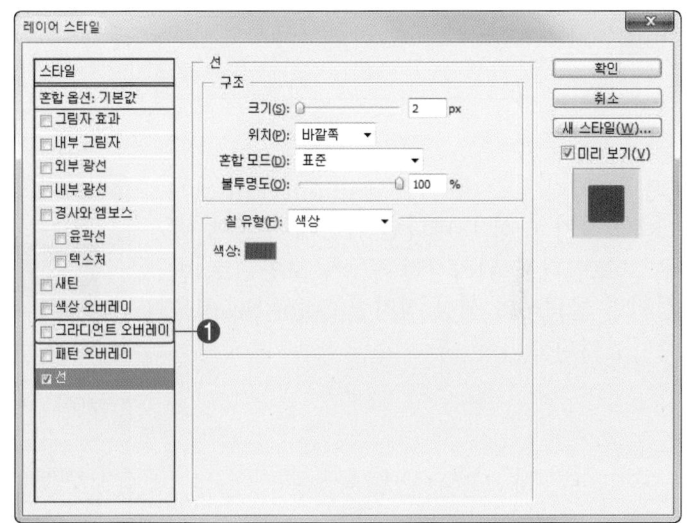

06 [레이어 스타일(Layer Style)] 대화상자의 [그라디언트 오버레이(Gradient Overlay)] 스타일이 나타나면 [그라디언트 편집(Click to edit the Gradient)]을 클릭합니다.

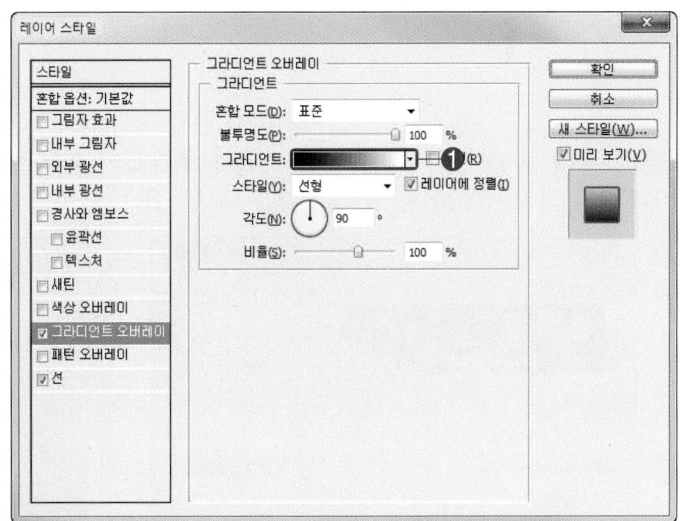

07 [그라디언트 편집기(Gradient Editor)] 대화상자가 나타나면 왼쪽 색상 정지점(Color Stop)]을 더블클릭한 후 [색상 피커(Color Picker)] 대화상자가 나타나면 색상(ff6600)을 입력한 다음 [확인(OK)] 단추를 클릭합니다.

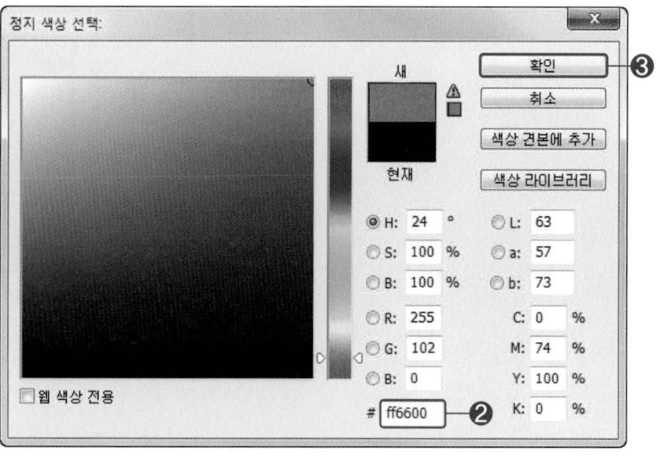

08 [그라디언트 편집기(Gradient Editor)] 대화상자가 다시 나타나면 가운데 부분에 마우스 포인터를 위치시킨 후 모양으로 변경되면 클릭하여 색상 정지점(Color Stop)을 추가합니다.

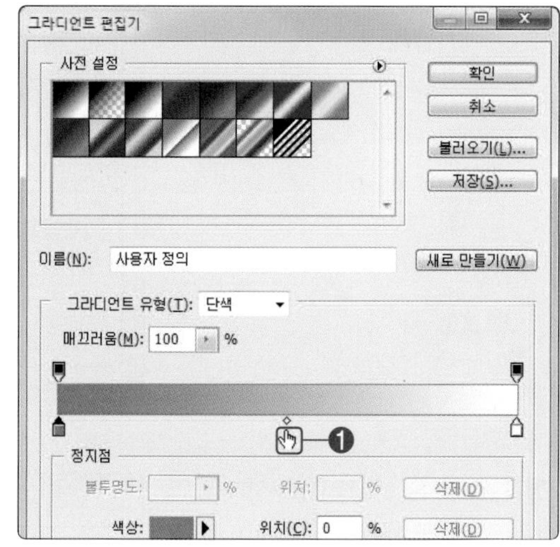

09 가운데 색상 정지점(Color Stop)]이 추가되면 더블클릭한 후 [색상 피커(Color Picker)] 대화상자가 나타나면 색상(ffff00)을 입력한 다음 [확인(OK)] 단추를 클릭합니다.

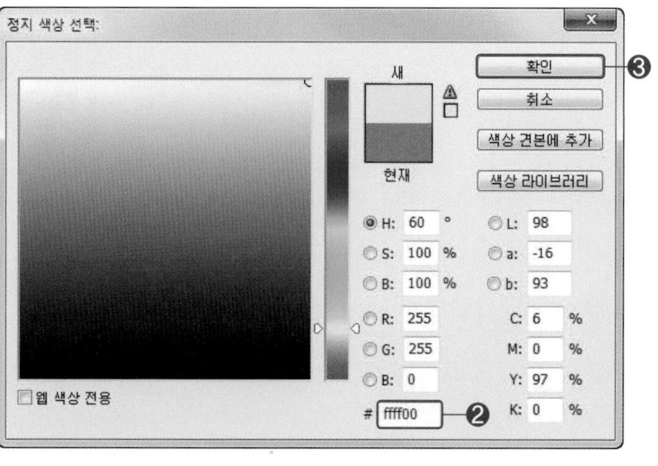

10 [그라디언트 편집기(Gradient Editor)] 대화상자가 다시 나타나면 오른쪽 색상 정지점(Color Stop)]을 더블클릭한 후 [색상 피커(Color Picker)] 대화상자가 나타나면 색상(006633)을 입력한 다음 [확인(OK)] 단추를 클릭합니다.

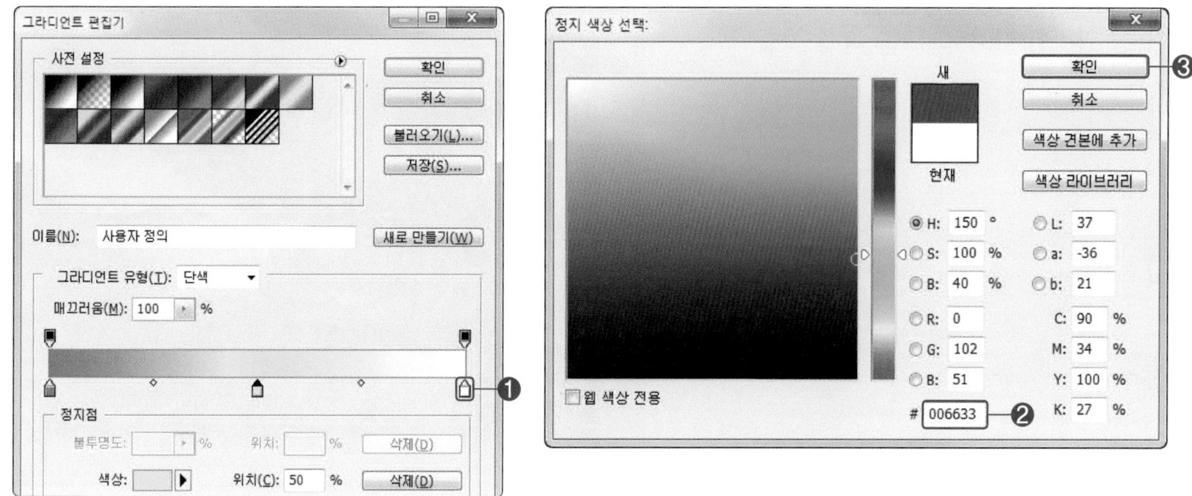

11 [그라디언트 편집기(Gradient Editor)] 대화상자가 다시 나타나면 [확인(OK)] 단추를 클릭한 후 [그라디언트 오버레이(Gradient Overlay)] 스타일이 다시 나타나면 [확인(OK)] 단추를 클릭합니다.

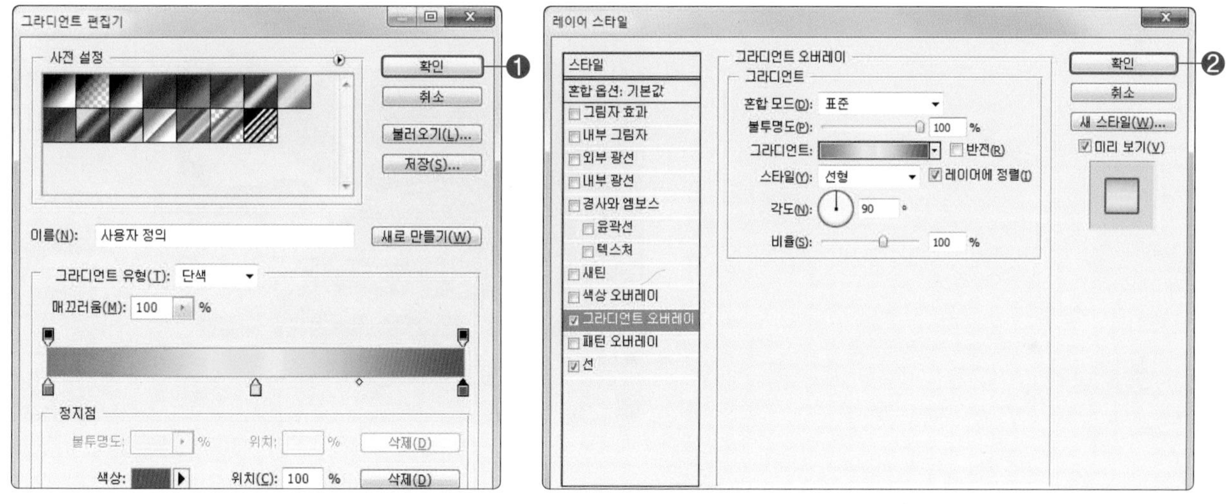

12 텍스트에 변형을 주기 위해 옵션 바에서 [텍스트 변형(Warp Text)]을 클릭한 후 [텍스트 변형(Warp Text)] 대화상자가 나타나면 스타일(아치)을 선택한 다음 구부리기(+15 %)를 지정하고 [확인(OK)] 단추를 클릭한 후 텍스트의 위치를 조절합니다.

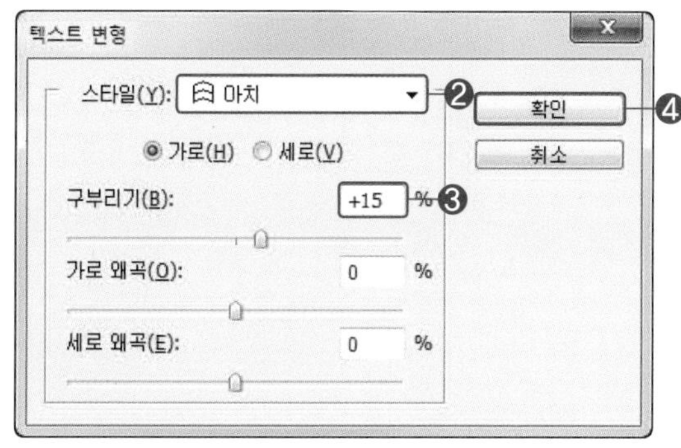

STEP 10 텍스트 작성하기 - 2

01 텍스트를 삽입할 위치를 클릭한 후 "1인 1 악기"를 입력한 다음 Ctrl+Enter를 누릅니다.

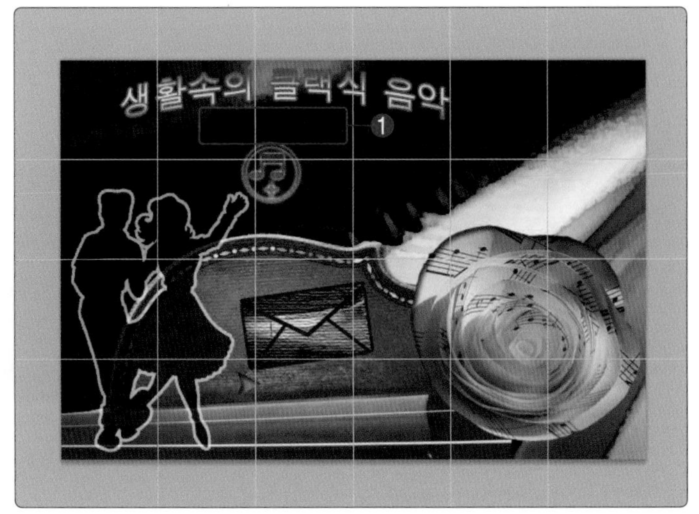

02 옵션 바에서 글꼴(돋움)과 글꼴 크기(35 pt)를 지정한 후 색상 설정(Set the text color)을 클릭합니다.

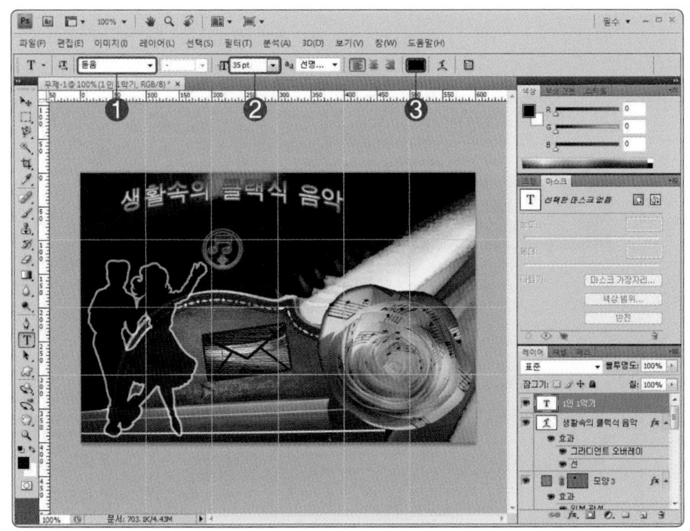

03 [색상 피커(Color Picker)] 대화상자가 나타나면 색상(ffffff)을 입력한 후 [확인(OK)] 단추를 클릭합니다.

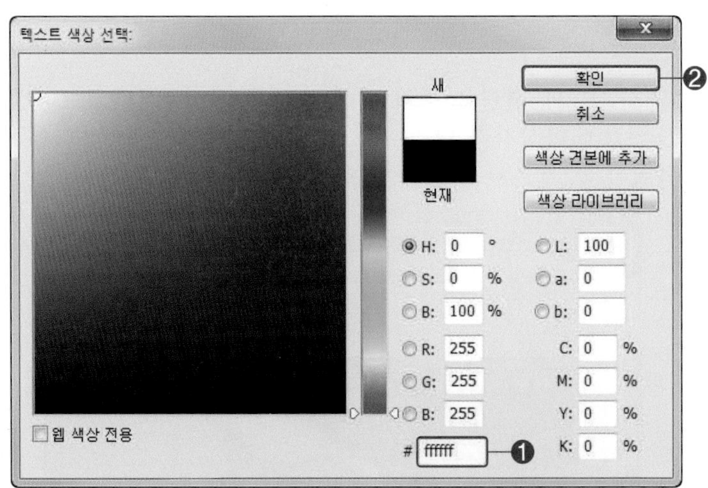

04 레이어 패널에서 [fx.][레이어 스타일(Layer Style)]을 클릭한 후 [외부 광선(Outer Glow)]을 클릭한 다음 [레이어 스타일(Layer Style)] 대화상자의 [외부 광선(Outer Glow)] 스타일이 나타나면 속성을 지정한 다음 [경사와 엠보스(Bevel and Emboss)]를 클릭합니다.

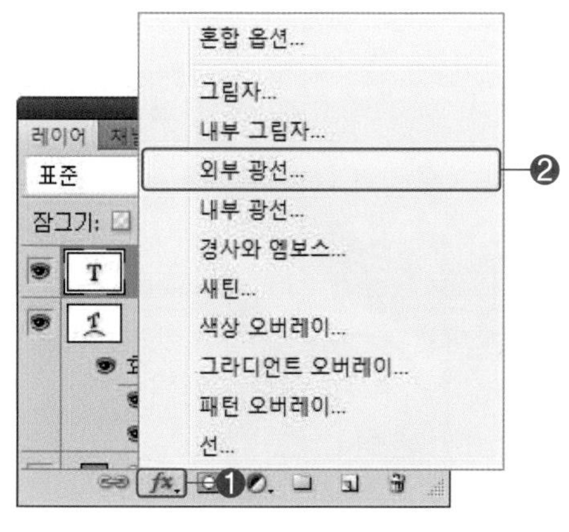

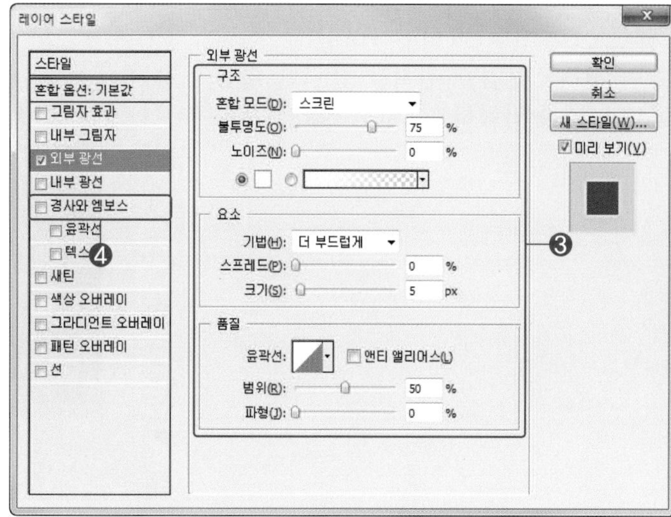

05 [레이어 스타일(Layer Style)] 대화상자의 [경사와 엠보스(Bevel and Emboss)] 스타일이 나타나면 속성을 지정한 후 [확인(OK)] 단추를 클릭합니다.

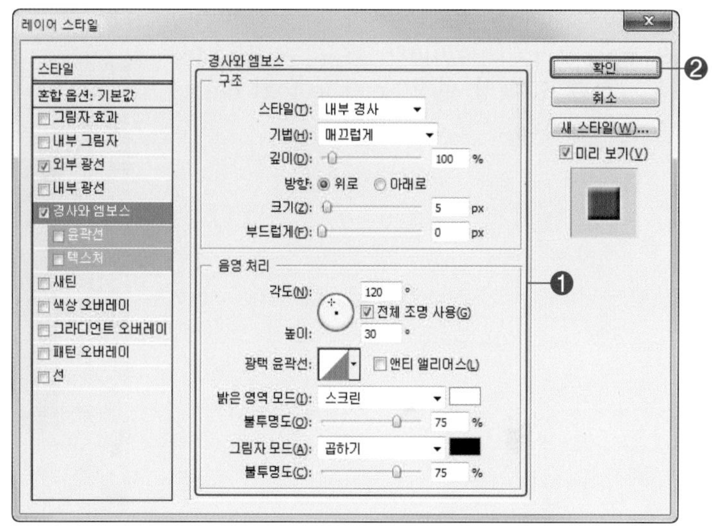

06 도구 상자(Tool Box)에서 [이동 도구(Move Tool)]를 선택한 후 드래그하여 위치를 이동합니다.

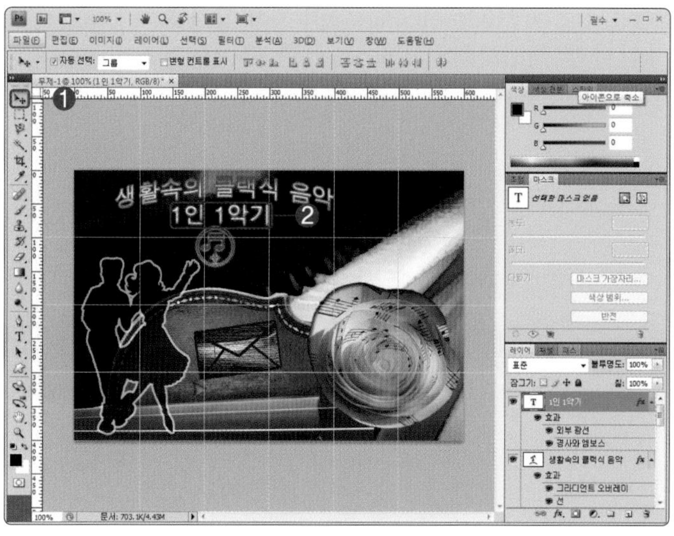

STEP 11 텍스트 작성하기 - 3

01 도구 상자(Tool Box)에서 T[수평 문자 도구(Horizontal Type Tool)]를 선택한 후 텍스트를 삽입할 위치를 클릭한 다음 "Music Play"를 입력하고 Ctrl+Enter를 누릅니다.

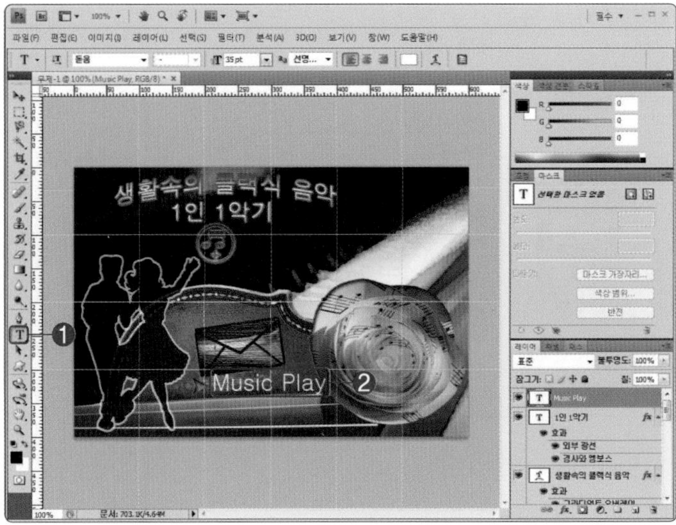

02 옵션 바에서 글꼴(Times New Roman)과 글꼴 스타일(Regular), 글꼴 크기(33 pt)를 지정한 후 색상 설정(Set the text color)을 클릭합니다.

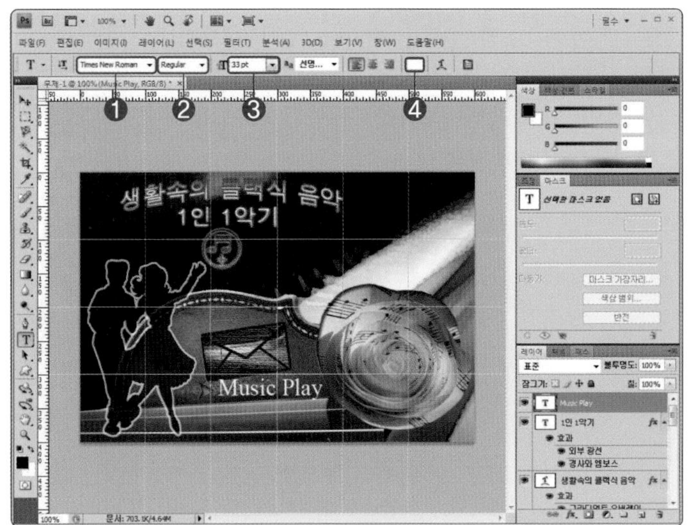

03 [색상 피커(Color Picker)] 대화상자가 나타나면 색상(ff3333)을 입력한 후 [확인(OK)] 단추를 클릭합니다.

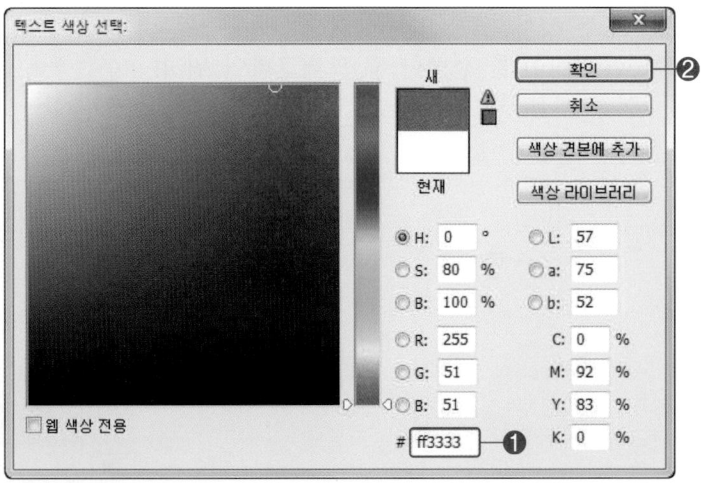

04 레이어 패널에서 [fx.][레이어 스타일(Layer Style)]을 클릭한 후 [내부 그림자(Inner Shadow)]을 클릭한 다음 [레이어 스타일(Layer Style)] 대화상자의 [내부 그림자(Inner Shadow)] 스타일이 나타나면 속성을 지정한 다음 [확인(OK)] 단추를 클릭합니다.

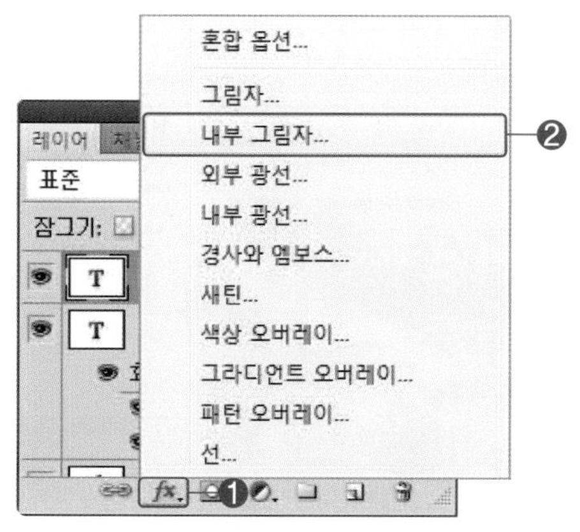

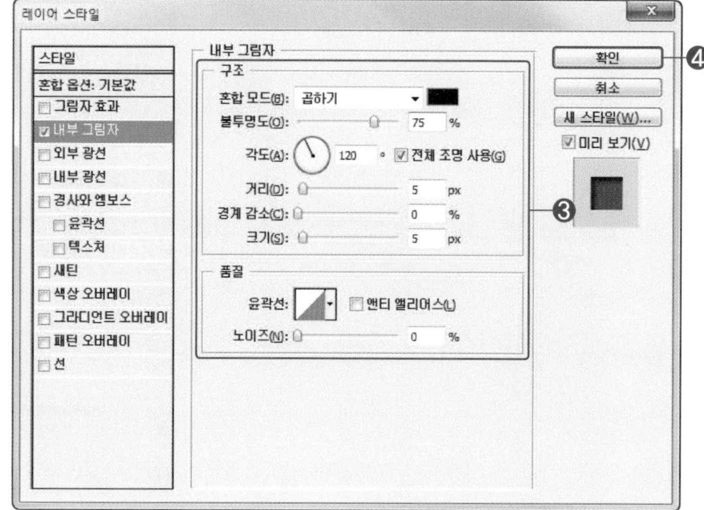

05 도형을 회전시키기 위해 [편집(Edit)]-[자유 변형(Free Transform)]을 클릭합니다.

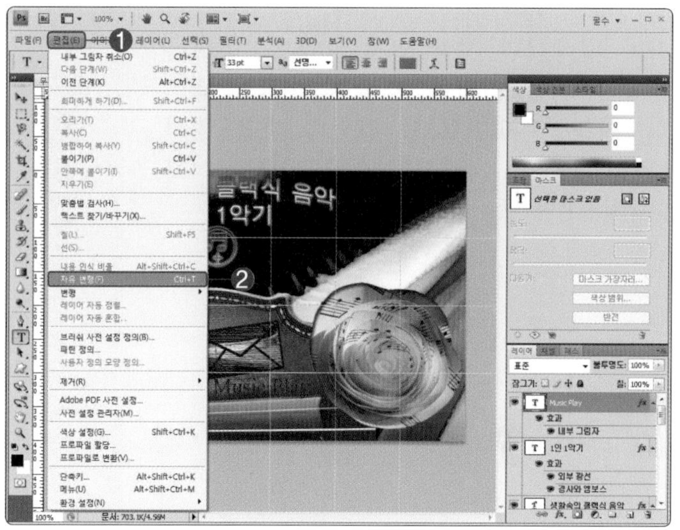

06 크기 조절점의 모서리 부분에 마우스 포인터를 위치시킨 후 마우스 포인터 모양이 ↰ 모양으로 변경되면 드래그하여 도형을 회전시킨 다음 Enter를 누릅니다.

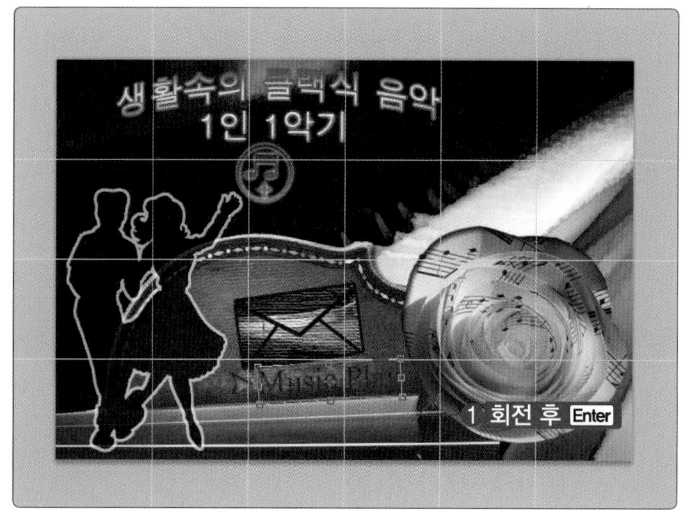

STEP 12 답안 저장 및 전송하기

01 작성한 답안을 저장하기 위해 [파일(File)]-[저장(Save)]을 클릭합니다.

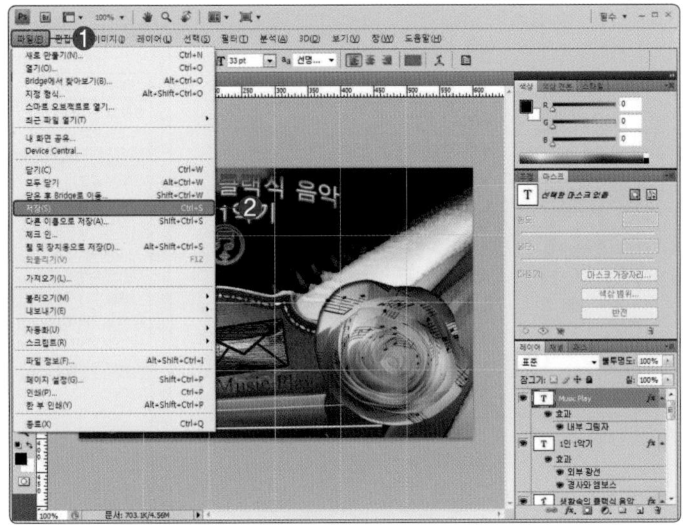

02 [다른 이름으로 저장(Save As)] 대화상자가 나타나면 저장 위치(라이브러리₩문서₩GTQ)를 지정한 후 파일 이름(수험번호-성명-문제번호)을 입력한 다음 형식(JPEG (*.JPG;*.JPEG;*.JPE))을 선택하고 [저장] 단추를 클릭합니다.

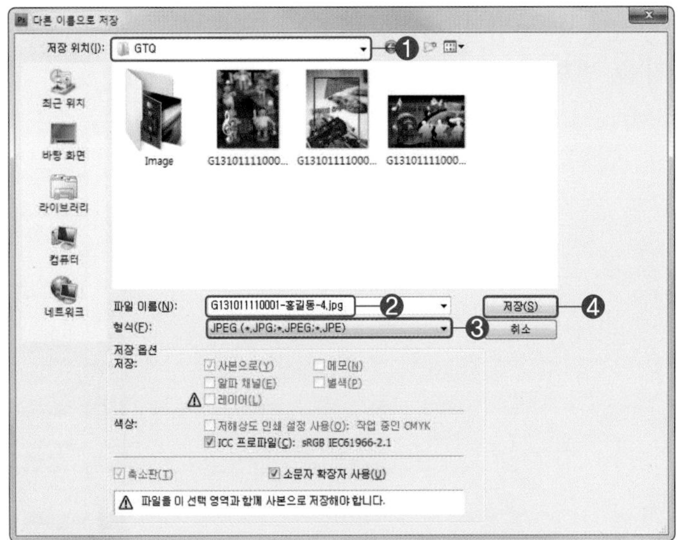

03 [JPEG 옵션(JPEG Options)] 대화상자가 나타나면 품질(Quality)을 지정한 후 [확인(OK)] 단추를 클릭합니다.

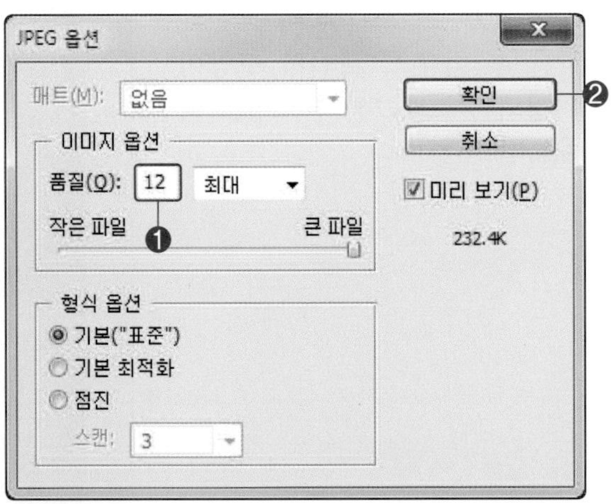

04 PSD 파일로 저장하기 위해 [이미지(Image)]-[이미지 크기(Image Size)]를 클릭합니다.

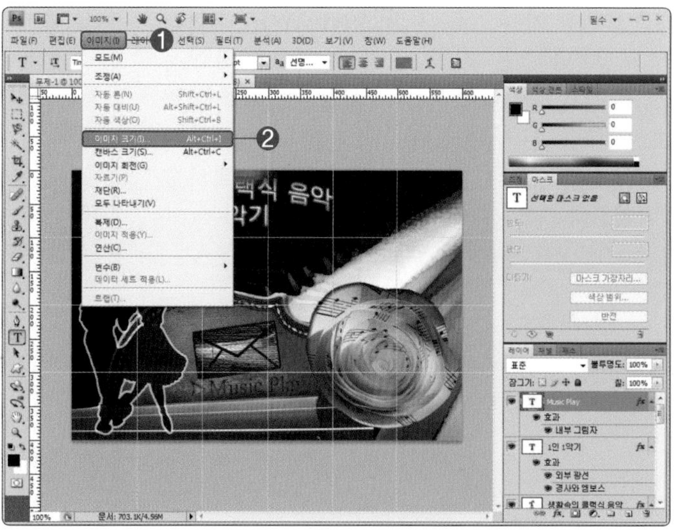

05 [이미지 크기(Image Size)] 대화상자가 나타나면 폭(60)을 입력한 후 [확인(OK)] 단추를 클릭합니다.

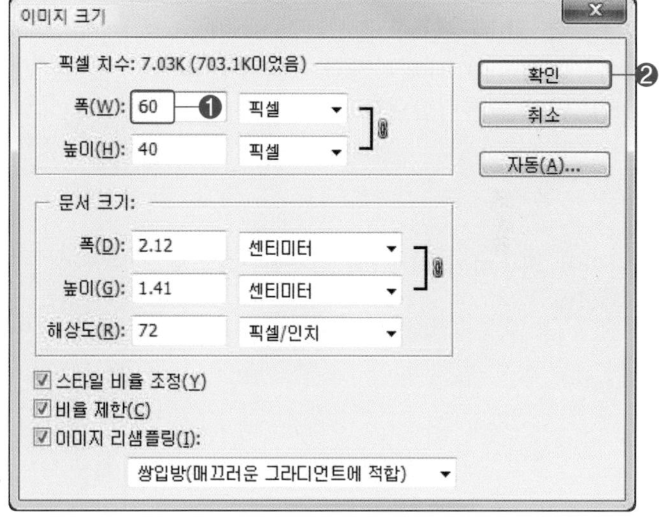

Tip

[이미지 크기(Image Size)] 대화상자의 [비율 제한]이 체크되어 있을 경우 폭(Width)을 입력하면 비율에 맞게 높이(Height)의 값이 자동으로 변경됩니다.

06 이미지 크기가 변경되면 [파일(File)]-[저장(Save)]을 클릭합니다.

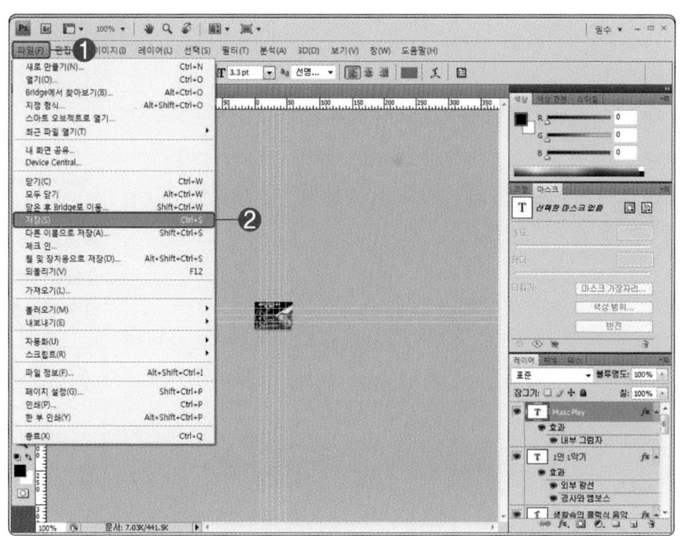

07 [다른 이름으로 저장(Save As)] 대화상자가 나타나면 저장 위치(라이브러리₩문서₩GTQ)를 지정한 후 파일 이름(수험번호-성명-문제번호)을 입력한 다음 형식(Photoshop (*.PSD;*.PDD))를 선택하고 [저장] 단추를 클릭합니다.

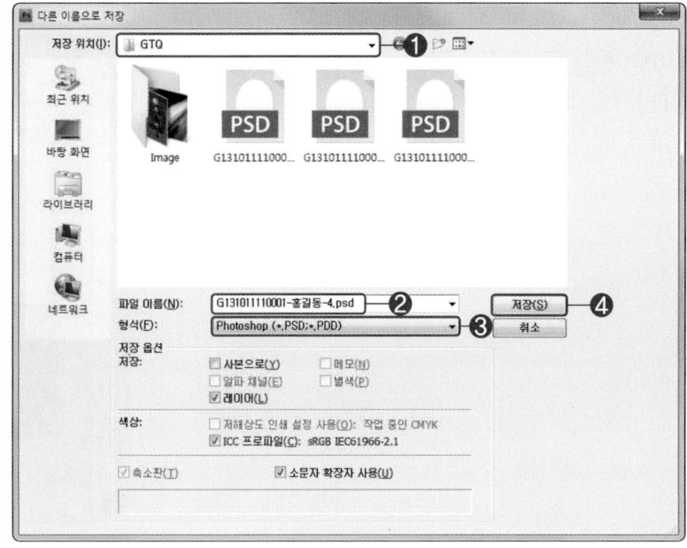

08 [Photoshop 형식 옵션(Photoshop Format Options)] 대화상자가 나타나면 [확인(OK)] 단추를 클릭합니다.

09 답안을 전송하기 위해 [최소화] 단추를 클릭합니다.

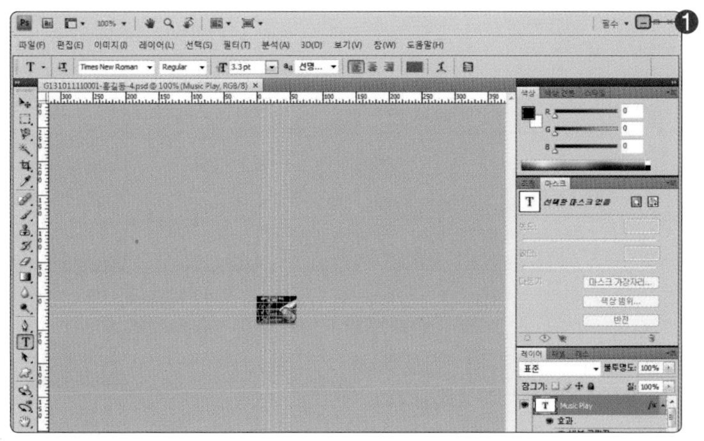

10 KOAS 수험자용 프로그램에서 [답안 전송] 단추를 클릭합니다.

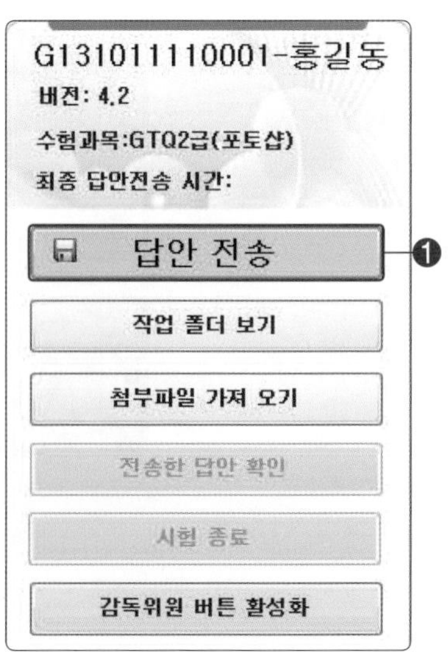

11 [MessageBox] 대화상자가 나타나면 [예] 단추를 클릭합니다.

12 [고사실 PC로 답안 파일 보내기] 대화상자가 나타나면 전송할 파일을 선택한 후 [답안전송] 단추를 클릭합니다.

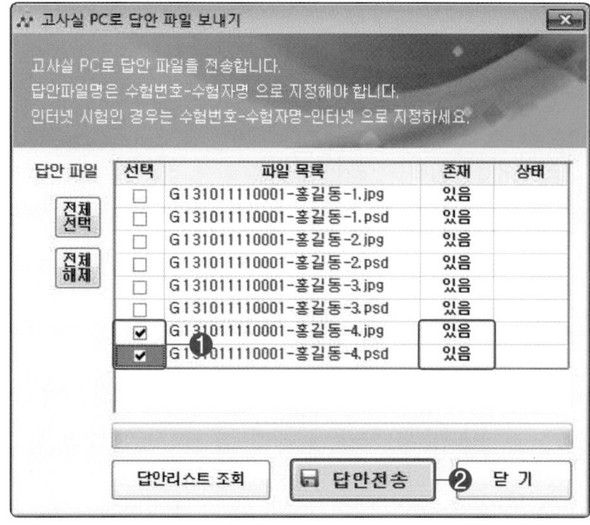

Tip

전송하고자 하는 파일의 존재 여부가 '없음'으로 표시되면 파일명 및 저장 위치를 확인합니다.

13 [MessageBox] 대화상자가 나타나면 [확인] 단추를 클릭합니다.

14 [고사실 PC로 답안 파일 보내기] 대화상자가 다시 나타나면 [닫기] 단추를 클릭합니다.

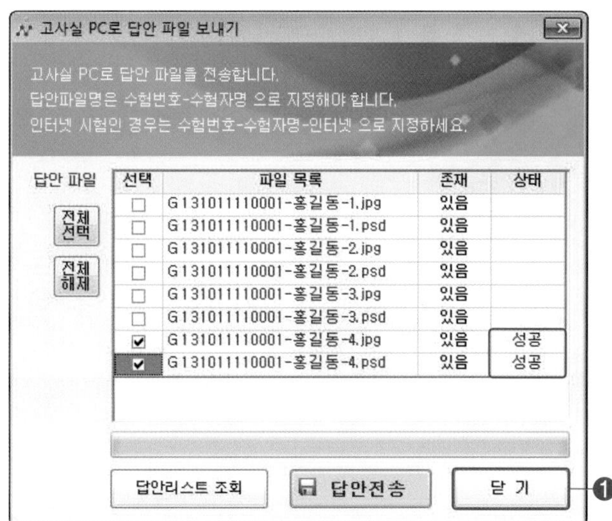

Tip

전송한 파일의 상태 여부가 '성공'으로 표시되는지 확인합니다.

문제유형 01 [실무응용] 이벤트 페이지 제작 [35점]

다음의 ≪조건≫에 따라 아래의 ≪출력형태≫와 같이 작업하시오.

《조건》

원본 이미지	내문서\GTQ\Image\2급-1.jpg, 2급-2.jpg, 2급-3.jpg		
파일 저장 규칙	JPG	파일명	내문서\GTQ\수험번호-성명-4.jpg
		크기	600 × 400 pixels
	PSD	파일명	내문서\GTQ\수험번호-성명-4.psd
		크기	60 × 40 pixels

1. 그림 효과
   - ① 2급-1.jpg : 필터 - Film Grain(필름 그레인), Opacity(불투명도)(80%)
   - ② 2급-2.jpg : 필터 - 레이어 마스크 - 가로 방향으로 흐릿하게
   - ③ 2급-3.jpg : 레이어 스타일 - Stroke(선/획)(2px, #ff99cc)
   - ④ 그 외 《출력형태》 참조

2. 문자 효과
   - ① All That (Arial, Black, 40pt, #ff6600)
   - ② Choice! (Arial, Black, 60pt, 레이어 스타일 - Drop Shadow(그림자 효과), 그라디언트 오버레이(#ff6600, #ffff00, #ff6600))
   - ③ 10주년 기념 (돋움, 25pt, #000000, 레이어 스타일 - Stroke(선/획)(2px, #ffffff))
   - ④ 특가 제안 (돋움, 40pt, #000000, 레이어 스타일 - Stroke(선/획)(2px, #ffffff))
   - ⑤ MODERN, CLASS, CHILDREN (Arial, Regular, 18pt, #ffffff)

《출력형태》

Shape Tool(모양 도구) 사용
#ff6600

Shape Tool(모양 도구) 사용
레이어 스타일 - 그라디언트 오버레이(#ff6600, #ffffff)

문제유형 02 [실무응용] 이벤트 페이지 제작 [35점]

다음의 ≪조건≫에 따라 아래의 ≪출력형태≫와 같이 작업하시오.

《조건》

원본 이미지	내문서₩GTQ₩Image₩2급-4.jpg, 2급-5.jpg, 2급-6.jpg	
파일 저장 규칙	JPG	파일명	내문서₩GTQ₩수험번호-성명-4.jpg
		크기	600 × 400 pixels
	PSD	파일명	내문서₩GTQ₩수험번호-성명-4.psd
		크기	60 × 40 pixels

1. 그림 효과
   ① 배경 : #000000
   ② 2급-4.jpg : 필터 – Rough Pastels(거친 파스텔 효과), 레이어 마스크 – 세로 방향으로 흐릿하게
   ③ 2급-6.jpg : Blending Mode(혼합 모드) – Screen(스크린), Opacity(불투명도)(50%)
   ④ 그 외 《출력형태》 참조

2. 문자 효과
   ① 한국의 차(茶) (궁서, 48pt, #11aa11, 레이어 스타일 – Outer Glow(외부 광선), Stroke(선/획)(2px, #ffffff))
   ② 당신만을 위한 특별한 혜택 30% 할인 (돋움, 20pt, #ffffff, 레이어 스타일 – Stroke(선/획)(1px, #ff0000))
   ③ 차(茶) 보러가기 (돋움, 18pt, #ffffff)

《출력형태》

Shape Tool(모양 도구) 사용
#ff0000, 레이어 스타일 –
Bevel and Emboss(경사와 엠보스)

문제유형 03 [실무응용] 이벤트 페이지 제작 [35점]

다음의 ≪조건≫에 따라 아래의 ≪출력형태≫와 같이 작업하시오.

《조건》

원본 이미지	내문서₩GTQ₩Image₩2급-7.jpg, 2급-8.jpg, 2급-9.jpg, 2급-10.jpg		
파일 저장 규칙	JPG	파일명	내문서₩GTQ₩수험번호-성명-4.jpg
		크기	600 × 400 pixels
	PSD	파일명	내문서₩GTQ₩수험번호-성명-4.psd
		크기	60 × 40 pixels

1. 그림 효과
   ① 2급-7.jpg : Opacity(불투명도)(50%)
   ② Mask(마스크) : 물고기 모양, 2급-9.jpg, 2급-10.jpg를 이용하여 작성
   ③ 2급-10.jpg : 레이어 마스크 - 대각선 방향으로 흐릿하게
   ④ 그 외 《출력형태》 참조

2. 문자 효과
   ① 바닷속 (돋움, 24pt, #9999ff, 레이어 스타일 - Stroke(선/획)(2px, #003399))
   환상여행 (돋움, 24pt, #ffffff, 레이어 스타일 - Stroke(선/획)(2px, #003399))
   ② AQUA MARINE (Arial, Regular, 36pt, 레이어 스타일 - 그라디언트 오버레이(#ff6600, #ffff00, #ff6600), Stroke(선/획)(3px, #000000), Outer Glow(외부 광선))

《출력형태》

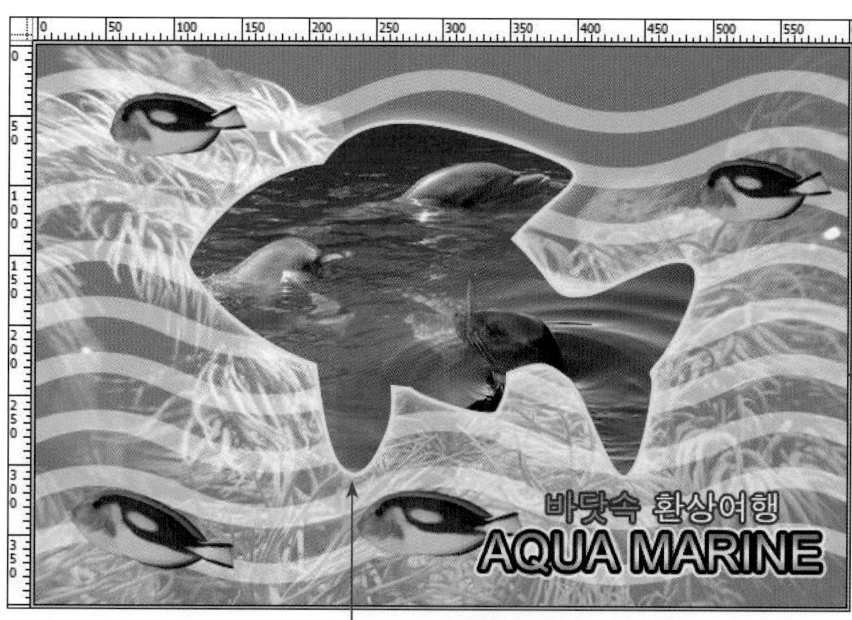

Shape Tool(모양 도구) 사용
#ffffff, Opacity(불투명도)(50%)

Shape Tool(모양 도구) 사용
레이어 스타일 - Stroke(선/획)(3px, #ffff33), Outer Glow(외부 광선)

문제유형 04 [실무응용] 이벤트 페이지 제작 [35점]

다음의 ≪조건≫에 따라 아래의 ≪출력형태≫와 같이 작업하시오.

《조건》

원본 이미지	내문서\GTQ\Image\2급-11.jpg, 2급-12.jpg, 2급-13.jpg, 2급-14.jpg		
파일 저장 규칙	JPG	파일명	내문서\GTQ\수험번호-성명-4.jpg
		크기	600 × 400 pixels
	PSD	파일명	내문서\GTQ\수험번호-성명-4.psd
		크기	60 × 40 pixels

1. 그림 효과
   ① 배경 : 그라디언트(#0066ff, #ffffff)
   ② 2급-11.jpg : 필터 - Dry Brush(드라이 브러쉬), Opacity(불투명도)(50%)
   ③ 2급-12.jpg : Blending Mode(혼합 모드) - Linear Light(선형 라이트)
   ④ 2급-13.jpg : 레이어 스타일 - Stroke(선/획)(3px, #ffffff), Drop Shadow(그림자 효과)
   ⑤ 2급-14.jpg : 레이어 스타일 - Stroke(선/획)(3px, #ffffff), Drop Shadow(그림자 효과)
   ⑥ 그 외 《출력형태》 참조

2. 문자 효과
   ① 2017~2018 Visit Korea Year! (Arial, Regular, 35pt,
   레이어 스타일 - 그라디언트 오버레이(#0000ff, #ff0000, #ffff00), Stroke(선/획)(3px, #ffffff))
   ② 2017년부터 2018년까지 한국 방문의 해로 선포합니다. (굴림, 18pt, #000000,
   레이어 스타일 - Stroke(선/획)(2px, #ffffff))

《출력형태》

Shape Tool(모양 도구) 사용
#ff6600, 레이어 스타일 - Drop Shadow(그림자 효과),
Stroke(선/획)(3px, #ffffff)

Shape Tool(모양 도구) 사용
레이어 스타일 -
그라디언트 오버레이
(#0099ff, #ffffff, #0099ff)

문제유형 05 [실무응용] 이벤트 페이지 제작 [35점]

다음의 ≪조건≫에 따라 아래의 ≪출력형태≫와 같이 작업하시오.

《조건》

<table>
<tr><td>원본 이미지</td><td colspan="3">내문서₩GTQ₩Image₩2급-15.jpg, 2급-16.jpg, 2급-17.jpg, 2급-18.jpg, 2급-19.jpg</td></tr>
<tr><td rowspan="4">파일 저장 규칙</td><td rowspan="2">JPG</td><td>파일명</td><td>내문서₩GTQ₩수험번호-성명-4.jpg</td></tr>
<tr><td>크기</td><td>600 × 400 pixels</td></tr>
<tr><td rowspan="2">PSD</td><td>파일명</td><td>내문서₩GTQ₩수험번호-성명-4.psd</td></tr>
<tr><td>크기</td><td>60 × 40 pixels</td></tr>
</table>

1. 그림 효과
   - ① 2급-15.jpg : 필터 - Lens Flare(렌즈 플레어)
   - ② 2급-16.jpg : Blending Mode(혼합 모드) - Overlay(오버레이), 레이어 마스크 - 가로 방향으로 흐릿하게
   - ③ 2급-18.jpg : 필터 - Texturizer(텍스처화),
레이어 스타일 - Stroke(선/획)(3px, #ffcc00), Inner Shadow(내부 그림자)
   - ④ 필터 - Texturizer(텍스처화),
레이어 스타일 - Stroke(선/획)(3px, #ffcc00), Inner Shadow(내부 그림자)
   - ⑤ 그 외 《출력형태》 참조

2. 문자 효과
   - ① 전통과 첨단의 조화 (궁서, 30pt, #ff9900, 레이어 스타일 - Outer Glow(외부 광선))
   - ② Beauty of Korea (Arial, Italic, 30pt, 레이어 스타일 - 그라디언트 오버레이(#ff0000, #ffcc00),
레이어 스타일 - Stroke(선/획)(2px, #ffffff))

《출력형태》

Shape Tool(모양 도구) 사용
#ff3366, #ffcc66

Shape Tool(모양 도구) 사용
#ffcc00, #cc0033, #0099cc,
레이어 스타일 –
Outer Glow(외부 광선),
Stroke(선/획)(1px, #ffffff)

PART 02

실전모의고사

제 01 회 GTQ 실전모의고사

Graphic Technology Qualification

급수	문제유형	시험시간	수험번호	성명
2급	A	90분		

수험자 유의사항

- 수험자는 문제지를 받는 즉시 응시하고자 하는 **과목 및 급수가 맞는지 확인**한 후 수험번호와 성명을 작성합니다.
- 파일명은 본인의 "수험번호-성명-문제번호"로 공백 없이 정확히 입력하고 답안폴더(내문서₩GTQ 또는 라이브러리₩문서₩GTQ)에 jpg 파일과 psd 파일의 2가지 포맷으로 저장해야 하며, jpg 파일과 psd 파일의 내용이 상이할 경우 0점 처리됩니다. 답안문서 파일명이 "수험번호-성명-문제번호"와 일치하지 않거나, 답안 파일을 전송하지 않아 미제출로 처리될 경우 불합격 처리됩니다. (예 : G123456789-홍길동-1.jpg)
- 문제의 세부조건은 '영문(한글)' 형식으로 표기되어 있으니 유의하시기 바랍니다.
- 수험자 정보와 저장한 파일명, 저장 위치가 다를 경우 전송이 되지 않으므로, 주의하시기 바랍니다.
- 답안 작성 중에도 **주기적으로 '저장'과 '답안 전송'**을 이용하여 감독위원 PC로 답안을 전송하셔야합니다. **(※ 작업한 내용을 저장하지 않고 전송할 경우 이전의 저장내용이 전송되오니 이점 반드시 유념하시기 바랍니다.)**
- 답안문서는 지정된 경로 외의 다른 보조기억장치에 저장하는 행위, 지정된 시험 시간 외에 작성된 파일을 활용한 행위, 기타 통신수단(이메일, 메신저, 네트워크 등)을 이용하여 타인에게 전달 또는 외부 반출하는 행위는 부정으로 간주되어 **자격기본법 제32조에 의거 본 시험 및 국가공인 자격시험을 2년간 응시할 수 없습니다.**
- 시험 중 부주의 또는 고의로 시스템을 파손한 경우와 〈수험자 유의사항〉에 기재된 방법대로 이행하지 않아 생기는 불이익은 수험자의 책임임을 알려 드립니다.
- 시험을 완료한 수험자는 최종적으로 저장한 답안파일이 전송되었는지 확인한 후 감독위원의 지시에 따라 문제지를 제출하고 퇴실합니다.

답안 작성요령

- 온라인 답안 작성 절차
  수험자 등록 ⇒ 시험 시작 ⇒ 답안파일 저장 ⇒ 답안 전송 ⇒ 시험 종료
- 내문서₩GTQ₩Image폴더에 있는 그림 원본파일을 사용하여 답안을 작성하시고 최종답안을 답안폴더(내문서₩GTQ)에 저장하여 답안을 전송하시고, 이미지의 크기가 다른 경우 감점 처리됩니다.
- 배점은 총 100점으로 이루어지며, 점수는 각 문제별로 차등 배분됩니다.
- 각 문제는 주어진 〈조건〉에 따라 작성하고, 언급하지 않은 조건은 《출력형태》와 같이 작성합니다.
- 배치 등의 편의를 위해 주어진 눈금자의 단위는 '픽셀'입니다.
  그 외는 출력형태(효과, 이미지, 문자, 색상, 레이아웃, 규격 등)와 같게 작업하십시오.
- 문제 조건에 서체의 지정이 없을 경우 한글은 굴림이나 돋움, 영문은 Arial로 작업하십시오.
  (단, 그 외에 제시되지 않은 문자 속성을 기본값으로 작성하지 않은 경우는 감점 처리됩니다.)
- Image Mode(이미지 모드)는 별도의 처리조건이 없을 경우에는 RGB(8비트)로 작업하십시오.
- 모든 답안 파일은 해상도 72 pixels/inch로 작업하십시오.
- Layer(레이어)는 각 기능별로 분할해야 하며, 임의로 합칠 경우나 각 기능에 대한 속성을 해지할 경우 해당 요소는 0점 처리됩니다.

문제 1 [기능평가] Tool(도구) 활용 [20점]

다음의 ≪조건≫에 따라 아래의 ≪출력형태≫와 같이 작업하시오.

《조건》

원본 이미지	내문서₩GTQ₩Image₩2급-1.jpg		
파일 저장 규칙	JPG	파일명	내문서₩GTQ₩수험번호-성명-1.jpg
		크기	400 × 500 pixels
	PSD	파일명	내문서₩GTQ₩수험번호-성명-1.psd
		크기	40 × 50 pixels

1. 그림 효과
   ① 복제 및 변형 : 펜
   ② Shape Tool(모양 도구) 사용 :
   - 도장 모양 (#cc3300,
     레이어 스타일 – Bevel and Emboss(경사와 엠보스))
   - 리본 모양 (#003399,
     레이어 스타일 – Outer Glow(외부 광선))

2. 문자 효과
   ① Education (Arial, Bold, 45pt, #000099,
   레이어 스타일 – Drop Shadow(그림자 효과),
   Stroke(선/획)(2px, #ffffff))

《출력형태》

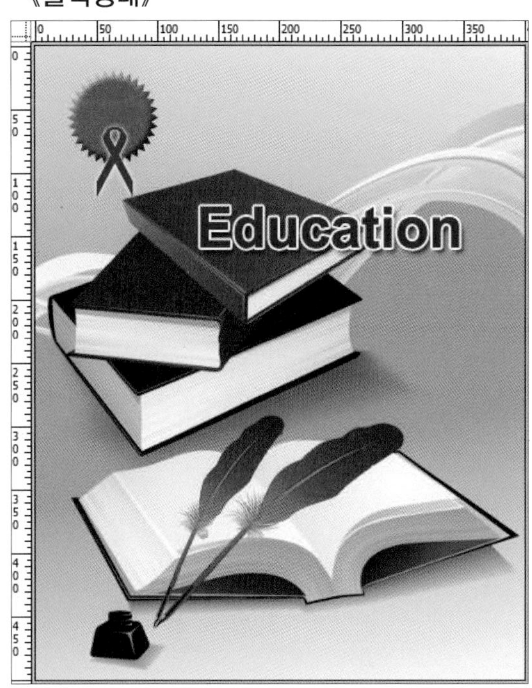

문제 2 [기능평가] 사진편집 기초 [20점]

다음의 ≪조건≫에 따라 아래의 ≪출력형태≫와 같이 작업하시오.

《조건》

원본 이미지	내문서₩GTQ₩Image₩2급-2.jpg, 2급-3.jpg, 2급-4.jpg		
파일 저장 규칙	JPG	파일명	내문서₩GTQ₩수험번호-성명-2.jpg
		크기	400 × 500 pixels
	PSD	파일명	내문서₩GTQ₩수험번호-성명-2.psd
		크기	40 × 50 pixels

1. 그림 효과
   ① 색상 보정 : 2급-3.jpg – 노란색 계열로 보정,
   레이어 스타일 – Outer Glow(외부 광선)
   ② 액자제작 :
   필터 – Patchwork(패치워크/이어붙이기),
   안쪽 테두리 (3px, #ffffff),
   레이어 스타일 – Drop Shadow(그림자 효과)
   ③ 2급-4.jpg : 레이어 스타일 – Drop Shadow(그림자 효과)

2. 문자 효과
   ① 교육은 백년지대계 (돋움, 45pt, #cc3300,
   레이어 스타일 – Stroke(선/획)(2px, #cccc33))

《출력형태》

문제 3 [기능평가] 사진편집 [25점]

다음의 ≪조건≫에 따라 아래의 ≪출력형태≫와 같이 작업하시오.

《조건》

원본이미지	내문서₩GTQ₩Image₩2급-5.jpg, 2급-6.jpg, 2급-7.jpg, 2급-8.jpg		
파일저장규칙	JPG	파일명	내문서₩GTQ₩수험번호-성명-3.jpg
		크기	600 × 400 pixels
	PSD	파일명	내문서₩GTQ₩수험번호-성명-3.psd
		크기	60 × 40 pixels

1. 그림 효과
   ① 배경 : #ffffcc
   ② 2급-5.jpg : 필터 – Facet(단면화), 레이어 마스크 – 세로 방향으로 흐릿하게
   ③ 2급-6.jpg : 필터 – Texturizer(텍스처화), 레이어 스타일 – Drop Shadow(그림자 효과)
   ④ 2급-7.jpg : 레이어 스타일 – Drop Shadow(그림자 효과)
   ⑤ 2급-8.jpg : 레이어 스타일 – Outer Glow(외부 광선), Opacity(불투명도)(90%)
   ⑥ 그 외 ≪출력형태≫ 참조

2. 문자 효과
   ① Education & Future (Arial, Bold, 48pt, #996666,
   레이어 스타일 – Drop Shadow(그림자 효과), Stroke(선/획)(3px, #ffffff))
   ② 2018 (Arial, Bold, 45pt, #ffffff, 레이어 스타일 – Stroke(선/획)(2px, #cc6600))

《출력형태》

Shape Tool(모양 도구) 사용
#99cc33, #ff9900
레이어 스타일 – Stroke(선/획)(1px, #666666)

Shape Tool(모양 도구) 사용
레이어 스타일 –
그라디언트 오버레이
(#ff0000, #ccff00),
Drop Shadow(그림자 효과)

문제 4 [실무응용] 이벤트 페이지 제작 [35점]

다음의 ≪조건≫에 따라 아래의 ≪출력형태≫와 같이 작업하시오.

《조건》

원본이미지	내문서₩GTQ₩Image₩2급-9.jpg, 2급-10.jpg, 2급-11.jpg, 2급-12.jpg, 2급-13.jpg		
파일저장규칙	JPG	파일명	내문서₩GTQ₩수험번호-성명-4.jpg
		크기	600 × 400 pixels
	PSD	파일명	내문서₩GTQ₩수험번호-성명-4.psd
		크기	60 × 40 pixels

1. 그림 효과
   - ① 2급-9.jpg : 필터 – Dry Brush(드라이 브러쉬)
   - ② 2급-10.jpg : 레이어 스타일 – Add Noise(노이즈 추가), 레이어 마스크 – 가로 방향으로 흐릿하게
   - ③ 2급-11.jpg : 레이어 스타일 – Outer Glow(외부 광선)
   - ④ 2급-12.jpg : 레이어 스타일 – Drop Shadow(그림자 효과), Opacity(불투명도)(60%)
   - ⑤ 2급-13.jpg : 레이어 스타일 – Outer Glow(외부 광선)
   - ⑥ 그 외 《출력형태》 참조

2. 문자 효과
   - ① EDU EXPO 2018 (Arial, Bold, 45pt, 레이어 스타일 – 그라디언트 오버레이(#003366, #ffffff), Drop Shadow(그림자 효과))
   - ② 11월 08일 ~ 11월 25일 (돋움, 18pt, #ffffff, 레이어 스타일 – Drop Shadow(그림자 효과), Stroke(선/획)(2px, #333333))
   - ③ www.eduexpo2018.com (Arial, Bold, 18pt, #ffffff, 레이어 스타일 – Stroke(선/획)(3px, #996666))

《출력형태》

Shape Tool(모양 도구) 사용
#99cc99, #669966
레이어 스타일 – Stroke(선/획)(5px, #666666)

Shape Tool(모양 도구) 사용
#ffffff, 레이어 스타일 –
Drop Shadow(그림자 효과)

Shape Tool(모양 도구) 사용
#ffffff, 레이어 스타일 –
Stroke(선/획)(2px, #996666)

제 02 회 GTQ 실전모의고사

Graphic Technology Qualification

급수	문제유형	시험시간	수험번호	성명
2급	B	90분		

수험자 유의사항

- 수험자는 문제지를 받는 즉시 응시하고자 하는 **과목 및 급수가 맞는지 확인**한 후 수험번호와 성명을 작성합니다.
- 파일명은 본인의 "수험번호-성명-문제번호"로 공백 없이 정확히 입력하고 답안폴더(내문서₩GTQ 또는 라이브러리₩문서₩GTQ)에 jpg 파일과 psd 파일의 2가지 포맷으로 저장해야 하며, jpg 파일과 psd 파일의 내용이 상이할 경우 0점 처리됩니다. 답안문서 파일명이 "수험번호-성명-문제번호"와 일치하지 않거나, 답안 파일을 전송하지 않아 미제출로 처리될 경우 불합격 처리됩니다. (예 : G123456789-홍길동-1.jpg)
- 문제의 세부조건은 '영문(한글)' 형식으로 표기되어 있으니 유의하시기 바랍니다.
- 수험자 정보와 저장한 파일명, 저장 위치가 다를 경우 전송이 되지 않으므로, 주의하시기 바랍니다.
- 답안 작성 중에도 **주기적으로 '저장'과 '답안 전송'**을 이용하여 감독위원 PC로 답안을 전송하셔야합니다. **(※ 작업한 내용을 저장하지 않고 전송할 경우 이전의 저장내용이 전송되오니 이점 반드시 유념하시기 바랍니다.)**
- 답안문서는 지정된 경로 외의 다른 보조기억장치에 저장하는 행위, 지정된 시험 시간 외에 작성된 파일을 활용한 행위, 기타 통신수단(이메일, 메신저, 네트워크 등)을 이용하여 타인에게 전달 또는 외부 반출하는 행위는 부정으로 간주되어 **자격기본법 제32조에 의거 본 시험 및 국가공인 자격시험을 2년간 응시할 수 없습니다.**
- 시험 중 부주의 또는 고의로 시스템을 파손한 경우와 〈수험자 유의사항〉에 기재된 방법대로 이행하지 않아 생기는 불이익은 수험자의 책임임을 알려 드립니다.
- 시험을 완료한 수험자는 최종적으로 저장한 답안파일이 전송되었는지 확인한 후 감독위원의 지시에 따라 문제지를 제출하고 퇴실합니다.

답안 작성요령

- 온라인 답안 작성 절차
  수험자 등록 ⇒ 시험 시작 ⇒ 답안파일 저장 ⇒ 답안 전송 ⇒ 시험 종료
- 내문서₩GTQ₩Image폴더에 있는 그림 원본파일을 사용하여 답안을 작성하시고 최종답안을 답안폴더(내문서₩GTQ)에 저장하여 답안을 전송하시고, 이미지의 크기가 다른 경우 감점 처리됩니다.
- 배점은 총 100점으로 이루어지며, 점수는 각 문제별로 차등 배분됩니다.
- 각 문제는 주어진 〈조건〉에 따라 작성하고, 언급하지 않은 조건은 《출력형태》와 같이 작성합니다.
- 배치 등의 편의를 위해 주어진 눈금자의 단위는 '픽셀'입니다.
  그 외는 출력형태(효과, 이미지, 문자, 색상, 레이아웃, 규격 등)와 같게 작업하십시오.
- 문제 조건에 서체의 지정이 없을 경우 한글은 굴림이나 돋움, 영문은 Arial로 작업하십시오.
  (단, 그 외에 제시되지 않은 문자 속성을 기본값으로 작성하지 않은 경우는 감점 처리됩니다.)
- Image Mode(이미지 모드)는 별도의 처리조건이 없을 경우에는 RGB(8비트)로 작업하십시오.
- 모든 답안 파일은 해상도 72 pixels/inch로 작업하십시오.
- Layer(레이어)는 각 기능별로 분할해야 하며, 임의로 합칠 경우나 각 기능에 대한 속성을 해지할 경우 해당 요소는 0점 처리됩니다.

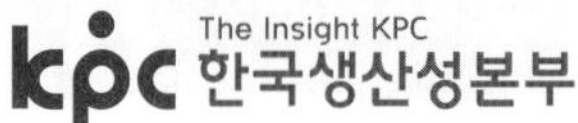

문제 1 [기능평가] Tool(도구) 활용 [20점]

다음의 ≪조건≫에 따라 아래의 ≪출력형태≫와 같이 작업하시오.

《조건》

원본 이미지	내문서₩GTQ₩Image₩2급-1.jpg		
파일 저장 규칙	JPG	파일명	내문서₩GTQ₩수험번호-성명-1.jpg
		크기	400 × 500 pixels
	PSD	파일명	내문서₩GTQ₩수험번호-성명-1.psd
		크기	40 × 50 pixels

1. 그림 효과
   ① 복제 및 변형 : 기타
   ② Shape Tool(모양 도구) 사용 :
      - 꽃 모양 (레이어 스타일 - Drop Shadow(그림자 효과), 그라디언트 오버레이(#ffffff, #ff0000))
      - 도장 모양 (#666666, 레이어 스타일 - Drop Shadow(그림자 효과))

2. 문자 효과
   ① GUITAR is LIFE (Arial, Bold, 22pt, #666666, 레이어 스타일 - Stroke(선/획)(2px, #ffcc00))

《출력형태》

문제 2 [기능평가] 사진편집 기초 [20점]

다음의 ≪조건≫에 따라 아래의 ≪출력형태≫와 같이 작업하시오.

《조건》

원본 이미지	내문서₩GTQ₩Image₩2급-2.jpg, 2급-3.jpg, 2급-4.jpg		
파일 저장 규칙	JPG	파일명	내문서₩GTQ₩수험번호-성명-2.jpg
		크기	400 × 500 pixels
	PSD	파일명	내문서₩GTQ₩수험번호-성명-2.psd
		크기	40 × 50 pixels

1. 그림 효과
   ① 색상 보정 : 2급-4.jpg - 빨간색 계열로 보정, 레이어 스타일 - Drop Shadow(그림자 효과)
   ② 액자제작 : 필터 - Patchwork(패치워크/이어붙이기), 안쪽 테두리 (5px, #ee44cc), 레이어 스타일 - Drop Shadow(그림자 효과)
   ③ 2급-3.jpg : 레이어 스타일 - Outer Glow(외부 광선)

2. 문자 효과
   ① 추억의 소리여행 (바탕, 30pt, #ffffff, 레이어 스타일 - Stroke(선/획)(2px, #ee44cc), Drop Shadow(그림자 효과))

《출력형태》

문제 3 [기능평가] 사진편집 [25점]

다음의 ≪조건≫에 따라 아래의 ≪출력형태≫와 같이 작업하시오.

《조건》

원본이미지		내문서₩GTQ₩Image₩2급-5.jpg, 2급-6.jpg, 2급-7.jpg, 2급-8.jpg
파일저장규칙	JPG 파일명	내문서₩GTQ₩수험번호-성명-3.jpg
	JPG 크기	600 × 400 pixels
	PSD 파일명	내문서₩GTQ₩수험번호-성명-3.psd
	PSD 크기	60 × 40 pixels

1. 그림 효과
   ① 배경 : #669933
   ② 2급-5.jpg : Blending Mode(혼합 모드) – Lighten(밝게 하기)
   ③ 2급-6.jpg : 필터 – Dry Brush(드라이 브러쉬), 레이어 마스크 – 세로 방향으로 흐릿하게
   ④ 2급-7.jpg : 레이어 스타일 – Drop Shadow(그림자 효과)
   ⑤ 2급-8.jpg : 레이어 스타일 – Inner Shadow(내부 그림자), Outer Glow(외부 광선)
   ⑥ 그 외 ≪출력형태≫ 참조

2. 문자 효과
   ① Piano & Guitar (Arial, Bold, 32pt, #ffffff,
   레이어 스타일 – Stroke(선/획)(2px, #663300), Drop Shadow(그림자 효과))
   ② 매월 다양한 분야의 공연을 무료로 관람하실 수 있습니다. (돋움, 18pt, #ffffff)

《출력형태》

Shape Tool(모양 도구) 사용
#669900, Opacity(불투명도)(50%)
레이어 스타일 – Stroke(선/획)(3px, #ffffff)

Shape Tool(모양 도구) 사용
#ffffff, Opacity(불투명도)(80%)

문제 4 [실무응용] 이벤트 페이지 제작 [35점]

다음의 ≪조건≫에 따라 아래의 ≪출력형태≫와 같이 작업하시오.

《조건》

원본이미지	내문서₩GTQ₩Image₩2급-9.jpg, 2급-10.jpg, 2급-11.jpg, 2급-12.jpg, 2급-13.jpg		
파일저장규칙	JPG	파일명	내문서₩GTQ₩수험번호-성명-4.jpg
		크기	600 × 400 pixels
	PSD	파일명	내문서₩GTQ₩수험번호-성명-4.psd
		크기	60 × 40 pixels

1. 그림 효과
   ① 배경 : #ff9933
   ② 2급-9.jpg : Opacity(불투명도)(30%)
   ③ 2급-10.jpg : 레이어 스타일 - Stroke(선/획)(3px, #ffffff)
   ④ 2급-11.jpg : 레이어 스타일 - Stroke(선/획)(2px, #ffffff), Drop Shadow(그림자 효과)
   ⑤ 2급-12.jpg : 필터 - Dry Brush(드라이 브러쉬), 레이어 스타일 - Drop Shadow(그림자 효과)
   ⑥ 2급-13.jpg : 레이어 스타일 - Outer Glow(외부 광선)
   ⑦ 그 외 ≪출력형태≫ 참조

2. 문자 효과
   ① CULTURE (Arial, Regular, 36pt, #3399ff,
   레이어 스타일 - Stroke(선/획)(2px, 그라디언트 오버레이(#ffffff, #ff6666)), Drop Shadow(그림자 효과))
   ② 엄선된 문화 컨텐츠와 신갠념 문화 서비스를 제공합니다. (돋움, 15pt, #000000,
   레이어 스타일 - Stroke(선/획)(2px, #cccccc)
   ③ Click (돋움, 13pt, #666666)

《출력형태》

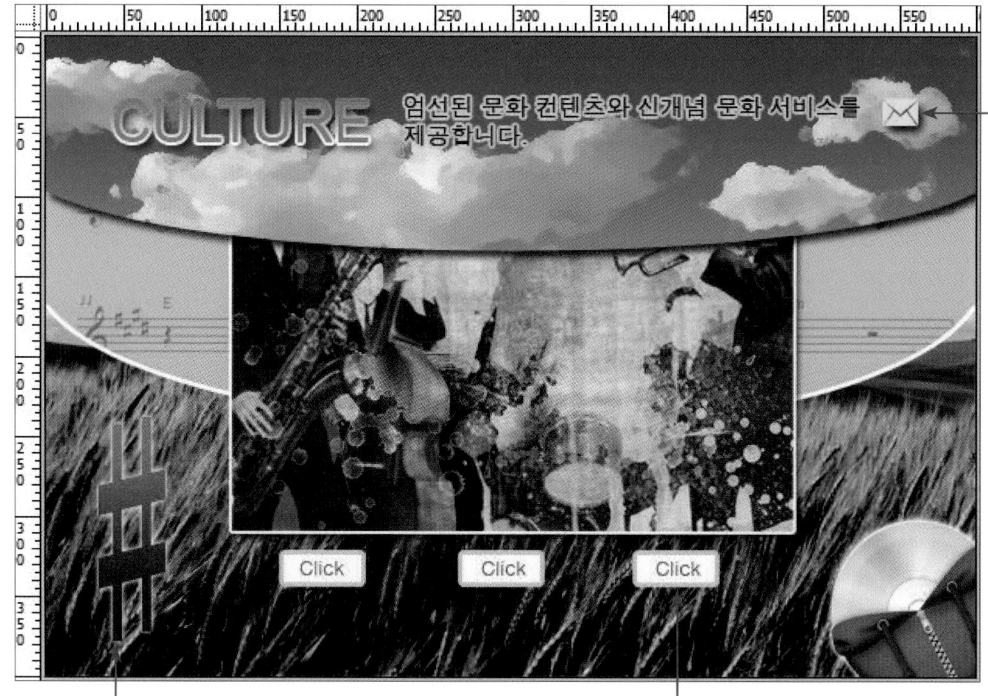

Shape Tool(모양 도구) 사용
#ffff00, 레이어 스타일 –
Drop Shadow(그림자 효과)

Shape Tool(모양 도구) 사용
레이어 스타일 – Outer Glow(외부 광선),
그라디언트 오버레이(#330000, #ff6600)

Shape Tool(모양 도구) 사용
#ffffff, 레이어 스타일 –
Stroke(선/획)(3px, #cccccc)

제 03 회 GTQ 실전모의고사

Graphic Technology Qualification

급수	문제유형	시험시간	수험번호	성명
2급	C	90분		

수험자 유의사항

- 수험자는 문제지를 받는 즉시 응시하고자 하는 **과목 및 급수가 맞는지 확인**한 후 수험번호와 성명을 작성합니다.
- 파일명은 본인의 "수험번호-성명-문제번호"로 공백 없이 정확히 입력하고 답안폴더(내문서₩GTQ 또는 라이브러리₩문서₩GTQ)에 jpg 파일과 psd 파일의 2가지 포맷으로 저장해야 하며, jpg 파일과 psd 파일의 내용이 상이할 경우 0점 처리됩니다. 답안문서 파일명이 "수험번호-성명-문제번호"와 일치하지 않거나, 답안 파일을 전송하지 않아 미제출로 처리될 경우 불합격 처리됩니다. (예 : G123456789-홍길동-1.jpg)
- 문제의 세부조건은 '영문(한글)' 형식으로 표기되어 있으니 유의하시기 바랍니다.
- 수험자 정보와 저장한 파일명, 저장 위치가 다를 경우 전송이 되지 않으므로, 주의하시기 바랍니다.
- 답안 작성 중에도 **주기적으로 '저장'과 '답안 전송'**을 이용하여 감독위원 PC로 답안을 전송하셔야합니다. **(※ 작업한 내용을 저장하지 않고 전송할 경우 이전의 저장내용이 전송되오니 이점 반드시 유념하시기 바랍니다.)**
- 답안문서는 지정된 경로 외의 다른 보조기억장치에 저장하는 행위, 지정된 시험 시간 외에 작성된 파일을 활용한 행위, 기타 통신수단(이메일, 메신저, 네트워크 등)을 이용하여 타인에게 전달 또는 외부 반출하는 행위는 부정으로 간주되어 **자격기본법 제32조에 의거 본 시험 및 국가공인 자격시험을 2년간 응시할 수 없습니다.**
- 시험 중 부주의 또는 고의로 시스템을 파손한 경우와 〈수험자 유의사항〉에 기재된 방법대로 이행하지 않아 생기는 불이익은 수험자의 책임임을 알려 드립니다.
- 시험을 완료한 수험자는 최종적으로 저장한 답안파일이 전송되었는지 확인한 후 감독위원의 지시에 따라 문제지를 제출하고 퇴실합니다.

답안 작성요령

- 온라인 답안 작성 절차
  수험자 등록 ⇒ 시험 시작 ⇒ 답안파일 저장 ⇒ 답안 전송 ⇒ 시험 종료
- 내문서₩GTQ₩Image폴더에 있는 그림 원본파일을 사용하여 답안을 작성하시고 최종답안을 답안폴더(내문서₩GTQ)에 저장하여 답안을 전송하시고, 이미지의 크기가 다른 경우 감점 처리됩니다.
- 배점은 총 100점으로 이루어지며, 점수는 각 문제별로 차등 배분됩니다.
- 각 문제는 주어진 〈조건〉에 따라 작성하고, 언급하지 않은 조건은 《출력형태》와 같이 작성합니다.
- 배치 등의 편의를 위해 주어진 눈금자의 단위는 '픽셀'입니다.
  그 외는 출력형태(효과, 이미지, 문자, 색상, 레이아웃, 규격 등)와 같게 작업하십시오.
- 문제 조건에 서체의 지정이 없을 경우 한글은 굴림이나 돋움, 영문은 Arial로 작업하십시오.
  (단, 그 외에 제시되지 않은 문자 속성을 기본값으로 작성하지 않은 경우는 감점 처리됩니다.)
- Image Mode(이미지 모드)는 별도의 처리조건이 없을 경우에는 RGB(8비트)로 작업하십시오.
- 모든 답안 파일은 해상도 72 pixels/inch로 작업하십시오.
- Layer(레이어)는 각 기능별로 분할해야 하며, 임의로 합칠 경우나 각 기능에 대한 속성을 해지할 경우 해당 요소는 0점 처리됩니다.

문제 1 [기능평가] Tool(도구) 활용 [20점]

다음의 ≪조건≫에 따라 아래의 ≪출력형태≫와 같이 작업하시오.

《조건》

원본 이미지	내문서₩GTQ₩Image₩2급-1.jpg		
파일 저장 규칙	JPG	파일명	내문서₩GTQ₩수험번호-성명-1.jpg
		크기	400 × 500 pixels
	PSD	파일명	내문서₩GTQ₩수험번호-성명-1.psd
		크기	40 × 50 pixels

1. 그림 효과
   ① 복제 및 변형 : 화살표
   ② Shape Tool(모양 도구) 사용 :
   - 발 모양 (#ffffff, 레이어 스타일 – Outer Glow(외부 광선))
   - 우표 모양 (#ffffff, 레이어 스타일 – Drop Shadow(그림자 효과))

2. 문자 효과
   ① Dreams Come True (Arial, Bold, 35pt, #339966, 레이어 스타일 – Stroke(선/획)(3px, #ffff99))

《출력형태》

문제 2 [기능평가] 사진편집 기초 [20점]

다음의 ≪조건≫에 따라 아래의 ≪출력형태≫와 같이 작업하시오.

《조건》

원본 이미지	내문서₩GTQ₩Image₩2급-2.jpg, 2급-3.jpg, 2급-4.jpg		
파일 저장 규칙	JPG	파일명	내문서₩GTQ₩수험번호-성명-2.jpg
		크기	400 × 500 pixels
	PSD	파일명	내문서₩GTQ₩수험번호-성명-2.psd
		크기	40 × 50 pixels

1. 그림 효과
   ① 색상 보정 : 2급-3.jpg – 빨간색 계열로 보정, 레이어 스타일 – Inner Shadow(내부 그림자)
   ② 액자제작 : 필터 – Stained Glass(스테인드 글라스/채색 유리), 안쪽 테두리 (5px, #ff9900), 레이어 스타일 – Drop Shadow(그림자 효과)
   ③ 2급-4.jpg : 레이어 스타일 – Drop Shadow(그림자 효과)

2. 문자 효과
   ① 요리 교실 (돋움, 40pt, #663399, 레이어 스타일 – Stroke(선/획)(2px, #ffffff))

《출력형태》

문제 3 [기능평가] 사진편집 [25점]

다음의 ≪조건≫에 따라 아래의 ≪출력형태≫와 같이 작업하시오.

《조건》

원본이미지	내문서₩GTQ₩Image₩2급-5.jpg, 2급-6.jpg, 2급-7.jpg, 2급-8.jpg		
파일저장규칙	JPG	파일명	내문서₩GTQ₩수험번호-성명-3.jpg
		크기	600 × 400 pixels
	PSD	파일명	내문서₩GTQ₩수험번호-성명-3.psd
		크기	60 × 40 pixels

1. 그림 효과
   ① 배경 : #cc9966
   ② 2급-5.jpg : 필터 – Film Grain(필름 그레인)
   ③ 2급-6.jpg : 필터 – Texturizer(텍스처화), 레이어 마스크 – 세로 방향으로 흐릿하게
   ④ 2급-7.jpg : 레이어 스타일 – Drop Shadow(그림자 효과), Opacity(불투명도)(70%)
   ⑤ 2급-8.jpg : 레이어 스타일 – Drop Shadow(그림자 효과)
   ⑥ 그 외 ≪출력형태≫ 참조

2. 문자 효과
   ① 공예 교실 (돋움, 45pt, #ffffff, 레이어 스타일 – Stroke(선/획)(2px, #cc6600))
   ② 생활속의 전통 공예 (돋움, 30pt, #660000, 레이어 스타일 – Stroke(선/획)(2px, #ffffff))

《출력형태》

Shape Tool(모양 도구) 사용
레이어 스타일 – 그라디언트 오버레이(#cc66cc, #ffffff, #cc66cc), Drop Shadow(그림자 효과)

도형그리기 도구 사용
#ffffff, 레이어 스타일 – Drop Shadow(그림자 효과), Opacity(불투명도)(70%)

문제 4 [실무응용] 이벤트 페이지 제작 [35점]

다음의 ≪조건≫에 따라 아래의 ≪출력형태≫와 같이 작업하시오.

《조건》

원본이미지	내문서₩GTQ₩Image₩2급-9.jpg, 2급-10.jpg, 2급-11.jpg, 2급-12.jpg, 2급-13.jpg		
파일저장규칙	JPG	파일명	내문서₩GTQ₩수험번호-성명-4.jpg
		크기	600 × 400 pixels
	PSD	파일명	내문서₩GTQ₩수험번호-성명-4.psd
		크기	60 × 40 pixels

1. 그림 효과
   ① 배경 : #ffffcc
   ② 2급-9.jpg : 필터 – Texturizer(텍스처화), 레이어 마스크 – 세로 방향으로 흐릿하게
   ③ 2급-10.jpg : 레이어 마스크 – 대각선 방향으로 흐릿하게
   ④ 2급-11.jpg : 레이어 스타일 – Bevel and Emboss(경사와 엠보스), Opacity(불투명도)(80%)
   ⑤ 2급-12.jpg : 레이어 스타일 – Inner Shadow(내부 그림자), Opacity(불투명도)(70%)
   ⑥ 2급-13.jpg : 필터 – Facet(단면화)
   ⑦ 그 외 ≪출력형태≫ 참조

2. 문자 효과
   ① We Can Do It! (Arial, Bold, 35pt,
   레이어 스타일 – Stroke(선/획)(2px, #669933), 그라디언트 오버레이(#ff9966, #ffffff))
   ② 제6회 사진반 발표회 (돋움, 20pt, #663366, 레이어 스타일 – Drop Shadow(그림자 효과), Stroke(선/획)(2px, #ffffff))
   ③ 시간 : 2018년 11월 3일 – 7일 장소 : 본관 1층 로비 (돋움, 15pt, #ffffff,
   레이어 스타일 – Stroke(선/획)(2px, #000000))

《출력형태》

제 04 회 GTQ 실전모의고사

Graphic Technology Qualification

급수	문제유형	시험시간	수험번호	성명
2급	D	90분		

수험자 유의사항

- 수험자는 문제지를 받는 즉시 응시하고자 하는 **과목 및 급수가 맞는지 확인**한 후 수험번호와 성명을 작성합니다.
- 파일명은 본인의 "수험번호-성명-문제번호"로 공백 없이 정확히 입력하고 답안폴더(내문서₩GTQ 또는 라이브러리₩문서₩GTQ)에 jpg 파일과 psd 파일의 2가지 포맷으로 저장해야 하며, jpg 파일과 psd 파일의 내용이 상이할 경우 0점 처리됩니다. 답안문서 파일명이 "수험번호-성명-문제번호"와 일치하지 않거나, 답안 파일을 전송하지 않아 미제출로 처리될 경우 불합격 처리됩니다. (예 : G123456789-홍길동-1.jpg)
- 문제의 세부조건은 '영문(한글)' 형식으로 표기되어 있으니 유의하시기 바랍니다.
- 수험자 정보와 저장한 파일명, 저장 위치가 다를 경우 전송이 되지 않으므로, 주의하시기 바랍니다.
- 답안 작성 중에도 **주기적으로 '저장'과 '답안 전송'**을 이용하여 감독위원 PC로 답안을 전송하셔야합니다. **(※ 작업한 내용을 저장하지 않고 전송할 경우 이전의 저장내용이 전송되오니 이점 반드시 유념하시기 바랍니다.)**
- 답안문서는 지정된 경로 외의 다른 보조기억장치에 저장하는 행위, 지정된 시험 시간 외에 작성된 파일을 활용한 행위, 기타 통신수단(이메일, 메신저, 네트워크 등)을 이용하여 타인에게 전달 또는 외부 반출하는 행위는 부정으로 간주되어 **자격기본법 제32조에 의거 본 시험 및 국가공인 자격시험을 2년간 응시할 수 없습니다.**
- 시험 중 부주의 또는 고의로 시스템을 파손한 경우와 〈수험자 유의사항〉에 기재된 방법대로 이행하지 않아 생기는 불이익은 수험자의 책임임을 알려 드립니다.
- 시험을 완료한 수험자는 최종적으로 저장한 답안파일이 전송되었는지 확인한 후 감독위원의 지시에 따라 문제지를 제출하고 퇴실합니다.

답안 작성요령

- 온라인 답안 작성 절차
  수험자 등록 ⇒ 시험 시작 ⇒ 답안파일 저장 ⇒ 답안 전송 ⇒ 시험 종료
- 내문서₩GTQ₩Image폴더에 있는 그림 원본파일을 사용하여 답안을 작성하시고 최종답안을 답안폴더(내문서₩GTQ)에 저장하여 답안을 전송하시고, 이미지의 크기가 다른 경우 감점 처리됩니다.
- 배점은 총 100점으로 이루어지며, 점수는 각 문제별로 차등 배분됩니다.
- 각 문제는 주어진 〈조건〉에 따라 작성하고, 언급하지 않은 조건은 《출력형태》와 같이 작성합니다.
- 배치 등의 편의를 위해 주어진 눈금자의 단위는 '픽셀'입니다.
  그 외는 출력형태(효과, 이미지, 문자, 색상, 레이아웃, 규격 등)와 같게 작업하십시오.
- 문제 조건에 서체의 지정이 없을 경우 한글은 굴림이나 돋움, 영문은 Arial로 작업하십시오.
  (단, 그 외에 제시되지 않은 문자 속성을 기본값으로 작성하지 않은 경우는 감점 처리됩니다.)
- Image Mode(이미지 모드)는 별도의 처리조건이 없을 경우에는 RGB(8비트)로 작업하십시오.
- 모든 답안 파일은 해상도 72 pixels/inch로 작업하십시오.
- Layer(레이어)는 각 기능별로 분할해야 하며, 임의로 합칠 경우나 각 기능에 대한 속성을 해지할 경우 해당 요소는 0점 처리됩니다.

문제 1 [기능평가] Tool(도구) 활용 [20점]

다음의 ≪조건≫에 따라 아래의 ≪출력형태≫와 같이 작업하시오.

《조건》

원본 이미지	내문서\GTQ\Image\2급-1.jpg		
파일 저장 규칙	JPG	파일명	내문서\GTQ\수험번호-성명-1.jpg
		크기	400 × 500 pixels
	PSD	파일명	내문서\GTQ\수험번호-성명-1.psd
		크기	40 × 50 pixels

1. 그림 효과
   ① 복제 및 변형 : 선인장
   ② Shape Tool(모양 도구) 사용 :
   - 해 모양 (레이어 스타일 – Drop Shadow(그림자 효과), 그라디언트 오버레이(#ffffff, #ff0000))
   - 꽃 모양 (#000000, 레이어 스타일 – Stroke(선/획(2px, #ff6600))

2. 문자 효과
   ① 햇살 좋은 날~ (궁서, 60pt, #003366, 레이어 스타일 – Outer Glow(외부 광선), Drop Shadow(그림자 효과))

《출력형태》

문제 2 [기능평가] 사진편집 기초 [20점]

다음의 ≪조건≫에 따라 아래의 ≪출력형태≫와 같이 작업하시오.

《조건》

원본 이미지	내문서\GTQ\Image\2급-2.jpg, 2급-3.jpg, 2급-4.jpg		
파일 저장 규칙	JPG	파일명	내문서\GTQ\수험번호-성명-2.jpg
		크기	400 × 500 pixels
	PSD	파일명	내문서\GTQ\수험번호-성명-2.psd
		크기	40 × 50 pixels

1. 그림 효과
   ① 색상 보정 : 2급-3.jpg – 파란색 계열로 보정, 레이어 스타일 – Outer Glow(외부 광선)
   ② 액자제작 :
   필터 – Patchwork(패치워크/이어붙이기),
   바깥 테두리 (#ffffcc),
   안쪽 테두리 (5px, #009966)
   ③ 2급-4.jpg : 레이어 스타일 – Drop Shadow(그림자 효과)

2. 문자 효과
   ① 철길에 핀 꽃 (돋움, 50pt, #cc0066, 레이어 스타일 – Outer Glow(외부 광선))

《출력형태》

문제 3 [기능평가] 사진편집 [25점]

다음의 ≪조건≫에 따라 아래의 ≪출력형태≫와 같이 작업하시오.

《조건》

원본이미지	내문서₩GTQ₩Image₩2급-5.jpg, 2급-6.jpg, 2급-7.jpg, 2급-8.jpg		
파일저장규칙	JPG	파일명	내문서₩GTQ₩수험번호-성명-3.jpg
		크기	600 × 400 pixels
	PSD	파일명	내문서₩GTQ₩수험번호-성명-3.psd
		크기	60 × 40 pixels

1. 그림 효과
   ① 2급-5.jpg : 필터 – Rough Patels(거친 파스텔 효과)
   ② 2급-6.jpg : 레이어 마스크 – 세로 방향으로 흐릿하게
   ③ 2급-7.jpg : 레이어 스타일 – Outer Glow(외부 광선)
   ④ 2급-8.jpg : 레이어 스타일 – Inner Shadow(내부 그림자), Outer Glow(외부 광선)
   ⑤ 그 외 ≪출력형태≫ 참조

2. 문자 효과
   ① 건강을 자연 속에서 (굴림, 40pt, 레이어 스타일 – Drop Shadow(그림자 효과), 그라디언트 오버레이(#ffffff, #006666, #ffffff), Stroke(선/획)(2px, #003333))
   ② WELCOME (Arial, Regular, 22pt, #000000, 레이어 스타일 – Stroke(선/획)(2px, #ff9999))

《출력형태》

Shape Tool(모양 도구) 사용
레이어 스타일 – Inner Shadow(내부 그림자),
그라디언트 오버레이(#ffff99, #ffffff)

Shape Tool(모양 도구) 사용
레이어 스타일 –
그라디언트 오버레이
(#330066, #ff6600, #330066),
Drop Shadow(그림자 효과)

문제 4 [실무응용] 이벤트 페이지 제작 [35점]

다음의 ≪조건≫에 따라 아래의 ≪출력형태≫와 같이 작업하시오.

《조건》

원본이미지	내문서₩GTQ₩Image₩2급-9.jpg, 2급-10.jpg, 2급-11.jpg, 2급-12.jpg, 2급-13.jpg		
파일저장규칙	JPG	파일명	내문서₩GTQ₩수험번호-성명-4.jpg
		크기	600 × 400 pixels
	PSD	파일명	내문서₩GTQ₩수험번호-성명-4.psd
		크기	60 × 40 pixels

1. 그림 효과
   ① 배경 : #ffff99
   ② 2급-9.jpg : 필터 – Facet(단면화), 레이어 마스크 – 가로 방향으로 흐릿하게
   ③ 2급-10.jpg : 레이어 스타일 – Inner Shadow(내부 그림자)
   ④ 2급-11.jpg : 필터 – Crosshatch(그물눈), 레이어 스타일 – Drop Shadow(그림자 효과)
   ⑤ 2급-12.jpg : 레이어 스타일 – Stroke(선/획)(3px, #cc3399)
   ⑥ 그 외 ≪출력형태≫ 참조

2. 문자 효과
   ① Flower Festival (궁서, 50pt,
   레이어 스타일 – 그라디언트 오버레이(#cc0033, #33cccc), Inner Shadow(내부 그림자))
   ② 아름다운 꽃에 얽힌 나만의 이야기를 응모해주세요. (돋움, 18pt, #333333,
   레이어 스타일 – Stroke(선/획)(2px, #ffffff), Drop Shadow(그림자 효과))
   ③ 응모하기 !! (돋움, 30pt, #ffff99, 레이어 스타일 – Stroke(선/획)(3px, #003399))

《출력형태》

Shape Tool(모양 도구) 사용
레이어 스타일 –
그라디언트 오버레이
(#ff66cc, #ffffff, #ff66cc),
Drop Shadow(그림자 효과)

Shape Tool(모양 도구) 사용
#339999, 레이어 스타일 –
Bevel and Emboss
(경사와 엠보스),
Opacity(불투명도)(80%)

Shape Tool(모양 도구) 사용
레이어 스타일 – Inner Shadow(내부 그림자),
그라디언트 오버레이(#0066ff, #9900ff)

제 05 회 GTQ 실전모의고사

Graphic Technology Qualification

급수	문제유형	시험시간	수험번호	성명
2급	E	90분		

수험자 유의사항

- 수험자는 문제지를 받는 즉시 응시하고자 하는 **과목 및 급수가 맞는지 확인**한 후 수험번호와 성명을 작성합니다.
- 파일명은 본인의 "수험번호-성명-문제번호"로 공백 없이 정확히 입력하고 답안폴더(내문서₩GTQ 또는 라이브러리₩문서₩GTQ)에 jpg 파일과 psd 파일의 2가지 포맷으로 저장해야 하며, jpg 파일과 psd 파일의 내용이 상이할 경우 0점 처리됩니다. 답안문서 파일명이 "수험번호-성명-문제번호"와 일치하지 않거나, 답안 파일을 전송하지 않아 미제출로 처리될 경우 불합격 처리됩니다. (예 : G123456789-홍길동-1.jpg)
- 문제의 세부조건은 '영문(한글)' 형식으로 표기되어 있으니 유의하시기 바랍니다.
- 수험자 정보와 저장한 파일명, 저장 위치가 다를 경우 전송이 되지 않으므로, 주의하시기 바랍니다.
- 답안 작성 중에도 **주기적으로 '저장'과 '답안 전송'**을 이용하여 감독위원 PC로 답안을 전송하셔야합니다. **(※ 작업한 내용을 저장하지 않고 전송할 경우 이전의 저장내용이 전송되오니 이점 반드시 유념하시기 바랍니다.)**
- 답안문서는 지정된 경로 외의 다른 보조기억장치에 저장하는 행위, 지정된 시험 시간 외에 작성된 파일을 활용한 행위, 기타 통신수단(이메일, 메신저, 네트워크 등)을 이용하여 타인에게 전달 또는 외부 반출하는 행위는 부정으로 간주되어 **자격기본법 제32조에 의거 본 시험 및 국가공인 자격시험을 2년간 응시할 수 없습니다.**
- 시험 중 부주의 또는 고의로 시스템을 파손한 경우와 〈수험자 유의사항〉에 기재된 방법대로 이행하지 않아 생기는 불이익은 수험자의 책임임을 알려 드립니다.
- 시험을 완료한 수험자는 최종적으로 저장한 답안파일이 전송되었는지 확인한 후 감독위원의 지시에 따라 문제지를 제출하고 퇴실합니다.

답안 작성요령

- 온라인 답안 작성 절차
  수험자 등록 ⇒ 시험 시작 ⇒ 답안파일 저장 ⇒ 답안 전송 ⇒ 시험 종료
- 내문서₩GTQ₩Image폴더에 있는 그림 원본파일을 사용하여 답안을 작성하시고 최종답안을 답안폴더(내문서₩GTQ)에 저장하여 답안을 전송하시고, 이미지의 크기가 다른 경우 감점 처리됩니다.
- 배점은 총 100점으로 이루어지며, 점수는 각 문제별로 차등 배분됩니다.
- 각 문제는 주어진 〈조건〉에 따라 작성하고, 언급하지 않은 조건은 《출력형태》와 같이 작성합니다.
- 배치 등의 편의를 위해 주어진 눈금자의 단위는 '픽셀'입니다.
  그 외는 출력형태(효과, 이미지, 문자, 색상, 레이아웃, 규격 등)와 같게 작업하십시오.
- 문제 조건에 서체의 지정이 없을 경우 한글은 굴림이나 돋움, 영문은 Arial로 작업하십시오.
  (단, 그 외에 제시되지 않은 문자 속성을 기본값으로 작성하지 않은 경우는 감점 처리됩니다.)
- Image Mode(이미지 모드)는 별도의 처리조건이 없을 경우에는 RGB(8비트)로 작업하십시오.
- 모든 답안 파일은 해상도 72 pixels/inch로 작업하십시오.
- Layer(레이어)는 각 기능별로 분할해야 하며, 임의로 합칠 경우나 각 기능에 대한 속성을 해지할 경우 해당 요소는 0점 처리됩니다.

문제 1 [기능평가] Tool(도구) 활용 [20점]

다음의 ≪조건≫에 따라 아래의 ≪출력형태≫와 같이 작업하시오.

《조건》

원본 이미지	내문서₩GTQ₩Image₩2급-1.jpg		
파일 저장 규칙	JPG	파일명	내문서₩GTQ₩수험번호-성명-1.jpg
		크기	400 × 500 pixels
	PSD	파일명	내문서₩GTQ₩수험번호-성명-1.psd
		크기	40 × 50 pixels

1. 그림 효과
   ① 복제 및 변형 : 숫자
   ② Shape Tool(모양 도구) 사용 :
   - 나비 모양 (#ff6633, #00cc66, 레이어 스타일 – Outer Glow(외부 광선))
   - 클로버 모양 (#ff66cc, 레이어 스타일 – Bevel and Emboss(경사와 엠보스))

2. 문자 효과
   ① HAPPY LUNCH (Arial, Regular, 42pt, #ff9900, 레이어 스타일 – Drop Shadow(그림자 효과))

《출력형태》

문제 2 [기능평가] 사진편집 기초 [20점]

다음의 ≪조건≫에 따라 아래의 ≪출력형태≫와 같이 작업하시오.

《조건》

원본 이미지	내문서₩GTQ₩Image₩2급-2.jpg, 2급-3.jpg, 2급-4.jpg		
파일 저장 규칙	JPG	파일명	내문서₩GTQ₩수험번호-성명-2.jpg
		크기	400 × 500 pixels
	PSD	파일명	내문서₩GTQ₩수험번호-성명-2.psd
		크기	40 × 50 pixels

1. 그림 효과
   ① 색상 보정 : 2급-3.jpg – 녹색 계열로 보정, 레이어 스타일 – Outer Glow(외부 광선)
   ② 액자제작 :
   필터 – Sponge(스폰지 효과)
   안쪽 테두리 (5px, #990066),
   레이어 스타일 – Drop Shadow(그림자 효과)
   ③ 2급-4.jpg : 레이어 스타일 – Drop Shadow(그림자 효과)

2. 문자 효과
   ① 와인의 향기를 즐겨요! (돋움, 32pt, #ffffff, 레이어 스타일 – Stroke(선/획)(2px, #ff0099))

《출력형태》

문제 3 [기능평가] 사진편집 [25점]

다음의 ≪조건≫에 따라 아래의 ≪출력형태≫와 같이 작업하시오.

《조건》

원본이미지	내문서₩GTQ₩Image₩2급-5.jpg, 2급-6.jpg, 2급-7.jpg, 2급-8.jpg		
파일저장규칙	JPG	파일명	내문서₩GTQ₩수험번호-성명-3.jpg
		크기	600 × 400 pixels
	PSD	파일명	내문서₩GTQ₩수험번호-성명-3.psd
		크기	60 × 40 pixels

1. 그림 효과
   ① 배경 : #cccc66
   ② 2급-5.jpg : 필터 – Crosshatch(그물눈), 레이어 마스크 – 세로 방향으로 흐릿하게
   ③ 2급-6.jpg : 레이어 스타일 – Drop Shadow(그림자 효과)
   ④ 2급-7.jpg : 레이어 스타일 – Bevel and Emboss(경사와 엠보스)
   ⑤ 2급-8.jpg : 레이어 스타일 – Drop Shadow(그림자 효과)
   ⑥ 그 외 ≪출력형태≫ 참조

2. 문자 효과
   ① Korean Food (바탕, 40pt, #990033,
   레이어 스타일 – Drop Shadow(그림자 효과), Stroke(선/획)(3px, #ffffff))
   ② 세계 속의 한국 (궁서, 40pt,
   레이어 스타일 – 그라디언트 오버레이(#0000ff, #ff0000), Stroke(선/획)(2px, #ffffff))

《출력형태》

Shape Tool(모양 도구) 사용
레이어 스타일 –
그라디언트 오버레이
(#000099, #ff0000, #ffff00),
Inner Shadow(내부 그림자)

Shape Tool(모양 도구) 사용
#ffffff, 레이어 스타일 – Stroke(선/획)(2px, #ff9900)

문제 4 [실무응용] 이벤트 페이지 제작 [35점]

다음의 ≪조건≫에 따라 아래의 ≪출력형태≫와 같이 작업하시오.

《조건》

원본이미지			내문서₩GTQ₩Image₩2급-9.jpg, 2급-10.jpg, 2급-11.jpg, 2급-12.jpg, 2급-13.jpg
파일저장규칙	JPG	파일명	내문서₩GTQ₩수험번호-성명-4.jpg
		크기	600 × 400 pixels
	PSD	파일명	내문서₩GTQ₩수험번호-성명-4.psd
		크기	60 × 40 pixels

1. 그림 효과
   ① 2급-9.jpg : 필터 – Add Noise(노이즈 추가)
   ② 2급-10.jpg : 레이어 스타일 – Outer Glow(외부 광선), Inner Shadow(내부 그림자)
   ③ 2급-11.jpg : 레이어 스타일 – Outer Glow(외부 광선), Bevel and Emboss(경사와 엠보스)
   ④ 2급-12.jpg : 필터 – Texturizer(텍스처화)
   ⑤ 2급-13.jpg : 레이어 스타일 – Drop Shadow(그림자 효과), Opacity(불투명도)(70%)
   ⑥ 그 외 ≪출력형태≫ 참조

2. 문자 효과
   ① Natural & Organic (바탕, 25pt, #00cccc,
   레이어 스타일 – Drop Shadow(그림자 효과), Stroke(선/획)(2px, #ffffff))
   ② Candies & Jellies (바탕, 25pt, #ff3399,
   레이어 스타일 – Drop Shadow(그림자 효과), Stroke(선/획)(2px, #ffffff))
   ③ 자연의 맛을 느껴보세요. (돋움, 20pt, #ffffff, 레이어 스타일 – Stroke(선/획)(2px, #555599))

《출력형태》

Shape Tool(모양 도구) 사용
#ffffff, 레이어 스타일 –
Bevel and Emboss
(경사와 엠보스),
Stroke(선/획)(1px, #000000)

Shape Tool(모양 도구) 사용
#ffffff, 레이어 스타일 –
Drop Shadow(그림자 효과)

Shape Tool(모양 도구) 사용
#ffffff, 레이어 스타일 – Stroke(선/획)(3px, #ffffff),
Drop Shadow(그림자 효과)

제 06 회 GTQ 실전모의고사

Graphic Technology Qualification

급수	문제유형	시험시간	수험번호	성명
2급	A	90분		

수험자 유의사항

- 수험자는 문제지를 받는 즉시 응시하고자 하는 **과목 및 급수가 맞는지 확인**한 후 수험번호와 성명을 작성합니다.
- 파일명은 본인의 "수험번호-성명-문제번호"로 공백 없이 정확히 입력하고 답안폴더(내문서₩GTQ 또는 라이브러리₩문서₩GTQ)에 jpg 파일과 psd 파일의 2가지 포맷으로 저장해야 하며, jpg 파일과 psd 파일의 내용이 상이할 경우 0점 처리됩니다. 답안문서 파일명이 "수험번호-성명-문제번호"와 일치하지 않거나, 답안 파일을 전송하지 않아 미제출로 처리될 경우 불합격 처리됩니다. (예 : G123456789-홍길동-1.jpg)
- 문제의 세부조건은 '영문(한글)' 형식으로 표기되어 있으니 유의하시기 바랍니다.
- 수험자 정보와 저장한 파일명, 저장 위치가 다를 경우 전송이 되지 않으므로, 주의하시기 바랍니다.
- 답안 작성 중에도 **주기적으로 '저장'과 '답안 전송'**을 이용하여 감독위원 PC로 답안을 전송하셔야합니다. **(※ 작업한 내용을 저장하지 않고 전송할 경우 이전의 저장내용이 전송되오니 이점 반드시 유념하시기 바랍니다.)**
- 답안문서는 지정된 경로 외의 다른 보조기억장치에 저장하는 행위, 지정된 시험 시간 외에 작성된 파일을 활용한 행위, 기타 통신수단(이메일, 메신저, 네트워크 등)을 이용하여 타인에게 전달 또는 외부 반출하는 행위는 부정으로 간주되어 **자격기본법 제32조에 의거 본 시험 및 국가공인 자격시험을 2년간 응시할 수 없습니다.**
- 시험 중 부주의 또는 고의로 시스템을 파손한 경우와 〈수험자 유의사항〉에 기재된 방법대로 이행하지 않아 생기는 불이익은 수험자의 책임임을 알려 드립니다.
- 시험을 완료한 수험자는 최종적으로 저장한 답안파일이 전송되었는지 확인한 후 감독위원의 지시에 따라 문제지를 제출하고 퇴실합니다.

답안 작성요령

- 온라인 답안 작성 절차
  수험자 등록 ⇒ 시험 시작 ⇒ 답안파일 저장 ⇒ 답안 전송 ⇒ 시험 종료
- 내문서₩GTQ₩Image폴더에 있는 그림 원본파일을 사용하여 답안을 작성하시고 최종답안을 답안폴더(내문서₩GTQ)에 저장하여 답안을 전송하시고, 이미지의 크기가 다른 경우 감점 처리됩니다.
- 배점은 총 100점으로 이루어지며, 점수는 각 문제별로 차등 배분됩니다.
- 각 문제는 주어진 〈조건〉에 따라 작성하고, 언급하지 않은 조건은 《출력형태》와 같이 작성합니다.
- 배치 등의 편의를 위해 주어진 눈금자의 단위는 '픽셀'입니다.
  그 외는 출력형태(효과, 이미지, 문자, 색상, 레이아웃, 규격 등)와 같게 작업하십시오.
- 문제 조건에 서체의 지정이 없을 경우 한글은 굴림이나 돋움, 영문은 Arial로 작업하십시오.
  (단, 그 외에 제시되지 않은 문자 속성을 기본값으로 작성하지 않은 경우는 감점 처리됩니다.)
- Image Mode(이미지 모드)는 별도의 처리조건이 없을 경우에는 RGB(8비트)로 작업하십시오.
- 모든 답안 파일은 해상도 72 pixels/inch로 작업하십시오.
- Layer(레이어)는 각 기능별로 분할해야 하며, 임의로 합칠 경우나 각 기능에 대한 속성을 해지할 경우 해당 요소는 0점 처리됩니다.

kpc The Insight KPC 한국생산성본부

문제 1 [기능평가] Tool(도구) 활용 [20점]

다음의 ≪조건≫에 따라 아래의 ≪출력형태≫와 같이 작업하시오.

《조건》

원본 이미지	내문서₩GTQ₩Image₩2급-1.jpg		
파일 저장 규칙	JPG	파일명	내문서₩GTQ₩수험번호-성명-1.jpg
		크기	400 × 500 pixels
	PSD	파일명	내문서₩GTQ₩수험번호-성명-1.psd
		크기	40 × 50 pixels

1. 그림 효과
   ① 복제 및 변형 : 고공 크레인
   ② Shape Tool(모양 도구) 사용 :
   - 해 모양 (레이어 스타일 – Drop Shadow(그림자 효과) 그라디언트 오버레이(#ff6600, #ffff00, #ff6600))
   - 재활용 모양 (#ff0000, 레이어 스타일 – Outer Glow(외부 광선), Inner Shadow(내부 그림자))

2. 문자 효과
   ① Korea Industry (Arial, Bold, 40pt, #000000, 레이어 스타일 – Stroke(선/획)(3px, #ffffff), Drop Shadow(그림자 효과))

《출력형태》

문제 2 [기능평가] 사진편집 기초 [20점]

다음의 ≪조건≫에 따라 아래의 ≪출력형태≫와 같이 작업하시오.

《조건》

원본 이미지	내문서₩GTQ₩Image₩2급-2.jpg, 2급-3.jpg, 2급-4.jpg		
파일 저장 규칙	JPG	파일명	내문서₩GTQ₩수험번호-성명-2.jpg
		크기	400 × 500 pixels
	PSD	파일명	내문서₩GTQ₩수험번호-성명-2.psd
		크기	40 × 50 pixels

1. 그림 효과
   ① 색상 보정 : 2급-3.jpg – 보라색 계열로 보정, 레이어 스타일 – Outer Glow(외부 광선)
   ② 액자제작 : 필터 – Texturizer(텍스처화), 안쪽 테두리 (5px, #0066cc), 레이어 스타일 – Drop Shadow(그림자 효과)
   ③ 2급-4.jpg : 레이어 스타일 – Outer Glow(외부 광선)

2. 문자 효과
   ① 한국 풍력발전소 (궁서, 32pt, 레이어 스타일 – 그라디언트 오버레이(#ff0000, #ffcc00), Stroke(선/획)(2px, #000000))

《출력형태》

문제 3 [기능평가] 사진편집 [25점]

다음의 ≪조건≫에 따라 아래의 ≪출력형태≫와 같이 작업하시오.

《조건》

원본이미지	내문서₩GTQ₩Image₩2급-5.jpg, 2급-6.jpg, 2급-7.jpg, 2급-8.jpg		
파일저장규칙	JPG	파일명	내문서₩GTQ₩수험번호-성명-3.jpg
		크기	600 × 400 pixels
	PSD	파일명	내문서₩GTQ₩수험번호-성명-3.psd
		크기	60 × 40 pixels

1. 그림 효과
   ① 배경 : #ffffff
   ② 2급-5.jpg : 필터 – Crosshatch(그물눈), Opacity(불투명도)(80%)
   ③ 2급-6.jpg : 레이어 마스크 – 세로 방향으로 흐릿하게
   ④ 2급-7.jpg : 레이어 스타일 – Drop Shadow(그림자 효과)
   ⑤ 2급-8.jpg : 레이어 스타일 – Bevel and Emboss(경사와 엠보스)
   ⑥ 그 외 ≪출력형태≫ 참조

2. 문자 효과
   ① InterLogis (Arial, Bold, 48pt,
   레이어 스타일 – 그라디언트 오버레이(#330066, #ff6600), Stroke(선/획)(5px, #ffffff))
   ② Songdo (Arial, Italic, 30pt, #000000, 레이어 스타일 – Stroke(선/획)(3px, #ffffff))

《출력형태》

문제 4 [실무응용] 이벤트 페이지 제작 [35점]

다음의 ≪조건≫에 따라 아래의 ≪출력형태≫와 같이 작업하시오.

《조건》

원본이미지	내문서₩GTQ₩Image₩2급-9.jpg, 2급-10.jpg, 2급-11.jpg, 2급-12.jpg, 2급-13.jpg		
파일저장규칙	JPG	파일명	내문서₩GTQ₩수험번호-성명-4.jpg
		크기	600 × 400 pixels
	PSD	파일명	내문서₩GTQ₩수험번호-성명-4.psd
		크기	60 × 40 pixels

1. 그림 효과
   - ① 2급-9.jpg : 필터 – Water Paper(물종이)
   - ② 2급-10.jpg : 필터 – Facet(단면화), 레이어 마스크 – 가로 방향으로 흐릿하게
   - ③ 2급-11.jpg : 레이어 스타일 – Outer Glow(외부 광선)
   - ④ 2급-12.jpg : 레이어 스타일 – Outer Glow(외부 광선)
   - ⑤ 2급-13.jpg : 레이어 스타일 – Bevel and Emboss(경사와 엠보스), Drop Shadow(그림자 효과)
   - ⑥ 그 외 ≪출력형태≫ 참조

2. 문자 효과
   - ① Techno Fair (Arial, Bold, 72pt, #ff3300,
     레이어 스타일 – Drop Shadow(그림자 효과), Stroke(선/획)(3px, #ffffff))
   - ② 미래를 여는 부천시청 일자리센터 (돋움, 15pt, #000000)
   - ③ 채용박람회 (돋움, 18pt, #ffffff, 레이어 스타일 – Stroke(선/획)(2px, #ff3300))

《출력형태》

Shape Tool(모양 도구) 사용
#ffff33, 레이어 스타일 – Stroke(선/획)(2px, #000000), Outer Glow(외부 광선)

Shape Tool(모양 도구) 사용
#ff3300, 레이어 스타일 – Stroke(선/획)(2px, #ffffff), Drop Shadow(그림자 효과)

Shape Tool(모양 도구) 사용
#ffffff, 레이어 스타일 – Inner Shadow(내부 그림자), Stroke(선/획)(1px, #0000ff)

제 07 회 GTQ 실전모의고사

Graphic Technology Qualification

급수	문제유형	시험시간	수험번호	성명
2급	B	90분		

수험자 유의사항

- 수험자는 문제지를 받는 즉시 응시하고자 하는 **과목 및 급수가 맞는지 확인**한 후 수험번호와 성명을 작성합니다.
- 파일명은 본인의 "수험번호-성명-문제번호"로 공백 없이 정확히 입력하고 답안폴더(내문서₩GTQ 또는 라이브러리₩문서₩GTQ)에 jpg 파일과 psd 파일의 2가지 포맷으로 저장해야 하며, jpg 파일과 psd 파일의 내용이 상이할 경우 0점 처리됩니다. 답안문서 파일명이 "수험번호-성명-문제번호"와 일치하지 않거나, 답안 파일을 전송하지 않아 미제출로 처리될 경우 불합격 처리됩니다. (예 : G123456789-홍길동-1.jpg)
- 문제의 세부조건은 '영문(한글)' 형식으로 표기되어 있으니 유의하시기 바랍니다.
- 수험자 정보와 저장한 파일명, 저장 위치가 다를 경우 전송이 되지 않으므로, 주의하시기 바랍니다.
- 답안 작성 중에도 **주기적으로 '저장'과 '답안 전송'**을 이용하여 감독위원 PC로 답안을 전송하셔야합니다. **(※ 작업한 내용을 저장하지 않고 전송할 경우 이전의 저장내용이 전송되오니 이점 반드시 유념하시기 바랍니다.)**
- 답안문서는 지정된 경로 외의 다른 보조기억장치에 저장하는 행위, 지정된 시험 시간 외에 작성된 파일을 활용한 행위, 기타 통신수단(이메일, 메신저, 네트워크 등)을 이용하여 타인에게 전달 또는 외부 반출하는 행위는 부정으로 간주되어 **자격기본법 제32조에 의거 본 시험 및 국가공인 자격시험을 2년간 응시할 수 없습니다.**
- 시험 중 부주의 또는 고의로 시스템을 파손한 경우와 〈수험자 유의사항〉에 기재된 방법대로 이행하지 않아 생기는 불이익은 수험자의 책임임을 알려 드립니다.
- 시험을 완료한 수험자는 최종적으로 저장한 답안파일이 전송되었는지 확인한 후 감독위원의 지시에 따라 문제지를 제출하고 퇴실합니다.

답안 작성요령

- 온라인 답안 작성 절차
  수험자 등록 ⇒ 시험 시작 ⇒ 답안파일 저장 ⇒ 답안 전송 ⇒ 시험 종료
- 내문서₩GTQ₩Image폴더에 있는 그림 원본파일을 사용하여 답안을 작성하시고 최종답안을 답안폴더(내문서₩GTQ)에 저장하여 답안을 전송하시고, 이미지의 크기가 다른 경우 감점 처리됩니다.
- 배점은 총 100점으로 이루어지며, 점수는 각 문제별로 차등 배분됩니다.
- 각 문제는 주어진 〈조건〉에 따라 작성하고, 언급하지 않은 조건은 《출력형태》와 같이 작성합니다.
- 배치 등의 편의를 위해 주어진 눈금자의 단위는 '픽셀'입니다.
  그 외는 출력형태(효과, 이미지, 문자, 색상, 레이아웃, 규격 등)와 같게 작업하십시오.
- 문제 조건에 서체의 지정이 없을 경우 한글은 굴림이나 돋움, 영문은 Arial로 작업하십시오.
  (단, 그 외에 제시되지 않은 문자 속성을 기본값으로 작성하지 않은 경우는 감점 처리됩니다.)
- Image Mode(이미지 모드)는 별도의 처리조건이 없을 경우에는 RGB(8비트)로 작업하십시오.
- 모든 답안 파일은 해상도 72 pixels/inch로 작업하십시오.
- Layer(레이어)는 각 기능별로 분할해야 하며, 임의로 합칠 경우나 각 기능에 대한 속성을 해지할 경우 해당 요소는 0점 처리됩니다.

문제 1 [기능평가] Tool(도구) 활용 [20점]

다음의 ≪조건≫에 따라 아래의 ≪출력형태≫와 같이 작업하시오.

《조건》

원본 이미지	내문서\GTQ\Image\2급-1.jpg		
파일 저장 규칙	JPG	파일명	내문서\GTQ\수험번호-성명-1.jpg
		크기	400 × 500 pixels
	PSD	파일명	내문서\GTQ\수험번호-성명-1.psd
		크기	40 × 50 pixels

1. 그림 효과
   - ① 복제 및 변형 : 오리
   - ② Shape Tool(모양 도구) 사용 :
     - 도형 모양 (#ffcc00, 레이어 스타일 – Drop Shadow(그림자 효과))
     - 장식 모양 (레이어 스타일 – Drop Shadow(그림자 효과), 그라디언트 오버레이(#ffffff, #ff6600))

2. 문자 효과
   - ① Mom & Baby (Arial, Bold, 24pt, #666666, 레이어 스타일 – Stroke(선/획)(2px, #ffffff))

《출력형태》

문제 2 [기능평가] 사진편집 기초 [20점]

다음의 ≪조건≫에 따라 아래의 ≪출력형태≫와 같이 작업하시오.

《조건》

원본 이미지	내문서\GTQ\Image\2급-2.jpg, 2급-3.jpg, 2급-4.jpg		
파일 저장 규칙	JPG	파일명	내문서\GTQ\수험번호-성명-2.jpg
		크기	400 × 500 pixels
	PSD	파일명	내문서\GTQ\수험번호-성명-2.psd
		크기	40 × 50 pixels

1. 그림 효과
   - ① 색상 보정 : 2급-4.jpg – 보라색 계열로 보정, 레이어 스타일 – Bevel and Emboss(경사와 엠보스)
   - ② 액자제작 : 필터 – Patchwork(패치워크/이어붙이기), 안쪽 테두리 (5px, #660066), 레이어 스타일 – Drop Shadow(그림자 효과)
   - ③ 2급-4.jpg : 레이어 스타일 – Outer Glow(외부 광선)

2. 문자 효과
   - ① 세상의 빛처럼.. (바탕, 30pt, #ffffff, 레이어 스타일 – Stroke(선/획)(2px, #660066), Drop Shadow(그림자 효과))

《출력형태》

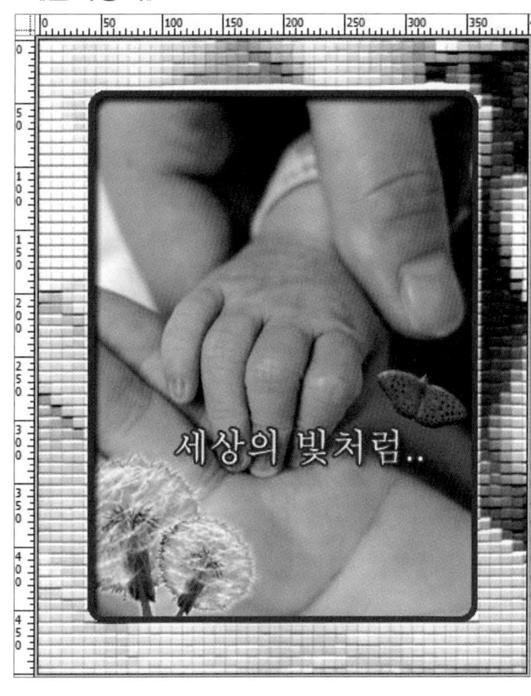

문제 3 [기능평가] 사진편집 [25점]

다음의 ≪조건≫에 따라 아래의 ≪출력형태≫와 같이 작업하시오.

《조건》

원본이미지	내문서₩GTQ₩Image₩2급-5.jpg, 2급-6.jpg, 2급-7.jpg, 2급-8.jpg		
파일저장규칙	JPG	파일명	내문서₩GTQ₩수험번호-성명-3.jpg
		크기	600 × 400 pixels
	PSD	파일명	내문서₩GTQ₩수험번호-성명-3.psd
		크기	60 × 40 pixels

1. 그림 효과
   ① 배경 : #cc99cc
   ② 2급-5.jpg : Blending Mode(혼합 모드) – Luminosity(광도), Opacity(불투명도)(50%)
   ③ 2급-6.jpg : 필터 – Rough Pastels(거친 파스텔 효과), 레이어 마스크 – 가로 방향으로 흐릿하게
   ④ 2급-7.jpg : 레이어 스타일 – Stroke(선/획)(3px, #ffff00)
   ⑤ 2급-8.jpg : 레이어 스타일 – Outer Glow(외부 광선)
   ⑥ 그 외 ≪출력형태≫ 참조

2. 문자 효과
   ① For Mother Musical (Arial, Bold, 32pt, #ffffff,
   레이어 스타일 – Stroke(선/획)(2px, #660099), Drop Shadow(그림자 효과))
   ② 따뜻한 봄날 산모를 위한 아름다운 뮤지컬이 찾아옵니다. (돋움, 18pt, #003300)

《출력형태》

Shape Tool(모양 도구) 사용
#99ff00, 레이어 스타일 –
Stroke(선/획)(3px, #ffffff),
Opacity(불투명도)(50%)

Shape Tool(모양 도구) 사용
#ffffff, Opacity(불투명도)(50%),
레이어 스타일 – Inner Shadow(내부 그림자)

문제 4 [실무응용] 이벤트 페이지 제작 [35점]

다음의 ≪조건≫에 따라 아래의 ≪출력형태≫와 같이 작업하시오.

《조건》

원본이미지	내문서₩GTQ₩Image₩2급-9.jpg, 2급-10.jpg, 2급-11.jpg, 2급-12.jpg, 2급-13.jpg		
파일저장규칙	JPG	파일명	내문서₩GTQ₩수험번호-성명-4.jpg
		크기	600 × 400 pixels
	PSD	파일명	내문서₩GTQ₩수험번호-성명-4.psd
		크기	60 × 40 pixels

1. 그림 효과
   ① 2급-9.jpg : Opacity(불투명도)(60%)
   ② 2급-10.jpg : 레이어 스타일 – Drop Shadow(그림자 효과)
   ③ 2급-11.jpg : 필터 – Dry Brush(드라이 브러쉬),
   레이어 스타일 – Inner Shadow(내부 그림자), Stroke(선/획)(2px, #ffffff)
   ④ 2급-12.jpg : 레이어 스타일 – Drop Shadow(그림자 효과)
   ⑤ 2급-13.jpg : 레이어 스타일 – Outer Glow(외부 광선)
   ⑥ 그 외 ≪출력형태≫ 참조

2. 문자 효과
   ① BABY STYLE? (Arial,Regular, 36pt, #3399ff,
   레이어 스타일 – Stroke(선/획)(2px, #ffffff), Drop Shadow(그림자 효과))
   ② 회원가입만 하면 선물이 팡!팡! (돋움, 16pt, #ffffff, 레이어 스타일 – Drop Shadow(그림자 효과))
   ③ 회원가입 (돋움, 12pt, #666666)

《출력형태》

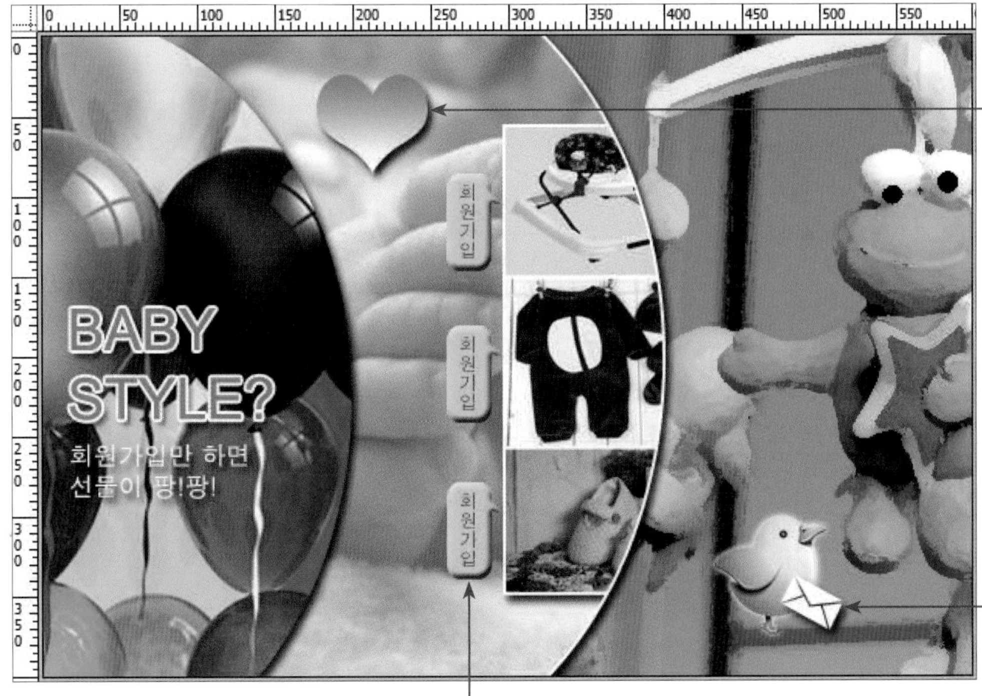

Shape Tool(모양 도구) 사용
레이어 스타일 –
Drop Shadow(그림자 효과),
그라디언트 오버레이
(#ffffff, #3399ff)

Shape Tool(모양 도구) 사용
#ffffff, 레이어 스타일 –
Drop Shadow(그림자 효과)

Shape Tool(모양 도구) 사용
#ccff00, 레이어 스타일 –
Bevel and Emboss(경사와 엠보스)

제 08 회 GTQ 실전모의고사

Graphic Technology Qualification

급수	문제유형	시험시간	수험번호	성명
2급	C	90분		

수험자 유의사항

- 수험자는 문제지를 받는 즉시 응시하고자 하는 **과목 및 급수가 맞는지 확인**한 후 수험번호와 성명을 작성합니다.
- 파일명은 본인의 "수험번호-성명-문제번호"로 공백 없이 정확히 입력하고 답안폴더(내문서₩GTQ 또는 라이브러리₩문서₩GTQ)에 jpg 파일과 psd 파일의 2가지 포맷으로 저장해야 하며, jpg 파일과 psd 파일의 내용이 상이할 경우 0점 처리됩니다. 답안문서 파일명이 "수험번호-성명-문제번호"와 일치하지 않거나, 답안 파일을 전송하지 않아 미제출로 처리될 경우 불합격 처리됩니다. (예 : G123456789-홍길동-1.jpg)
- 문제의 세부조건은 '영문(한글)' 형식으로 표기되어 있으니 유의하시기 바랍니다.
- 수험자 정보와 저장한 파일명, 저장 위치가 다를 경우 전송이 되지 않으므로, 주의하시기 바랍니다.
- 답안 작성 중에도 **주기적으로 '저장'과 '답안 전송'**을 이용하여 감독위원 PC로 답안을 전송하셔야합니다. **(※ 작업한 내용을 저장하지 않고 전송할 경우 이전의 저장내용이 전송되오니 이점 반드시 유념하시기 바랍니다.)**
- 답안문서는 지정된 경로 외의 다른 보조기억장치에 저장하는 행위, 지정된 시험 시간 외에 작성된 파일을 활용한 행위, 기타 통신수단(이메일, 메신저, 네트워크 등)을 이용하여 타인에게 전달 또는 외부 반출하는 행위는 부정으로 간주되어 **자격기본법 제32조에 의거 본 시험 및 국가공인 자격시험을 2년간 응시할 수 없습니다.**
- 시험 중 부주의 또는 고의로 시스템을 파손한 경우와 〈수험자 유의사항〉에 기재된 방법대로 이행하지 않아 생기는 불이익은 수험자의 책임임을 알려 드립니다.
- 시험을 완료한 수험자는 최종적으로 저장한 답안파일이 전송되었는지 확인한 후 감독위원의 지시에 따라 문제지를 제출하고 퇴실합니다.

답안 작성요령

- 온라인 답안 작성 절차
  수험자 등록 ⇒ 시험 시작 ⇒ 답안파일 저장 ⇒ 답안 전송 ⇒ 시험 종료
- 내문서₩GTQ₩Image폴더에 있는 그림 원본파일을 사용하여 답안을 작성하시고 최종답안을 답안폴더(내문서₩GTQ)에 저장하여 답안을 전송하시고, 이미지의 크기가 다른 경우 감점 처리됩니다.
- 배점은 총 100점으로 이루어지며, 점수는 각 문제별로 차등 배분됩니다.
- 각 문제는 주어진 〈조건〉에 따라 작성하고, 언급하지 않은 조건은 《출력형태》와 같이 작성합니다.
- 배치 등의 편의를 위해 주어진 눈금자의 단위는 '픽셀'입니다.
  그 외는 출력형태(효과, 이미지, 문자, 색상, 레이아웃, 규격 등)와 같게 작업하십시오.
- 문제 조건에 서체의 지정이 없을 경우 한글은 굴림이나 돋움, 영문은 Arial로 작업하십시오.
  (단, 그 외에 제시되지 않은 문자 속성을 기본값으로 작성하지 않은 경우는 감점 처리됩니다.)
- Image Mode(이미지 모드)는 별도의 처리조건이 없을 경우에는 RGB(8비트)로 작업하십시오.
- 모든 답안 파일은 해상도 72 pixels/inch로 작업하십시오.
- Layer(레이어)는 각 기능별로 분할해야 하며, 임의로 합칠 경우나 각 기능에 대한 속성을 해지할 경우 해당 요소는 0점 처리됩니다.

문제 1 [기능평가] Tool(도구) 활용 [20점]

다음의 ≪조건≫에 따라 아래의 ≪출력형태≫와 같이 작업하시오.

《조건》

원본 이미지	내문서\GTQ\Image\2급-1.jpg		
파일 저장 규칙	JPG	파일명	내문서\GTQ\수험번호-성명-1.jpg
		크기	400 × 500 pixels
	PSD	파일명	내문서\GTQ\수험번호-성명-1.psd
		크기	40 × 50 pixels

1. 그림 효과
   ① 복제 및 변형 : 축구공
   ② Shape Tool(모양 도구) 사용 :
   - 8분 음표 모양 (#ff0000, Opacity(불투명도)(60%))
   - 16분 음표 모양 (레이어 스타일 – 그라디언트 오버레이(#ff6600, #ffff00, #ff6600))

2. 문자 효과
   ① 바닷가 여행 (돋움, 40pt, #99ffff, 레이어 스타일 – Drop Shadow(그림자 효과))

《출력형태》

문제 2 [기능평가] 사진편집 기초 [20점]

다음의 ≪조건≫에 따라 아래의 ≪출력형태≫와 같이 작업하시오.

《조건》

원본 이미지	내문서\GTQ\Image\2급-2.jpg, 2급-3.jpg, 2급-4.jpg, 2급-5.jpg		
파일 저장 규칙	JPG	파일명	내문서\GTQ\수험번호-성명-2.jpg
		크기	400 × 500 pixels
	PSD	파일명	내문서\GTQ\수험번호-성명-2.psd
		크기	40 × 50 pixels

1. 그림 효과
   ① 색상 보정 : 2급-3.jpg – 파란색 계열로 보정, 레이어 스타일 – Outer Glow(외부 광선)
   ② 액자제작 :
   바깥 테두리 (#ffcccc),
   필터 – Patchwork(패치워크/이어붙이기),
   안쪽 테두리 (5px, #ffffff),
   레이어 스타일 – Drop Shadow(그림자 효과)
   ③ 2급-4.jpg : 레이어 스타일 – Drop Shadow(그림자 효과)
   ④ 2급-5.jpg : 필터 – Radial Blur(방사형 흐림 효과)

2. 문자 효과
   ① Millennium soccer (돋움, 30pt, #ff3399, 레이어 스타일 – Stroke(선/획)(2px, #ffffff), Drop Shadow(그림자 효과))

《출력형태》

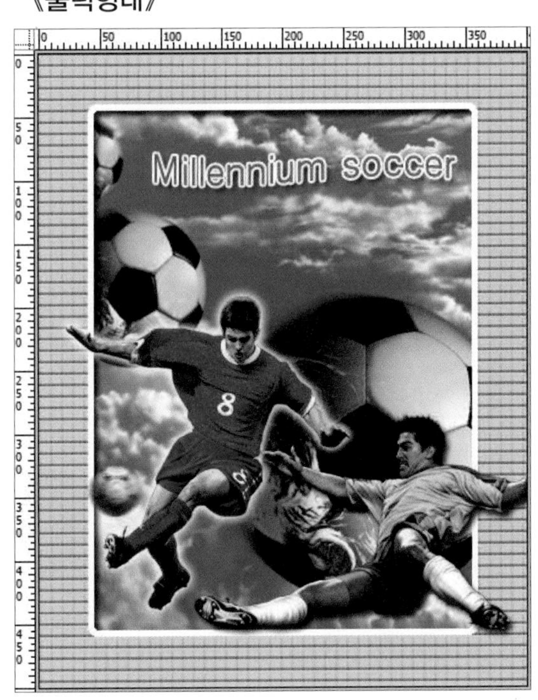

문제 3 [기능평가] 사진편집 [25점]

다음의 ≪조건≫에 따라 아래의 ≪출력형태≫와 같이 작업하시오.

《조건》

원본이미지	내문서₩GTQ₩Image₩2급-6.jpg, 2급-7.jpg, 2급-8.jpg, 2급-9.jpg		
파일저장규칙	JPG	파일명	내문서₩GTQ₩수험번호-성명-3.jpg
		크기	600 × 400 pixels
	PSD	파일명	내문서₩GTQ₩수험번호-성명-3.psd
		크기	60 × 40 pixels

1. 그림 효과
   ① 2급-6.jpg : 필터 – Rough Pastels(거친 파스텔 효과)
   ② 2급-7.jpg : 필터 – Film Grain(필름 그레인), 레이어 마스크 – 세로 방향으로 흐릿하게
   ③ 2급-8.jpg : 레이어 스타일 – Stroke(선/획)(5px, #ffff00), Drop Shadow(그림자 효과)
   ④ 2급-9.jpg : 레이어 스타일 – Drop Shadow(그림자 효과)
   ⑤ 그 외 ≪출력형태≫ 참조

2. 문자 효과
   ① H / A / P / P / Y / E / V / E / N / T (Arial, Regular, 25pt, #3366ff,
   레이어 스타일 – Stroke(선/획)(2px, #ffcc00))
   ② Enjoy Your Soccer! (Arial, Bold, 40pt,
   레이어 스타일 – 그라디언트 오버레이(#00bb99, #66ffff, #00bb99), Stroke(선/획)(3px, #ffffff))

《출력형태》

문제 4 [실무응용] 이벤트 페이지 제작 [35점]

다음의 ≪조건≫에 따라 아래의 ≪출력형태≫와 같이 작업하시오.

《조건》

원본이미지	내문서₩GTQ₩Image₩2급-10.jpg, 2급-11.jpg, 2급-12.jpg, 2급-13.jpg, 2급-14.jpg		
파일저장규칙	JPG	파일명	내문서₩GTQ₩수험번호-성명-4.jpg
		크기	600 × 400 pixels
	PSD	파일명	내문서₩GTQ₩수험번호-성명-4.psd
		크기	60 × 40 pixels

1. 그림 효과
   ① 2급-10.jpg : 필터 – Crosshatch(그물눈)
   ② 2급-11.jpg : 필터 – Texturizer(텍스처화), 레이어 스타일 – Inner Shadow(내부 그림자)
   ③ 2급-12.jpg : 레이어 스타일 – Inner Shadow(내부 그림자
   ④ 2급-13.jpg : 레이어 스타일 – Bevel and Emboss(경사와 엠보스)
   ⑤ 2급-14.jpg : 레이어 스타일 – Outer Glow(외부 광선)
   ⑥ 그 외 ≪출력형태≫ 참조

2. 문자 효과
   ① 2018 축구장 특별 이벤트!! (돋움, 30pt, #ffffff, 레이어 스타일 – Stroke(선/획)(3px, #0066cc))
   ② 시원한 여름 바캉스! 축구장에서~ (돋움, 18pt, #99ccff)
   ③ 무료 응모하기 (돋움, 18pt, #ff0000, 레이어 스타일 – Drop Shadow(그림자 효과))

《출력형태》

Shape Tool(모양 도구) 사용
#ffff66, 레이어 스타일 – Stroke(선/획)(3px, #ff9900)

제 09 회 GTQ 실전모의고사

Graphic Technology Qualification

급수	문제유형	시험시간	수험번호	성명
2급	D	90분		

수험자 유의사항

- 수험자는 문제지를 받는 즉시 응시하고자 하는 **과목 및 급수가 맞는지 확인**한 후 수험번호와 성명을 작성합니다.
- 파일명은 본인의 "수험번호-성명-문제번호"로 공백 없이 정확히 입력하고 답안폴더(내문서₩GTQ 또는 라이브러리₩문서₩GTQ)에 jpg 파일과 psd 파일의 2가지 포맷으로 저장해야 하며, jpg 파일과 psd 파일의 내용이 상이할 경우 0점 처리됩니다. 답안문서 파일명이 "수험번호-성명-문제번호"와 일치하지 않거나, 답안 파일을 전송하지 않아 미제출로 처리될 경우 불합격 처리됩니다. (예 : G123456789-홍길동-1.jpg)
- 문제의 세부조건은 '영문(한글)' 형식으로 표기되어 있으니 유의하시기 바랍니다.
- 수험자 정보와 저장한 파일명, 저장 위치가 다를 경우 전송이 되지 않으므로, 주의하시기 바랍니다.
- 답안 작성 중에도 **주기적으로 '저장'과 '답안 전송'**을 이용하여 감독위원 PC로 답안을 전송하셔야합니다. **(※ 작업한 내용을 저장하지 않고 전송할 경우 이전의 저장내용이 전송되오니 이점 반드시 유념하시기 바랍니다.)**
- 답안문서는 지정된 경로 외의 다른 보조기억장치에 저장하는 행위, 지정된 시험 시간 외에 작성된 파일을 활용한 행위, 기타 통신수단(이메일, 메신저, 네트워크 등)을 이용하여 타인에게 전달 또는 외부 반출하는 행위는 부정으로 간주되어 **자격기본법 제32조에 의거 본 시험 및 국가공인 자격시험을 2년간 응시할 수 없습니다.**
- 시험 중 부주의 또는 고의로 시스템을 파손한 경우와 〈수험자 유의사항〉에 기재된 방법대로 이행하지 않아 생기는 불이익은 수험자의 책임임을 알려 드립니다.
- 시험을 완료한 수험자는 최종적으로 저장한 답안파일이 전송되었는지 확인한 후 감독위원의 지시에 따라 문제지를 제출하고 퇴실합니다.

답안 작성요령

- 온라인 답안 작성 절차
  수험자 등록 ⇒ 시험 시작 ⇒ 답안파일 저장 ⇒ 답안 전송 ⇒ 시험 종료
- 내문서₩GTQ₩Image폴더에 있는 그림 원본파일을 사용하여 답안을 작성하시고 최종답안을 답안폴더(내문서₩GTQ)에 저장하여 답안을 전송하시고, 이미지의 크기가 다른 경우 감점 처리됩니다.
- 배점은 총 100점으로 이루어지며, 점수는 각 문제별로 차등 배분됩니다.
- 각 문제는 주어진 〈조건〉에 따라 작성하고, 언급하지 않은 조건은 《출력형태》와 같이 작성합니다.
- 배치 등의 편의를 위해 주어진 눈금자의 단위는 '픽셀'입니다.
  그 외는 출력형태(효과, 이미지, 문자, 색상, 레이아웃, 규격 등)와 같게 작업하십시오.
- 문제 조건에 서체의 지정이 없을 경우 한글은 굴림이나 돋움, 영문은 Arial로 작업하십시오.
  (단, 그 외에 제시되지 않은 문자 속성을 기본값으로 작성하지 않은 경우는 감점 처리됩니다.)
- Image Mode(이미지 모드)는 별도의 처리조건이 없을 경우에는 RGB(8비트)로 작업하십시오.
- 모든 답안 파일은 해상도 72 pixels/inch로 작업하십시오.
- Layer(레이어)는 각 기능별로 분할해야 하며, 임의로 합칠 경우나 각 기능에 대한 속성을 해지할 경우 해당 요소는 0점 처리됩니다.

문제 1 [기능평가] Tool(도구) 활용 [20점]

다음의 ≪조건≫에 따라 아래의 ≪출력형태≫와 같이 작업하시오.

《조건》

원본 이미지	내문서₩GTQ₩Image₩2급-1.jpg		
파일 저장 규칙	JPG	파일명	내문서₩GTQ₩수험번호-성명-1.jpg
		크기	400 × 500 pixels
	PSD	파일명	내문서₩GTQ₩수험번호-성명-1.psd
		크기	40 × 50 pixels

1. 그림 효과
   ① 복제 및 변형 : 동상
   ② Shape Tool(모양 도구) 사용 :
      – 장식 모양 (레이어 스타일 – Drop Shadow(그림자 효과), 그라디언트 오버레이(#ff6600, #ffff00, #ff6600))
      – 새 모양 (#663333, 레이어 스타일 – Inner Shadow(내부 그림자), Outer Glow(외부 광선))

2. 문자 효과
   ① Opera House (Arial, Bold, 40pt, #000000, 레이어 스타일 – Stroke(선/획)(3px, #ffffff), Drop Shadow(그림자 효과))

《출력형태》

문제 2 [기능평가] 사진편집 기초 [20점]

다음의 ≪조건≫에 따라 아래의 ≪출력형태≫와 같이 작업하시오.

《조건》

원본 이미지	내문서₩GTQ₩Image₩2급-2.jpg, 2급-3.jpg, 2급-4.jpg		
파일 저장 규칙	JPG	파일명	내문서₩GTQ₩수험번호-성명-2.jpg
		크기	400 × 500 pixels
	PSD	파일명	내문서₩GTQ₩수험번호-성명-2.psd
		크기	40 × 50 pixels

1. 그림 효과
   ① 색상 보정 : 2급-3.jpg – 노란색 계열로 보정, 레이어 스타일 – Outer Glow(외부 광선)
   ② 액자제작 : 필터 – Patchwork(패치워크/이어붙이기), 안쪽 테두리 (5px, #ffffff), 레이어 스타일 – Drop Shadow(그림자 효과)
   ③ 2급-4.jpg : 레이어 스타일 – Drop Shadow(그림자 효과)

2. 문자 효과
   ① 신진 성악가 오디션 (궁서, 30pt, 레이어 스타일 – 그라디언트 오버레이(#ff0000, #ffcc00), Stroke(선/획)(1px, #000000))

《출력형태》

문제 3 [기능평가] 사진편집 [25점]

다음의 ≪조건≫에 따라 아래의 ≪출력형태≫와 같이 작업하시오.

《조건》

원본이미지	내문서₩GTQ₩Image₩2급-5.jpg, 2급-6.jpg, 2급-7.jpg, 2급-8.jpg		
파일저장규칙	JPG	파일명	내문서₩GTQ₩수험번호-성명-3.jpg
		크기	600 × 400 pixels
	PSD	파일명	내문서₩GTQ₩수험번호-성명-3.psd
		크기	60 × 40 pixels

1. 그림 효과
   ① 배경 : #ffffff
   ② 2급-5.jpg : 레이어 마스크 - 가로 방향으로 흐릿하게
   ③ 2급-6.jpg : 필터 - Texturizer(텍스처화), 레이어 스타일 - Drop Shadow(그림자 효과)
   ④ 2급-7.jpg : 레이어 스타일 - Drop Shadow(그림자 효과)
   ⑤ 2급-8.jpg : 레이어 스타일 - Bevel and Emboss(경사와 엠보스)
   ⑥ 그 외 ≪출력형태≫ 참조

2. 문자 효과
   ① Ticket (Arial, Bold, 48pt,
   레이어 스타일 - 그라디언트 오버레이(#330066, #ff6600), Stroke(선/획)(5px, #ffffff))
   ② Tosca (Arial, Black, 40pt, #ffffff, 레이어 스타일 - Inner Shadow(내부 그림자))

《출력형태》

Shape Tool(모양 도구) 사용
#000000, 레이어 스타일 - Stroke(선/획)(3px, #ff0000)

Shape Tool(모양 도구) 사용
#000000, Opacity(불투명도)(35%),
레이어 스타일 - Drop Shadow(그림자 효과)

문제 4 [실무응용] 이벤트 페이지 제작 [35점]

다음의 ≪조건≫에 따라 아래의 ≪출력형태≫와 같이 작업하시오.

《조건》

원본이미지	내문서₩GTQ₩Image₩2급-9.jpg, 2급-10.jpg, 2급-11.jpg, 2급-12.jpg		
파일저장규칙	JPG	파일명	내문서₩GTQ₩수험번호-성명-4.jpg
		크기	600 × 400 pixels
	PSD	파일명	내문서₩GTQ₩수험번호-성명-4.psd
		크기	60 × 40 pixels

1. 그림 효과
   ① 배경 : #99ccff
   ② 2급-9.jpg : 필터 – Rough Pastels(거친 파스텔 효과), 레이어 마스크 – 대각선 방향으로 흐릿하게
   ③ 2급-10.jpg, 2급-11.jpg : 레이어 스타일 – Outer Glow(외부 광선)
   ④ 2급-12.jpg : 레이어 스타일 – Stroke(선/획)(2px, #ffffff), Drop Shadow(그림자 효과)
   ⑤ 2급-13.jpg : 레이어 스타일 – Bevel and Emboss(경사와 엠보스), Drop Shadow(그림자 효과)
   ⑥ 그 외 ≪출력형태≫ 참조

2. 문자 효과
   ① Gala Concert (Arial, Black, 40pt, #ffffff, 레이어 스타일 – Drop Shadow(그림자 효과))
   ② 당신을 오페라 연주에 초대합니다. (돋움, 14pt, #ffffff, 레이어 스타일 – Stroke(선/획)(2px, #000000))
   ③ 영주 아트홀 (돋움, 12pt, #000099, 레이어 스타일 – Stroke(선/획)(2px, #ffffff))

《출력형태》

제 10 회 GTQ 실전모의고사

Graphic Technology Qualification

급수	문제유형	시험시간	수험번호	성명
2급	E	90분		

수험자 유의사항

- 수험자는 문제지를 받는 즉시 응시하고자 하는 **과목 및 급수가 맞는지 확인**한 후 수험번호와 성명을 작성합니다.
- 파일명은 본인의 "수험번호-성명-문제번호"로 공백 없이 정확히 입력하고 답안폴더(내문서₩GTQ 또는 라이브러리₩문서₩GTQ)에 jpg 파일과 psd 파일의 2가지 포맷으로 저장해야 하며, jpg 파일과 psd 파일의 내용이 상이할 경우 0점 처리됩니다. 답안문서 파일명이 "수험번호-성명-문제번호"와 일치하지 않거나, 답안 파일을 전송하지 않아 미제출로 처리될 경우 불합격 처리됩니다. (예 : G123456789-홍길동-1.jpg)
- 문제의 세부조건은 '영문(한글)' 형식으로 표기되어 있으니 유의하시기 바랍니다.
- 수험자 정보와 저장한 파일명, 저장 위치가 다를 경우 전송이 되지 않으므로, 주의하시기 바랍니다.
- 답안 작성 중에도 **주기적으로 '저장'과 '답안 전송'**을 이용하여 감독위원 PC로 답안을 전송하셔야합니다. **(※ 작업한 내용을 저장하지 않고 전송할 경우 이전의 저장내용이 전송되오니 이점 반드시 유념하시기 바랍니다.)**
- 답안문서는 지정된 경로 외의 다른 보조기억장치에 저장하는 행위, 지정된 시험 시간 외에 작성된 파일을 활용한 행위, 기타 통신수단(이메일, 메신저, 네트워크 등)을 이용하여 타인에게 전달 또는 외부 반출하는 행위는 부정으로 간주되어 **자격기본법 제32조에 의거 본 시험 및 국가공인 자격시험을 2년간 응시할 수 없습니다.**
- 시험 중 부주의 또는 고의로 시스템을 파손한 경우와 〈수험자 유의사항〉에 기재된 방법대로 이행하지 않아 생기는 불이익은 수험자의 책임임을 알려 드립니다.
- 시험을 완료한 수험자는 최종적으로 저장한 답안파일이 전송되었는지 확인한 후 감독위원의 지시에 따라 문제지를 제출하고 퇴실합니다.

답안 작성요령

- 온라인 답안 작성 절차
  수험자 등록 ⇒ 시험 시작 ⇒ 답안파일 저장 ⇒ 답안 전송 ⇒ 시험 종료
- 내문서₩GTQ₩Image폴더에 있는 그림 원본파일을 사용하여 답안을 작성하시고 최종답안을 답안폴더(내문서₩GTQ)에 저장하여 답안을 전송하시고, 이미지의 크기가 다른 경우 감점 처리됩니다.
- 배점은 총 100점으로 이루어지며, 점수는 각 문제별로 차등 배분됩니다.
- 각 문제는 주어진 〈조건〉에 따라 작성하고, 언급하지 않은 조건은 《출력형태》와 같이 작성합니다.
- 배치 등의 편의를 위해 주어진 눈금자의 단위는 '픽셀'입니다.
  그 외는 출력형태(효과, 이미지, 문자, 색상, 레이아웃, 규격 등)와 같게 작업하십시오.
- 문제 조건에 서체의 지정이 없을 경우 한글은 굴림이나 돋움, 영문은 Arial로 작업하십시오.
  (단, 그 외에 제시되지 않은 문자 속성을 기본값으로 작성하지 않은 경우는 감점 처리됩니다.)
- Image Mode(이미지 모드)는 별도의 처리조건이 없을 경우에는 RGB(8비트)로 작업하십시오.
- 모든 답안 파일은 해상도 72 pixels/inch로 작업하십시오.
- Layer(레이어)는 각 기능별로 분할해야 하며, 임의로 합칠 경우나 각 기능에 대한 속성을 해지할 경우 해당 요소는 0점 처리됩니다.

문제 1 [기능평가] Tool(도구) 활용 [20점]

다음의 ≪조건≫에 따라 아래의 ≪출력형태≫와 같이 작업하시오.

《조건》

원본 이미지	내문서₩GTQ₩Image₩2급-1.jpg		
파일 저장 규칙	JPG	파일명	내문서₩GTQ₩수험번호-성명-1.jpg
		크기	400 × 500 pixels
	PSD	파일명	내문서₩GTQ₩수험번호-성명-1.psd
		크기	40 × 50 pixels

1. 그림 효과
   ① 복제 및 변형 : 비행기
   ② Shape Tool(모양 도구) 사용 :
      - 음표 모양 (레이어 스타일 - Drop Shadow(그림자 효과), 그라디언트 오버레이(#cc33cc, #9933ff, #003366))
      - 편지 봉투 모양 (#66cccc, 레이어 스타일 - Stroke(선/획)(2px, #ffff00))

2. 문자 효과
   ① 여행을 떠나요~ (돋움, 55pt, #333399, 레이어 스타일 - Drop Shadow(그림자 효과))

《출력형태》

문제 2 [기능평가] 사진편집 기초 [20점]

다음의 ≪조건≫에 따라 아래의 ≪출력형태≫와 같이 작업하시오.

《조건》

원본 이미지	내문서₩GTQ₩Image₩2급-2.jpg, 2급-3.jpg, 2급-4.jpg		
파일 저장 규칙	JPG	파일명	내문서₩GTQ₩수험번호-성명-2.jpg
		크기	400 × 500 pixels
	PSD	파일명	내문서₩GTQ₩수험번호-성명-2.psd
		크기	40 × 50 pixels

1. 그림 효과
   ① 색상 보정 : 2급-3.jpg - 빨간색 계열로 보정, 레이어 스타일 - Outer Glow(외부 광선)
   ② 액자제작 : 필터 - Texturizer(텍스처화), 안쪽 테두리 (5px, #339999), 레이어 스타일 - Drop Shadow(그림자 효과)
   ③ 2급-4.jpg : 레이어 스타일 - Drop Shadow(그림자 효과)

2. 문자 효과
   ① Go ABROAD! (Arial, Bold, 36pt, #330000, 레이어 스타일 - Outer Glow(외부 광선))

《출력형태》

문제 3 [기능평가] 사진편집 [25점]

다음의 ≪조건≫에 따라 아래의 ≪출력형태≫와 같이 작업하시오.

《조건》

원본이미지	내문서₩GTQ₩Image₩2급-5.jpg, 2급-6.jpg, 2급-7.jpg, 2급-8.jpg		
파일저장규칙	JPG	파일명	내문서₩GTQ₩수험번호-성명-3.jpg
		크기	600 × 400 pixels
	PSD	파일명	내문서₩GTQ₩수험번호-성명-3.psd
		크기	60 × 40 pixels

1. 그림 효과
   ① 2급-5.jpg : 필터 – Crosshatch(그물눈)
   ② 2급-6.jpg : 레이어 마스크 – 세로 방향으로 흐릿하게
   ③ 2급-7.jpg : 레이어 스타일 – Drop Shadow(그림자 효과)
   ④ 2급-8.jpg : 레이어 마스크 – 가로 방향으로 흐릿하게, 레이어 스타일 – Outer Glow(외부 광선)
   ⑤ 그 외 ≪출력형태≫ 참조

2. 문자 효과
   ① 세계에서 느끼는 (돋움, 36pt,
   레이어 스타일 – 그라디언트 오버레이(#cc0000, #006633, #000033), Stroke(선/획)(3px, #ffffff))
   ② 휴식과 재충전 (궁서, 48pt,
   레이어 스타일 – 그라디언트 오버레이(#ff6600, #ffff00, #ff6600), Stroke(선/획)(2px, #9933ff))

《출력형태》

Shape Tool(모양 도구) 사용
레이어 스타일 –
그라디언트 오버레이
(#ffff00, #ffffff),
Drop Shadow(그림자 효과)

Shape Tool(모양 도구) 사용
#ff99cc, 레이어 스타일 – Drop Shadow(그림자 효과)

문제 4 [실무응용] 이벤트 페이지 제작 [35점]

다음의 ≪조건≫에 따라 아래의 ≪출력형태≫와 같이 작업하시오.

《조건》

원본이미지	내문서₩GTQ₩Image₩2급-9.jpg, 2급-10.jpg, 2급-11.jpg, 2급-12.jpg, 2급-13.jpg		
파일저장규칙	JPG	파일명	내문서₩GTQ₩수험번호-성명-4.jpg
		크기	400 × 500 pixels
	PSD	파일명	내문서₩GTQ₩수험번호-성명-4.psd
		크기	40 × 50 pixels

1. 그림 효과
   - ① 2급-9.jpg : 필터 - Film Grain(필름 그레인)
   - ② 2급-10.jpg : 레이어 마스크 - 세로 방향으로 흐릿하게
   - ③ 2급-11.jpg : 레이어 스타일 - Outer Glow(외부 광선)
   - ④ 2급-12.jpg : 필터 - Crosshatch(그물눈), 레이어 스타일 - Outer Glow(외부 광선)
   - ⑤ 2급-13.jpg : 레이어 스타일 - Outer Glow(외부 광선)
   - ⑥ 그 외 ≪출력형태≫ 참조

2. 문자 효과
   - ① 해외여행 특가! (궁서, 40pt, #ffff00, 레이어 스타일 - Drop Shadow(그림자 효과))
   - ② 절호의 찬스! 절대 놓치지 마세요~ (돋움, 20pt, #000000, 레이어 스타일 - Stroke(선/획)(2px, #ffffff))
   - ③ 여행상품 보기 (바탕, 20pt, #0066cc, 레이어 스타일 - Stroke(선/획)(2px, #ffffff))

《출력형태》

Shape Tool(모양 도구) 사용
#00ffff, 레이어 스타일 - Drop Shadow(그림자 효과)

Shape Tool(모양 도구) 사용
레이어 스타일 -
Bevel and Emboss
(경사와 엠보스),
그라디언트 오버레이
(#00ffff, #6666ff)

Shape Tool(모양 도구) 사용
#0066cc, 레이어 스타일 -
Bevel and Emboss
(경사와 엠보스),
Opacity(불투명도)(80%)

Memo

PART 03

최신기출문제

제 01 회 GTQ[그래픽기술자격]-[S/W:포토샵]

급수	문제유형	시험시간	수험번호	성명
2급	A	90분		

수험자 유의사항

- 수험자는 문제지를 받는 즉시 응시하고자 하는 **과목 및 급수가 맞는지 확인**한 후 수험번호와 성명을 작성합니다.
- 파일명은 본인의 "수험번호-성명-문제번호"로 공백 없이 정확히 입력하고 답안폴더(내문서₩GTQ 또는 라이브러리₩문서₩GTQ)에 jpg파일과 psd 파일의 2가지 포맷으로 저장해야 하며, jpg 파일과 psd 파일의 내용이 상이할 경우 0점 처리됩니다. 답안문서 파일명이 "수험번호-성명-문제번호"와 일치하지 않거나, 답안 파일을 전송하지 않아 미제출로 처리될 경우 불합격 처리됩니다. (예: G100112345678-홍길동-1.jpg)
- 문제의 세부조건은 '영문(한글)' 형식으로 표기되어 있으니 유의하시기 바랍니다.
- 수험자 정보와 저장한 파일명, 저장 위치가 다를 경우 전송이 되지 않으므로, 주의하시기 바랍니다.
- 답안 작성 중에도 **주기적으로 '저장'과 '답안 전송'**을 이용하여 감독위원 PC로 답안을 전송하셔야합니다.
  (※ 작업한 내용을 저장하지 않고 전송할 경우 이전의 저장내용이 전송되오니 이점 반드시 유념하시기 바랍니다.)
- 답안문서는 지정된 경로 외의 다른 보조기억장치에 저장하는 행위, 지정된 시험 시간 외에 작성된 파일을 활용한 행위, 기타 통신수단(이메일, 메신저, 네트워크 등)을 이용하여 타인에게 전달 또는 외부 반출하는 행위는 부정으로 간주되어 **자격기본법 제32조에 의거 본 시험 및 국가공인 자격시험을 2년간 응시할 수 없습니다.**
- 시험 중 부주의 또는 고의로 시스템을 파손한 경우와 〈수험자 유의사항〉에 기재된 방법대로 이행하지 않아 생기는 불이익은 수험자의 책임임을 알려 드립니다.
- 시험을 완료한 수험자는 최종적으로 저장한 답안파일이 전송되었는지 확인한 후 감독위원의 지시에 따라 문제지를 제출하고 퇴실합니다.

답안 작성요령

- 온라인 답안 작성 절차
  수험자 등록 ⇒ 시험 시작 ⇒ 답안파일 저장 ⇒ 답안 전송 ⇒ 시험 종료
- 내문서₩GTQ₩Image폴더에 있는 그림 원본파일을 사용하여 답안을 작성하시고 최종답안을 답안폴더(내문서₩GTQ)에 저장하여 답안을 전송하시고, 이미지의 크기가 다른 경우 감점 처리됩니다.
- 배점은 총 100점으로 이루어지며, 점수는 각 문제별로 차등 배분됩니다.
- 각 문제는 주어진 〈조건〉에 따라 작성하고, 언급하지 않은 조건은 《출력형태》와 같이 작성합니다.
- 배치 등의 편의를 위해 주어진 눈금자의 단위는 '픽셀'입니다.
  그 외는 출력형태(효과, 이미지, 문자, 색상, 레이아웃, 규격 등)와 같게 작업하십시오.
- 문제 조건에 서체의 지정이 없을 경우 한글은 굴림이나 돋움, 영문은 Arial로 작업하십시오.
  (단, 그 외에 제시되지 않은 문자 속성을 기본값으로 작성하지 않은 경우는 감점 처리됩니다.)
- Image Mode(이미지 모드)는 별도의 처리조건이 없을 경우에는 RGB(8비트)로 작업하십시오.
- 모든 답안 파일은 해상도 72 pixels/inch로 작업하십시오.
- Layer(레이어)는 각 기능별로 분할해야 하며, 임의로 합칠 경우나 각 기능에 대한 속성을 해지할 경우 해당 요소는 0점 처리됩니다.

문제 1 [기능평가] Tool(도구) 활용 [20점]

다음의 《조건》에 따라 아래의 《출력형태》와 같이 작업하시오.

《조건》

원본 이미지	내문서₩GTQ₩Image₩2급-1.jpg		
파일 저장 규칙	JPG	파일명	내문서₩GTQ₩수험번호-성명-1.jpg
		크기	400 × 500 pixels
	PSD	파일명	내문서₩GTQ₩수험번호-성명-1.psd
		크기	40 × 50 pixels

1. 그림 효과
   ① 복제 및 변형 : 꽃
   ② Shape Tool(모양 도구) 사용 :
   - 꽃 모양 (#ff6666, #ff3333, 레이어 스타일 - Drop Shadow(그림자 효과))
   - 손 모양 (#ffcccc, 레이어 스타일 - Outer Glow(외부 광선))

2. 문자 효과
   ① 예쁜 손 (궁서, 36pt, 72pt, #ffffcc, 레이어 스타일 – Stroke(선/획)(1px, #ff6666))

《출력형태》

문제 2 [기능평가] 사진편집 기초 [20점]

다음의 《조건》에 따라 아래의 《출력형태》와 같이 작업하시오.

《조건》

원본 이미지	내문서₩GTQ₩Image₩2급-2.jpg, 2급-3.jpg, 2급-4.jpg		
파일 저장 규칙	JPG	파일명	내문서₩GTQ₩수험번호-성명-2.jpg
		크기	400 × 500 pixels
	PSD	파일명	내문서₩GTQ₩수험번호-성명-2.psd
		크기	40 × 50 pixels

1. 그림 효과
   ① 색상 보정 : 2급-3.jpg – 빨간색 계열로 보정, 레이어 스타일 – Outer Glow(외부 광선)
   ② 액자 제작 : 필터 - Stained Glass(스테인드 글라스/채색 유리), 안쪽 테두리 (7px, #ffffff), 레이어 스타일 – Drop Shadow(그림자 효과)
   ③ 2급-4.jpg : 레이어 스타일 - Drop Shadow(그림자 효과)

2. 문자 효과
   ① Lovely Flower (Arial, Bold, 40pt, #0066ff, 레이어 스타일 – Outer Glow(외부 광선))

《출력형태》

문제 3 [기능평가] 사진편집 [25점]

다음의 《조건》에 따라 아래의 《출력형태》와 같이 작업하시오.

《조건》

원본이미지	내문서₩GTQ₩Image₩2급-5.jpg, 2급-6.jpg, 2급-7.jpg, 2급-8.jpg		
파일저장규칙	JPG	파일명	내문서₩GTQ₩수험번호-성명-3.jpg
		크기	600 × 400 pixels
	PSD	파일명	내문서₩GTQ₩수험번호-성명-3.psd
		크기	60 × 40 pixels

1. 그림 효과
   ① 배경: #ffffff
   ② 2급-5.jpg : 필터 – Facet(단면화), 레이어 마스크 – 가로 방향으로 흐릿하게
   ③ 2급-6.jpg : 레이어 스타일 – Stroke(선/획)(7px, #663300), Bevel and Emboss(경사와 엠보스)
   ④ 2급-7.jpg : 레이어 스타일 – Outer Glow(외부 광선), Inner Shadow(내부 그림자)
   ⑤ 2급-8.jpg : 레이어 스타일 – Drop Shadow(그림자 효과)
   ⑥ 그 외 《출력형태》 참조

2. 문자 효과
   ① 내 손으로 빚은 아름다운 작품 (궁서, 25pt, #cc0000,
   레이어 스타일 – Bevel and Emboss(경사와 엠보스))
   ② 도자기 (궁서, 65pt, #996600, 레이어 스타일 – Bevel and Emboss(경사와 엠보스))

《출력형태》

Shape Tool(모양 도구) 사용
레이어 스타일 – 그라디언트 오버레이(#ff6600, #ffff00, #ff6600),
Opacity(불투명도)(70%)

Shape Tool(모양 도구) 사용
#ff6600, 레이어 스타일 –
Inner Grow(내부 광선)

문제 4　[실무응용] 이벤트 페이지 제작 [35점]

다음의 《조건》에 따라 아래의 《출력형태》와 같이 작업하시오.

《조건》

원본이미지	내문서₩GTQ₩Image₩2급-9.jpg, 2급-10.jpg, 2급-11.jpg, 2급-12.jpg, 2급-13.jpg		
파일저장규칙	JPG	파일명	내문서₩GTQ₩수험번호-성명-4.jpg
		크기	600 × 400 pixels
	PSD	파일명	내문서₩GTQ₩수험번호-성명-4.psd
		크기	60 × 40 pixels

1. 그림 효과
   ① 2급-9.jpg : 필터 - Crosshatch(그물눈)
   ② 2급-10.jpg : 레이어 마스크 - 세로 방향으로 흐릿하게
   ③ 2급-11.jpg : 필터 - Lens Flare(렌즈 플레어), 레이어 스타일 - Outer Glow(외부 광선)
   ④ 2급-12.jpg : 레이어 스타일 - Bevel and Emboss(경사와 엠보스), Stroke(선/획)(3px, #666666)
   ⑤ 2급-13.jpg : 레이어 스타일 - Drop Shadow(그림자 효과)
   ⑥ 그 외 《출력형태》 참조

2. 문자 효과
   ① Amazing Magic Show (Arial, Bold, 50pt, #ffffff, 레이어 스타일 - Drop Shadow(그림자 효과))
   ② 빠른 예매하기 (굴림, 15pt, #660066, 레이어 스타일 - Stroke(선/획)(2px, #ffff99))
   ③ Click! Click! (Arial, Regular, 18pt, 24pt, #ff0099, 레이어 스타일 - Stroke(선/획)(2px, #ffff00))

《출력형태》

Shape Tool(모양 도구) 사용
레이어 스타일 - 그라디언트 오버레이
(#660066, #006633, #ff6600),
Opacity(불투명도)(60%)

Shape Tool(모양 도구) 사용
#ccff00, 레이어 스타일 -
Stroke(선/획)(2px, #ff0000)

Shape Tool(모양 도구) 사용
#ffff00, 레이어 스타일 -
Outer Glow(외부 광선)

빠른 예매하기
Click!
Click!
Amazing
Magic Show

제 02 회 GTQ[그래픽기술자격]-[S/W:포토샵]

급수	문제유형	시험시간	수험번호	성명
2급	B	90분		

수험자 유의사항

- 수험자는 문제지를 받는 즉시 응시하고자 하는 **과목 및 급수가 맞는지 확인**한 후 수험번호와 성명을 작성합니다.
- 파일명은 본인의 “수험번호-성명-문제번호”로 공백 없이 정확히 입력하고 답안폴더(내문서₩GTQ 또는 라이브러리₩문서₩GTQ)에 jpg파일과 psd 파일의 2가지 포맷으로 저장해야 하며, jpg 파일과 psd 파일의 내용이 상이할 경우 0점 처리됩니다. 답안문서 파일명이 “수험번호-성명-문제번호”와 일치하지 않거나, 답안 파일을 전송하지 않아 미제출로 처리될 경우 불합격 처리됩니다. (예: G100112345678-홍길동-1.jpg)
- 문제의 세부조건은 ‘영문(한글)’ 형식으로 표기되어 있으니 유의하시기 바랍니다.
- 수험자 정보와 저장한 파일명, 저장 위치가 다를 경우 전송이 되지 않으므로, 주의하시기 바랍니다.
- 답안 작성 중에도 **주기적으로 ‘저장’과 ‘답안 전송’**을 이용하여 감독위원 PC로 답안을 전송하셔야합니다.
  (※ 작업한 내용을 저장하지 않고 전송할 경우 이전의 저장내용이 전송되오니 이점 반드시 유념하시기 바랍니다.)
- 답안문서는 지정된 경로 외의 다른 보조기억장치에 저장하는 행위, 지정된 시험 시간 외에 작성된 파일을 활용한 행위, 기타 통신수단(이메일, 메신저, 네트워크 등)을 이용하여 타인에게 전달 또는 외부 반출하는 행위는 부정으로 간주되어 **자격기본법 제32조에 의거 본 시험 및 국가공인 자격시험을 2년간 응시할 수 없습니다.**
- 시험 중 부주의 또는 고의로 시스템을 파손한 경우와 〈수험자 유의사항〉에 기재된 방법대로 이행하지 않아 생기는 불이익은 수험자의 책임임을 알려 드립니다.
- 시험을 완료한 수험자는 최종적으로 저장한 답안파일이 전송되었는지 확인한 후 감독위원의 지시에 따라 문제지를 제출하고 퇴실합니다.

답안 작성요령

- 온라인 답안 작성 절차
  수험자 등록 ⇒ 시험 시작 ⇒ 답안파일 저장 ⇒ 답안 전송 ⇒ 시험 종료
- 내문서₩GTQ₩Image폴더에 있는 그림 원본파일을 사용하여 답안을 작성하시고 최종답안을 답안폴더(내문서₩GTQ)에 저장하여 답안을 전송하시고, 이미지의 크기가 다른 경우 감점 처리됩니다.
- 배점은 총 100점으로 이루어지며, 점수는 각 문제별로 차등 배분됩니다.
- 각 문제는 주어진 〈조건〉에 따라 작성하고, 언급하지 않은 조건은 《출력형태》와 같이 작성합니다.
- 배치 등의 편의를 위해 주어진 눈금자의 단위는 ‘픽셀’입니다.
  그 외는 출력형태(효과, 이미지, 문자, 색상, 레이아웃, 규격 등)와 같게 작업하십시오.
- 문제 조건에 서체의 지정이 없을 경우 한글은 굴림이나 돋움, 영문은 Arial로 작업하십시오.
  (단, 그 외에 제시되지 않은 문자 속성을 기본값으로 작성하지 않은 경우는 감점 처리됩니다.)
- Image Mode(이미지 모드)는 별도의 처리조건이 없을 경우에는 RGB(8비트)로 작업하십시오.
- 모든 답안 파일은 해상도 72 pixels/inch로 작업하십시오.
- Layer(레이어)는 각 기능별로 분할해야 하며, 임의로 합칠 경우나 각 기능에 대한 속성을 해지할 경우 해당 요소는 0점 처리됩니다.

문제 1 [기능평가] Tool(도구) 활용 [20점]

다음의 《조건》에 따라 아래의 《출력형태》와 같이 작업하시오.

《조건》

원본 이미지	내문서₩GTQ₩Image₩2급-1.jpg		
파일 저장 규칙	JPG	파일명	내문서₩GTQ₩수험번호-성명-1.jpg
		크기	400 × 500 pixels
	PSD	파일명	내문서₩GTQ₩수험번호-성명-1.psd
		크기	40 × 50 pixels

1. 그림 효과
   ① 복제 및 변형 : 촛불
   ② Shape Tool(모양 도구) 사용 :
      - 원 모양 (#ff6600, #ffffff, 레이어 스타일 - Outer Glow(외부 광선))
      - 왕관 모양 (#ffff00, 레이어 스타일 - Bevel and Emboss(경사와 엠보스))

2. 문자 효과
   ① BY Candlelight (Arial, Bold, 32pt, #ffffff, 레이어 스타일 - Stroke(선/획)(3px, #990000))

《출력형태》

문제 2 [기능평가] 사진편집 기초 [20점]

다음의 《조건》에 따라 아래의 《출력형태》와 같이 작업하시오.

《조건》

원본 이미지	내문서₩GTQ₩Image₩2급-2.jpg, 2급-3.jpg, 2급-4.jpg		
파일 저장 규칙	JPG	파일명	내문서₩GTQ₩수험번호-성명-2.jpg
		크기	400 × 500 pixels
	PSD	파일명	내문서₩GTQ₩수험번호-성명-2.psd
		크기	40 × 50 pixels

1. 그림 효과
   ① 색상 보정 : 2급-3.jpg - 파란색 계열로 보정, 레이어 스타일 - Inner Glow(내부 광선)
   ② 액자 제작 : 필터 - Stained Glass(스테인드 글라스/채색 유리), 안쪽 테두리 (5px, #660000), 레이어 스타일 - Outer Glow(외부 광선)
   ③ 2급-4.jpg : 레이어 스타일 - Outer Glow(외부 광선)

2. 문자 효과
   ① Happy Birthday (Arial, Bold, 36pt, #ffffcc, 레이어 스타일 - Stroke(선/획)(2px, #006600))

《출력형태》

문제 3　[기능평가] 사진편집　[25점]

다음의 《조건》에 따라 아래의 《출력형태》와 같이 작업하시오.

《조건》

원본이미지	내문서₩GTQ₩Image₩2급-5.jpg, 2급-6.jpg, 2급-7.jpg, 2급-8.jpg		
파일저장규칙	JPG	파일명	내문서₩GTQ₩수험번호-성명-3.jpg
		크기	600 × 400 pixels
	PSD	파일명	내문서₩GTQ₩수험번호-성명-3.psd
		크기	60 × 40 pixels

1. 그림 효과
   ① 배경 : #ffffff
   ② 2급-5.jpg : 필터 – Dry Brush(드라이 브러쉬)
   ③ 2급-6.jpg : 레이어 스타일 – Drop Shadow(그림자 효과), Outer Glow(외부 광선)
   ④ 2급-7.jpg : 필터 – Film Grain(필름 그레인)
   ⑤ 2급-8.jpg : 레이어 스타일 – Drop Shadow(그림자 효과), Opacity(불투명도)(70%)
   ⑥ 그 외 《출력형태》 참조

2. 문자 효과
   ① 인테리어 소품 (굴림, 20pt, #990000, 레이어 스타일 – Stroke(선/획)(2px, #ffffff))
   ② 양키캔들 (굴림, 30pt, 레이어 스타일 – 그라디언트 오버레이(#ff6600, #330099), Stroke(선/획)(2px, #ffff99))

《출력형태》

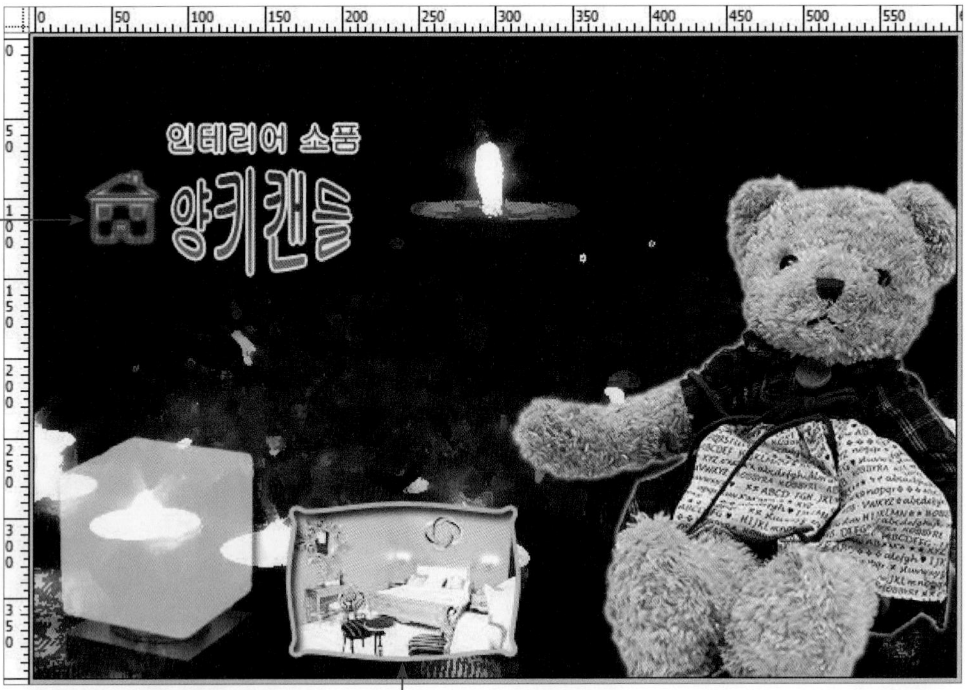

인테리어 소품
양키캔들

Shape Tool(모양 도구) 사용
#666600, 레이어 스타일 – Outer Glow(외부 광선)

Shape Tool(모양 도구) 사용
레이어 스타일 – Stroke(선/획)(3px, #cccc00),
Inner Shadow(내부 그림자)

문제 4 [실무응용] 이벤트 페이지 제작 [35점]

다음의 《조건》에 따라 아래의 《출력형태》와 같이 작업하시오.

《조건》

원본이미지			내문서₩GTQ₩Image₩2급-9.jpg, 2급-10.jpg, 2급-11.jpg, 2급-12.jpg, 2급-13.jpg
파일저장규칙	JPG	파일명	내문서₩GTQ₩수험번호-성명-4.jpg
		크기	600 × 400 pixels
	PSD	파일명	내문서₩GTQ₩수험번호-성명-4.psd
		크기	60 × 40 pixels

1. 그림 효과
   ① 2급-9.jpg : 필터 – Facet(단면화)
   ② 2급-10.jpg : 필터 – Crosshatch(그물눈), 레이어 마스크 – 대각선 방향으로 흐릿하게
   ③ 2급-11.jpg : 레이어 스타일 – Drop Shadow(그림자 효과)
   ④ 2급-12.jpg : 레이어 스타일 – Outer Glow(외부 광선), Drop Shadow(그림자 효과)
   ⑤ 2급-13.jpg : 필터 – Facet(단면화)
   ⑥ 그 외 《출력형태》 참조

2. 문자 효과
   ① GETTING MARRIED (Times New Roman, Bold, 25pt, #999999, 레이어 스타일 – Inner Shadow(내부 그림자), Stroke(선/획)(2px, #ffff99))
   ② 2018. 5. 5. (Arial, Regular, 20pt, #333333, 레이어 스타일 – Outer Glow(외부 광선))
   ③ SATURDAY, PM 1:00 in KOREA HOTEL (Arial, Regular, 15pt, #006666, 레이어 스타일 – Outer Glow(외부 광선))

《출력형태》

Shape Tool(모양 도구) 사용
#ff6666, 레이어 스타일 – Inner Glow(내부 광선), Opacity(불투명도)(70%)

GETTING MARRIED

2018. 5. 5.

SATURDAY, PM 1:00 in KOREA HOTEL

Shape Tool(모양 도구) 사용
레이어 스타일 – Drop Shadow(그림자 효과)

Shape Tool(모양 도구) 사용
#cccc00, 레이어 스타일 – Bevel and Emboss(경사와 엠보스), Opacity(불투명도)(70%)

제 03 회 GTQ[그래픽기술자격]-[S/W:포토샵]

급수	문제유형	시험시간	수험번호	성명
2급	C	90분		

수험자 유의사항

- 수험자는 문제지를 받는 즉시 응시하고자 하는 **과목 및 급수가 맞는지 확인**한 후 수험번호와 성명을 작성합니다.
- 파일명은 본인의 "수험번호-성명-문제번호"로 공백 없이 정확히 입력하고 답안폴더(내문서₩GTQ 또는 라이브러리₩문서₩GTQ)에 jpg파일과 psd 파일의 2가지 포맷으로 저장해야 하며, jpg 파일과 psd 파일의 내용이 상이할 경우 0점 처리됩니다. 답안문서 파일명이 "수험번호-성명-문제번호"와 일치하지 않거나, 답안 파일을 전송하지 않아 미제출로 처리될 경우 불합격 처리됩니다. (예: G100112345678-홍길동-1.jpg)
- 문제의 세부조건은 '영문(한글)' 형식으로 표기되어 있으니 유의하시기 바랍니다.
- 수험자 정보와 저장한 파일명, 저장 위치가 다를 경우 전송이 되지 않으므로, 주의하시기 바랍니다.
- 답안 작성 중에도 **주기적으로 '저장'과 '답안 전송'**을 이용하여 감독위원 PC로 답안을 전송하셔야합니다. **(※ 작업한 내용을 저장하지 않고 전송할 경우 이전의 저장내용이 전송되오니 이점 반드시 유념하시기 바랍니다.)**
- 답안문서는 지정된 경로 외의 다른 보조기억장치에 저장하는 행위, 지정된 시험 시간 외에 작성된 파일을 활용한 행위, 기타 통신수단(이메일, 메신저, 네트워크 등)을 이용하여 타인에게 전달 또는 외부 반출하는 행위는 부정으로 간주되어 **자격기본법 제32조에 의거 본 시험 및 국가공인 자격시험을 2년간 응시할 수 없습니다.**
- 시험 중 부주의 또는 고의로 시스템을 파손한 경우와 〈수험자 유의사항〉에 기재된 방법대로 이행하지 않아 생기는 불이익은 수험자의 책임임을 알려 드립니다.
- 시험을 완료한 수험자는 최종적으로 저장한 답안파일이 전송되었는지 확인한 후 감독위원의 지시에 따라 문제지를 제출하고 퇴실합니다.

답안 작성요령

- 온라인 답안 작성 절차
  수험자 등록 ⇒ 시험 시작 ⇒ 답안파일 저장 ⇒ 답안 전송 ⇒ 시험 종료
- 내문서₩GTQ₩Image폴더에 있는 그림 원본파일을 사용하여 답안을 작성하시고 최종답안을 답안폴더(내문서₩GTQ)에 저장하여 답안을 전송하시고, 이미지의 크기가 다른 경우 감점 처리됩니다.
- 배점은 총 100점으로 이루어지며, 점수는 각 문제별로 차등 배분됩니다.
- 각 문제는 주어진 〈조건〉에 따라 작성하고, 언급하지 않은 조건은 《출력형태》와 같이 작성합니다.
- 배치 등의 편의를 위해 주어진 눈금자의 단위는 '픽셀'입니다.
  그 외는 출력형태(효과, 이미지, 문자, 색상, 레이아웃, 규격 등)와 같게 작업하십시오.
- 문제 조건에 서체의 지정이 없을 경우 한글은 굴림이나 돋움, 영문은 Arial로 작업하십시오.
  (단, 그 외에 제시되지 않은 문자 속성을 기본값으로 작성하지 않은 경우는 감점 처리됩니다.)
- Image Mode(이미지 모드)는 별도의 처리조건이 없을 경우에는 RGB(8비트)로 작업하십시오.
- 모든 답안 파일은 해상도 72 pixels/inch로 작업하십시오.
- Layer(레이어)는 각 기능별로 분할해야 하며, 임의로 합칠 경우나 각 기능에 대한 속성을 해지할 경우 해당 요소는 0점 처리됩니다.

문제 1 [기능평가] Tool(도구) 활용 [20점]

다음의 《조건》에 따라 아래의 《출력형태》와 같이 작업하시오.

《조건》

원본 이미지	내문서₩GTQ₩Image₩2급-1.jpg		
파일 저장 규칙	JPG	파일명	내문서₩GTQ₩수험번호-성명-1.jpg
		크기	400 × 500 pixels
	PSD	파일명	내문서₩GTQ₩수험번호-성명-1.psd
		크기	40 × 50 pixels

1. 그림 효과
   ① 복제 및 변형 : 마카롱
   ② 도형그리기 도구 사용 :
   - 왕관 모양 (#ff3300, 레이어 스타일 – Inner Shadow(내부 그림자))
   - 튀는 모양 (#330000, 레이어 스타일 – Bevel and Emboss(경사와 엠보스)))

2. 문자 효과
   ① Dessert World (Arial, Regular, 50pt, 레이어 스타일 – 그라디언트 오버레이(#cc3399, #ffffff), Stroke(선/획)(2px, #ccffcc))

《출력형태》

문제 2 [기능평가] 사진편집 기초 [20점]

다음의 《조건》에 따라 아래의 《출력형태》와 같이 작업하시오.

《조건》

원본 이미지	내문서₩GTQ₩Image₩2급-2.jpg, 2급-3.jpg, 2급-4.jpg		
파일 저장 규칙	JPG	파일명	내문서₩GTQ₩수험번호-성명-2.jpg
		크기	400 × 500 pixels
	PSD	파일명	내문서₩GTQ₩수험번호-성명-2.psd
		크기	40 × 50 pixels

1. 그림 효과
   ① 색상 보정 : 2급-3.jpg – 분홍색 계열로 보정, 레이어 스타일 – Drop Shadow(그림자 효과)
   ② 액자 제작 : 필터 – Patchwork(패치워크/이어붙이기), 안쪽 테두리 (5px, #ff6633), 레이어 스타일 – Drop Shadow(그림자 효과)
   ③ 2급-4.jpg : 레이어 스타일 – Bevel and Emboss(경사와 엠보스)

2. 문자 효과
   ① 누구나 좋아하는 Ice Cream (돋움, 30pt, #ffffff, 레이어 스타일 – Stroke(선/획)(3px, #9999ff))

《출력형태》

문제 3 [기능평가] 사진편집 [25점]

다음의 《조건》에 따라 아래의 《출력형태》와 같이 작업하시오.

《조건》

원본이미지	내문서₩GTQ₩Image₩2급-5.jpg, 2급-6.jpg, 2급-7.jpg, 2급-8.jpg		
파일저장규칙	JPG	파일명	내문서₩GTQ₩수험번호-성명-3.jpg
		크기	600 × 400 pixels
	PSD	파일명	내문서₩GTQ₩수험번호-성명-3.psd
		크기	60 × 40 pixels

1. 그림 효과
   ① 배경 : #663300
   ② 2급-5.jpg : 필터 - Rough Pastels(거친 파스텔), 레이어 마스크 - 세로 방향으로 흐릿하게
   ③ 2급-6.jpg : 레이어 스타일 - Inner Shadow(내부 그림자)
   ④ 2급-7.jpg : 레이어 스타일 - Drop Shadow(그림자 효과)
   ⑤ 2급-8.jpg : 레이어 스타일 - Bevel and Emboss(경사와 엠보스)
   ⑥ 그 외 《출력형태》 참조

2. 문자 효과
   ① 그윽한 향기를 마시다 (돋움, 40pt, 레이어 스타일 - 그라디언트 오버레이(#ff0000, #0066cc), Stroke(선/획)(2px, #ffffff))
   ② Arabica Coffee Bean (바탕, 45pt, #ffff99, 레이어 스타일 - Drop Shadow(그림자 효과), Stroke(선/획)(2px, #660000))

《출력형태》

Shape Tool(모양 도구) 사용
#663300, 레이어 스타일 -
Bevel and Emboss(경사와 엠보스)

Shape Tool(모양 도구) 사용
레이어 스타일 -
Drop Shadow(그림자 효과),
그라디언트 오버레이
(#996600, #ffcccc)

문제 4 [실무응용] 이벤트 페이지 제작 [35점]

다음의 《조건》에 따라 아래의 《출력형태》와 같이 작업하시오.

《조건》

원본이미지	내문서\GTQ\Image\2급-9.jpg, 2급-10.jpg, 2급-11.jpg, 2급-12.jpg, 2급-13.jpg		
파일저장규칙	JPG	파일명	내문서\GTQ\수험번호-성명-4.jpg
		크기	400 × 500 pixels
	PSD	파일명	내문서\GTQ\수험번호-성명-4.psd
		크기	40 × 50 pixels

1. 그림 효과
   ① 2급-9.jpg : 필터 - Dry Brush(드라이 브러쉬)
   ② 2급-10.jpg : 필터 - Lens Flare(렌즈 플레어)
   ③ 2급-11.jpg : 레이어 스타일 - Outer Glow(외부 광선), Drop Shadow(그림자 효과)
   ④ 2급-12.jpg : 레이어 스타일 - Opacity(불투명도)(80%)
   ⑤ 2급-13.jpg : 레이어 스타일 - Bevel and Emboss(경사와 엠보스), Opacity(불투명도)(70%)
   ⑥ 그 외 《출력형태》 참조

2. 문자 효과
   ① 빵 (궁서, 45pt, #000000, 레이어 스타일 - Drop Shadow(그림자 효과), Stroke(선/획)(3px, #ffffff))
   ② 달콤한 베이커리 (바탕, 20pt, 레이어 스타일 - 그라디언트 오버레이(#66cc66, #ffff00), Stroke(선/획)(2px, #cc6633))
   ③ Cupcake Paradise (Times New Roman, Regular, 45pt, #330000, 레이어 스타일 - Drop Shadow(그림자 효과), Stroke(선/획)(2px, #cc6600))

《출력형태》

Shape Tool(모양 도구) 사용
레이어 스타일 - #ffffff,
Outer Glow(외부 광선)

Shape Tool(모양 도구) 사용
#336633, 레이어 스타일 -
Inner Shadow(내부 그림자)

Shape Tool(모양 도구) 사용
레이어 스타일 - Inner Shadow(내부 그림자),
그라디언트 오버레이
(#cc0000, #ffff00)

제 04 회 GTQ[그래픽기술자격]-[S/W:포토샵]

급수	문제유형	시험시간	수험번호	성명
2급	D	90분		

수험자 유의사항

- 수험자는 문제지를 받는 즉시 응시하고자 하는 **과목 및 급수가 맞는지 확인**한 후 수험번호와 성명을 작성합니다.
- 파일명은 본인의 "수험번호-성명-문제번호"로 공백 없이 정확히 입력하고 답안폴더(내문서₩GTQ 또는 라이브러리₩문서₩GTQ)에 jpg파일과 psd 파일의 2가지 포맷으로 저장해야 하며, jpg 파일과 psd 파일의 내용이 상이할 경우 0점 처리됩니다. 답안문서 파일명이 "수험번호-성명-문제번호"와 일치하지 않거나, 답안 파일을 전송하지 않아 미제출로 처리될 경우 불합격 처리됩니다. (예: G100112345678-홍길동-1.jpg)
- 문제의 세부조건은 '영문(한글)' 형식으로 표기되어 있으니 유의하시기 바랍니다.
- 수험자 정보와 저장한 파일명, 저장 위치가 다를 경우 전송이 되지 않으므로, 주의하시기 바랍니다.
- 답안 작성 중에도 **주기적으로 '저장'과 '답안 전송'**을 이용하여 감독위원 PC로 답안을 전송하셔야합니다.
  (※ 작업한 내용을 저장하지 않고 전송할 경우 이전의 저장내용이 전송되오니 이점 반드시 유념하시기 바랍니다.)
- 답안문서는 지정된 경로 외의 다른 보조기억장치에 저장하는 행위, 지정된 시험 시간 외에 작성된 파일을 활용한 행위, 기타 통신수단(이메일, 메신저, 네트워크 등)을 이용하여 타인에게 전달 또는 외부 반출하는 행위는 부정으로 간주되어 **자격기본법 제32조에 의거 본 시험 및 국가공인 자격시험을 2년간 응시할 수 없습니다.**
- 시험 중 부주의 또는 고의로 시스템을 파손한 경우와 〈수험자 유의사항〉에 기재된 방법대로 이행하지 않아 생기는 불이익은 수험자의 책임임을 알려 드립니다.
- 시험을 완료한 수험자는 최종적으로 저장한 답안파일이 전송되었는지 확인한 후 감독위원의 지시에 따라 문제지를 제출하고 퇴실합니다.

답안 작성요령

- 온라인 답안 작성 절차
  수험자 등록 ⇒ 시험 시작 ⇒ 답안파일 저장 ⇒ 답안 전송 ⇒ 시험 종료
- 내문서₩GTQ₩Image폴더에 있는 그림 원본파일을 사용하여 답안을 작성하시고 최종답안을 답안폴더(내문서₩GTQ)에 저장하여 답안을 전송하시고, 이미지의 크기가 다른 경우 감점 처리됩니다.
- 배점은 총 100점으로 이루어지며, 점수는 각 문제별로 차등 배분됩니다.
- 각 문제는 주어진 〈조건〉에 따라 작성하고, 언급하지 않은 조건은 《출력형태》와 같이 작성합니다.
- 배치 등의 편의를 위해 주어진 눈금자의 단위는 '픽셀'입니다.
  그 외는 출력형태(효과, 이미지, 문자, 색상, 레이아웃, 규격 등)와 같게 작업하십시오.
- 문제 조건에 서체의 지정이 없을 경우 한글은 굴림이나 돋움, 영문은 Arial로 작업하십시오.
  (단, 그 외에 제시되지 않은 문자 속성을 기본값으로 작성하지 않은 경우는 감점 처리됩니다.)
- Image Mode(이미지 모드)는 별도의 처리조건이 없을 경우에는 RGB(8비트)로 작업하십시오.
- 모든 답안 파일은 해상도 72 pixels/inch로 작업하십시오.
- Layer(레이어)는 각 기능별로 분할해야 하며, 임의로 합칠 경우나 각 기능에 대한 속성을 해지할 경우 해당 요소는 0점 처리됩니다.

문제 1 [기능평가] Tool(도구) 활용 [20점]

다음의 《조건》에 따라 아래의 《출력형태》와 같이 작업하시오.

《조건》

원본 이미지	내문서₩GTQ₩Image₩2급-1.jpg		
파일 저장 규칙	JPG	파일명	내문서₩GTQ₩수험번호-성명-1.jpg
		크기	400 × 500 pixels
	PSD	파일명	내문서₩GTQ₩수험번호-성명-1.psd
		크기	40 × 50 pixels

1. 그림 효과
   ① 복제 및 변형 : 초콜릿
   ② Shape Tool(모양 도구) 사용 :
   - 장미 모양 (#cc0033, 레이어 스타일 – Inner Shadow(내부 그림자))
   - 하트 모양 (#ffcccc, #ff6666, 레이어 스타일 – Bevel and Emboss(경사와 엠보스))

2. 문자 효과
   ① CHOCO (Arial, Bold, 90pt, #996666, 레이어 스타일 – Bevel and Emboss(경사와 엠보스), Stroke(선/획)(2px, #ffffff))

《출력형태》

문제 2 [기능평가] 사진편집 기초 [20점]

다음의 《조건》에 따라 아래의 《출력형태》와 같이 작업하시오.

《조건》

원본 이미지	내문서₩GTQ₩Image₩2급-2.jpg, 2급-3.jpg, 2급-4.jpg		
파일 저장 규칙	JPG	파일명	내문서₩GTQ₩수험번호-성명-2.jpg
		크기	400 × 500 pixels
	PSD	파일명	내문서₩GTQ₩수험번호-성명-2.psd
		크기	40 × 50 pixels

1. 그림 효과
   ① 색상 보정 : 2급-3.jpg – 보라색 계열로 보정, 레이어 스타일 – Drop Shadow(그림자 효과)
   ② 액자제작 :
   필터 – Textrizer(텍스처화),
   안쪽 테두리 (5px, #ffffff),
   레이어 효과 – Drop Shadow(그림자 효과)
   ③ 2급-4.jpg : 레이어 스타일 – Outer Glow(외부 광선)

2. 문자 효과
   ① 초콜릿의 달콤한 유혹 (돋움, 30pt, #ffffff, 레이어 스타일 – Stroke(선/획)(2px, #990099))

《출력형태》

문제 3 [기능평가] 사진편집 [25점]

다음의 《조건》에 따라 아래의 《출력형태》와 같이 작업하시오.

《조건》

원본이미지	내문서\GTQ\Image\2급-5.jpg, 2급-6.jpg, 2급-7.jpg, 2급-8.jpg		
파일저장규칙	JPG	파일명	내문서\GTQ\수험번호-성명-3.jpg
		크기	600 × 400 pixels
	PSD	파일명	내문서\GTQ\수험번호-성명-3.psd
		크기	60 × 40 pixels

1. 그림 효과
   ① 배경 : #000000
   ② 2급-5.jpg : 필터 – Facet(단면화), 레이어 마스크 – 대각선 방향으로 흐릿하게
   ③ 2급-6.jpg : 레이어 스타일 – Drop Shadow(그림자 효과)
   ④ 2급-7.jpg : Opacity(불투명도)(50%)
   ⑤ 2급-8.jpg : 레이어 스타일 – Outer Glow(외부 광선)
   ⑥ 그 외 ≪출력형태≫ 참조

2. 문자 효과
   ① Diet Enemy! (Arial, Bold, 40pt, #ff0000, 레이어 스타일 – Stroke(선/획)(2px, #ffff00))
   ② 981 kcal (Arial, Regular, 25pt, #000000, 레이어 스타일 – Stroke(선/획)(3px, #ffffff))

《출력형태》

도형그리기 도구 사용
#ff0000, 레이어 스타일 – Drop Shadow(그림자 효과)

도형그리기 도구 사용
#ffff00, 레이어 효과 – Stroke(선/획)(2px, #ff0000)

문제 4 [실무응용] 이벤트 페이지 제작 [35점]

다음의 《조건》에 따라 아래의 《출력형태》와 같이 작업하시오.

《조건》

원본이미지	내문서\GTQ\Image\2급-9.jpg, 2급-10.jpg, 2급-11.jpg, 2급-12.jpg, 2급-13.jpg		
파일저장규칙	JPG	파일명	내문서\GTQ\수험번호-성명-4.jpg
		크기	600 × 400 pixels
	PSD	파일명	내문서\GTQ\수험번호-성명-4.psd
		크기	60 × 40 pixels

1. 그림 효과
   ① 2급-9.jpg : 필터 - Dry Brush(드라이 브러쉬)
   ② 2급-10.jpg : 레이어 스타일 - Drop Shadow(그림자 효과)
   ③ 2급-11.jpg : 필터 - Lens Flare(렌즈 플레어), Opacity(불투명도)(80%)
   ④ 2급-12.jpg : 레이어 스타일 - Stroke(선/획)(3px, #ffffff), Drop Shadow(그림자 효과)
   ⑤ 2급-13.jpg : 레이어 스타일 - Outer Glow(외부 광선)
   ⑥ 그 외 ≪출력형태≫ 참조

2. 문자 효과
   ① CALORIE-FREE (Arial, Regular, 20pt, #ff9900, 레이어 스타일 - Drop Shadow(그림자 효과)
   ② 2019.10.10~10.17 (Arial, Bold, 20pt,
   레이어 스타일 - Drop Shadow(그림자 효과), 그라디언트 오버레이(#ff0000, #ffffff))
   ③ 몸이 가벼워지는 음식 체험전 (돋움, 30pt, #ffffff,
   레이어 스타일 - Stroke(선/획)(2px, #9933cc), Drop Shadow(그림자 효과))

《출력형태》

도형그리기 도구 사용
#ffffff, 레이어 스타일 -
Drop Shadow(그림자 효과)

도형그리기 도구 사용
#ffff00, 레이어 스타일 -
Inner Shadow(내부 그림자),
Stroke(선/획)(3px, #ffff00)

도형그리기 도구 사용
#6699ff, 레이어 스타일 -
Inner Shadow(내부 그림자)

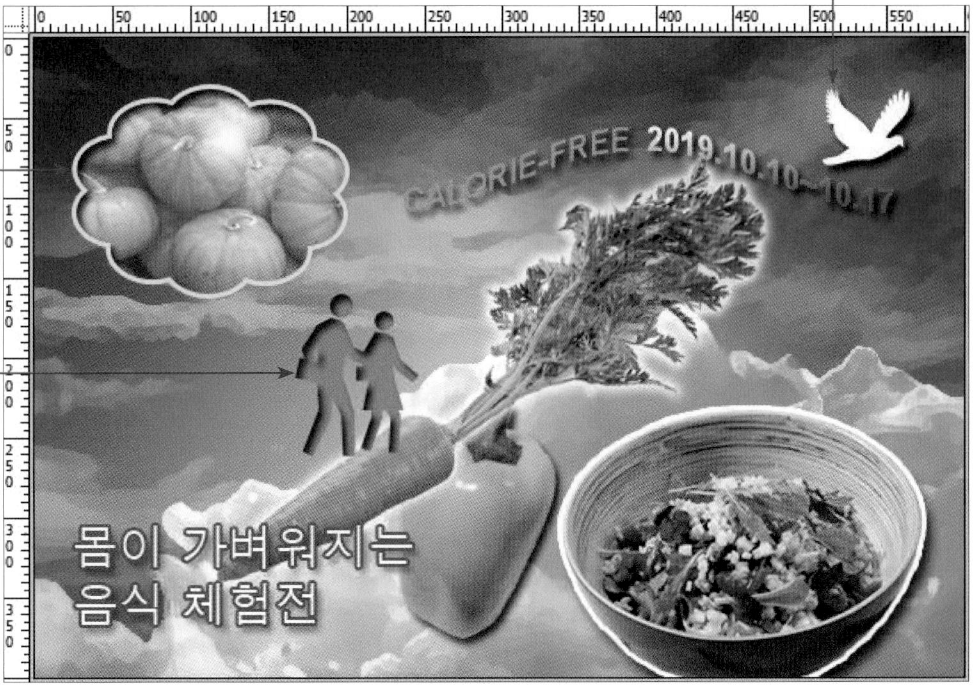

제 05 회 GTQ[그래픽기술자격]-[S/W:포토샵]

급수	문제유형	시험시간	수험번호	성명
2급	E	90분		

수험자 유의사항

- 수험자는 문제지를 받는 즉시 응시하고자 하는 **과목 및 급수가 맞는지 확인**한 후 수험번호와 성명을 작성합니다.
- 파일명은 본인의 "수험번호-성명-문제번호"로 공백 없이 정확히 입력하고 답안폴더(내문서₩GTQ 또는 라이브러리₩문서₩GTQ)에 jpg파일과 psd 파일의 2가지 포맷으로 저장해야 하며, jpg 파일과 psd 파일의 내용이 상이할 경우 0점 처리됩니다. 답안문서 파일명이 "수험번호-성명-문제번호"와 일치하지 않거나, 답안 파일을 전송하지 않아 미제출로 처리될 경우 불합격 처리됩니다. (예: G100112345678-홍길동-1.jpg)
- 문제의 세부조건은 '영문(한글)' 형식으로 표기되어 있으니 유의하시기 바랍니다.
- 수험자 정보와 저장한 파일명, 저장 위치가 다를 경우 전송이 되지 않으므로, 주의하시기 바랍니다.
- 답안 작성 중에도 **주기적으로 '저장'과 '답안 전송'**을 이용하여 감독위원 PC로 답안을 전송하셔야합니다.
  (※ 작업한 내용을 저장하지 않고 전송할 경우 이전의 저장내용이 전송되오니 이점 반드시 유념하시기 바랍니다.)
- 답안문서는 지정된 경로 외의 다른 보조기억장치에 저장하는 행위, 지정된 시험 시간 외에 작성된 파일을 활용한 행위, 기타 통신수단(이메일, 메신저, 네트워크 등)을 이용하여 타인에게 전달 또는 외부 반출하는 행위는 부정으로 간주되어 **자격기본법 제32조에 의거 본 시험 및 국가공인 자격시험을 2년간 응시할 수 없습니다.**
- 시험 중 부주의 또는 고의로 시스템을 파손한 경우와 〈수험자 유의사항〉에 기재된 방법대로 이행하지 않아 생기는 불이익은 수험자의 책임임을 알려 드립니다.
- 시험을 완료한 수험자는 최종적으로 저장한 답안파일이 전송되었는지 확인한 후 감독위원의 지시에 따라 문제지를 제출하고 퇴실합니다.

답안 작성요령

- 온라인 답안 작성 절차
  수험자 등록 ⇒ 시험 시작 ⇒ 답안파일 저장 ⇒ 답안 전송 ⇒ 시험 종료
- 내문서₩GTQ₩Image폴더에 있는 그림 원본파일을 사용하여 답안을 작성하시고 최종답안을 답안폴더(내문서₩GTQ)에 저장하여 답안을 전송하시고, 이미지의 크기가 다른 경우 감점 처리됩니다.
- 배점은 총 100점으로 이루어지며, 점수는 각 문제별로 차등 배분됩니다.
- 각 문제는 주어진 〈조건〉에 따라 작성하고, 언급하지 않은 조건은 《출력형태》와 같이 작성합니다.
- 배치 등의 편의를 위해 주어진 눈금자의 단위는 '픽셀'입니다.
  그 외는 출력형태(효과, 이미지, 문자, 색상, 레이아웃, 규격 등)와 같게 작업하십시오.
- 문제 조건에 서체의 지정이 없을 경우 한글은 굴림이나 돋움, 영문은 Arial로 작업하십시오.
  (단, 그 외에 제시되지 않은 문자 속성을 기본값으로 작성하지 않은 경우는 감점 처리됩니다.)
- Image Mode(이미지 모드)는 별도의 처리조건이 없을 경우에는 RGB(8비트)로 작업하십시오.
- 모든 답안 파일은 해상도 72 pixels/inch로 작업하십시오.
- Layer(레이어)는 각 기능별로 분할해야 하며, 임의로 합칠 경우나 각 기능에 대한 속성을 해지할 경우 해당 요소는 0점 처리됩니다.

문제 1 [기능평가] Tool(도구) 활용 [20점]

다음의 《조건》에 따라 아래의 《출력형태》와 같이 작업하시오.

《조건》

원본 이미지	내문서₩GTQ₩Image₩2급-1.jpg		
파일 저장 규칙	JPG	파일명	내문서₩GTQ₩수험번호-성명-1.jpg
		크기	400 × 500 pixels
	PSD	파일명	내문서₩GTQ₩수험번호-성명-1.psd
		크기	40 × 50 pixels

1. 그림 효과
   ① 복제 및 변형 : 김밥
   ② Shape Tool(모양 도구) 사용 :
   – 잎 모양 (#cccc33,
   레이어 스타일 – Drop Shadow(그림자 효과))
   – 풀잎 모양 (#009900, #996600,
   레이어 스타일 – Outer Glow(외부 광선))

2. 문자 효과
   ① 맛있는 엄마김밥 (돋움, 40pt, 레이어 스타일 –
   그라디언트 오버레이(#6699cc, #ffffff),
   Stroke(선/획)(2px, #336633))

《출력형태》

문제 2 [기능평가] 사진편집 기초 [20점]

다음의 《조건》에 따라 아래의 《출력형태》와 같이 작업하시오.

《조건》

원본 이미지	내문서₩GTQ₩Image₩2급-2.jpg, 2급-3.jpg, 2급-4.jpg		
파일 저장 규칙	JPG	파일명	내문서₩GTQ₩수험번호-성명-2.jpg
		크기	400 × 500 pixels
	PSD	파일명	내문서₩GTQ₩수험번호-성명-2.psd
		크기	40 × 50 pixels

1. 그림 효과
   ① 색상 보정 : 2급-3.jpg – 녹색 계열로 보정,
   레이어 스타일 – Outer Glow(외부 광선)
   ② 액자 제작 :
   필터 – Stained Glass(스테인드 글라스/채색 유리),
   안쪽 테두리 (4px, #00cc00),
   레이어 스타일 – Drop Shadow(그림자 효과)
   ③ 2급-4.jpg : 레이어 스타일 – Drop Shadow(그림자 효과)

2. 문자 효과
   ① Grocery List (Arial, Bold, 50pt, #990000,
   레이어 스타일 – Stroke(선/획)(3px, #ffffff))

《출력형태》

문제 3 [기능평가] 사진편집 [25점]

다음의 《조건》에 따라 아래의 《출력형태》와 같이 작업하시오.

《조건》

원본이미지	내문서₩GTQ₩Image₩2급-5.jpg, 2급-6.jpg, 2급-7.jpg, 2급-8.jpg		
파일저장규칙	JPG	파일명	내문서₩GTQ₩수험번호-성명-3.jpg
		크기	600 × 400 pixels
	PSD	파일명	내문서₩GTQ₩수험번호-성명-3.psd
		크기	60 × 40 pixels

1. 그림 효과
   ① 배경 : #cccc00
   ② 2급-5.jpg : 필터 – Facet(단면화), 레이어 마스크 – 가로 방향으로 흐릿하게
   ③ 2급-6.jpg : 레이어 스타일 – Inner Glow(내부 광선)
   ④ 2급-7.jpg : 레이어 스타일 – Drop Shadow(그림자 효과), Bevel and Emboss(경사와 엠보스)
   ⑤ 2급-8.jpg : 레이어 스타일 – Stroke(선/획)(2px, #660000), Opacity(불투명도)(70%)
   ⑥ 그 외 《출력형태》 참조

2. 문자 효과
   ① 여유있게 즐기는 브런치 (바탕, 36pt, 레이어 스타일 – 그라디언트 오버레이(#ccccff, #ffff66, #ff99ff), Stroke(선/획)(2px, #993300))
   ② Have Brunch (Arial, Regular, 30pt, #ccff00, 레이어 스타일 – Stroke(선/획)(2px, #009900))

《출력형태》

Shape Tool(모양 도구) 사용
#009900, 레이어 스타일 –
Drop Shadow(그림자 효과)

Shape Tool(모양 도구) 사용
레이어 스타일 –
그라디언트 오버레이
(#ccff33, #ffcc66)

문제 4 [실무응용] 이벤트 페이지 제작 [35점]

다음의 《조건》에 따라 아래의 《출력형태》와 같이 작업하시오.

《조건》

원본이미지	내문서₩GTQ₩Image₩2급-9.jpg, 2급-10.jpg, 2급-11.jpg, 2급-12.jpg, 2급-13.jpg		
파일저장규칙	JPG	파일명	내문서₩GTQ₩수험번호-성명-4.jpg
		크기	600 × 400 pixels
	PSD	파일명	내문서₩GTQ₩수험번호-성명-4.psd
		크기	60 × 40 pixels

1. 그림 효과
   - ① 2급-9.jpg : 필터 – Gaussian Blur(가우시안 흐림 효과)
   - ② 2급-10.jpg : 레이어 스타일 – Inner Shadow(내부 그림자)
   - ③ 2급-11.jpg : 레이어 스타일 – Stroke(선/획)(3px, #ff3333), Bevel and Emboss(경사와 엠보스)
   - ④ 2급-12.jpg : 레이어 스타일 – Drop Shadow(그림자 효과)
   - ⑤ 2급-13.jpg : 필터 – Add Noise(노이즈 추가), Opacity(불투명도)(70%)
   - ⑥ 그 외 《출력형태》 참조

2. 문자 효과
   - ① Let's enjoy the Festival (Arial, Regular, 20pt, #ffff00, 레이어 스타일 – Stroke(선/획)(2px, #006633))
   - ② 남대문 수입식료품 축제 (궁서, 33pt, #993399, 레이어 스타일 – Stroke(선/획)(2px, #ffffff), Drop Shadow(그림자 효과))
   - ③ Colorful~ (Arial, Regular, 20pt, #ffffff, 레이어 스타일 – Inner Shadow(내부 그림자))

《출력형태》

Shape Tool(모양 도구) 사용
#ffffff, 레이어 스타일 –
Inner Shadow(내부 그림자),
Stroke(선/획)(4px, #66cccc)

Shape Tool(모양 도구) 사용
#ffff00, 레이어 스타일 –
Drop Shadow(그림자 효과)

Shape Tool(모양 도구) 사용
레이어 스타일 –
그라디언트 오버레이
(#003300, #ffffff),
Drop Shadow(그림자 효과)

Memo

PART 04

Photoshop CS4 정답 및 해설

실전모의고사

제01회 실전모의고사

01 [기능평가] Tool(도구) 활용

STEP 01 작업 창 생성 및 이미지 복사하기

① Adobe Photoshop CS4를 실행하기 위해 [시작]-[모든 프로그램]-[Adobe Photoshop CS4]를 클릭합니다.

② Adobe Photoshop CS4 프로그램이 실행되면 [파일(File)]-[새로 만들기(New)] 메뉴를 클릭합니다.

③ [새로 만들기(New)] 대화상자가 나타나면 폭(Width)과 높이(Height)를 입력한 후 해상도(Resolution)를 입력한 다음 [확인(OK)] 단추를 클릭합니다.

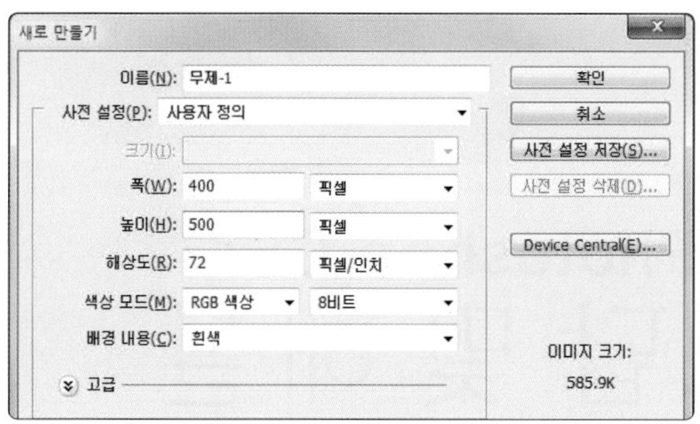

④ 눈금자를 드래그하여 안내선(Guides)을 100 픽셀(pixels) 단위로 작성합니다.

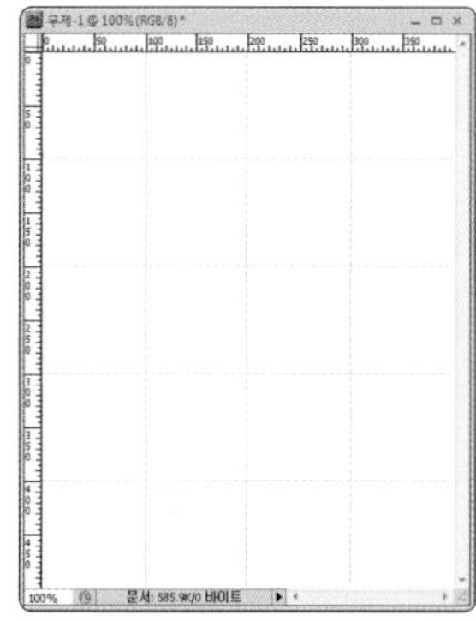

⑤ [파일(File)]-[열기(Open)]를 클릭합니다.

⑥ [열기(Open)] 대화상자가 나타나면 찾는 위치(라이브러리₩문서₩GTQ₩Image)를 지정한 후 파일(2급-1.jpg)을 선택한 다음 [열기] 단추를 클릭합니다.

⑦ 이미지를 모두 선택(Ctrl+A)한 후 복사(Ctrl+C)를 한 다음 작업 이미지 창을 선택하고 붙여넣기(Ctrl+V)를 실행합니다.

⑧ 이미지가 복사되면 2급-1.jpg 파일의 ×[닫기] 단추를 클릭합니다.

STEP 02 이미지 복사 및 변형하기

① 도구 상자(Tool Box)에서 [돋보기 도구(Zoom Tool)]를 선택한 후 펜 부분을 드래그합니다.

② 이미지가 확대되면 도구 상자(Tool Box)에서 [자석 올가미 도구(Magnetic Lasso Tool)]를 선택한 후 옵션 바에서 빈도 수(100)를 지정합니다.

③ 시작 지점을 클릭한 후 펜을 따라 마우스를 드래그하여 선택 영역으로 지정합니다.

④ 화면 배율을 100%로 지정한 후 펜을 복사(Ctrl+C) 한 다음 붙여넣기(Ctrl+V)를 합니다.

Tip

화면 배율 지정

- Ctrl+(+) : 100%씩 화면 배율을 확대
- Ctrl+(-) : 100%씩 화면 배율을 축소
- Ctrl+0 : 이미지 창 크기에 맞게 화면 배율을 지정
- Ctrl+Alt+0 : 현재 화면 배율에 관계없이 화면 배율을 원본 이미지의 100%로 지정

⑤ 복사된 펜의 크기를 조절하기 위해 [편집(Edit)]-[자유 변형(Free Transform)]을 클릭합니다.

⑥ 크기 조절점이 나타나면 조절점을 드래그하여 크기를 조절합니다.

⑦ 크기 조절점의 모서리 부분에 마우스 포인터를 위치시킨 다음 마우스 포인터 모양이 ↲ 모양으로 변경되면 드래그하여 도형을 회전시키고 Enter를 누릅니다.

⑧ 도구 상자(Tool Box)에서 [이동 도구(Move Tool)를 선택한 후 드래그하여 복사된 펜 이미지의 위치를 이동합니다.

STEP 03 도장 모양 도형 작성하기

① 도구 상자(Tool Box)에서 [사용자 정의 모양 도구(Custom Shape Tool)]를 선택한 후 옵션 바에서 ·[사용자 정의 모양 피커(Click to open Custom shape picker)]의 목록 단추를 클릭합니다.

② 사용자 정의 모양이 나타나면 [팝업 메뉴 단추]-[배너 및 상장(Banners and Awards)]을 클릭합니다.

③ [현재 모양을 배너 및 상장.csh의 모양으로 대체하시겠습니까?]라고 묻는 대화상자가 나타나면 [확인(OK)] 단추를 클릭합니다.

④ 사용자 정의 모양이 배너 및 상장(Banners and Awards)로 변경되면 [도장(Seal)]을 클릭합니다.

⑤ 마우스 포인터 모양이 + 모양으로 변경되면 도장 모양을 삽입하고자 하는 위치를 드래그합니다.

⑥ 도장 모양에 색상을 지정하기 위해 레이어 패널의 [레이어 축소판(Layer thumbnail)]을 더블클릭합니다.

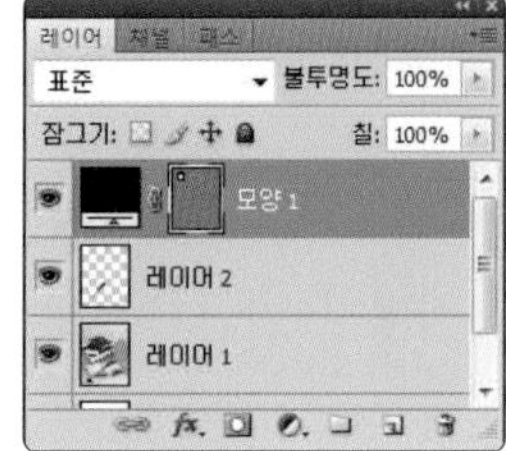

⑦ [색상 피커(Color Picker)] 대화상자가 나타나면 색상(cc3300)을 입력한 후 [확인(OK)] 단추를 클릭합니다.

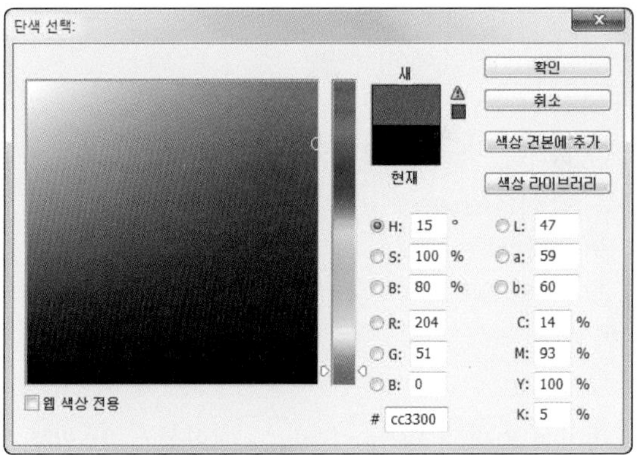

⑧ 레이어 패널에서 fx [레이어 스타일(Layer Style)]을 클릭한 후 [경사와 엠보스(Bevel and Emboss)]를 클릭합니다.

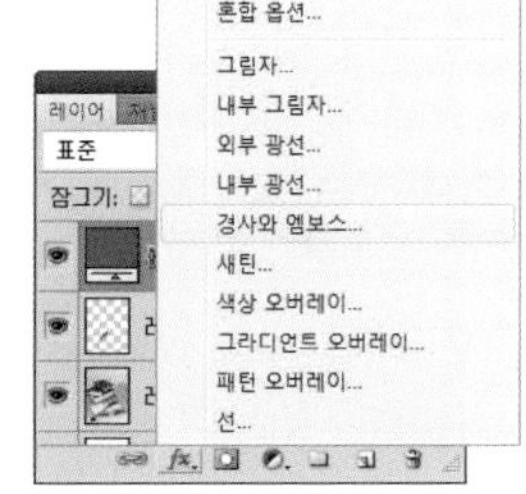

⑨ [레이어 스타일(Layer Style)] 대화상자의 [경사와 엠보스(Bevel and Emboss)] 스타일이 나타나면 속성을 지정한 후 [확인(OK)] 단추를 클릭합니다.

STEP 04 리본 모양 도형 작성하기

① 옵션 바에서 ·[사용자 정의 모양 피커(Click to open Custom shape picker)]의 목록 단추를 클릭한 후 [리본 2(Ribbon 2)]를 클릭합니다.

② 마우스 포인터 모양이 + 모양으로 변경되면 리본 모양을 삽입하고자 하는 위치를 드래그합니다.

③ 레이어 패널에서 '모양 2' 레이어의 아래쪽 '효과'를 [휴지통(Delete layer)]으로 드래그하여 이전 효과를 삭제합니다.

④ 리본 모양에 색상을 지정하기 위해 레이어 패널의 [레이어 축소판(Layer thumbnail)]을 더블클릭합니다.

⑤ [색상 피커(Color Picker)] 대화상자가 나타나면 색상(003399)을 입력한 후 [확인(OK)] 단추를 클릭합니다.

⑥ 레이어 패널에서 fx.[레이어 스타일(Layer Style)]을 클릭한 후 [외부 광선(Outer Glow)]을 클릭합니다.

⑦ [레이어 스타일(Layer Style)] 대화상자의 [외부 광선(Outer Glow)] 스타일이 나타나면 속성을 지정한 후 [확인(OK)] 단추를 클릭합니다.

STEP 05 텍스트 작성하기

① 도구 상자(Tool Box)에서 T[수평 문자 도구(Horizontal Type Tool)]를 선택한 후 옵션 바에서 글꼴(Arial)과 글꼴 스타일(Bold), 글꼴 크기(45), 글꼴 색(000099)을 지정합니다.

② 텍스트를 삽입할 위치를 클릭한 후 "Education"을 입력한 다음 Ctrl+Enter를 누릅니다.

③ 레이어 패널에서 fx.[레이어 스타일(Layer Style)]을 클릭한 후 [그림자 효과(Drop Shadow)]를 클릭합니다.

④ [레이어 스타일(Layer Style)] 대화상자의 [그림자 효과(Drop Shadow)] 스타일이 나타나면 속성을 지정한 후 [선(Stroke)]을 클릭합니다.

⑤ [레이어 스타일(Layer Style)] 대화상자의 [선(Stroke)] 스타일이 나타나면 크기(2)를 입력한 후 색상(Color)을 클릭합니다.

⑥ [색상 피커(Color Picker)] 대화상자가 나타나면 색상(ffffff)을 입력한 후 [확인(OK)] 단추를 클릭합니다.

⑦ [레이어 스타일(Layer Style)] 대화상자의 [선(Stroke)] 스타일이 다시 나타나면 [확인(OK)] 단추를 클릭합니다.

STEP 06 답안 저장 및 전송하기

① 작성한 답안을 저장하기 위해 [파일(File)]-[저장(Save)]을 클릭합니다.

② [다른 이름으로 저장(Save As)] 대화상자가 나타나면 저장 위치(라이브러리₩문서₩GTQ)를 지정한 후 파일 이름(수험번호-성명-문제번호)을 입력한 다음 형식(JPEG (*.JPG;*.JPEG;*.JPE))을 선택하고 [저장] 단추를 클릭합니다.

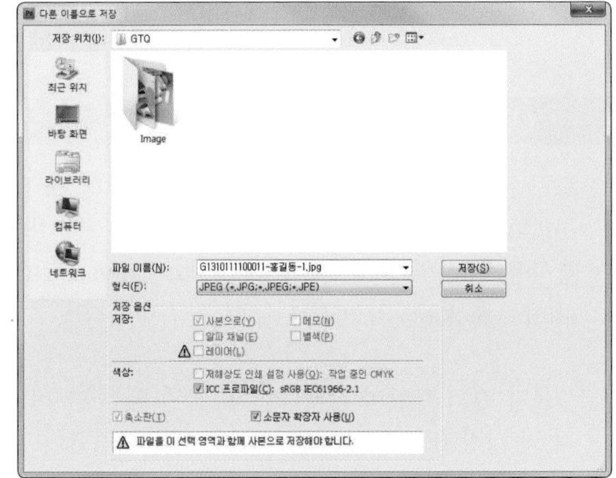

③ [JPEG 옵션(JPEG Options)] 대화상자가 나타나면 품질(Quality)을 지정한 후 [확인(OK)] 단추를 클릭합니다.

④ PSD 파일로 저장하기 위해 [이미지(Image)]-[이미지 크기(Image Size)]를 클릭합니다.

⑤ [이미지 크기(Image Size)] 대화상자가 나타나면 폭(40)을 입력한 후 [확인(OK)] 단추를 클릭합니다.

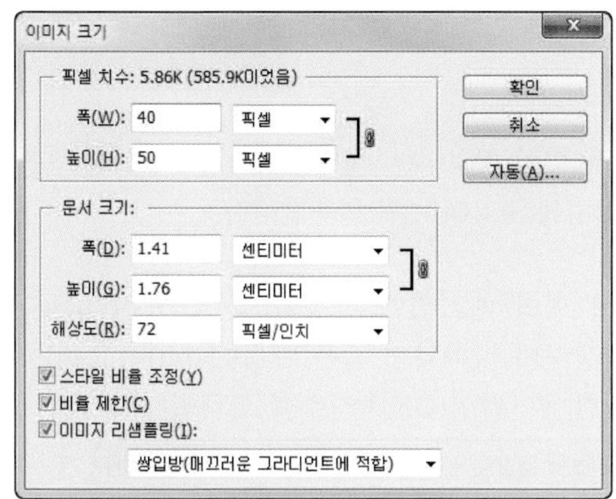

⑥ 이미지 크기가 변경되면 [파일(File)]-[저장(Save)]을 클릭합니다.

⑦ [다른 이름으로 저장(Save As)] 대화상자가 나타나면 저장 위치(라이브러리₩문서₩GTQ)를 지정한 후 파일 이름(수험번호-성명-문제번호)을 입력한 다음 형식(Photoshop (*.PSD;*.PDD))를 선택하고 [저장] 단추를 클릭합니다.

⑧ [Photoshop 형식 옵션(Photoshop Format Options)] 대화상자가 나타나면 [확인(OK)] 단추를 클릭합니다.

⑨ 답안을 전송하기 위해 [최소화] 단추를 클릭합니다.

⑩ KOAS 수험자용 프로그램에서 [답안 전송] 단추를 클릭합니다.

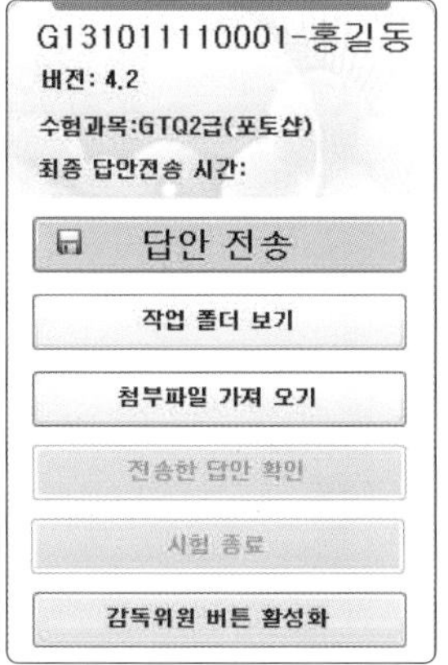

⑪ [MessageBox] 대화상자가 나타나면 [예] 단추를 클릭합니다.

⑫ [고사실 PC로 답안 파일 보내기] 대화상자가 나타나면 전송할 파일을 선택한 후 [답안전송] 단추를 클릭합니다.

Tip

전송할 파일이 존재하는지 확인한 후 [답안 전송] 단추를 클릭합니다. [존재]가 '없음'으로 표시되면 파일이 없거나 파일 이름이 잘못 입력된 것입니다.

⑬ [MessageBox] 대화상자가 나타나면 [확인] 단추를 클릭합니다.

⑭ [고사실 PC로 답안 파일 보내기] 대화상자가 다시 나타나면 [닫기] 단추를 클릭합니다.

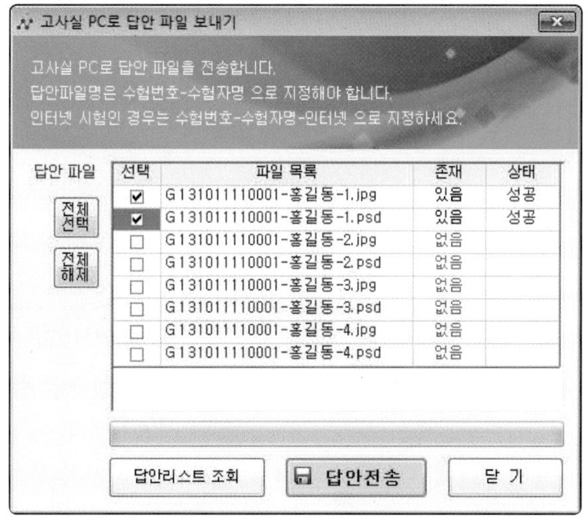

Tip

전송한 파일의 상태 여부가 '성공'으로 표시되는지 확인합니다.

02 [기능평가] 사진편집 기초

STEP 01 작업 창 생성 및 이미지 복사하기

① [파일(File)]-[새로 만들기(New)] 메뉴를 클릭합니다.

② [새로 만들기(New)] 대화상자가 나타나면 폭(400)과 높이(500)를 입력한 후 해상도(72)를 입력한 다음 [확인(OK)] 단추를 클릭합니다.

③ 눈금자를 드래그하여 안내선(Guides)을 100 픽셀(pixels) 단위로 작성한 후 액자 제작용 안내선(Guides)을 30 픽셀(pixels)로 작성합니다.

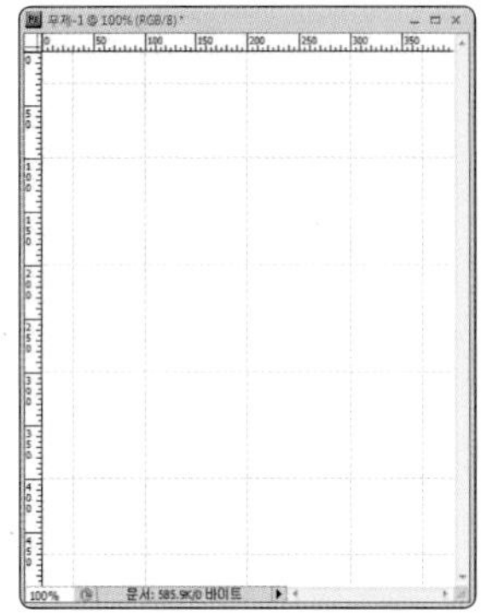

④ [파일(File)]-[열기(Open)]를 클릭합니다.

⑤ [열기(Open)] 대화상자가 나타나면 찾는 위치(라이브러리₩문서₩GTQ₩Image)를 지정한 후 파일(2급-2.jpg)을 선택한 다음 [열기] 단추를 클릭합니다.

⑥ 이미지를 모두 선택(Ctrl+A)한 후 복사(Ctrl+C)한 다음 작업 이미지 창을 선택하고 붙여넣기(Ctrl+V)를 실행합니다.

⑦ 이미지가 복사되면 2급-2.jpg 파일의 ×[닫기] 단추를 클릭합니다.

⑧ 이미지를 드래그하여 위치를 이동합니다.

STEP 02 액자 제작하기

① 도구 상자(Tool Box)에서 [사각형 선택 윤곽 도구(Rectangular Marquee Tool)]를 선택한 후 안내선(Guides)에 맞춰 범위를 지정합니다.

② 선택 영역이 지정되면 [선택(Select)]-[수정(Modify)]-[매끄럽게(Smooth)]를 클릭합니다.

③ [선택 영역 매끄럽게 만들기(Smooth Selection)] 대화상자가 나타나면 샘플 반경(Sample Radius)을 입력한 후 [확인(OK)] 단추를 클릭합니다.

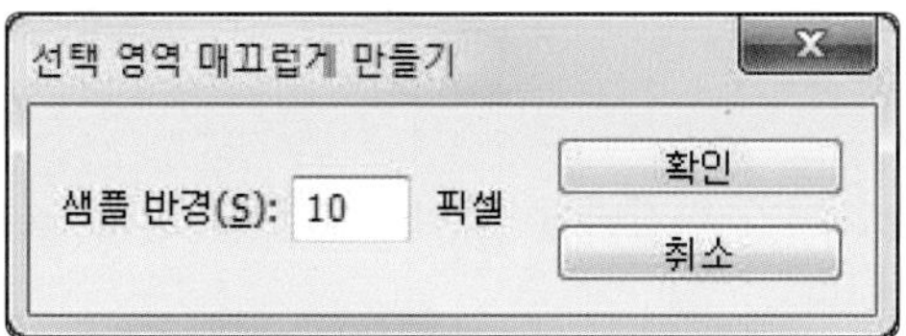

④ 선택 영역이 지정되면 [선택(Select)]-[반전(Inverse)]을 클릭합니다.

⑤ 선택 영역이 반전되면 복사(Ctrl+C)한 후 붙여넣기(Ctrl+V)를 합니다.

⑥ 필터를 지정하기 위해 [필터(Filter)]-[텍스처(Texture)]-[패치워크(Patchwork)]를 클릭합니다.

⑦ [패치워크(Patchwork)] 대화상자가 나타나면 정사각형 크기(4)와 부조(8)를 입력한 후 [확인(OK)] 단추를 클릭합니다.

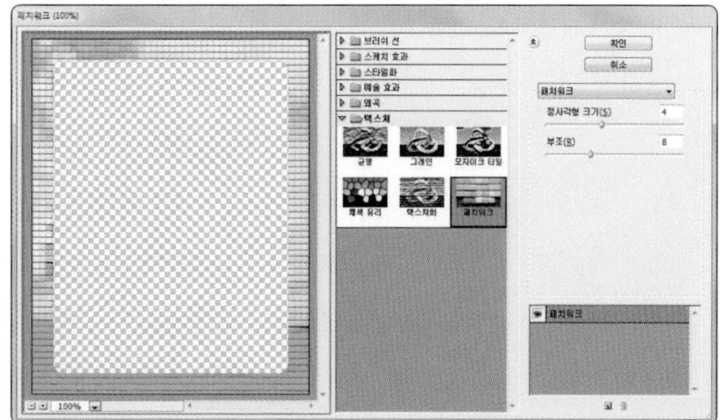

⑧ 안쪽 테두리를 작성하기 위해 레이어 패널에서 Ctrl을 누른 상태로 '레이어 2' 레이어를 클릭합니다.
선택 영역이 지정되면 [선택(Select)]-[반전(Inverse)]을 클릭합니다.

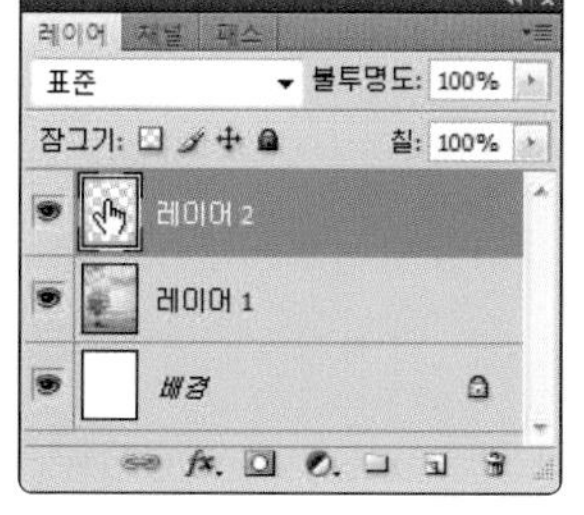

⑨ [편집(Edit)]-[선(Stroke)]을 클릭합니다.

⑩ [선(Stroke)] 대화상자가 나타나면 폭(5)을 입력한 후 색상을 클릭한 다음 [색상 피커(Color Picker)] 대화상자가 나타나면 색상(ffffff)을 입력하고 [확인(OK)] 단추를 클릭합니다.

⑪ [선(Stroke)] 대화상자가 다시 나타나면 위치(안쪽)을 선택한 후 [확인(OK)] 단추를 클릭합니다.

⑫ 레이어 패널에서 fx.[레이어 스타일(Layer Style)]을 클릭한 후 [그림자 효과(Drop Shadow)]를 클릭합니다.

⑬ [레이어 스타일(Layer Style)] 대화상자의 [그림자 효과(Drop Shadow)] 스타일이 나타나면 속성을 지정한 후 [확인(OK)] 단추를 클릭합니다.

STEP 03 이미지 복사 및 색상 보정하기

① [파일(File)]-[열기(Open)] 메뉴를 클릭한 후 [열기(Open)] 대화상자가 나타나면 파일(2급-3)을 선택한 다음 [열기] 단추를 클릭합니다.

② 이미지 파일이 나타나면 도구 상자(Tool Box)에서 [자석 올가미 도구(Magnetic Lasso Tool)]를 선택한 후 옵션 바에서 빈도 수(100)를 지정합니다.

③ 시작 지점을 클릭한 후 마우스를 드래그하여 지구본을 선택 영역으로 지정합니다.
(이때에 선택 영역에서 제외할 부분(흰색 배경)은 Alt를 누르고 영역을 지정하면 제외시킬 수 있습니다.)

④ 지구본을 복사(Ctrl+C)한 후 작업 이미지 창을 선택한 다음 붙여넣기(Ctrl+V)를 합니다.

⑤ 이미지가 복사되면 2급-3.jpg 파일의 ×[닫기] 단추를 클릭합니다.

⑥ 지구본의 크기를 조절하기 위해 [편집(Edit)]-[자유 변형(Free Transform)]을 클릭합니다.

⑦ 크기 조절점이 나타나면 조절점을 드래그하여 크기를 조절한 후 Enter를 누릅니다.

⑧ 레이어 스타일을 지정하기 위해 레이어 패널에서 fx.[레이어 스타일(Layer Style)]-[외부 광선(Outer Glow)]을 클릭합니다.

⑨ [레이어 스타일(Layer Style)] 대화상자의 [외부 광선(Outer Glow)] 스타일이 나타나면 속성을 지정한 후 [확인(OK)] 단추를 클릭합니다.

⑩ 색상을 보정하기 위해 레이어 패널에서 Ctrl을 누른 상태에서 '레이어 3' 레이어를 클릭한 후 지구본이 선택영역으로 지정되면 [새 칠 또는 조정 레이어(Create new fill or adjustment layer)]-[색조/채도(Hue/Saturation)]를 클릭합니다.

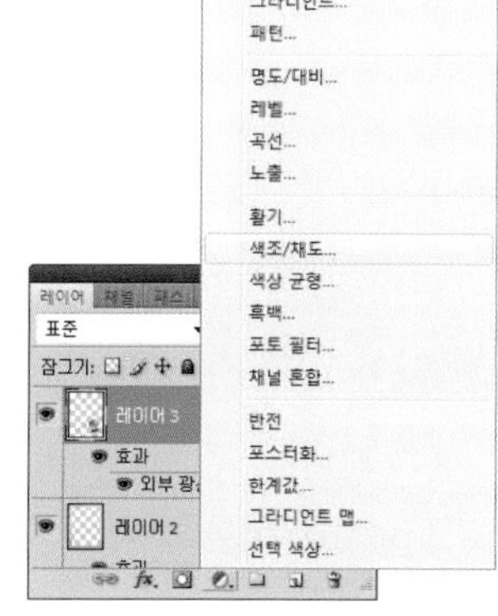

⑪ [색조/채도(Hue/Saturation)] 패널이 표시되면 색조(+25)와 채도(+60), 밝기(0)를 조절하여 이미지를 노란색 계열로 조정합니다.

STEP 04 이미지 복사 및 레이어 스타일 적용하기

① [파일(File)]-[열기(Open)]를 클릭한 후 [열기(Open)] 대화상자가 나타나면 파일(2급-4)을 선택한 다음 [열기] 단추를 클릭합니다.

② 이미지 파일이 나타나면 도구 상자(Tool Box)에서 [자석 올가미 도구(Magnetic Lasso Tool)]를 선택한 후 옵션 바에서 빈도 수(100)를 지정합니다.

③ 시작 지점을 클릭한 후 마우스를 드래그하여 책을 선택 영역으로 지정합니다.

④ 책을 복사(Ctrl+C)한 후 작업 이미지 창을 선택한 다음 붙여넣기(Ctrl+V)를 하고 '2급-4.jpg' 파일의 [닫기] 단추를 클릭합니다.

⑤ 책의 크기를 조절하기 위해 [편집(Edit)]-[자유 변형(Free Transform)]을 클릭합니다.

⑥ 크기 조절점이 나타나면 조절점을 드래그하여 크기를 조절한 후 Enter를 누릅니다.

⑦ 레이어 패널에서 [레이어 스타일(Layer Style)]을 클릭한 후 [그림자 효과(Drop Shadow)]를 클릭합니다.

⑧ [레이어 스타일(Layer Style)] 대화상자의 [그림자 효과(Drop Shadow)] 스타일이 나타나면 속성을 지정한 후 [확인(OK)] 단추를 클릭합니다.

STEP 05 텍스트 작성하기

① 도구 상자(Tool Box)에서 [세로 문자 도구(Vertical Type Tool)]를 선택한 후 옵션 바에서 글꼴(돋움)과 글꼴 크기(45), 글꼴 색(cc3300)을 지정합니다.

② 텍스트를 삽입할 위치를 클릭한 후 "교육은 백년지대계"를 입력한 다음 Ctrl+Enter를 누릅니다.

③ 레이어 패널에서 [레이어 스타일(Layer Style)]을 클릭한 후 [선(Stroke)]을 클릭합니다.

④ [레이어 스타일(Layer Style)] 대화상자의 [선(Stroke)] 스타일이 나타나면 크기(2)를 입력한 후 색상(Color)을 클릭합니다.

⑤ [색상 피커(Color Picker)] 대화상자가 나타나면 색상(cccc33)을 입력한 후 [확인(OK)] 단추를 클릭합니다.

⑥ [레이어 스타일(Layer Style)] 대화상자의 [선(Stroke)] 스타일이 다시 나타나면 [확인(OK)] 단추를 클릭합니다.

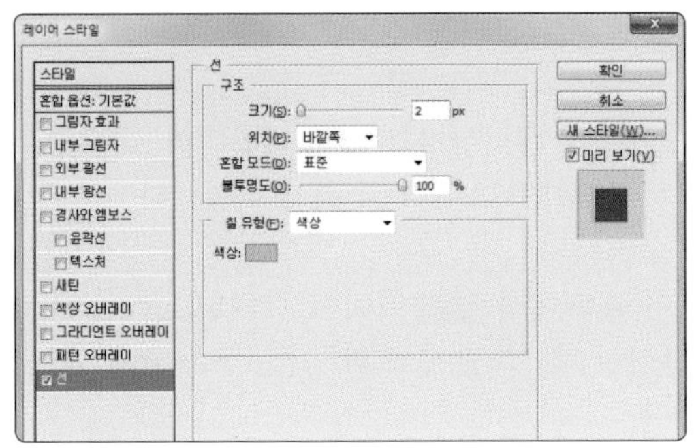

⑦ 텍스트에 변형을 주기 위해 옵션 바에서 [텍스트 변형(Warp Text)]을 클릭합니다.

⑧ [텍스트 변형(Warp Text)] 대화상자가 나타나면 스타일(깃발)을 선택한 후 구부리기(-78)를 지정한 다음 [확인(OK)] 단추를 클릭합니다.

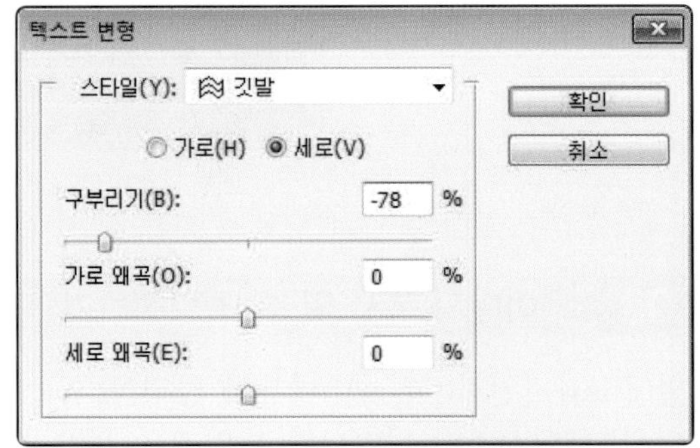

⑨ 도구 상자(Tool Box)에서 [이동 도구(Move Tool)]를 선택한 후 드래그하여 위치를 이동합니다.

STEP 06 답안 저장 및 전송하기

① 작성한 답안을 저장하기 위해 [파일(File)]-[저장(Save)]을 클릭합니다.

② [다른 이름으로 저장(Save As)] 대화상자가 나타나면 저장 위치(라이브러리₩문서₩GTQ)를 지정한 후 파일 이름(수험번호-성명-문제번호)을 입력한 다음 형식(JPEG (*.JPG;*.JPEG;*.JPE))을 선택하고 [저장] 단추를 클릭합니다.

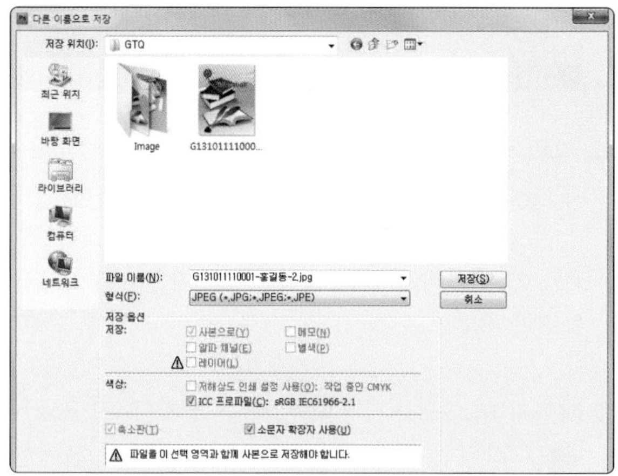

③ [JPEG 옵션(JPEG Options)] 대화상자가 나타나면 품질(Quality)을 지정한 후 [확인(OK)] 단추를 클릭합니다.

④ PSD 파일로 저장하기 위해 [이미지(Image)]-[이미지 크기(Image Size)]를 클릭합니다.

⑤ [이미지 크기(Image Size)] 대화상자가 나타나면 폭(40)을 입력한 후 [확인(OK)] 단추를 클릭합니다.

⑥ 이미지 크기가 변경되면 [파일(File)]-[저장(Save)]을 클릭합니다.

⑦ [다른 이름으로 저장(Save As)] 대화상자가 나타나면 저장 위치(라이브러리₩문서₩GTQ)를 지정한 후 파일 이름(수험번호-성명-문제번호)을 입력한 다음 형식(Photoshop (*.PSD;*.PDD))를 선택하고 [저장] 단추를 클릭합니다.

⑧ [Photoshop 형식 옵션(Photoshop Format Options)] 대화상자가 나타나면 [확인(OK)] 단추를 클릭합니다.

⑨ 답안을 전송하기 위해 [최소화] 단추를 클릭합니다.

⑩ KOAS 수험자용 프로그램에서 [답안 전송] 단추를 클릭합니다.

⑪ [MessageBox] 대화상자가 나타나면 [예] 단추를 클릭합니다.

⑫ [고사실 PC로 답안 파일 보내기] 대화상자가 나타나면 전송할 파일을 선택한 후 [답안전송] 단추를 클릭합니다.

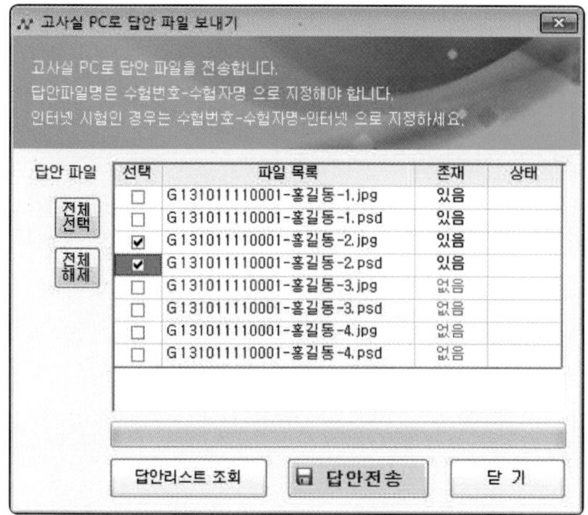

Tip

전송할 파일이 존재하는지 확인한 후 [답안 전송] 단추를 클릭합니다. [존재]가 '없음'으로 표시되면 파일이 없거나 파일 이름이 잘못 입력된 것입니다.

⑬ [MessageBox] 대화상자가 나타나면 [확인] 단추를 클릭합니다.

⑭ [고사실 PC로 답안 파일 보내기] 대화상자가 다시 나타나면 [닫기] 단추를 클릭합니다.

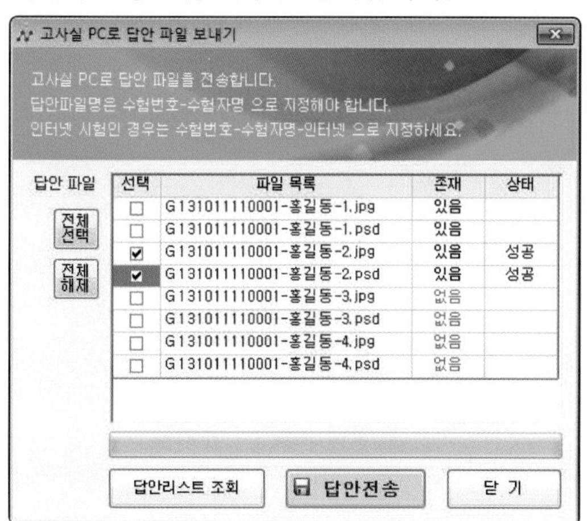

Tip

전송한 파일의 상태 여부가 '성공'으로 표시되는지 확인합니다.

03 [기능평가] 사진편집

STEP 01 작업 창 생성 및 배경 작성하기

① [파일(File)]-[새로 만들기(New)] 메뉴를 클릭합니다.

② [새로 만들기(New)] 대화상자가 나타나면 폭(600)과 높이(400)를 입력한 후 해상도(72)를 입력한 다음 [확인(OK)] 단추를 클릭합니다.

③ 눈금자를 드래그하여 안내선(Guides)을 100 픽셀(pixels) 단위로 작성합니다.

④ 배경색을 지정하기 위해 도구 상자(Tool Box)에서 전경색 설정(Set foreground color)을 클릭합니다.

⑤ [색상 피커(Color Picker)] 대화상자가 나타나면 색상(ffffcc)을 입력한 후 [확인(OK)] 단추를 클릭합니다.

⑥ 전경색이 변경되면 Alt+Delete를 눌러 배경에 전경색을 지정합니다.

STEP 02 필터 및 레이어 마스크 작성하기

① [파일(File)]-[열기(Open)]를 클릭합니다.

② [열기(Open)] 대화상자가 나타나면 찾는 위치(라이브러리₩문서₩GTQ₩Image)를 지정한 후 파일(2급-5.jpg)을 선택한 다음 [열기] 단추를 클릭합니다.

③ 이미지를 모두 선택(Ctrl+A)한 후 복사(Ctrl+C)를 하고 작업 이미지 창을 선택한 후 붙여넣기(Ctrl+V)를 실행한 다음 이미지 파일을 닫습니다.

④ 이미지가 복사되면 드래그하여 위치를 이동합니다.

⑤ 필터를 지정하기 위해 [필터(Filter)]-[픽셀화(Pixelate)]-[단면화(Facet)]를 클릭합니다.

⑥ 레이어 패널에서 [레이어 마스크(Layer Mask)]를 클릭합니다.

⑦ 레이어 마스크가 추가되면 도구 상자(Tool Box)에서 [그라디언트 도구(Gradient Tool)]를 선택한 후 옵션 바에서 그라디언트 색( )을 선택한 다음 아래에서 위로 드래그하여 세로 방향으로 흐릿하게 작성합니다.

STEP 03 필터 및 레이어 스타일 적용하기

① [파일(File)]-[열기(Open)]를 클릭한 후 [열기(Open)] 대화상자가 나타나면 파일(2급-6)을 선택한 다음 [열기] 단추를 클릭합니다.

② 도구 상자(Tool Box)에서 [자동 선택 도구(Magic Wand Tool)]를 선택한 후 옵션 바에서 허용치(Tolerance)에 '5'를 입력합니다.

③ 흰색 빈 공간을 클릭하여 선택 영역으로 지정한 후 [선택(Select)]-[반전(Inverse)]을 클릭합니다.

④ 선택 영역을 복사(Ctrl+C)한 후 작업 이미지 창을 선택한 다음 붙여넣기(Ctrl+V)를 실행하고 이미지 파일을 닫습니다.

⑤ [편집(Edit)]-[자유 변형(Free Transform)]을 클릭한 후 크기 조절점의 모서리 부분에 마우스 포인터를 위치시킨 다음 마우스 포인터 모양이 ↶ 모양으로 변경되면 드래그하여 이미지를 회전시키고 Enter를 누릅니다.

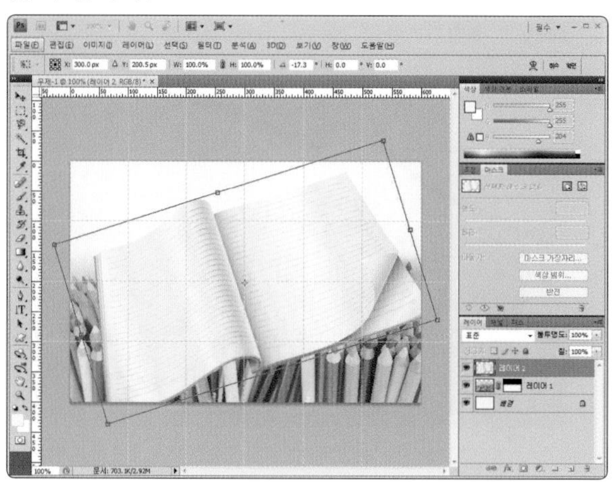

⑥ 도구 상자(Tool Box)에서 [이동 도구(Move Tool)]를 선택한 후 위치를 이동합니다.

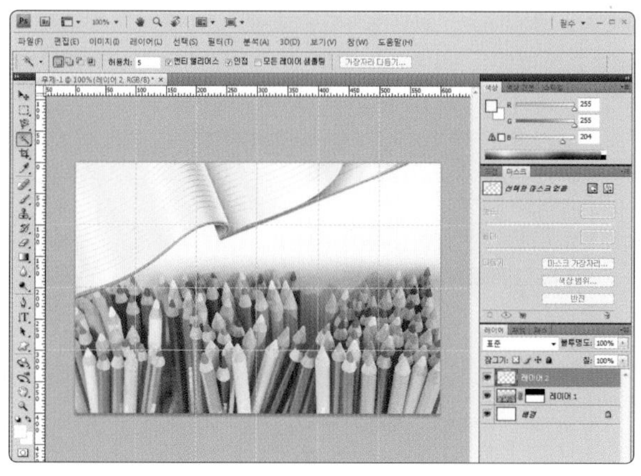

⑦ 필터를 지정하기 위해 [필터(Filter)]-[텍스처(Texture)]-[텍스처화(Texturizer)]를 클릭합니다.

⑧ [텍스처화(Texturizer)] 대화상자가 나타나면 속성을 지정한 후 [확인(OK)] 단추를 클릭합니다.

⑨ 레이어 패널에서 fx.[레이어 스타일(Layer Style)]을 클릭한 후 [그림자 효과(Drop Shadow)]를 클릭합니다.

⑩ [레이어 스타일(Layer Style)] 대화상자의 [그림자 효과(Drop Shadow)] 스타일이 나타나면 속성을 지정한 후 [확인(OK)] 단추를 클릭합니다.

STEP 04 이미지 복사 및 레이어 스타일 적용하기

① [파일(File)]-[열기(Open)]를 클릭한 후 [열기(Open)] 대화상자가 나타나면 파일(2급-7)을 선택한 다음 [열기] 단추를 클릭합니다.

② 도구 상자(Tool Box)에서 [자동 선택 도구(Magic Wand Tool)]를 선택한 후 옵션 바에서 허용치(Tolerance)에 '20'을 입력합니다.

③ 흰색 빈 공간을 클릭하여 선택 영역으로 지정한 후 [선택(Select)]-[반전(Inverse)]을 클릭합니다.

④ 선택 영역을 복사(Ctrl+C)한 후 작업 이미지 창을 선택한 다음 붙여넣기(Ctrl+V)를 실행하고 이미지 파일을 닫습니다.

⑤ [편집(Edit)]-[자유 변형(Free Transform)]을 클릭한 후 크기 조절점을 드래그하여 크기를 조절합니다.

⑥ 크기 조절점의 모서리 부분에 마우스 포인터를 위치시킨 다음 마우스 포인터 모양이 ↶ 모양으로 변경되면 드래그하여 이미지를 회전시키고 Enter를 누릅니다.

⑦ 레이어 패널에서 [fx][레이어 스타일(Layer Style)]을 클릭한 후 [그림자 효과(Drop Shadow)]를 클릭합니다.

⑧ [레이어 스타일(Layer Style)] 대화상자의 [그림자 효과(Drop Shadow)] 스타일이 나타나면 속성을 지정한 후 [확인(OK)] 단추를 클릭합니다.

STEP 05 이미지 복사 및 레이어 스타일 적용하기

① [파일(File)]-[열기(Open)]를 클릭한 후 [열기(Open)] 대화상자가 나타나면 파일(2급-8)을 선택한 다음 [열기] 단추를 클릭합니다.

② 도구 상자(Tool Box)에서 [자석 올가미 도구(Magnetic Lasso Tool)]를 선택한 후 옵션 바에서 빈도 수(100)를 지정합니다.

③ 시작 지점을 클릭한 후 마우스를 드래그하여 왼쪽 지구본을 선택 영역으로 지정합니다.

④ 옵션 바에서 [선택 영역에 추가(Add to selection)]를 선택한 후 오른쪽 지구본을 선택 영역으로 추가로 지정합니다.

⑤ 지구본을 복사(Ctrl+C)한 후 작업 이미지 창을 선택한 다음 붙여넣기(Ctrl+V)를 하고 이미지 파일을 닫습니다.

⑥ 크기를 조절하기 위해 [편집(Edit)]-[자유 변형(Free Transform)]을 클릭합니다.

⑦ 크기 조절점이 나타나면 조절점을 드래그하여 크기를 조절한 후 Enter를 누릅니다.

⑧ 도구 상자(Tool Box)에서 [이동 도구(Move Tool)]를 선택한 후 위치를 이동합니다.

⑨ 레이어 패널에서 [fx][레이어 스타일(Layer Style)]을 클릭한 후 [외부 광선(Outer Glow)]을 클릭합니다.

⑩ [레이어 스타일(Layer Style)] 대화상자의 [외부 광선(Outer Glow)] 스타일이 나타나면 속성을 지정한 후 [확인(OK)] 단추를 클릭합니다.

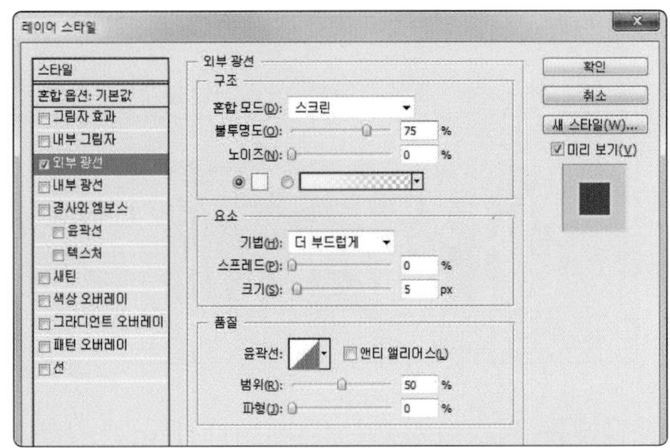

⑪ 레이어 패널에서 불투명도(Opacity)를 '90%'로 입력합니다.

STEP 06 꽃 장식 모양 도형 작성하기

① 도구 상자(Tool Box)에서 [사용자 정의 모양 도구(Custom Shape Tool)]를 선택한 후 옵션 바에서 ·[사용자 정의 모양 피커(Click to open Custom shape picker)]의 목록 단추를 클릭합니다.

② 사용자 정의 모양이 나타나면 [팝업 메뉴 단추]-[장식(Ornaments)]을 클릭합니다.

③ [현재 모양을 장식.csh의 모양으로 대체하시겠습니까?]라고 묻는 대화상자가 나타나면 [확인(OK)] 단추를 클릭합니다.

④ 사용자 정의 모양이 장식(Ornaments)으로 변경되면 [꽃 장식 4(Floral Ornament 4)]를 클릭합니다.

⑤ 마우스 포인터 모양이 + 모양으로 변경되면 꽃 장식 모양을 삽입하고자 하는 위치를 드래그합니다.

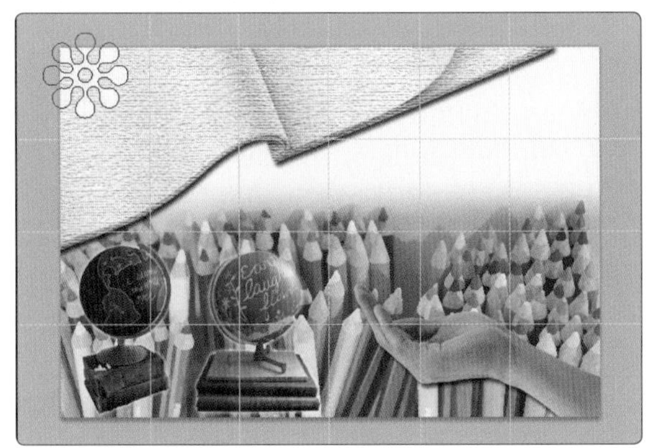

⑥ 꽃 장식 모양에 색상을 지정하기 위해 레이어 패널의 [레이어 축소판(Layer thumbnail)]을 더블클릭합니다.

⑦ [색상 피커(Color Picker)] 대화상자가 나타나면 색상(99cc33)을 입력한 후 [확인(OK)] 단추를 클릭합니다.

⑧ 레이어 패널에서 [레이어 스타일(Layer Style)]을 클릭한 후 [선(Stroke)]을 클릭합니다.

⑨ [레이어 스타일(Layer Style)] 대화상자의 [선(Stroke)] 스타일이 나타나면 크기(1)를 입력한 후 색상(Color)을 클릭합니다.

⑩ [색상 피커(Color Picker)] 대화상자가 나타나면 색상(666666)을 입력한 후 [확인(OK)] 단추를 클릭합니다.

⑪ [레이어 스타일(Layer Style)] 대화상자가 다시 나타나면 [확인(OK)] 단추를 클릭합니다.

⑫ 레이어 패널에서 '모양 1' 레이어를 [새 레이어 추가(Create a new layer)]로 드래그합니다.

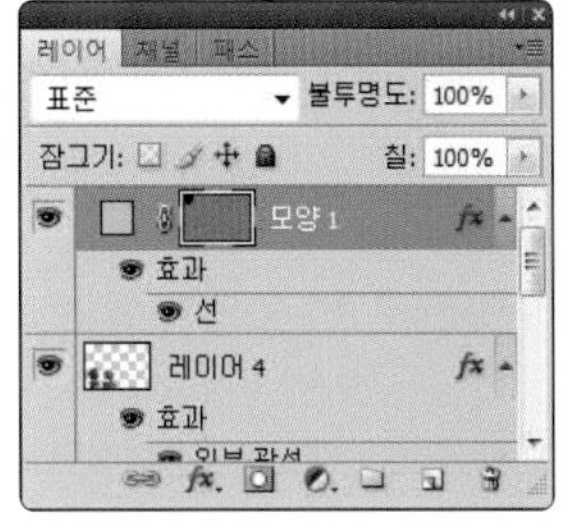

⑬ 복사된 도형의 크기를 조절하기 위해 [편집(Edit)]-[패스 자유 변형(Free Transform Path)]을 클릭합니다.

⑭ 크기 조절점이 나타나면 조절점을 드래그하여 크기를 조절한 후 Enter를 누릅니다.

⑮ 도구 상자(Tool Box)에서 [이동 도구(Move Tool)]를 선택한 후 위치를 이동합니다.

⑯ 복사된 꽃 장식 모양에 색상을 지정하기 위해 레이어 패널의 [레이어 축소판(Layer thumbnail)]을 더블클릭합니다.

⑰ [색상 피커(Color Picker)] 대화상자가 나타나면 색상(ff9900)을 입력한 후 [확인(OK)] 단추를 클릭합니다.

STEP 07 백열 전구 모양 도형 작성하기

① 도구 상자(Tool Box)에서 [사용자 정의 모양 도구(Custom Shape Tool)]를 선택한 후 옵션 바에서 [사용자 정의 모양 피커(Click to open Custom shape picker)]의 목록 단추를 클릭합니다.

② 사용자 정의 모양이 나타나면 [팝업 메뉴 단추]-[물건(Objects)]을 클릭합니다.

③ [현재 모양을 물건.csh의 모양으로 대체하시겠습니까?]라고 묻는 대화상자가 나타나면 [확인(OK)] 단추를 클릭합니다.

④ 사용자 정의 모양이 물건(Objects)으로 변경되면 [백열 전구 2(Light Bulb 2)]를 클릭합니다.

⑤ 마우스 포인터 모양이 + 모양으로 변경되면 백열 전구 모양을 삽입하고자 하는 위치를 드래그합니다.

⑥ 레이어 패널에서 '모양 2' 레이어의 아래쪽 '효과'를 [휴지통(Delete layer)]으로 드래그하여 이전 효과를 삭제합니다.

⑦ 레이어 패널에서 [레이어 스타일(Layer Style)]을 클릭한 후 [그라디언트 오버레이(Gradient Overlay)]를 클릭합니다.

⑧ [레이어 스타일(Layer Style)] 대화상자의 [그라디언트 오버레이(Gradient Overlay)] 스타일이 나타나면 [그라디언트 편집(Click to edit the Gradient)]을 클릭합니다.

⑨ [그라디언트 편집기(Gradient Editor)] 대화상자가 나타나면 왼쪽 색상 정지점(Color Stop)을 더블클릭합니다.

⑩ [색상 피커(Color Picker)] 대화상자가 나타나면 색상(ff0000)을 입력한 후 [확인(OK)] 단추를 클릭합니다.

⑪ [그라디언트 편집기(Gradient Editor)] 대화상자가 다시 나타나면 오른쪽 색상 정지점(Color Stop)을 더블클릭합니다.

⑫ [색상 피커(Color Picker)] 대화상자가 나타나면 색상(ccff00)을 입력한 후 [확인(OK)] 단추를 클릭합니다.

⑬ [그라디언트 편집기(Gradient Editor)] 대화상자가 다시 나타나면 [확인(OK)] 단추를 클릭합니다.

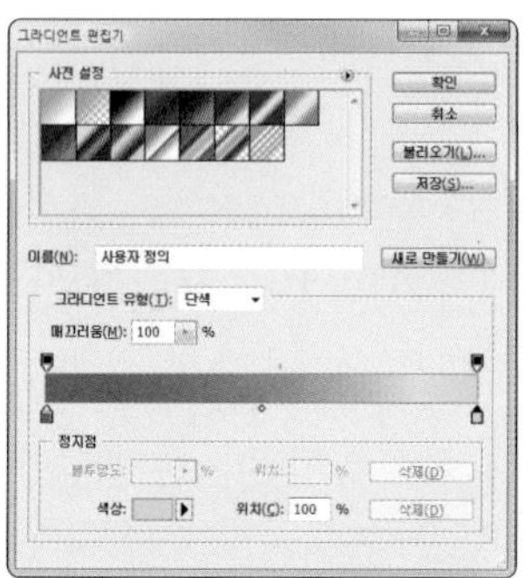

⑭ [레이어 스타일(Layer Style)] 대화상자의 [그라디언트 오버레이(Gradient Overlay)] 스타일이 다시 나타나면 [그림자 효과(Drop Shadow)]를 클릭합니다.

⑮ [레이어 스타일(Layer Style)] 대화상자의 [그림자 효과(Drop Shadow)] 스타일이 나타나면 속성을 지정한 후 [확인(OK)] 단추를 클릭합니다.

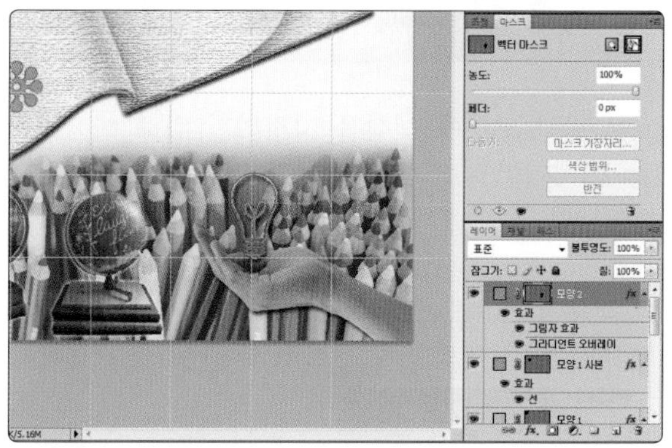

STEP 08 텍스트 작성하기 – 1

① 도구 상자(Tool Box)에서 [수평 문자 도구(Horizontal Type Tool)]를 선택한 후 옵션 바에서 글꼴(Arial)과 글꼴 스타일(Bold), 글꼴 크기(48), 글꼴 색(996666)을 지정합니다.

② 텍스트를 삽입할 위치를 클릭한 후 "Education & Future"를 입력한 다음 Ctrl+Enter를 누릅니다.

③ 레이어 패널에서 fx.[레이어 스타일(Layer Style)]을 클릭한 후 [그림자 효과(Drop Shadow)]를 클릭합니다.

④ [레이어 스타일(Layer Style)] 대화상자의 [그림자 효과(Drop Shadow)] 스타일이 나타나면 속성을 지정한 후 [선(Stroke)]을 클릭합니다.

⑤ [레이어 스타일(Layer Style)] 대화상자의 [선(Stroke)] 스타일이 나타나면 크기(3)를 입력한 후 색상(Color)을 클릭합니다.

⑥ [색상 피커(Color Picker)] 대화상자가 나타나면 색상(ffffff)을 입력한 후 [확인(OK)] 단추를 클릭합니다.

⑦ [레이어 스타일(Layer Style)] 대화상자의 [선(Stroke)] 스타일이 다시 나타나면 [확인(OK)] 단추를 클릭합니다.

STEP 09 텍스트 작성하기 – 2

① 텍스트를 삽입할 위치를 클릭한 후 "2018"을 입력한 다음 Ctrl+Enter를 누릅니다.

② 옵션 바에서 글꼴(Arial)과 글꼴 스타일(Bold), 글꼴 크기(45), 글꼴 색(ffffff)을 지정합니다.

③ 레이어 패널에서 fx.[레이어 스타일(Layer Style)]을 클릭한 후 [선(Stroke)]을 클릭합니다.

④ [레이어 스타일(Layer Style)] 대화상자의 [선(Stroke)] 스타일이 나타나면 크기(2)를 입력한 후 색상(Color)을 클릭합니다.

⑤ [색상 피커(Color Picker)] 대화상자가 나타나면 색상(cc6600)을 입력한 후 [확인(OK)] 단추를 클릭합니다.

⑥ [레이어 스타일(Layer Style)] 대화상자의 [선(Stroke)] 스타일이 다시 나타나면 [확인(OK)] 단추를 클릭합니다.

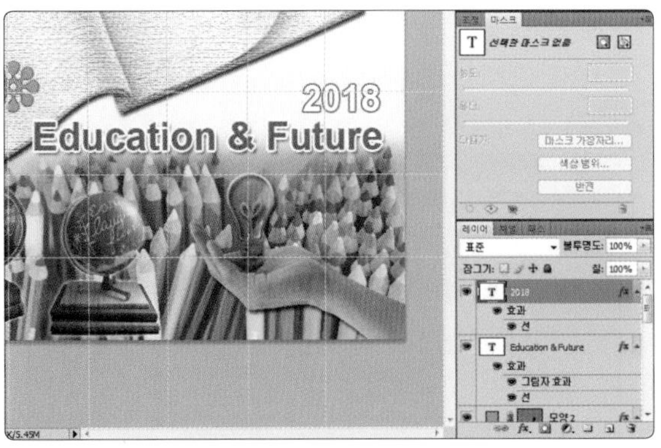

STEP 10 답안 저장 및 전송하기

① 작성한 답안을 저장하기 위해 [파일(File)]–[저장(Save)]을 클릭합니다.

② [다른 이름으로 저장(Save As)] 대화상자가 나타나면 저장 위치(라이브러리₩문서₩GTQ)를 지정한 후 파일 이름(수험번호–성명–문제번호)을 입력한 다음 형식(JPEG (*.JPG;*.JPEG;*.JPE))을 선택하고 [저장] 단추를 클릭합니다.

③ [JPEG 옵션(JPEG Options)] 대화상자가 나타나면 품질(Quality)을 지정한 후 [확인(OK)] 단추를 클릭합니다.

④ PSD 파일로 저장하기 위해 [이미지(Image)]–[이미지 크기(Image Size)]를 클릭합니다.

⑤ [이미지 크기(Image Size)] 대화상자가 나타나면 폭(60)을 입력한 후 [확인(OK)] 단추를 클릭합니다.

⑥ 이미지 크기가 변경되면 [파일(File)]–[저장(Save)]을 클릭합니다.

⑦ [다른 이름으로 저장(Save As)] 대화상자가 나타나면 저장 위치(라이브러리₩문서₩GTQ)를 지정한 후 파일 이름(수험번호–성명–문제번호)을 입력한 다음 형식(Photoshop (*.PSD;*.PDD))를 선택하고 [저장] 단추를 클릭합니다.

⑧ [Photoshop 형식 옵션(Photoshop Format Options)] 대화상자가 나타나면 [확인(OK)] 단추를 클릭합니다.

⑨ 답안을 전송하기 위해 [최소화] 단추를 클릭합니다.

⑩ KOAS 수험자용 프로그램에서 [답안 전송] 단추를 클릭합니다.

⑪ [MessageBox] 대화상자가 나타나면 [예] 단추를 클릭합니다.

⑫ [고사실 PC로 답안 파일 보내기] 대화상자가 나타나면 전송할 파일을 선택한 후 [답안전송] 단추를 클릭합니다.

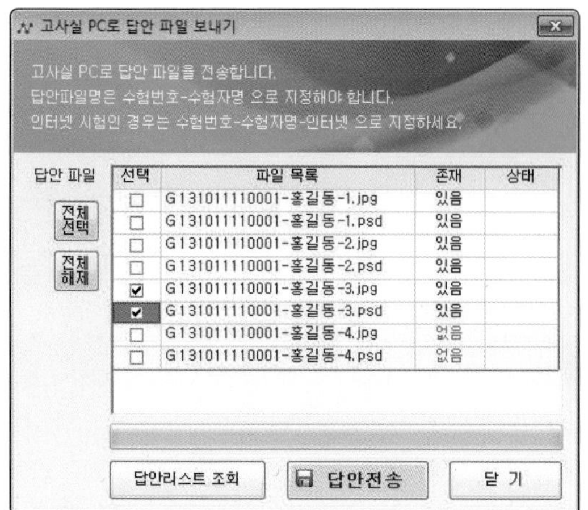

Tip

전송할 파일이 존재하는지 확인한 후 [답안 전송] 단추를 클릭합니다. [존재]가 '없음'으로 표시되면 파일이 없거나 파일 이름이 잘못 입력된 것입니다.

⑬ [MessageBox] 대화상자가 나타나면 [확인] 단추를 클릭합니다.

⑭ [고사실 PC로 답안 파일 보내기] 대화상자가 다시 나타나면 [닫기] 단추를 클릭합니다.

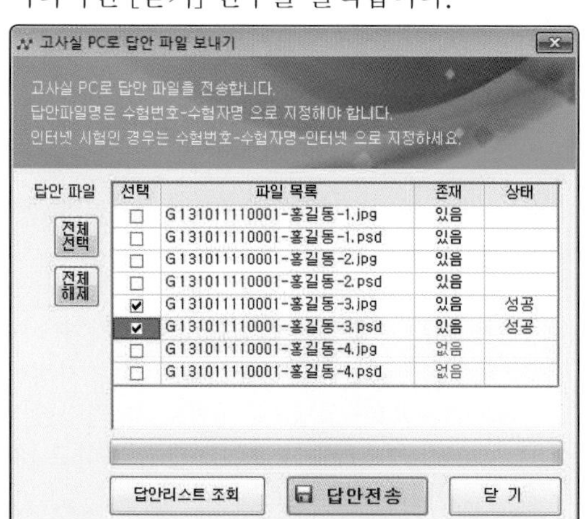

Tip

전송한 파일의 상태 여부가 '성공'으로 표시되는지 확인합니다.

04 [실무응용] 이벤트 페이지 제작

STEP 01 작업 창 생성 및 복사, 필터 적용하기

① [파일(File)]–[새로 만들기(New)] 메뉴를 클릭합니다.

② [새로 만들기(New)] 대화상자가 나타나면 폭(600)과 높이(400)를 입력한 후 해상도(72)를 입력한 다음 [확인(OK)] 단추를 클릭합니다.

③ 눈금자를 드래그하여 안내선(Guides)을 100 픽셀(pixels) 단위로 작성합니다.

④ [파일(File)]–[열기(Open)]를 클릭한 후 [열기(Open)] 대화상자가 나타나면 파일(2급–9)을 선택한 다음 [열기] 단추를 클릭합니다.

⑤ 이미지를 모두 선택(Ctrl+A)한 후 복사(Ctrl+C)를 하고 작업 이미지 창을 선택한 후 붙여넣기(Ctrl+V)를 실행한 다음 이미지 파일을 닫습니다.

⑥ 이미지가 복사되면 드래그하여 위치를 이동합니다.

⑦ 필터를 지정하기 위해 [필터(Filter)]–[예술 효과(Artistic)]–[드라이 브러쉬(Dry Brush)]를 클릭합니다.

⑧ [드라이 브러쉬(Dry Brush)] 대화상자가 나타나면 속성을 지정한 후 [확인(OK)] 단추를 클릭합니다.

STEP 02 복사 및 필터, 레이어 마스크 작성하기

① [파일(File)]-[열기(Open)]를 클릭한 후 [열기(Open)] 대화상자가 나타나면 파일(2급-10)을 선택한 다음 [열기] 단추를 클릭합니다.

② 이미지를 모두 선택(Ctrl+A)한 후 복사(Ctrl+C)를 하고 작업 이미지 창을 선택한 후 붙여넣기(Ctrl+V)를 실행한 다음 이미지 파일을 닫습니다.

③ 이미지가 복사되면 드래그하여 위치를 이동합니다.

④ 필터를 지정하기 위해 [필터(Filter)]-[노이즈(Noise)]-[노이즈 추가(Add Noise)]를 클릭합니다.

⑤ [노이즈 추가(Add Noise)] 대화상자가 나타나면 속성을 지정한 후 [확인(OK)] 단추를 클릭합니다.

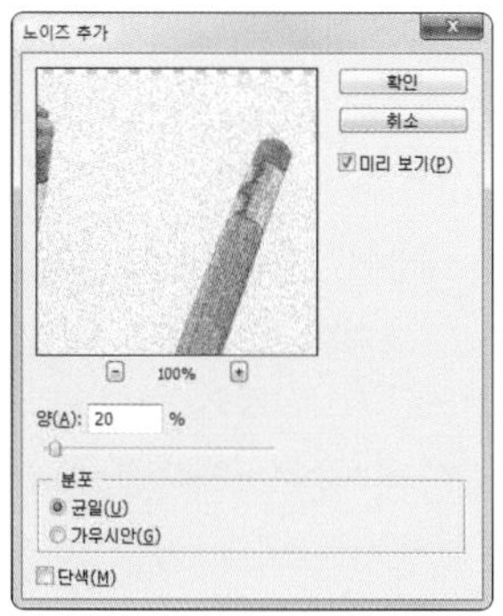

⑥ 레이어 패널에서 [레이어 마스크(Layer Mask)]를 클릭합니다.

⑦ 레이어 마스크가 추가되면 도구 상자(Tool Box)에서 [그라디언트 도구(Gradient Tool)]를 선택한 후 옵션 바에서 그라디언트 색( )을 선택한 다음 왼쪽에서 오른쪽으로 드래그하여 가로 방향으로 흐릿하게 작성합니다.

STEP 03 사각형 모양 도형 작성하기

① 도구 상자(Tool Box)에서 [사각형 도구(Rectangle Tool)]를 선택한 후 드래그하여 도형을 작성합니다.

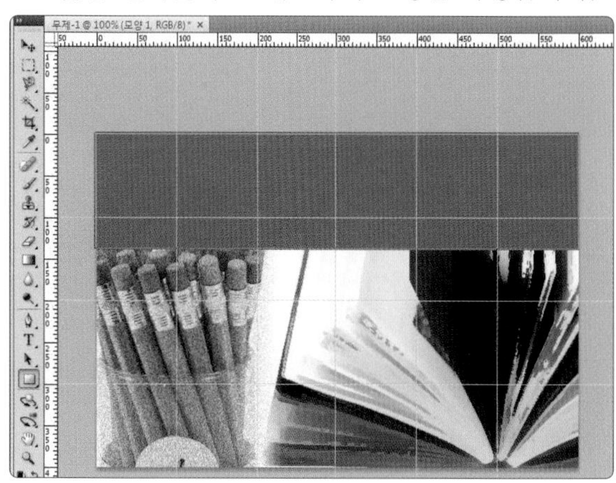

② 사각형 모양 도형에 색상을 지정하기 위해 레이어 패널의 [레이어 축소판(Layer thumbnail)]을 더블 클릭합니다.

③ [색상 피커(Color Picker)] 대화상자가 나타나면 색상(99cc99)을 입력한 후 [확인(OK)] 단추를 클릭합니다.

④ 레이어 패널에서 fx [레이어 스타일(Layer Style)]을 클릭한 다음 [선(Stroke)]을 클릭합니다.

※ 이전에 적용된 레이어의 '효과'가 레이어 패널에 표시되면 [휴지통(Delete layer)]으로 드래그하여 삭제합니다.

⑤ [레이어 스타일(Layer Style)] 대화상자의 [선(Stroke)] 스타일이 나타나면 크기(5)를 입력한 후 색상(Color)을 클릭합니다.

⑥ [색상 피커(Color Picker)] 대화상자가 나타나면 색상(666666)을 입력한 후 [확인(OK)] 단추를 클릭합니다.

⑦ [레이어 스타일(Layer Style)] 대화상자의 [선(Stroke)] 스타일이 다시 나타나면 [확인(OK)] 단추를 클릭합니다.

⑧ 레이어 패널에서 '모양 1' 레이어를 [새 레이어 추가(Create a new layer)]로 드래그합니다.

⑨ 도구 상자(Tool Box)에서 [이동 도구(Move Tool)]를 선택한 후 위치를 이동합니다.

⑩ 복사된 도형의 크기를 조절하기 위해 [편집(Edit)]-[패스 자유 변형(Free Transform Path)]을 클릭합니다.

⑪ 크기 조절점이 나타나면 조절점을 드래그하여 크기를 조절한 후 Enter를 누릅니다.

⑫ 복사된 사각형 모양 도형에 색상을 지정하기 위해 레이어 패널의 [레이어 축소판(Layer thumbnail)]을 더블클릭합니다.

⑬ [색상 피커(Color Picker)] 대화상자가 나타나면 색상(669966)을 입력한 후 [확인(OK)] 단추를 클릭합니다.

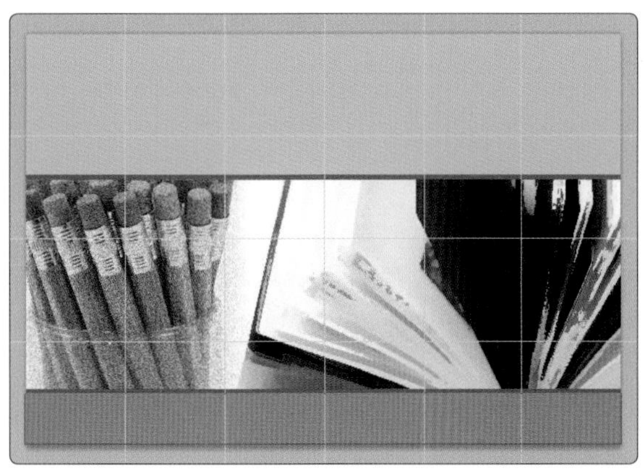

STEP 04 이미지 복사 및 레이어 스타일 적용하기

① [파일(File)]-[열기(Open)]를 클릭한 후 [열기(Open)] 대화상자가 나타나면 파일(2급-11)을 선택한 다음 [열기] 단추를 클릭합니다.

② 도구 상자(Tool Box)에서 [돋보기 도구(Zoom Tool)]를 선택한 후 나뭇가지 부분을 드래그합니다.

③ 이미지가 확대되면 도구 상자(Tool Box)에서 [자석 올가미 도구(Magnetic Lasso Tool)]를 선택한 후 옵션 바에서 빈도 수(100)를 지정합니다.

④ 자석 올가미 도구로 드래그하여 나뭇가지를 선택영역으로 지정한 후 복사(Ctrl+C)한 다음 작업 이미지 창에 붙여넣기(Ctrl+V)를 합니다.

⑤ 크기를 조절하기 위해 [편집(Edit)]-[자유 변형(Free Transform)]을 클릭합니다.

⑥ 크기 조절점이 나타나면 조절점을 드래그하여 크기를 조절합니다.

⑦ 크기 조절점의 모서리 부분에 마우스 포인터를 위치시킨 다음 마우스 포인터 모양이 ↗ 모양으로 변경되면 드래그하여 이미지를 회전시키고 Enter를 누릅니다.

⑧ 레이어 패널에서 [레이어 스타일(Layer Style)]을 클릭한 후 [외부 광선(Outer Glow)]을 클릭합니다.

⑨ [레이어 스타일(Layer Style)] 대화상자의 [외부 광선(Outer Glow)] 스타일이 나타나면 속성을 지정한 후 [확인(OK)] 단추를 클릭합니다.

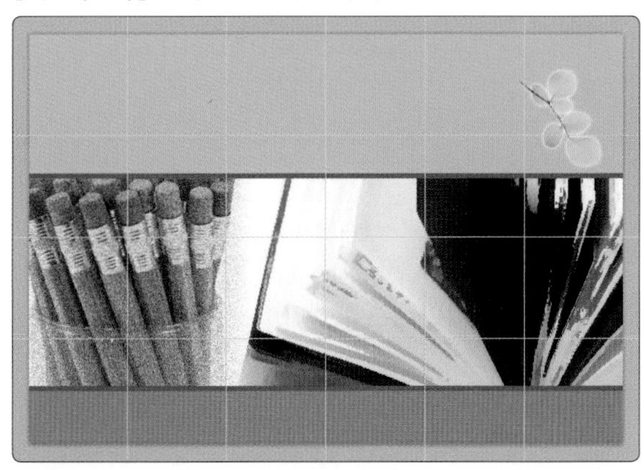

STEP 05 이미지 복사 및 레이어 스타일 적용하기

① [파일(File)]-[열기(Open)]를 클릭한 후 [열기(Open)] 대화상자가 나타나면 파일(2급-12)을 선택한 다음 [열기] 단추를 클릭합니다.

② 도구 상자(Tool Box)에서 [자석 올가미 도구(Magnetic Lasso Tool)]를 선택한 후 옵션 바에서 빈도 수(100)를 지정합니다.

③ 마우스로 드래그하여 분필을 선택 영역으로 지정합니다. 이때에 옵션 바에서 [선택 영역에 추가(Add to selection)]를 선택하고 떨어진 분필 조각을 마우스를 드래그하면 선택 영역에 추가하여 포함시킬 수 있습니다.

④ 분필을 복사(Ctrl+C)한 후 작업 이미지 창을 선택한 다음 붙여넣기(Ctrl+V)를 하고 이미지 파일을 닫습니다.

⑤ 크기를 조절하기 위해 [편집(Edit)]-[자유 변형(Free Transform)]을 클릭합니다.

⑥ 크기 조절점이 나타나면 조절점을 드래그하여 크기를 조절한 후 Enter를 누릅니다.

⑦ 도구 상자(Tool Box)에서 [이동 도구(Move Tool)]를 선택한 후 위치를 이동합니다.

⑧ 레이어 패널에서 fx.[레이어 스타일(Layer Style)]을 클릭한 후 [그림자 효과(Drop Shadow)]을 클릭합니다.

⑨ [레이어 스타일(Layer Style)] 대화상자의 [그림자 효과(Drop Shadow)] 스타일이 나타나면 속성을 지정한 후 [확인(OK)] 단추를 클릭합니다.

⑩ 레이어 패널에서 불투명도(Opacity)를 '60%'로 입력합니다.

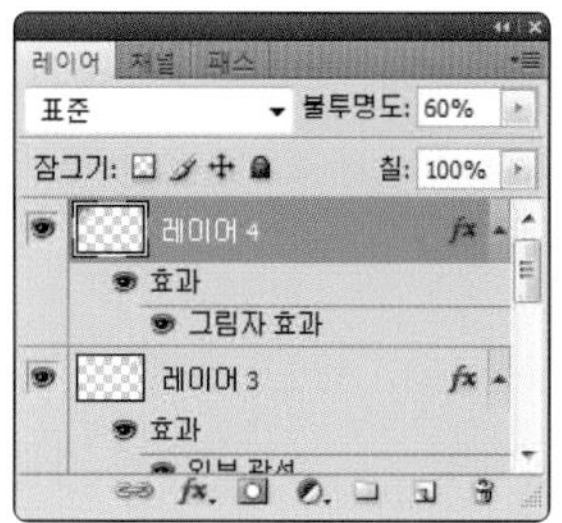

STEP 06 이미지 복사 및 레이어 스타일 적용하기

① [파일(File)]-[열기(Open)]를 클릭한 후 [열기(Open)] 대화상자가 나타나면 파일(2급-13)을 선택한 다음 [열기] 단추를 클릭합니다.

② 도구 상자(Tool Box)에서 [자동 선택 도구(Magic Wand Tool)]를 선택한 후 옵션 바에서 허용치(Tolerance)에 '10'을 입력합니다.

③ 흰색 빈 공간을 클릭하여 선택 영역으로 지정한 후 [선택(Select)]-[반전(Inverse)]을 클릭합니다.

④ 선택 영역을 복사(Ctrl+C)한 후 작업 이미지 창을 선택한 다음 붙여넣기(Ctrl+V)를 실행하고 이미지 파일을 닫습니다.

⑤ 이미지 방향을 변경하기 위해 [편집(Edit)]-[변형(Transform)]-[시계 반대 방향으로 90도 회전(Rotate 90° CCW)]을 클릭합니다.

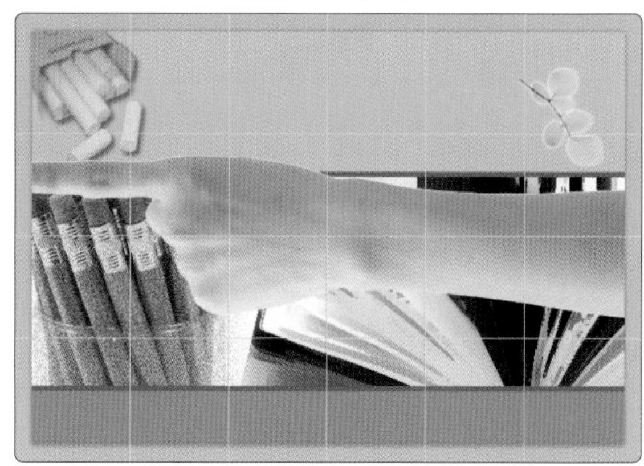

⑥ 이미지가 시계 반대 방향으로 회전하면 [편집(Edit)]-[변형(Transform)]-[가로로 뒤집기(Flip Horizontal)]를 클릭합니다.

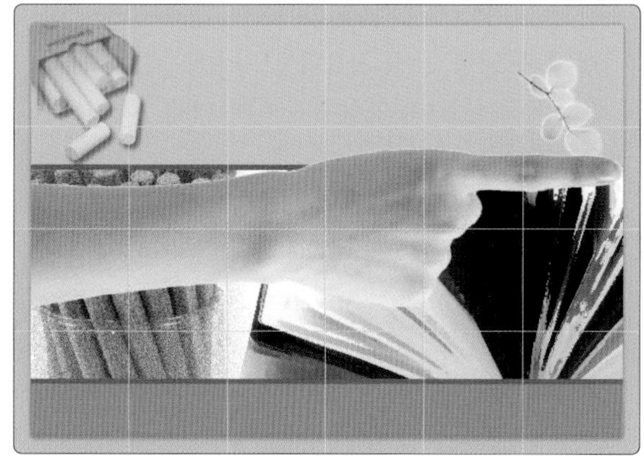

⑦ [편집(Edit)]-[자유 변형(Free Transform)]을 클릭한 후 크기 조절점을 드래그하여 크기를 조절한 다음 Enter를 누릅니다.

⑧ 도구 상자(Tool Box)에서 [이동 도구(Move Tool)]를 선택한 후 위치를 이동합니다.

⑨ 레이어 패널에서 [레이어 스타일(Layer Style)]을 클릭한 후 [외부 광선(Outer Glow)]를 클릭합니다.

⑩ [레이어 스타일(Layer Style)] 대화상자의 [외부 광선(Outer Glow)] 스타일이 나타나면 속성을 지정한 후 [확인(OK)] 단추를 클릭합니다.

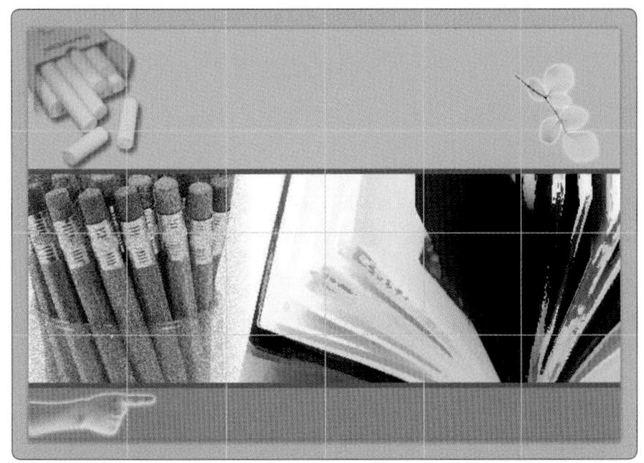

STEP 07 새 모양 도형 작성하기

① 도구 상자(Tool Box)에서 [사용자 정의 모양 도구(Custom Shape Tool)]를 선택한 후 옵션 바에서 [사용자 정의 모양 피커(Click to open Custom shape picker)]의 목록 단추를 클릭합니다.

② 사용자 정의 모양이 나타나면 [팝업 메뉴 단추]-[동물(Animals)]을 클릭합니다.

③ [현재 모양을 동물.csh의 모양으로 대체하시겠습니까?]라고 묻는 대화상자가 나타나면 [확인(OK)] 단추를 클릭합니다.

④ 사용자 정의 모양이 동물(Animals)로 변경되면 [새 2(Bird 2)]를 클릭합니다.

⑤ 마우스 포인터 모양이 + 모양으로 변경되면 새 모양을 삽입하고자 하는 위치를 드래그합니다.

⑥ 새 모양 도형에 색상을 지정하기 위해 [레이어 축소판(Layer thumbnail)]을 더블클릭합니다.

⑦ [색상 피커(Color Picker)] 대화상자가 나타나면 색상(ffffff)을 입력한 후 [확인(OK)] 단추를 클릭합니다.

⑧ 레이어 패널에서 '모양 2' 레이어의 아래쪽 '효과'를 [휴지통(Delete layer)]으로 드래그하여 이전 효과를 삭제합니다.

⑨ 레이어 패널에서 [레이어 스타일(Layer Style)]을 클릭한 후 [그림자 효과(Drop Shadow)]를 클릭합니다.

⑩ [레이어 스타일(Layer Style)] 대화상자의 [그림자 효과(Drop Shadow)] 스타일이 나타나면 속성을 지정한 후 [확인(OK)] 단추를 클릭합니다.

STEP 08 리본 모양 도형 작성하기

① [사용자 정의 모양 도구(Custom Shape Tool)]가 선택된 상태에서 옵션 바의 [사용자 정의 모양 피커(Click to open Custom shape picker)] 목록 단추를 클릭합니다.

② 사용자 정의 모양이 나타나면 [팝업 메뉴 단추]-[배너 및 상장(Banners and Awards)]을 클릭합니다.

③ [현재 모양을 배너 및 상장.csh의 모양으로 대체하시겠습니까?]라고 묻는 대화상자가 나타나면 [확인(OK)] 단추를 클릭합니다.

④ 사용자 정의 모양이 배너 및 상장(Banners and Awards)으로 변경되면 [리본 1(Ribbon 1)]을 클릭합니다.

⑤ 마우스 포인터 모양이 + 모양으로 변경되면 리본 모양을 삽입하고자 하는 위치를 드래그합니다.

⑥ 레이어 패널에서 '모양 3' 레이어의 아래쪽 '효과'를 [휴지통(Delete layer)]으로 드래그하여 이전 효과를 삭제합니다.

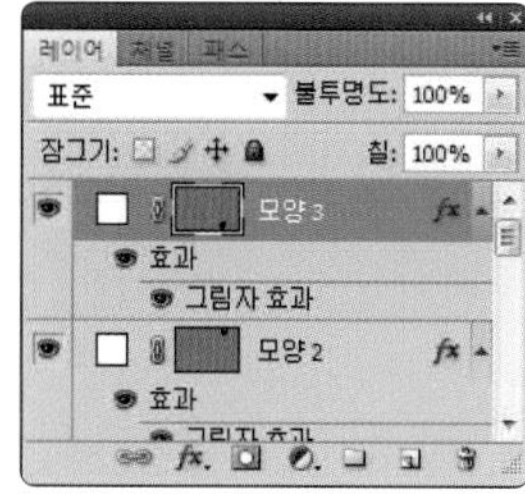

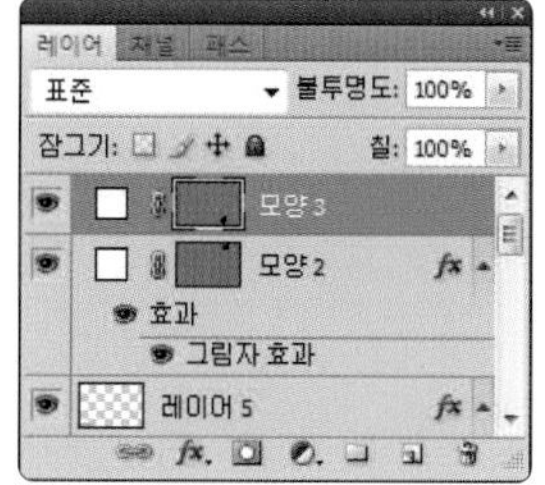

⑦ 리본 모양 도형에 색상을 지정하기 위해 [레이어 축소판(Layer thumbnail)]을 더블클릭합니다.

⑧ [색상 피커(Color Picker)] 대화상자가 나타나면 색상(ffffff)을 입력한 후 [확인(OK)] 단추를 클릭합니다.

⑨ 레이어 패널에서 fx [레이어 스타일(Layer Style)]을 클릭한 다음 [선(Stroke)]을 클릭합니다.

⑩ [레이어 스타일(Layer Style)] 대화상자의 [선(Stroke)] 스타일이 나타나면 크기(2)를 입력한 후 색상(Color)을 클릭합니다.

⑪ [색상 피커(Color Picker)] 대화상자가 나타나면 색상(996666)을 입력한 후 [확인(OK)] 단추를 클릭합니다.

⑫ [레이어 스타일(Layer Style)] 대화상자의 [선(Stroke)] 스타일이 다시 나타나면 [확인(OK)] 단추를 클릭합니다.

STEP 09 텍스트 작성하기 – 1

① 도구 상자(Tool Box)에서 T [수평 문자 도구(Horizontal Type Tool)]를 선택한 후 옵션 바에서 글꼴(Arial)과 글꼴 스타일(Bold), 글꼴 크기(45)를 지정합니다.

② 텍스트를 삽입할 위치를 클릭한 후 "EDU EXPO 2018"을 입력한 다음 Ctrl+Enter를 누릅니다.

③ 레이어 패널에서 fx [레이어 스타일(Layer Style)]을 클릭한 후 [그라디언트 오버레이(Gradient Overlay)]을 클릭합니다.

④ [레이어 스타일(Layer Style)] 대화상자의 [그라디언트 오버레이(Gradient Overlay)] 스타일이 나타나면 [그라디언트 편집(Click to edit the Gradient)]을 클릭합니다.

⑤ [그라디언트 편집기(Gradient Editor)] 대화상자가 나타나면 왼쪽 색상 정지점(Color Stop)을 더블클릭합니다.

⑥ [색상 피커(Color Picker)] 대화상자가 나타나면 색상(003366)을 입력한 후 [확인(OK)] 단추를 클릭합니다.

⑦ [그라디언트 편집기(Gradient Editor)] 대화상자가 다시 나타나면 오른쪽 색상 정지점(Color Stop)을 더블클릭합니다.

⑧ [색상 피커(Color Picker)] 대화상자가 나타나면 색상(ffffff)을 입력한 후 [확인(OK)] 단추를 클릭합니다.

⑨ [그라디언트 편집기(Gradient Editor)] 대화상자가 다시 나타나면 [확인(OK)] 단추를 클릭합니다.

⑩ [레이어 스타일(Layer Style)] 대화상자의 [그라디언트 오버레이(Gradient Overlay)] 스타일이 다시 나타나면 각도(Angle)를 '0'으로 입력한 후 [그림자 효과(Drop Shadow)]를 클릭합니다.

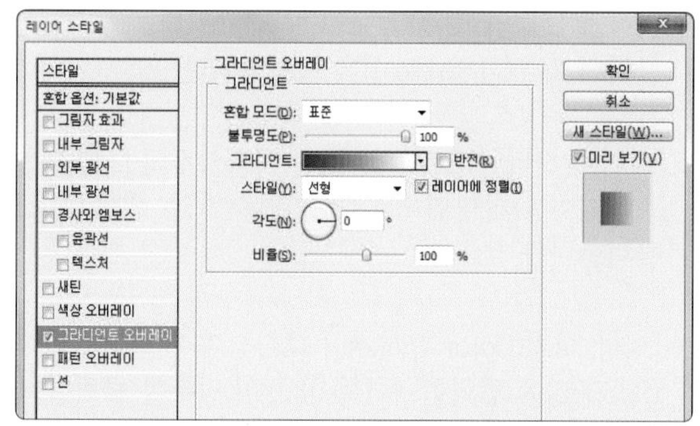

⑪ [레이어 스타일(Layer Style)] 대화상자의 [그림자 효과(Drop Shadow)] 스타일이 나타나면 속성을 지정한 후 [확인(OK)] 단추를 클릭합니다.

STEP 10 텍스트 작성하기 - 2

① 텍스트를 삽입할 위치를 클릭한 후 "11월 08일 ~ 11월 25일"을 입력한 다음 Ctrl+Enter를 누릅니다.

② 옵션 바에서 글꼴(돋움)과 글꼴 크기(18), 글꼴 색(ffffff)을 지정합니다.

③ 레이어 패널에서 fx.[레이어 스타일(Layer Style)]을 클릭한 후 [그림자 효과(Drop Shadow)] 를 클릭합니다.

④ [레이어 스타일(Layer Style)] 대화상자의 [그림자 효과(Drop Shadow)] 스타일이 나타나면 속성을 지정한 후 [선(Stroke)]을 클릭합니다.

⑤ [레이어 스타일(Layer Style)] 대화상자의 [선(Stroke)] 스타일이 나타나면 크기(2)를 입력한 후 색상(Color)을 클릭합니다.

⑥ [색상 피커(Color Picker)] 대화상자가 나타나면 색상(333333)을 입력한 후 [확인(OK)] 단추를 클릭합니다.

⑦ [레이어 스타일(Layer Style)] 대화상자의 [선(Stroke)] 스타일이 다시 나타나면 [확인(OK)] 단추를 클릭합니다.

STEP 11 텍스트 작성하기 - 3

① 텍스트를 삽입할 위치를 클릭한 후 "www.eduexpo2018.com"을 입력한 다음 Ctrl+Enter를 누릅니다.

② 옵션 바에서 글꼴(Arial)과 글꼴 스타일(Bold), 글꼴 크기(18), 글꼴 색(ffffff)을 지정합니다.

③ 레이어 패널에서 fx.[레이어 스타일(Layer Style)]을 클릭한 후 [선(Stroke)]을 클릭합니다.

④ [레이어 스타일(Layer Style)] 대화상자의 [선(Stroke)] 스타일이 나타나면 크기(3)를 입력한 후 색상(Color)을 클릭합니다.

⑤ [색상 피커(Color Picker)] 대화상자가 나타나면 색상(996666)을 입력한 후 [확인(OK)] 단추를 클릭합니다.

⑥ [레이어 스타일(Layer Style)] 대화상자의 [선(Stroke)] 스타일이 다시 나타나면 [확인(OK)] 단추를 클릭합니다.

STEP 12 답안 저장 및 전송하기

① 작성한 답안을 저장하기 위해 [파일(File)]-[저장(Save)]을 클릭합니다.

② [다른 이름으로 저장(Save As)] 대화상자가 나타나면 저장 위치(라이브러리₩문서₩GTQ)를 지정한 후 파일 이름(수험번호-성명-문제번호)을 입력한 다음 형식(JPEG (*.JPG;*.JPEG;*.JPE))을 선택하고 [저장] 단추를 클릭합니다.

③ [JPEG 옵션(JPEG Options)] 대화상자가 나타나면 품질(Quality)을 지정한 후 [확인(OK)] 단추를 클릭합니다.

④ PSD 파일로 저장하기 위해 [이미지(Image)]-[이미지 크기(Image Size)]를 클릭합니다.

⑤ [이미지 크기(Image Size)] 대화상자가 나타나면 폭(60)을 입력한 후 [확인(OK)] 단추를 클릭합니다.

⑥ 이미지 크기가 변경되면 [파일(File)]-[저장(Save)]을 클릭합니다.

⑦ [다른 이름으로 저장(Save As)] 대화상자가 나타나면 저장 위치(라이브러리₩문서₩GTQ)를 지정한 후 파일 이름(수험번호-성명-문제번호)을 입력한 다음 형식(Photoshop (*.PSD;*.PDD))를 선택하고 [저장] 단추를 클릭합니다.

⑧ [Photoshop 형식 옵션(Photoshop Format Options)] 대화상자가 나타나면 [확인(OK)] 단추를 클릭합니다.

⑨ 답안을 전송하기 위해 [최소화] 단추를 클릭합니다.

⑩ KOAS 수험자용 프로그램에서 [답안 전송] 단추를 클릭합니다.

⑪ [MessageBox] 대화상자가 나타나면 [예] 단추를 클릭합니다.

⑫ [고사실 PC로 답안 파일 보내기] 대화상자가 나타나면 전송할 파일을 선택한 후 [답안전송] 단추를 클릭합니다.

⑬ [MessageBox] 대화상자가 나타나면 [확인] 단추를 클릭합니다.

⑭ [고사실 PC로 답안 파일 보내기] 대화상자가 다시 나타나면 [닫기] 단추를 클릭합니다.

01 [기능평가] Tool(도구) 활용

04 [실무응용] 이벤트 페이지 제작

STEP 01 작업 창 생성 및 배경 작성하기

① [파일(File)]–[새로 만들기(New)] 메뉴를 클릭합니다.

② [새로 만들기(New)] 대화상자가 나타나면 폭(600)과 높이(400)를 입력한 후 해상도(72)를 입력한 다음 [확인(OK)] 단추를 클릭합니다.

③ 눈금자를 드래그하여 안내선(Guides)을 100 픽셀(pixels) 단위로 작성합니다.

④ 배경색을 지정하기 위해 도구 상자(Tool Box)에서 전경색 설정(Set foreground color)을 클릭합니다.

⑤ [색상 피커(Color Picker)] 대화상자가 나타나면 색상(ff9933)을 입력한 후 [확인(OK)] 단추를 클릭합니다.

⑥ 전경색이 변경되면 Alt+Delete를 눌러 배경에 전경색을 지정합니다.

STEP 02 이미지 복사 및 불투명도 지정하기

① [파일(File)]–[열기(Open)]를 클릭한 후 [열기(Open)] 대화상자가 나타나면 파일(2급-9)을 선택한 다음 [열기] 단추를 클릭합니다.

② 이미지를 모두 선택(Ctrl+A)한 후 복사(Ctrl+C)를 하고 작업 이미지 창을 선택한 후 붙여넣기(Ctrl+V)를 실행한 다음 이미지 파일을 닫습니다.

③ 레이어 패널에서 불투명도(Opacity)를 '30%'로 입력합니다.

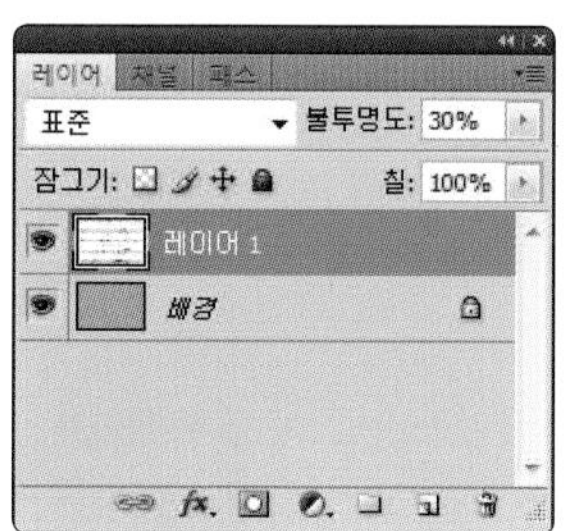

STEP 03 이미지 복사 및 레이어 스타일 적용하기

① [파일(File)]–[열기(Open)]를 클릭한 후 [열기(Open)] 대화상자가 나타나면 파일(2급-10)을 선택한 다음 [열기] 단추를 클릭합니다.

② 도구 상자(Tool Box)에서 [사각형 도구(Rectangle Tool)]를 선택한 후 드래그하여 도형을 작성합니다.

③ 도구 상자(Tool Box)에서 [기준점 변환 도구(Convert Point Tool)]를 선택한 후 점(앵커 포인트)를 Alt를 누른 상태에서 드래그하여 직선을 곡선으로 변경합니다.

④ 같은 방법으로 오른쪽 점(앵커 포인트)를 드래그하여 출력형태처럼 조절합니다.

⑤ 레이어 패널의 '모양 1' 레이어를 Ctrl을 누른 상태에서 클릭합니다.

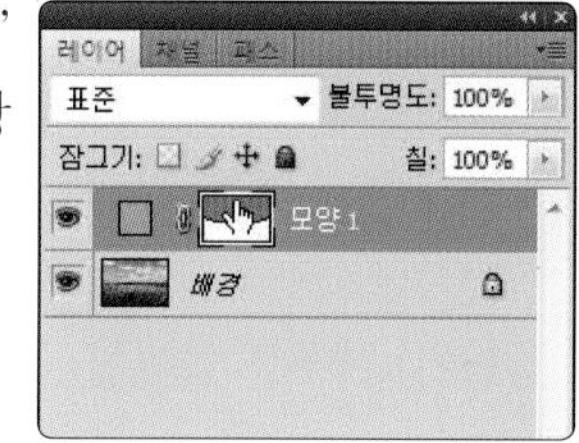

⑥ 레이어 패널에서 '배경' 레이어를 선택한 후 선택 영역을 복사(Ctrl+C) 합니다.

⑦ 작업 이미지 창으로 이동한 후 붙여넣기(Ctrl+V)를 실행하고 이미지 파일을 닫습니다.

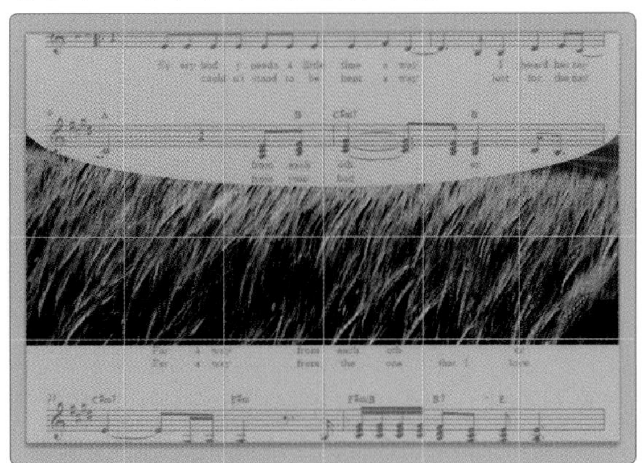

⑧ 도구 상자(Tool Box)에서 [이동 도구(Move Tool)]를 선택한 후 위치를 이동합니다.

⑨ 레이어 패널에서 fx.[레이어 스타일(Layer Style)]을 클릭한 후 [선(Stroke)]을 클릭합니다.

⑩ [레이어 스타일(Layer Style)] 대화상자의 [선(Stroke)] 스타일이 나타나면 크기(3)를 입력한 후 색상(Color)을 클릭합니다.

⑪ [색상 피커(Color Picker)] 대화상자가 나타나면 색상(ffffff)을 입력한 후 [확인(OK)] 단추를 클릭합니다.

⑫ [레이어 스타일(Layer Style)] 대화상자의 [선(Stroke)] 스타일이 다시 나타나면 [확인(OK)] 단추를 클릭합니다.

STEP 04 이미지 복사 및 레이어 스타일 적용하기

① [파일(File)]–[열기(Open)]를 클릭한 후 [열기(Open)] 대화상자가 나타나면 파일(2급-11)을 선택한 다음 [열기] 단추를 클릭합니다.

② 이미지를 모두 선택(Ctrl+A)한 후 복사(Ctrl+C)를 하고 작업 이미지 창을 선택한 후 붙여넣기(Ctrl+V)를 실행한 다음 이미지 파일을 닫습니다.

③ 이미지가 축소되면 크기를 조절하기 위해 [편집(Edit)]–[자유 변형(Free Transform)]을 클릭합니다.

④ 크기 조절점이 나타나면 조절점을 드래그하여 크기를 조절합니다.

⑤ 레이어 패널에서 fx.[레이어 스타일(Layer Style)]을 클릭한 후 [선(Stroke)]을 클릭합니다.

⑥ [레이어 스타일(Layer Style)] 대화상자의 [선(Stroke)] 스타일이 나타나면 크기(2)를 입력한 후 색상(Color)을 클릭합니다.

⑦ [색상 피커(Color Picker)] 대화상자가 나타나면 색상(ffffff)을 입력한 후 [확인(OK)] 단추를 클릭합니다.

⑧ [레이어 스타일(Layer Style)] 대화상자의 [선(Stroke)] 스타일이 다시 나타나면 [그림자 효과(Drop Shadow)]를 클릭합니다.

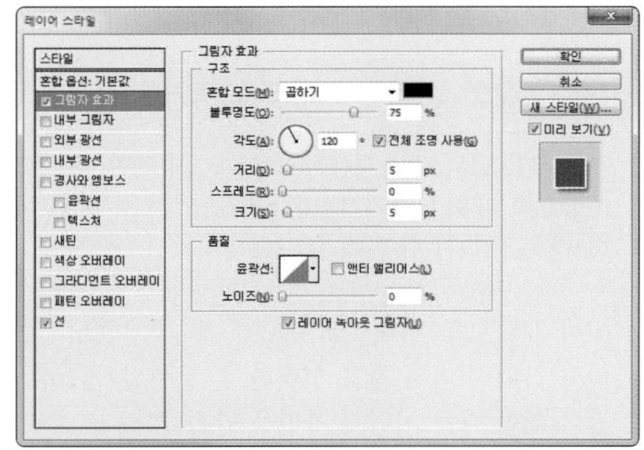

⑨ [레이어 스타일(Layer Style)] 대화상자의 [그림자 효과(Drop Shadow)] 스타일이 나타나면 속성을 지정한 후 [확인(OK)] 단추를 클릭합니다.

STEP 05 이미지 복사 및 레이어 스타일 적용하기

① [파일(File)]-[열기(Open)]를 클릭한 후 [열기(Open)] 대화상자가 나타나면 파일(2급-12)을 선택한 다음 [열기] 단추를 클릭합니다.

② 도구 상자(Tool Box)에서 [사각형 도구(Rectangle Tool)]를 선택한 후 드래그하여 도형을 작성합니다.

③ 도구 상자(Tool Box)에서 [기준점 변환 도구(Convert Point Tool)]를 선택한 후 점(앵커 포인트)를 드래그하여 직선을 곡선으로 변경합니다.

④ 같은 방법으로 오른쪽 점(앵커 포인트)를 드래그하여 출력형태처럼 조절합니다.

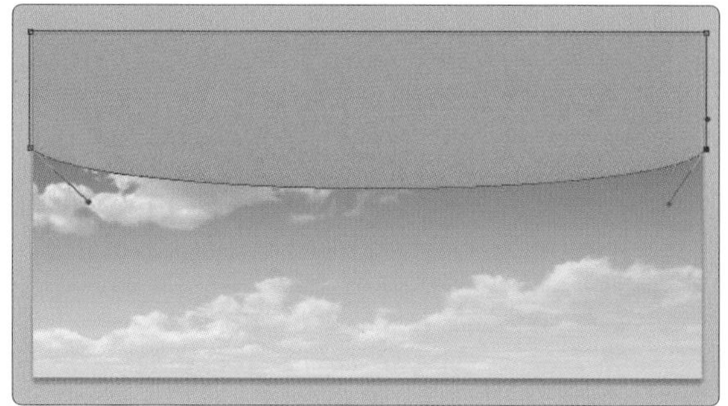

⑤ 레이어 패널에서 '모양 1' 레이어를 Ctrl을 누른 상태에서 클릭합니다.

⑥ 레이어 패널에서 '배경' 레이어를 선택한 후 선택 영역을 복사(Ctrl+C) 합니다.

⑦ 작업 이미지 창으로 이동한 후 붙여넣기(Ctrl+V)를 실행하고 이미지 파일을 닫습니다.

⑧ 도구 상자(Tool Box)에서 [이동 도구(Move Tool)]를 선택한 후 위치를 이동합니다.

⑨ 필터를 적용하기 위해 [필터(Filter)]-[예술 효과(Artistic)]-[드라이 브러쉬(Dry Brush)]를 클릭합니다.

⑩ [드라이 브러쉬(Dry Brush)] 대화상자가 나타나면 속성을 지정한 후 [확인(OK)] 단추를 클릭합니다.

⑪ 레이어 패널에서 [레이어 스타일(Layer Style)]을 클릭한 후 [그림자 효과(Drop Shadow)]를 클릭합니다.

⑫ [레이어 스타일(Layer Style)] 대화상자의 [그림자 효과(Drop Shadow)] 스타일이 나타나면 속성을 지정한 후 [확인(OK)] 단추를 클릭합니다.

STEP 06 이미지 복사 및 레이어 스타일 적용하기

① [파일(File)]-[열기(Open)]를 클릭한 후 [열기(Open)] 대화상자가 나타나면 파일(2급-13)을 선택한 다음 [열기] 단추를 클릭합니다.

② 도구 상자(Tool Box)에서 [자석 올가미 도구(Magnetic Lasso Tool)]를 선택한 후 옵션 바에서 빈도 수(100)를 지정합니다.

③ 시작 지점을 클릭한 후 마우스를 드래그하여 CD를 선택 영역으로 지정합니다.

④ CD를 복사(Ctrl+C)한 후 작업 이미지 창을 선택한 다음 붙여넣기(Ctrl+V)를 하고 이미지 파일을 닫습니다.

⑤ 크기를 조절하기 위해 [편집(Edit)]-[자유 변형(Free Transform)]을 클릭합니다.

⑥ 크기 조절점이 나타나면 조절점을 드래그하여 회전 및 크기를 조절한 후 Enter를 누릅니다.

⑦ 도구 상자(Tool Box)에서 [이동 도구(Move Tool)]를 선택한 후 위치를 이동합니다.

⑧ 레이어 패널에서 [레이어 스타일(Layer Style)]을 클릭한 후 [외부 광선(Outer Glow)]을 클릭합니다.

⑨ [레이어 스타일(Layer Style)] 대화상자의 [외부 광선(Outer Glow] 스타일이 나타나면 속성을 지정한 후 [확인(OK)] 단추를 클릭합니다.

STEP 07 편지 봉투 모양 도형 작성하기

① 도구 상자(Tool Box)에서 [사용자 정의 모양 도구(Custom Shape Tool)]를 선택한 후 옵션 바에서 [사용자 정의 모양 피커(Click to open Custom shape picker)]의 목록 단추를 클릭합니다.

② 사용자 정의 모양이 나타나면 [팝업 메뉴 단추]-[물건(Objects)]을 클릭합니다.

③ [현재 모양을 물건.csh의 모양으로 대체하시겠습니까?]라고 묻는 대화상자가 나타나면 [확인(OK)] 단추를 클릭합니다.

④ 사용자 정의 모양이 물건(Objects)로 변경되면 [편지 봉투 1(Envelope 1)]을 클릭합니다.

⑤ 마우스 포인터 모양이 + 모양으로 변경되면 편지 봉투 모양을 삽입하고자 하는 위치에 드래그합니다.

⑥ 편지 봉투 모양 도형에 색상을 지정하기 위해 [레이어 축소판(Layer thumbnail)]을 더블클릭합니다.

⑦ [색상 피커(Color Picker)] 대화상자가 나타나면 색상(ffff00)을 입력한 후 [확인(OK)] 단추를 클릭합니다.

⑧ 레이어 패널에서 [레이어 스타일(Layer Style)]을 클릭한 후 [그림자 효과(Drop Shadow)]를 클릭합니다.

⑨ [레이어 스타일(Layer Style)] 대화상자의 [그림자 효과(Drop Shadow)] 스타일이 나타나면 속성을 지정한 후 [확인(OK)] 단추를 클릭합니다.

STEP 08 올림표 모양 도형 작성하기

① 옵션 바에서 [사용자 정의 모양 피커(Click to open Custom shape picker)]의 목록 단추를 클릭합니다.

② 사용자 정의 모양이 나타나면 [팝업 메뉴 단추]-[음악(Music)]를 클릭합니다.

③ [현재 모양을 음악.csh의 모양으로 대체하시겠습니까?]라고 묻는 대화상자가 나타나면 [확인(OK)] 단추를 클릭합니다.

④ 사용자 정의 모양이 음악(Music)로 변경되면 [올림표(Sharp Symbol)]을 클릭합니다.

⑤ 마우스 포인터 모양이 + 모양으로 변경되면 올림표 모양을 삽입하고자 하는 위치를 드래그합니다.

⑥ 레이어 패널에서 '모양 2' 레이어의 아래쪽 '효과'를 [휴지통(Delete layer)]으로 드래그하여 이전 효과를 삭제합니다.

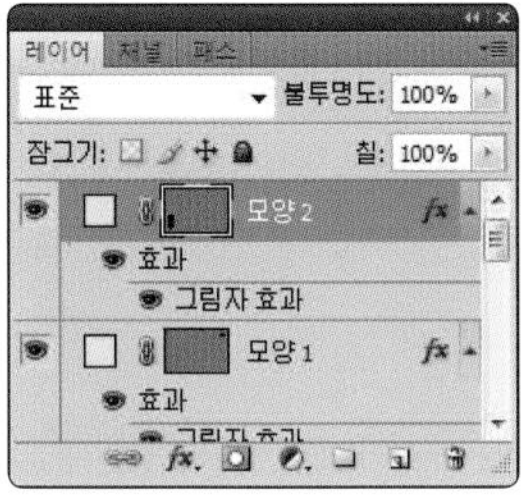

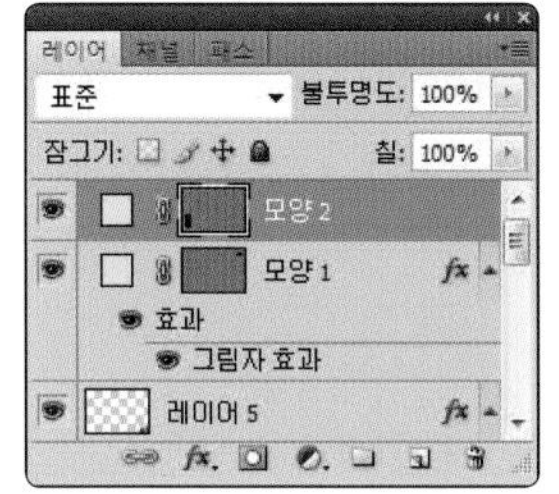

⑦ 레이어 패널에서 [레이어 스타일(Layer Style)]을 클릭한 후 [외부 광선(Outer Glow)]를 클릭합니다.

⑧ [레이어 스타일(Layer Style)] 대화상자의 [외부 광선(Outer Glow)] 스타일이 나타나면 속성을 지정한 후 [그라디언트 오버레이(Gradient Overlay)]을 클릭합니다.

⑨ [레이어 스타일(Layer Style)] 대화상자의 [그라디언트 오버레이(Gradient Overlay)] 스타일이 나타나면 [그라디언트 편집(Click to edit the Gradient)]을 클릭합니다.

⑩ [그라디언트 편집기(Gradient Editor)] 대화상자가 나타나면 왼쪽 색상 정지점(Color Stop)을 더블클릭합니다.

⑪ [색상 피커(Color Picker)] 대화상자가 나타나면 색상(330000)을 입력한 후 [확인(OK)] 단추를 클릭합니다.

⑫ [그라디언트 편집기(Gradient Editor)] 대화상자가 다시 나타나면 오른쪽 색상 정지점(Color Stop)을 더블클릭합니다.

⑬ [색상 피커(Color Picker)] 대화상자가 나타나면 색상(ff6600)을 입력한 후 [확인(OK)] 단추를 클릭합니다.

⑭ [그라디언트 편집기(Gradient Editor)] 대화상자가 다시 나타나면 [확인(OK)] 단추를 클릭합니다.

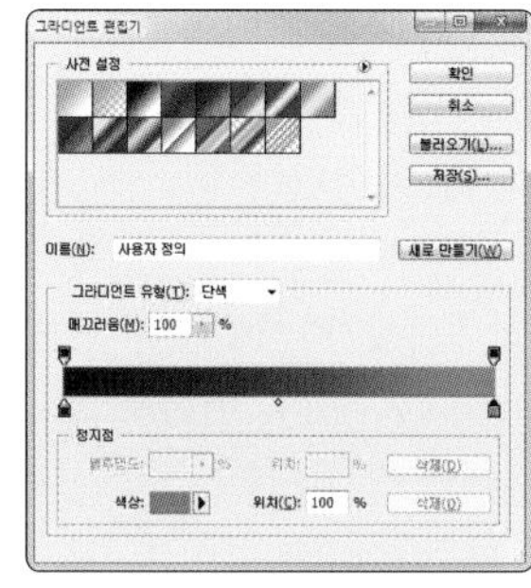

⑮ [레이어 스타일(Layer Style)] 대화상자의 [그라디언트 오버레이(Gradient Overlay)] 스타일이 다시 나타나면 [확인(OK)] 단추를 클릭합니다.

STEP 09 사각형 도형 작성하기

① 도구 상자(Tool Box)에서 [사각형 도구(Rectangle Tool)]를 선택한 후 드래그하여 도형을 작성합니다.

② 레이어 패널에서 '모양 3' 레이어의 아래쪽 '효과'를 [휴지통(Delete layer)]으로 드래그하여 이전 효과를 삭제합니다.

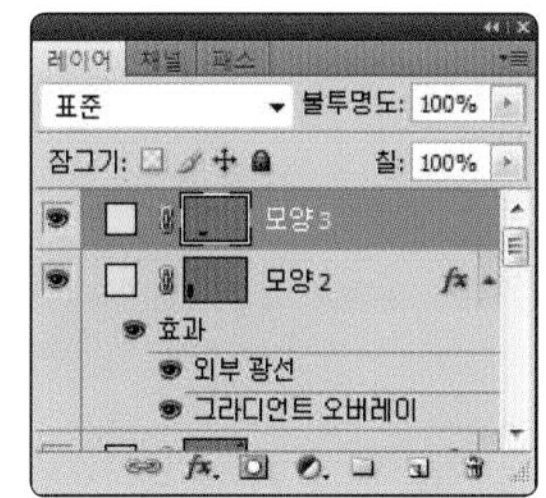

③ 사각형 도형에 색상을 지정하기 위해 [레이어 축소판(Layer thumbnail)]을 더블클릭합니다.

④ [색상 피커(Color Picker)] 대화상자가 나타나면 색상(ffffff)을 입력한 후 [확인(OK)] 단추를 클릭합니다.

⑤ 레이어 패널에서 [레이어 스타일(Layer Style)]을 클릭한 후 [선(Stroke)]을 클릭합니다.

⑥ [레이어 스타일(Layer Style)] 대화상자의 [선(Stroke)] 스타일이 나타나면 크기(3)를 입력한 후 색상(Color)을 클릭합니다.

⑦ [색상 피커(Color Picker)] 대화상자가 나타나면 색상(cccccc)을 입력한 후 [확인(OK)] 단추를 클릭합니다.

⑧ [레이어 스타일(Layer Style)] 대화상자의 [선(Stroke)] 스타일이 다시 나타나면 [확인(OK)] 단추를 클릭합니다.

⑨ 레이어 패널에서 '모양 3' 레이어를 [새 레이어 추가(Create a new layer)]로 드래그합니다.

⑩ 같은 방법으로 레이어 패널에서 '모양 3 사본' 레이어를 [새 레이어 추가(Create a new layer)]로 드래그합니다.

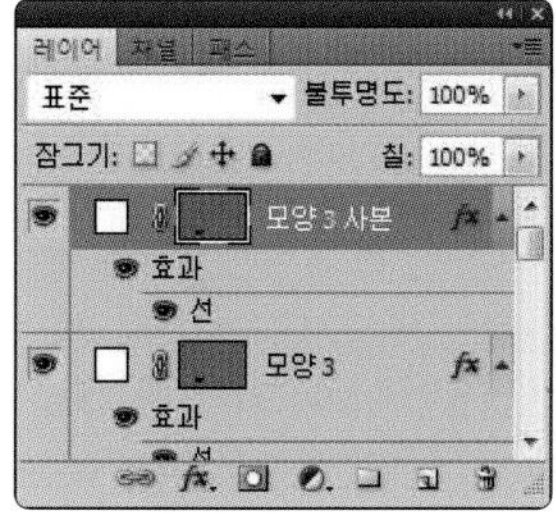

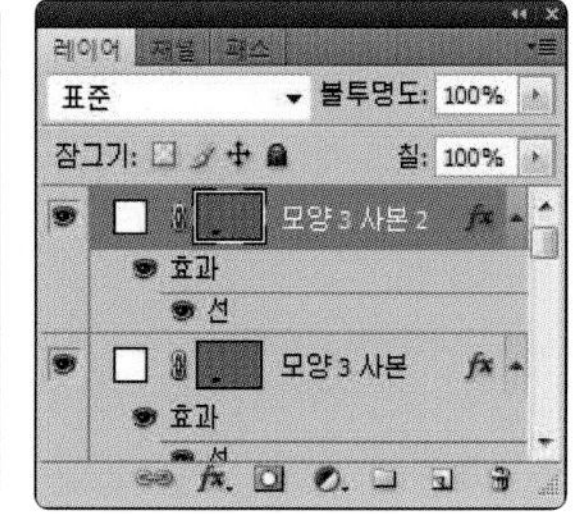

⑪ [도구 상자(Tool Box)에서 [이동 도구(Move Tool)]를 선택한 후 '모양 3 사본' 레이어와 '모양 3 사본 2' 레이어의 위치를 이동합니다.

STEP 10 텍스트 작성하기 – 1

① 도구 상자(Tool Box)에서 [수평 문자 도구(Horizontal Type Tool)]를 선택한 후 옵션 바에서 글꼴(Arial)과 글꼴 스타일(Regular), 글꼴 크기(36), 글꼴 색(3399ff)를 지정합니다.

② 텍스트를 삽입할 위치를 클릭한 후 "CULTURE"를 입력한 다음 Ctrl+Enter를 누릅니다.

③ 레이어 패널에서 [레이어 스타일(Layer Style)]을 클릭한 후 [선(Stroke)]을 클릭합니다.

④ [레이어 스타일(Layer Style)] 대화상자의 [선(Stroke)] 스타일이 나타나면 크기(2)를 입력한 후 칠 유형(Fill Type)을 [그라디언트(Gradient)]를 선택합니다.

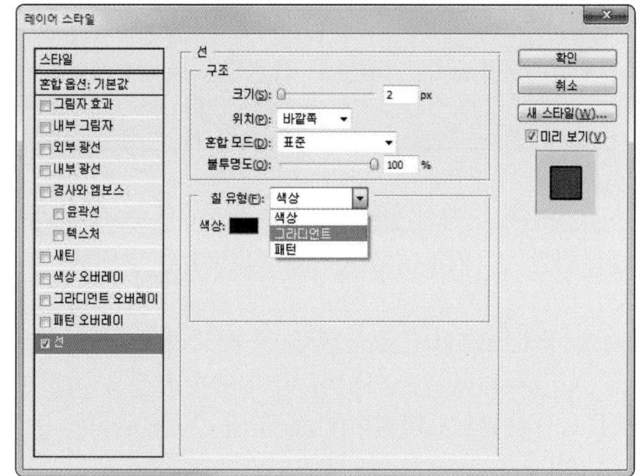

⑤ 칠 유형이 변경되면 [그라디언트 편집(Click to edit the Gradient)]을 클릭합니다.

⑥ [그라디언트 편집기(Gradient Editor)] 대화상자가 나타나면 왼쪽 색상 정지점(Color Stop)을 더블클릭합니다.

⑦ [색상 피커(Color Picker)] 대화상자가 나타나면 색상(ffffff)을 입력한 후 [확인(OK)] 단추를 클릭합니다.

⑧ [그라디언트 편집기(Gradient Editor)] 대화상자가 다시 나타나면 오른쪽 색상 정지점(Color Stop)을 더블클릭합니다.

⑨ [색상 피커(Color Picker)] 대화상자가 나타나면 색상(ff6666)을 입력한 후 [확인(OK)] 단추를 클릭합니다.

⑩ [그라디언트 편집기(Gradient Editor)] 대화상자가 다시 나타나면 [확인(OK)] 단추를 클릭합니다.

⑪ [레이어 스타일(Layer Style)] 대화상자의 [선(Stroke)] 스타일이 다시 나타나면 [그림자 효과(Drop Shadow)]를 클릭합니다.

⑫ [레이어 스타일(Layer Style)] 대화상자의 [그림자 효과(Drop Shadow)] 스타일이 나타나면 속성을 지정한 후 [확인(OK)] 단추를 클릭합니다.

STEP 11 텍스트 작성하기 – 2

① 텍스트를 삽입할 위치를 클릭한 후 "엄선된 문화 컨텐츠와 신개념 문화 서비스를"을 입력한 다음 Enter를 눌러 줄바꿈 합니다.

② 줄바꿈 되면 "제공합니다."를 입력한 후 Ctrl+Enter를 누릅니다.

③ 옵션 바에서 글꼴(돋움)과 글꼴 크기(15), 글꼴 색(000000)을 지정합니다.

④ 레이어 패널에서 [레이어 스타일(Layer Style)]을 클릭한 후 [선(Stroke)]을 클릭합니다.

⑤ [레이어 스타일(Layer Style)] 대화상자의 [선(Stroke)] 스타일이 나타나면 크기(2)를 입력한 후 색상(Color)을 클릭합니다.

⑥ [색상 피커(Color Picker)] 대화상자가 나타나면 색상(cccccc)을 입력한 후 [확인(OK)] 단추를 클릭합니다.

⑦ [레이어 스타일(Layer Style)] 대화상자의 [선(Stroke)] 스타일이 다시 나타나면 [확인(OK)] 단추를 클릭합니다.

STEP 12 텍스트 작성하기 – 3

① 텍스트를 삽입할 위치를 클릭한 후 "Click"을 입력한 다음 Ctrl+Enter를 누릅니다.

② 옵션 바에서 글꼴(돋움)과 글꼴 크기(13), 글꼴 색(666666)을 지정합니다.

③ 레이어 패널에서 'Click' 레이어를 [새 레이어 추가(Create a new layer)]로 드래그합니다.

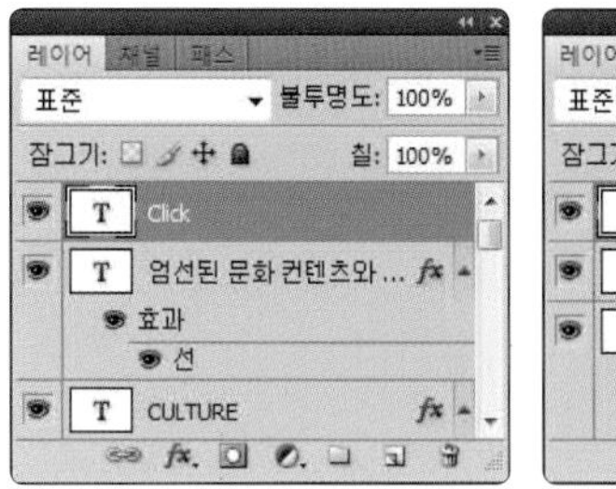

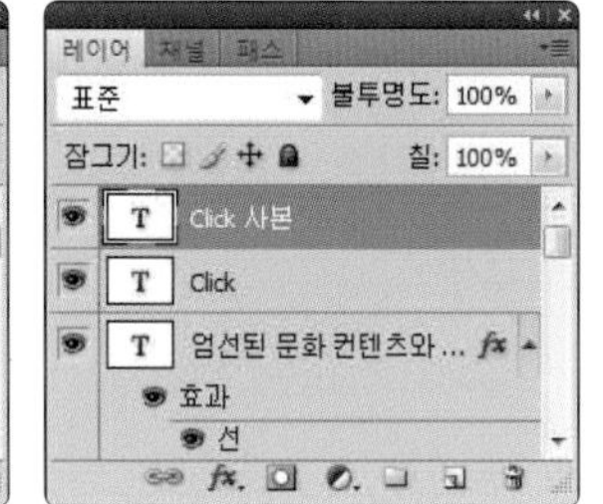

④ 같은 방법으로 레이어 패널에서 'Click 사본' 레이어를 [새 레이어 추가(Create a new layer)]로 드래그합니다.

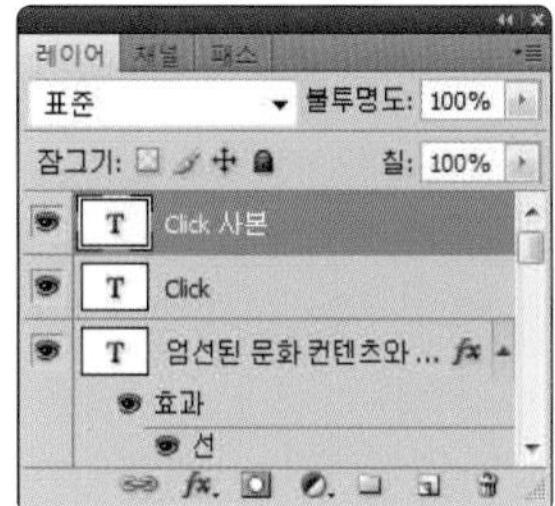

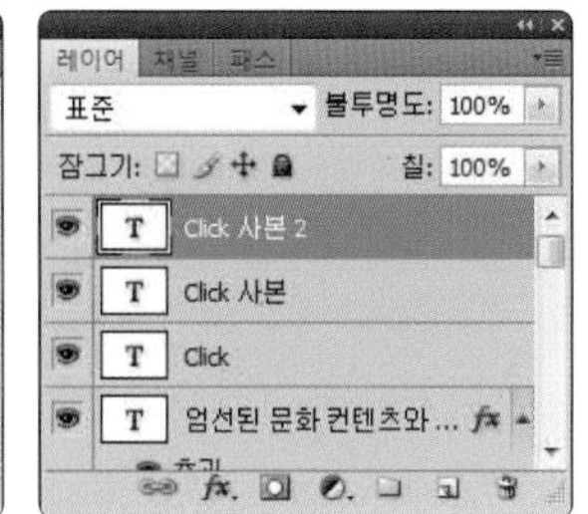

⑤ [도구 상자(Tool Box)]에서 [이동 도구(Move Tool)]를 선택한 후 'Click 사본' 레이어와 'Click 사본 2' 레이어의 위치를 이동합니다.

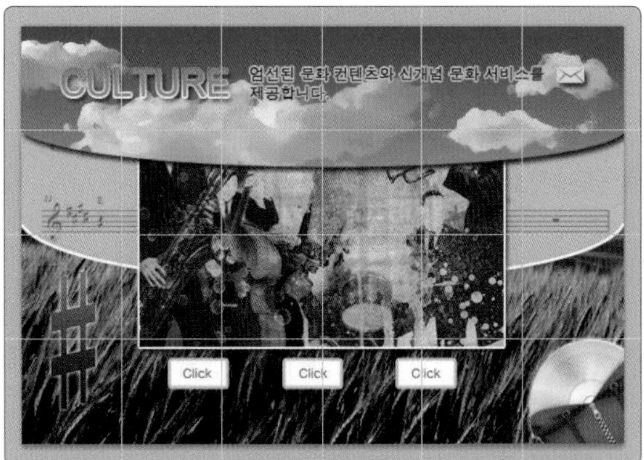

STEP 13 답안 저장 및 전송하기

① 작성한 답안을 저장하기 위해 [파일(File)]-[저장(Save)]을 클릭합니다.

② [다른 이름으로 저장(Save As)] 대화상자가 나타나면 저장 위치(라이브러리₩문서₩GTQ)를 지정한 후 파일 이름(수험번호-성명-문제번호)을 입력한 다음 형식(JPEG (*.JPG;*.JPEG;*.JPE))을 선택하고 [저장] 단추를 클릭합니다.

③ [JPEG 옵션(JPEG Options)] 대화상자가 나타나면 품질(Quality)을 지정한 후 [확인(OK)] 단추를 클릭합니다.

④ PSD 파일로 저장하기 위해 [이미지(Image)]-[이미지 크기(Image Size)]를 클릭합니다.

⑤ [이미지 크기(Image Size)] 대화상자가 나타나면 폭(60)을 입력한 후 [확인(OK)] 단추를 클릭합니다.

⑥ 이미지 크기가 변경되면 [파일(File)]-[저장(Save)]을 클릭합니다.

⑦ [다른 이름으로 저장(Save As)] 대화상자가 나타나면 저장 위치(라이브러리₩문서₩GTQ)를 지정한 후 파일 이름(수험번호-성명-문제번호)을 입력한 다음 형식(Photoshop (*.PSD;*.PDD))를 선택하고 [저장] 단추를 클릭합니다.

⑧ [Photoshop 형식 옵션(Photoshop Format Options)] 대화상자가 나타나면 [확인(OK)] 단추를 클릭합니다.

⑨ 답안을 전송하기 위해 [최소화] 단추를 클릭합니다.

⑩ KOAS 수험자용 프로그램에서 [답안 전송] 단추를 클릭합니다.

⑪ [MessageBox] 대화상자가 나타나면 [예] 단추를 클릭합니다.

⑫ [고사실 PC로 답안 파일 보내기] 대화상자가 나타나면 전송할 파일을 선택한 후 [답안전송] 단추를 클릭합니다.

⑬ [MessageBox] 대화상자가 나타나면 [확인] 단추를 클릭합니다.

⑭ [고사실 PC로 답안 파일 보내기] 대화상자가 다시 나타나면 [닫기] 단추를 클릭합니다.

제 03 회 실전모의고사

02 [기능평가] 사진편집 기초

STEP 01 작업 창 생성 및 이미지 복사하기

① [파일(File)]-[새로 만들기(New)] 메뉴를 클릭합니다.

② [새로 만들기(New)] 대화상자가 나타나면 폭(400)과 높이(500)를 입력한 후 해상도(72)를 입력한 다음 [확인(OK)] 단추를 클릭합니다.

③ 눈금자를 드래그하여 안내선(Guides)을 100 픽셀(pixels) 단위로 작성한 후 액자 제작용 안내선(Guides)을 30 픽셀(pixels)로 작성합니다.

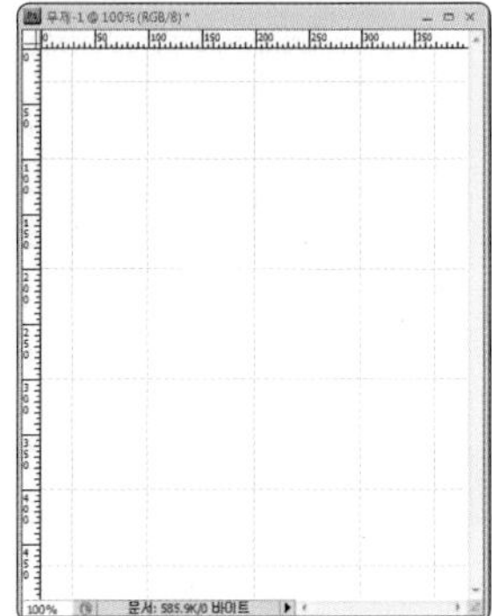

④ [파일(File)]-[열기(Open)]를 클릭합니다.

⑤ [열기(Open)] 대화상자가 나타나면 찾는 위치(라이브러리₩문서₩GTQ₩Image)를 지정한 후 파일(2급-2.jpg)을 선택한 다음 [열기] 단추를 클릭합니다.

⑥ 이미지를 모두 선택(Ctrl+A)한 후 복사(Ctrl+C)를 한 다음 작업 이미지 창을 선택하고 붙여넣기(Ctrl+V)를 실행합니다.

⑦ 이미지가 복사되면 2급-2.jpg 파일의 [닫기] 단추를 클릭합니다.

STEP 02 액자 제작하기

① 도구 상자(Tool Box)에서 전경색 설정(Set foreground color)을 클릭합니다.

② [색상 피커(Color Picker)] 대화상자가 나타나면 색상(ff9900)을 입력한 후 [확인(OK)] 단추를 클릭합니다.

Tip

채색 유리 필터의 테두리 선 색을 지정하기 위해 전경색을 안쪽 테두리 색으로 지정합니다.

③ 도구 상자(Tool Box)에서 [사각형 선택 윤곽 도구(Rectangular Marquee Tool)]를 선택한 후 안내선(Guides)에 맞춰 범위를 지정합니다.

④ 선택 영역이 지정되면 [선택(Select)]-[수정(Modify)]-[매끄럽게(Smooth)]를 클릭합니다.

⑤ [선택 영역 매끄럽게 만들기(Smooth Selection)] 대화상자가 나타나면 샘플 반경(Sample Radius)을 입력한 후 [확인(OK)] 단추를 클릭합니다.

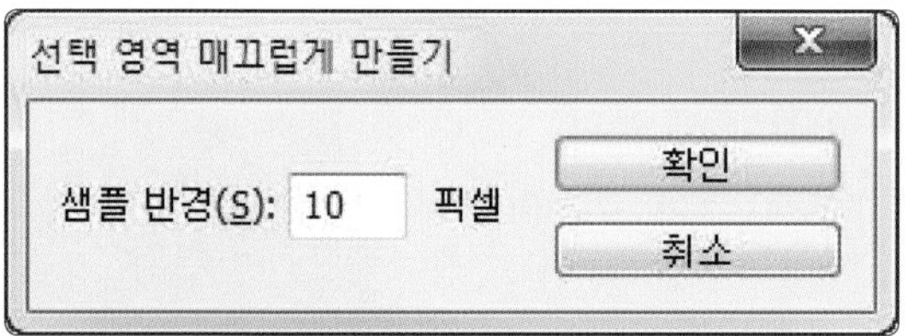

⑥ 선택 영역이 지정되면 [선택(Select)]-[반전(Inverse)]을 클릭합니다.

⑦ 선택 영역이 반전되면 복사(Ctrl+C)한 후 붙여넣기(Ctrl+V)를 합니다.

⑧ 필터를 지정하기 위해 [필터(Filter)]-[텍스처(Texture)]-[채색 유리(Stained Glass)]를 클릭합니다.

⑨ [채색 유리(Stained Glass)] 대화상자가 나타나면 셀 크기(10)와 테두리 두께(4), 밝은 강도(3)를 입력한 후 [확인(OK)] 단추를 클릭합니다.

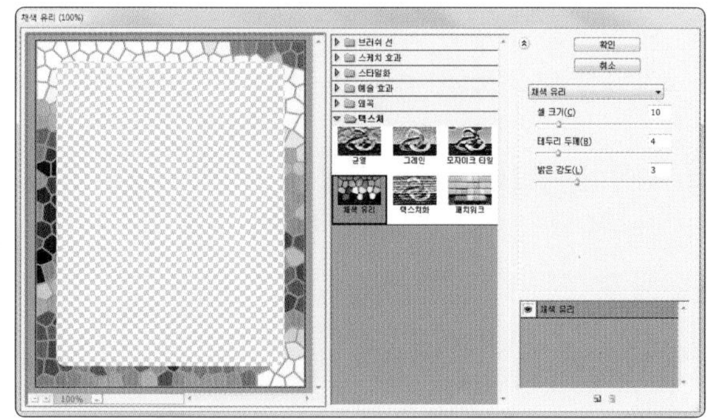

⑩ 안쪽 테두리를 작성하기 위해 레이어 패널에서 Ctrl을 누른 상태에서 '레이어 2' 레이어를 클릭합니다.

⑪ 선택 영역이 지정되면 [선택(Select)]-[반전(Inverse)]을 클릭한 후 [편집(Edit)]-[선(Stroke)]을 클릭합니다.

⑫ [선(Stroke)] 대화상자가 나타나면 폭(5)을 입력한 후 색상을 클릭한 다음 [색상 피커(Color Picker)] 대화상자가 나타나면 색상(ff9900)을 입력하고 [확인(OK)] 단추를 클릭합니다.

⑬ [선(Stroke)] 대화상자가 다시 나타나면 위치(안쪽)을 선택한 후 [확인(OK)] 단추를 클릭합니다.

⑭ 레이어 패널에서 [레이어 스타일(Layer Style)]을 클릭한 후 [그림자 효과(Drop Shadow)]를 클릭합니다.

⑮ [레이어 스타일(Layer Style)] 대화상자의 [그림자 효과(Drop Shadow)] 스타일이 나타나면 속성을 지정한 후 [확인(OK)] 단추를 클릭합니다.

STEP 03 이미지 복사 및 색상 보정하기

① [파일(File)]-[열기(Open)] 메뉴를 클릭한 후 [열기(Open)] 대화상자가 나타나면 파일(2급-3)을 선택한 다음 [열기] 단추를 클릭합니다.

② 도구 상자(Tool Box)에서 [자동 선택 도구(Magic Wand Tool)]를 선택한 후 옵션 바에서 허용치(Tolerance)에 '10'을 입력합니다.

③ 흰색 빈 공간을 클릭하여 선택 영역으로 지정한 후 [선택(Select)]-[반전(Inverse)]을 클릭합니다.

④ 피망을 복사(Ctrl+C)한 후 작업 이미지 창을 선택합니다.

⑤ 레이어 패널에서 '레이어 1' 레이어를 선택한 후 붙여넣기(Ctrl+V)를 합니다.

⑥ 도구 상자(Tool Box)에서 [이동 도구(Move Tool)]를 선택한 후 드래그하여 위치를 이동합니다.

⑦ 색상을 보정하기 위해 레이어 패널에서 Ctrl를 누른 상태에서 '레이어 3' 레이어를 클릭한 후 지구본이 선택영역으로 지정되면 [새 칠 또는 조정 레이어(Create new fill or adjustment layer)]-[색조/채도(Hue/Saturation)]를 클릭합니다.

⑧ [색조/채도(Hue/Saturation)] 패널이 표시되면 색조(-50)와 채도(0), 밝기(0)를 조절하여 이미지를 빨간색 계열로 조정합니다.

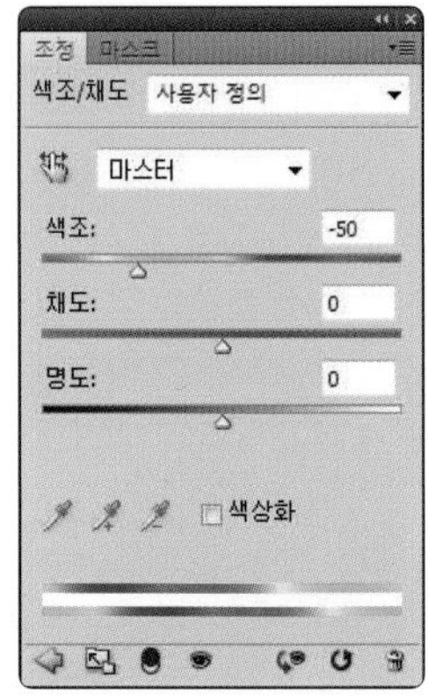

⑨ 레이어 패널에서 [레이어 스타일(Layer Style)]을 클릭한 후 [내부 그림자(Inner Shadow)]를 클릭합니다.

※ 레이어 패널의 목록이 표시되지 않을 경우 레이어 패널 이름을 더블 클릭하면 목록이 표시됩니다.

⑩ [레이어 스타일(Layer Style)] 대화상자의 [내부 그림자(Inner Shadow)] 스타일이 나타나면 속성을 지정한 후 [확인(OK)] 단추를 클릭합니다.

STEP 04 이미지 복사 및 레이어 스타일 적용하기

① [파일(File)]-[열기(Open)]를 클릭한 후 [열기(Open)] 대화상자가 나타나면 파일(2급-4)을 선택한 다음 [열기] 단추를 클릭합니다.

② 이미지 파일이 나타나면 도구 상자(Tool Box)에서 [자석 올가미 도구(Magnetic Lasso Tool)]를 선택한 후 옵션 바에서 빈도 수(100)를 지정합니다.

③ 시작 지점을 클릭한 후 마우스를 드래그하여 접시를 선택 영역으로 지정합니다.

④ 접시를 복사(Ctrl+C)한 후 작업 이미지 창의 '레이어2'를 선택한 다음 붙여넣기(Ctrl+V)를 하고 '2급-4.jpg' 파일의 [닫기] 단추를 클릭합니다.

⑤ 접시의 크기를 조절하기 위해 [편집(Edit)]-[자유 변형(Free Transform)]을 클릭합니다.

⑥ 크기 조절점이 나타나면 조절점을 드래그하여 회전 및 크기를 조절한 후 Enter를 누릅니다.

⑦ 레이어 패널에서 [레이어 스타일(Layer Style)]을 클릭한 후 [그림자 효과(Drop Shadow)]를 클릭합니다.

⑧ [레이어 스타일(Layer Style)] 대화상자의 [그림자 효과(Drop Shadow)] 스타일이 나타나면 속성을 지정한 후 [확인(OK)] 단추를 클릭합니다.

STEP 05 텍스트 작성하기

① 도구 상자(Tool Box)에서 [수평 문자 도구(Horizontal Type Tool)]를 선택한 후 옵션 바에서 글꼴(돋움)과 글꼴 크기(40), 글꼴 색(663399)를 지정합니다.

② 텍스트를 삽입할 위치를 클릭한 후 "요리 교실"을 입력한 다음 Ctrl+Enter를 누릅니다.

③ 레이어 패널에서 [레이어 스타일(Layer Style)]을 클릭한 후 [선(Stroke)]을 클릭합니다.

④ [레이어 스타일(Layer Style)] 대화상자의 [선(Stroke)] 스타일이 나타나면 크기(2)를 입력한 후 색상(Color)을 클릭합니다.

⑤ [색상 피커(Color Picker)] 대화상자가 나타나면 색상(ffffff)을 입력한 후 [확인(OK)] 단추를 클릭합니다.

⑥ [레이어 스타일(Layer Style)] 대화상자의 [선(Stroke)] 스타일이 다시 나타나면 [확인(OK)] 단추를 클릭합니다.

⑦ 텍스트에 변형을 주기 위해 옵션 바에서 [텍스트 변형(Warp Text)]을 클릭합니다.

⑧ [텍스트 변형(Warp Text)] 대화상자가 나타나면 스타일(깃발)을 선택한 후 구부리기(+50)를 지정한 다음 [확인(OK)] 단추를 클릭합니다.

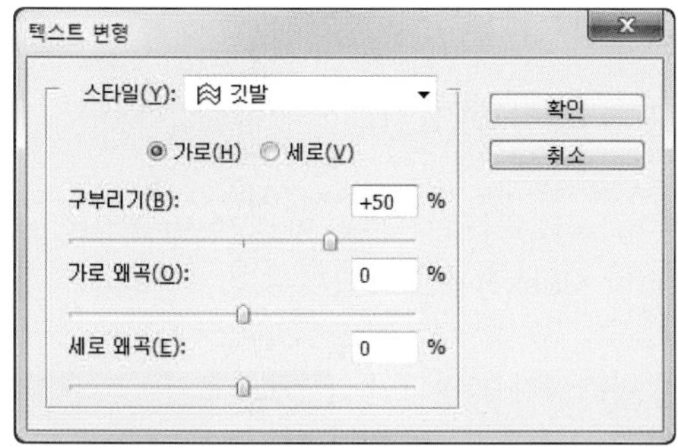

⑨ 도구 상자(Tool Box)에서 [이동 도구(Move Tool)]를 선택한 후 드래그하여 위치를 이동합니다.

STEP 06 답안 저장 및 전송하기

① 작성한 답안을 저장하기 위해 [파일(File)]-[저장(Save)]을 클릭합니다.

② [다른 이름으로 저장(Save As)] 대화상자가 나타나면 저장 위치(라이브러리₩문서₩GTQ)를 지정한 후 파일 이름(수험번호-성명-문제번호)을 입력한 다음 형식(JPEG (*.JPG;*.JPEG;*.JPE))을 선택하고 [저장] 단추를 클릭합니다.

③ [JPEG 옵션(JPEG Options)] 대화상자가 나타나면 품질(Quality)을 지정한 후 [확인(OK)] 단추를 클릭합니다.

④ PSD 파일로 저장하기 위해 [이미지(Image)]-[이미지 크기(Image Size)]를 클릭합니다.

⑤ [이미지 크기(Image Size)] 대화상자가 나타나면 폭(40)을 입력한 후 [확인(OK)] 단추를 클릭합니다.

⑥ 이미지 크기가 변경되면 [파일(File)]-[저장(Save)]을 클릭합니다.

⑦ [다른 이름으로 저장(Save As)] 대화상자가 나타나면 저장 위치(라이브러리₩문서₩GTQ)를 지정한 후 파일 이름(수험번호-성명-문제번호)을 입력한 다음 형식(Photoshop (*.PSD;*.PDD))를 선택하고 [저장] 단추를 클릭합니다.

⑧ [Photoshop 형식 옵션(Photoshop Format Options)] 대화상자가 나타나면 [확인(OK)] 단추를 클릭합니다.

⑨ 답안을 전송하기 위해 [최소화] 단추를 클릭합니다.

⑩ KOAS 수험자용 프로그램에서 [답안 전송] 단추를 클릭합니다.

⑪ [MessageBox] 대화상자가 나타나면 [예] 단추를 클릭합니다.

⑫ [고사실 PC로 답안 파일 보내기] 대화상자가 나타나면 전송할 파일을 선택한 후 [답안전송] 단추를 클릭합니다.

Tip

전송할 파일이 존재하는지 확인한 후 [답안 전송] 단추를 클릭합니다. [존재]가 '없음'으로 표시되면 파일이 없거나 파일 이름이 잘못 입력된 것입니다.

⑬ [MessageBox] 대화상자가 나타나면 [확인] 단추를 클릭합니다.

⑭ [고사실 PC로 답안 파일 보내기] 대화상자가 다시 나타나면 [닫기] 단추를 클릭합니다.

Tip

전송한 파일의 상태 여부가 '성공'으로 표시되는지 확인합니다.

제05회 실전모의고사

04 [실무응용] 이벤트 페이지 제작

STEP 01 구름 모양 도형 작성 및 레이어 마스크 작성하기

① 도구 상자(Tool Box)에서 [사용자 정의 모양 도구(Custom Shape Tool)]를 선택한 후 옵션 바에서 [사용자 정의 모양 피커(Click to open Custom shape picker)]의 목록 단추를 클릭합니다.

② 사용자 정의 모양이 나타나면 [팝업 메뉴 단추]-[자연(Nature)]을 클릭합니다.

③ [현재 모양을 자연.csh의 모양으로 대체하시겠습니까?]라고 묻는 대화상자가 나타나면 [확인(OK)] 단추를 클릭합니다.

④ 사용자 정의 모양이 자연(Nature)으로 변경되면 [구름 1(Cloud 1)]을 클릭합니다.

⑤ 마우스 포인터 모양이 + 모양으로 변경되면 구름 모양을 삽입하고자 하는 위치를 드래그합니다.

⑥ 레이어 패널에서 fx.[레이어 스타일(Layer Style)]을 클릭한 후 [선(Stroke)]을 클릭합니다.

⑦ [레이어 스타일(Layer Style)] 대화상자의 [선(Stroke)] 스타일이 나타나면 크기(3)를 입력한 후 색상(Color)을 클릭합니다.

⑧ [색상 피커(Color Picker)] 대화상자가 나타나면 색상(ffffff)을 입력한 후 [확인(OK)] 단추를 클릭합니다.

⑨ [레이어 스타일(Layer Style)] 대화상자의 [선(Stroke)] 스타일이 다시 나타나면 [그림자 효과(Drop Shadow)]를 클릭합니다.

⑩ [레이어 스타일(Layer Style)] 대화상자의 [그림자 효과(Drop Shadow)] 스타일이 나타나면 속성을 지정한 후 [확인(OK)] 단추를 클릭합니다.

⑪ [파일(File)]-[열기(Open)]를 클릭한 후 [열기(Open)] 대화상자가 나타나면 파일(2급-12)을 선택한 다음 [열기] 단추를 클릭합니다.

⑫ 이미지를 모두 선택(Ctrl+A)한 후 복사(Ctrl+C)를 하고 작업 이미지 창을 선택한 후 붙여넣기(Ctrl+V)를 실행한 다음 이미지 파일을 닫습니다.

⑬ [편집(Edit)]-[자유 변형(Free Transform)]을 클릭한 후 크기 조절점을 드래그하여 크기 및 위치를 조절합니다.

⑭ 필터를 지정하기 위해 [필터(Filter)]-[텍스처(Texture)]-[텍스처화(Texturizer)]를 클릭합니다.

⑮ [텍스처화(Texturizer)] 대화상자가 나타나면 속성을 지정한 후 [확인(OK)] 단추를 클릭합니다.

⑯ [레이어(Layer)]-[클리핑 마스크 만들기(Create Clipping Mask)]를 클릭합니다.

⑰ 클리핑 마스크가 지정되면 이미지를 이동하여 위치를 조절합니다.

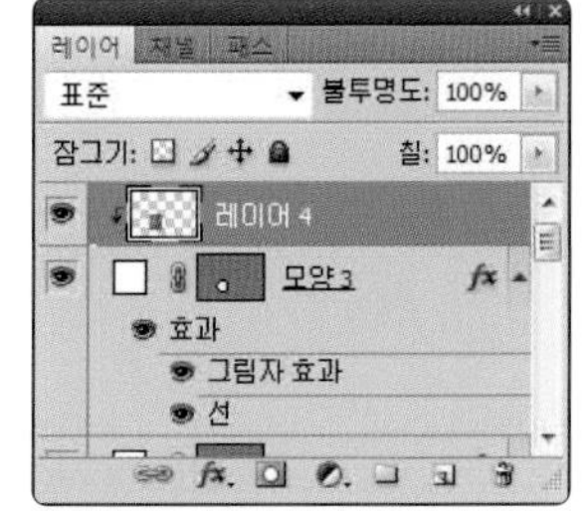

STEP 02 텍스트 작성하기

① 도구 상자(Tool Box)에서 T.[수평 문자 도구(Horizontal Type Tool)]를 선택한 후 옵션 바에서 글꼴(바탕)과 글꼴 크기(25), 글꼴 색(00cccc)를 지정합니다.

② 텍스트를 삽입할 위치를 클릭한 후 "Natural & Organic"을 입력한 다음 Ctrl+Enter를 누릅니다.

③ 레이어 패널에서 fx.[레이어 스타일(Layer Style)]을 클릭한 후 [그림자 효과(Drop Shadow)]를 클릭합니다.

④ [레이어 스타일(Layer Style)] 대화상자의 [그림자 효과(Drop Shadow)] 스타일이 나타나면 속성을 지정한 후 [선(Stroke)]을 클릭합니다.

⑤ [레이어 스타일(Layer Style)] 대화상자의 [선(Stroke)] 스타일이 나타나면 크기(2)를 입력한 후 색상(Color)을 클릭합니다.

⑥ [색상 피커(Color Picker)] 대화상자가 나타나면 색상(ffffff)을 입력한 후 [확인(OK)] 단추를 클릭합니다.

⑦ [레이어 스타일(Layer Style)] 대화상자의 [선(Stroke)] 스타일이 다시 나타나면 [확인(OK)] 단추를 클릭합니다.

⑧ 텍스트에 변형을 주기 위해 옵션 바에서 [텍스트 변형(Warp Text)]을 클릭합니다.

⑨ [텍스트 변형(Warp Text)] 대화상자가 나타나면 스타일(부채꼴)을 선택한 후 구부리기(+68)를 지정한 다음 [확인(OK)] 단추를 클릭합니다.

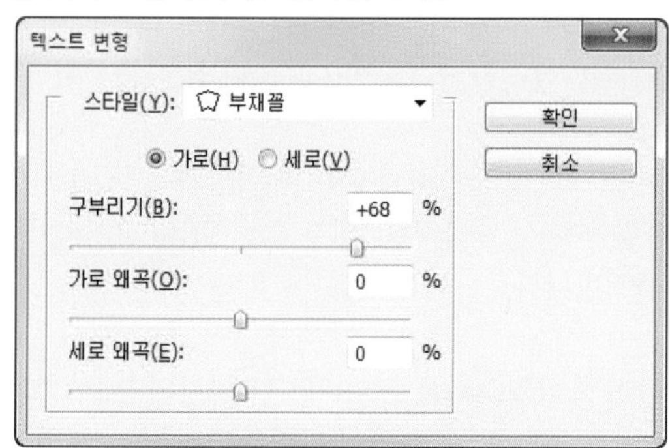

⑩ 도구 상자(Tool Box)에서 [이동 도구(Move Tool)]를 선택한 후 드래그하여 위치를 이동합니다.

제07회 실전모의고사

04 [실무응용] 이벤트 페이지 제작

STEP 01 이미지 복사 및 레이어 스타일 적용하기

① [파일(File)]-[열기(Open)]를 클릭한 후 [열기(Open)] 대화상자가 나타나면 파일(2급-10)을 선택한 다음 [열기] 단추를 클릭합니다.

② 도구 상자(Tool Box)에서 [돋보기 도구(Zoom Tool)]를 선택한 후 Alt를 누른 상태에서 클릭하여 축소합니다.

③ 도구 상자(Tool Box)에서 [타원 도구(Ellipse Tool)]를 선택한 후 드래그하여 도형을 작성합니다.

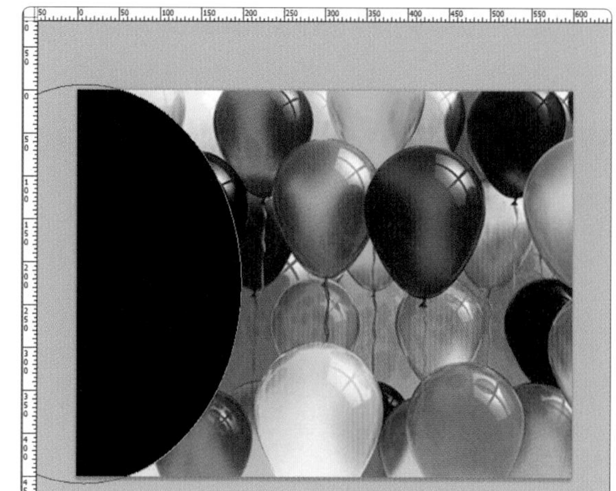

④ 레이어 패널에서 '모양 1' 레이어를 Ctrl을 누른 상태에서 클릭합니다.

⑤ 레이어 패널에서 '배경' 레이어를 선택한 후 선택 영역을 복사(Ctrl+C)한 다음 작업 창에 붙여넣기(Ctrl+V)합니다.

⑥ 도구 상자(Tool Box)에서 [이동 도구(Move Tool)]를 선택한 후 위치를 이동합니다.

⑦ 레이어 패널에서 [fx][레이어 스타일(Layer Style)]을 클릭한 후 [그림자 효과(Drop Shadow)]를 클릭합니다.

⑧ [레이어 스타일(Layer Style)] 대화상자의 [그림자 효과(Drop Shadow)] 스타일이 나타나면 속성을 지정한 후 [확인(OK)] 단추를 클릭합니다.

STEP 02 이미지 복사 및 레이어 스타일 적용하기

① [파일(File)]-[열기(Open)]를 클릭한 후 [열기(Open)] 대화상자가 나타나면 파일(2급-11)을 선택한 다음 [열기] 단추를 클릭합니다.

② 도구 상자(Tool Box)에서 [돋보기 도구(Zoom Tool)]를 선택한 후 Alt를 누른 상태에서 클릭하여 축소합니다.

③ 도구 상자(Tool Box)에서 [타원 도구(Ellipse Tool)]를 선택한 후 드래그하여 도형을 작성합니다.

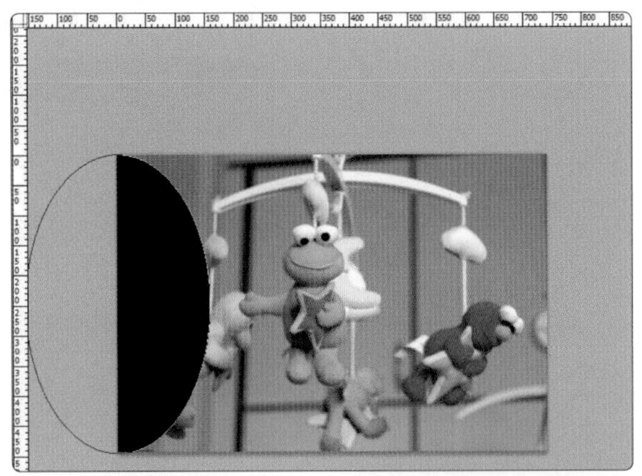

④ 레이어 패널에서 '모양 1' 레이어를 Ctrl을 누른 상태에서 클릭합니다.

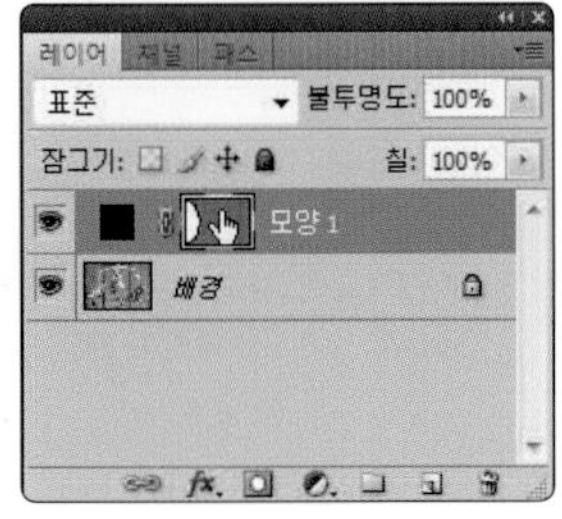

⑤ 선택 영역이 지정되면 [선택(Select)]-[반전(Inverse)]을 클릭합니다.

⑥ 레이어 패널에서 '배경' 레이어를 선택한 후 선택 영역을 복사(Ctrl+C)한 다음 작업 창에 붙여넣기(Ctrl+V)합니다.

⑦ 도구 상자(Tool Box)에서 [이동 도구(Move Tool)]를 선택한 후 위치를 이동합니다.

⑧ 필터를 지정하기 위해 [필터(Filter)]-[예술 효과(Artistic)]-[드라이 브러쉬(Dry Brush)]를 클릭합니다.

⑨ [드라이 브러쉬(Dry Brush)] 대화상자가 나타나면 속성을 지정한 후 [확인(OK)] 단추를 클릭합니다.

⑩ 레이어 패널에서 [fx][레이어 스타일(Layer Style)]을 클릭한 후 [선(Stroke)]을 클릭합니다.

⑪ [레이어 스타일(Layer Style)] 대화상자의 [선(Stroke)] 스타일이 나타나면 크기(2)를 입력한 후 색상(Color)을 클릭합니다.

⑫ [색상 피커(Color Picker)] 대화상자가 나타나면 색상(ffffff)을 입력한 후 [확인(OK)] 단추를 클릭합니다.

⑬ [레이어 스타일(Layer Style)] 대화상자의 [선(Stroke)] 스타일이 다시 나타나면 [내부 그림자(Inner Shadow)]를 클릭합니다.

⑭ [레이어 스타일(Layer Style)] 대화상자의 [내부 그림자(Inner Shadow)] 스타일이 나타나면 속성을 지정한 후 [확인(OK)] 단추를 클릭합니다.

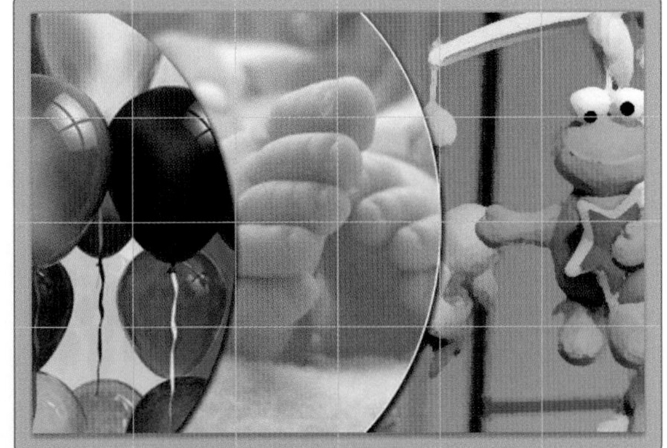

Chapter 02 최신기출문제

제01회 최신기출문제

01 [기능평가] Tool(도구) 활용

STEP 01 작업 창 생성 및 이미지 복사하기

① Adobe Photoshop CS4를 실행하기 위해 [시작]-[모든 프로그램]-[Adobe Photoshop CS4]를 클릭합니다.

② Adobe Photoshop CS4 프로그램이 실행되면 [파일(File)]-[새로 만들기(New)] 메뉴를 클릭합니다.

③ [새로 만들기(New)] 대화상자가 나타나면 폭(Width)과 높이(Height)를 입력한 후 해상도(Resolution)를 입력한 다음 [확인(OK)] 단추를 클릭합니다.

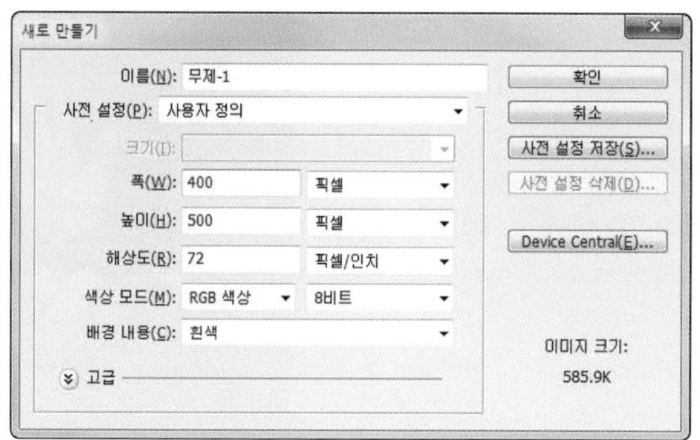

④ 눈금자를 드래그하여 안내선(Guides)을 100 픽셀(pixels) 단위로 작성합니다.

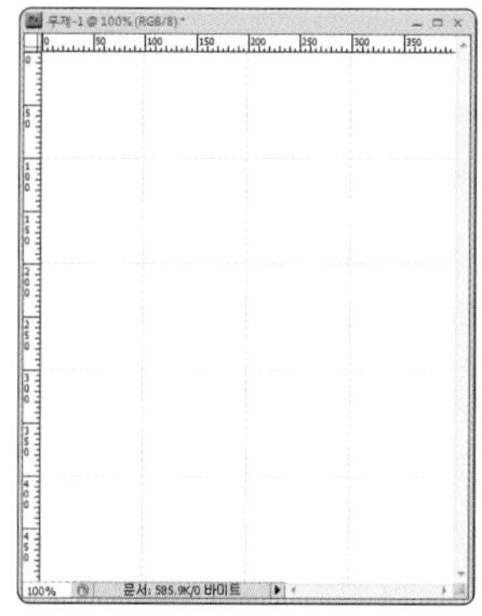

⑤ [파일(File)]-[열기(Open)]를 클릭합니다.

⑥ [열기(Open)] 대화상자가 나타나면 찾는 위치(라이브러리₩문서₩GTQ₩Image)를 지정한 후 파일(2급-1.jpg)을 선택한 다음 [열기] 단추를 클릭합니다.

⑦ 이미지를 모두 선택(Ctrl+A)한 후 복사(Ctrl+C)한 다음 작업 이미지 창을 선택한 후 붙여넣기(Ctrl+V)를 실행합니다.

⑧ 이미지가 복사되면 2급-1.jpg 파일의 [닫기] 단추를 클릭합니다.

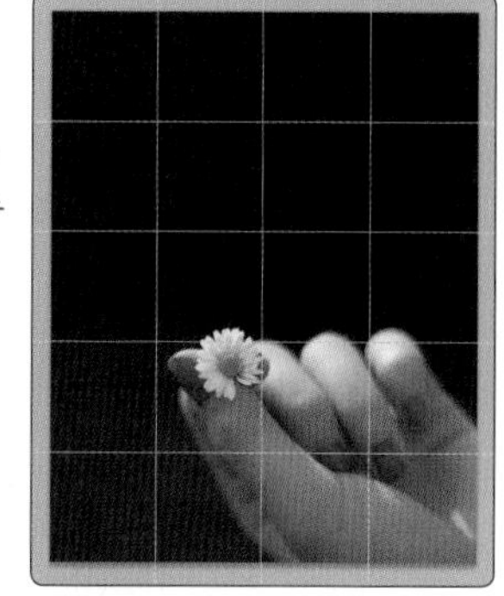

STEP 02 이미지 복사 및 변형하기

① 도구 상자(Tool Box)에서 [돋보기 도구(Zoom Tool)]를 선택한 후 펜 부분을 드래그합니다.

② 이미지가 확대되면 도구 상자(Tool Box)에서 [자석 올가미 도구(Magnetic Lasso Tool)]를 선택한 후 옵션 바에서 빈도 수(100)를 지정합니다.

③ 시작 지점을 클릭한 후 펜을 따라 마우스를 드래그하여 선택 영역으로 지정합니다.

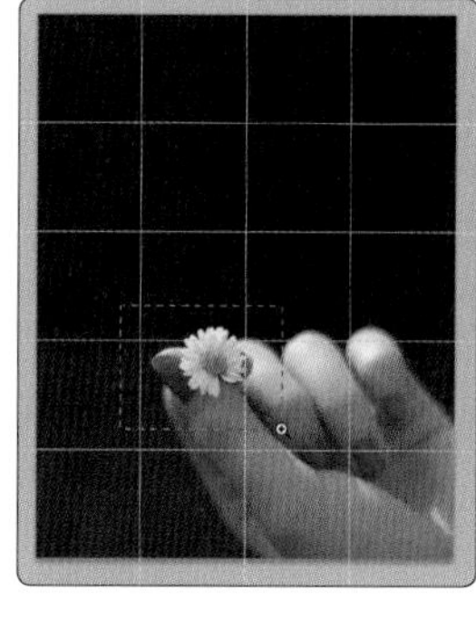

④ 화면 배율을 100%로 지정한 후 꽃을 복사(Ctrl+C)한 다음 붙여넣기(Ctrl+V)를 합니다.

Tip

화면 배율 지정

- Ctrl+[+] : 100%씩 화면 배율을 확대
- Ctrl+[-] : 100%씩 화면 배율을 축소
- Ctrl+0 : 이미지 창 크기에 맞게 화면 배율을 지정
- Ctrl+Alt+0 : 현재 화면 배율에 관계없이 화면 배율을 원본 이미지의 100%로 지정

⑤ 도구 상자(Tool Box)에서 [이동 도구(Move Tool)를 선택한 후 드래그하여 복사된 꽃 이미지의 위치를 이동합니다.

⑥ 복사된 꽃의 크기를 조절하기 위해 [편집(Edit)]-[자유 변형(Free Transform)]을 클릭합니다.

⑦ 크기 조절점이 나타나면 조절점을 드래그하여 크기를 조절합니다.

STEP 03 오른손 모양 도형 작성하기

① 도구 상자(Tool Box)에서 [사용자 정의 모양 도구(Custom Shape Tool)]를 선택한 후 옵션 바에서 [사용자 정의 모양 피커(Click to open Custom shape picker)]의 목록 단추를 클릭합니다.

② 사용자 정의 모양이 나타나면 [팝업 메뉴 단추]-[물건(Objects)]를 클릭합니다.

③ [현재 모양을 물건.csh의 모양으로 대체하시겠습니까?]라고 묻는 대화상자가 나타나면 [확인(OK)] 단추를 클릭합니다.

④ 사용자 정의 모양이 물건(Objects)으로 변경되면 [오른손(Right Hand)]을 클릭합니다.

⑤ 마우스 포인터 모양이 + 모양으로 변경되면 오른손 모양을 삽입하고자 하는 위치를 드래그합니다.

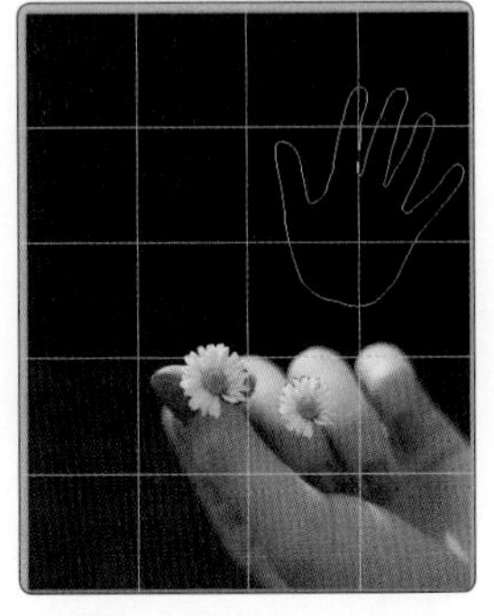

⑥ 오른손 모양에 색상을 지정하기 위해 레이어 패널의 [레이어 축소판(Layer thumbnail)]을 더블클릭합니다.

⑦ [색상 피커(Color Picker)] 대화상자가 나타나면 색상(ffcccc)을 입력한 후 [확인(OK)] 단추를 클릭합니다.

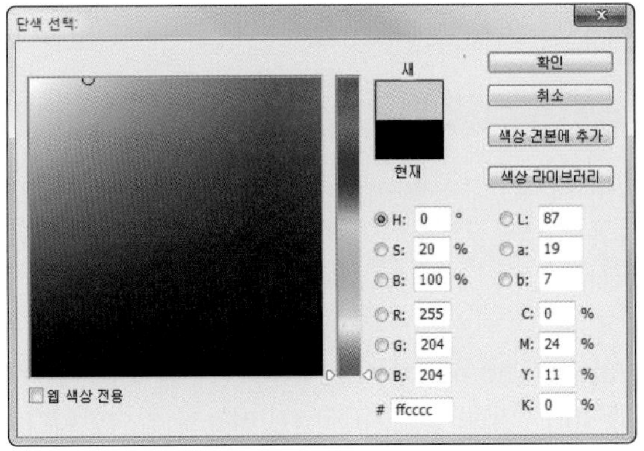

⑧ 레이어 패널에서 [레이어 스타일(Layer Style)]을 클릭한 후 [외부 광선(Outer Glow)]을 클릭합니다.

⑨ [레이어 스타일(Layer Style)] 대화상자의 [외부 광선(Outer Glow)] 스타일이 나타나면 속성을 지정한 후 [확인(OK)] 단추를 클릭합니다.

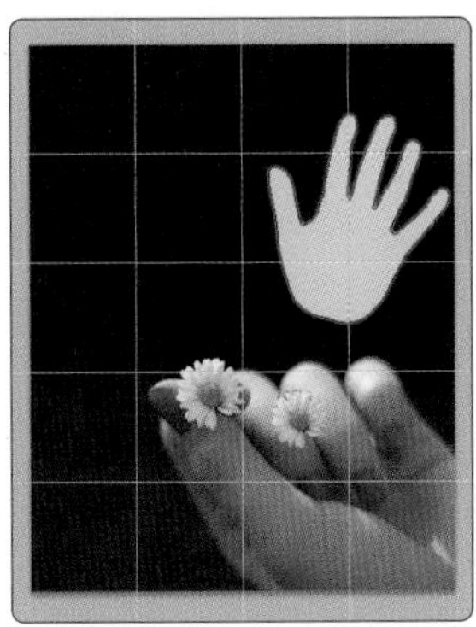

STEP 04 꽃 모양 도형 작성하기

① [사용자 정의 모양 도구(Custom Shape Tool)]가 선택된 상태에서 옵션 바의 [사용자 정의 모양 피커(Click to open Custom shape picker)] 목록 단추를 클릭합니다.

② 사용자 정의 모양이 나타나면 [팝업 메뉴 단추]-[자연(Nature)]를 클릭합니다.

③ [현재 모양을 자연.csh의 모양으로 대체하시겠습니까?]라고 묻는 대화상자가 나타나면 [확인(OK)] 단추를 클릭합니다.

④ 사용자 정의 모양이 자연(Nature)으로 변경되면 [꽃 4(Flower 4)]를 클릭합니다.

⑤ 마우스 포인터 모양이 + 모양으로 변경되면 꽃 모양을 삽입하고자 하는 위치를 드래그합니다.

⑥ 레이어 패널에서 '모양 2' 레이어의 아래쪽 '효과'를 [휴지통(Delete layer)]으로 드래그하여 이전 효과를 삭제합니다.

⑦ 리본 모양에 색상을 지정하기 위해 레이어 패널의 [레이어 축소판(Layer thumbnail)]을 더블클릭합니다.

⑧ [색상 피커(Color Picker)] 대화상자가 나타나면 색상(ff3333)을 입력한 후 [확인(OK)] 단추를 클릭합니다.

⑨ 레이어 패널에서 [레이어 스타일(Layer Style)]을 클릭한 후 [그림자 효과(Drop Shadow)]를 클릭합니다.

⑩ [레이어 스타일(Layer Style)] 대화상자의 [그림자 효과(Drop Shadow)] 스타일이 나타나면 속성을 지정한 후 [확인(OK)] 단추를 클릭합니다.

⑪ 레이어 패널에서 '모양 2' 레이어를 [새 레이어 추가(Create a new layer)]로 드래그합니다.

⑫ 복사된 도형의 크기를 조절하기 위해 [편집(Edit)]-[패스 자유 변형(Free Transform Path)]을 클릭합니다.

⑬ 크기 조절점이 나타나면 조절점을 드래그하여 크기를 조절한 후 Enter를 누릅니다.

⑭ 도구 상자(Tool Box)에서 [이동 도구(Move Tool)]를 선택한 후 위치를 이동합니다.

⑮ 복사된 꽃 장식 모양에 색상을 지정하기 위해 레이어 패널의 [레이어 축소판(Layer thumbnail)]을 더블클릭합니다.

⑯ [색상 피커(Color Picker)] 대화상자가 나타나면 색상(ff6666)을 입력한 후 [확인(OK)] 단추를 클릭합니다.

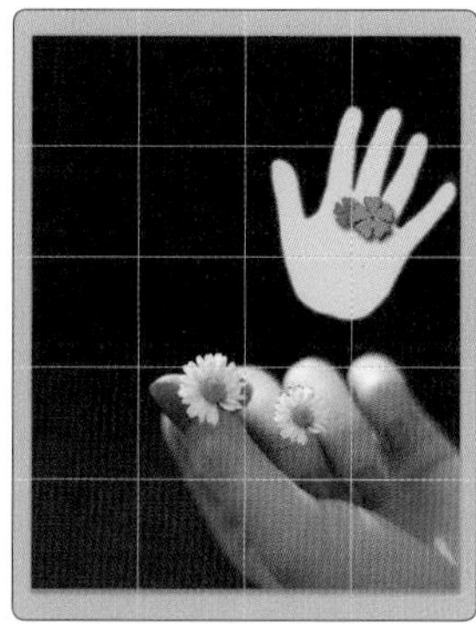

STEP 05 텍스트 작성하기

① 도구 상자(Tool Box)에서 [수평 문자 도구(Horizontal Type Tool)]를 선택한 후 옵션 바에서 글꼴(궁서)과 글꼴 크기(36), 글꼴 색(ffffcc)을 지정합니다.

② 텍스트를 삽입할 위치를 클릭한 후 "예쁜 손"을 입력한 다음 Ctrl+Enter를 누릅니다.

③ "손"을 드래그하여 블록으로 지정한 후 글꼴 크기(72)를 지정합니다.

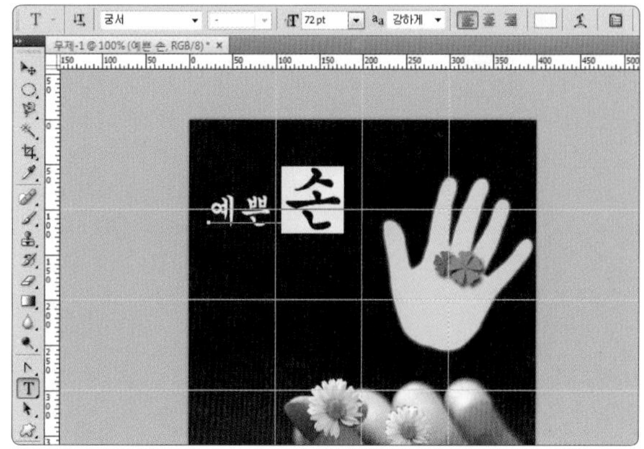

④ 레이어 패널에서 [레이어 스타일(Layer Style)]을 클릭한 후 [선(Stroke)]을 클릭합니다.

⑤ [레이어 스타일(Layer Style)] 대화상자의 [선(Stroke)] 스타일이 나타나면 크기(1)를 입력한 후 색상(Color)을 클릭합니다.

⑥ [색상 피커(Color Picker)] 대화상자가 나타나면 색상(ff6666)을 입력한 후 [확인(OK)] 단추를 클릭합니다.

⑦ [레이어 스타일(Layer Style)] 대화상자의 [선(Stroke)] 스타일이 다시 나타나면 [확인(OK)] 단추를 클릭합니다.

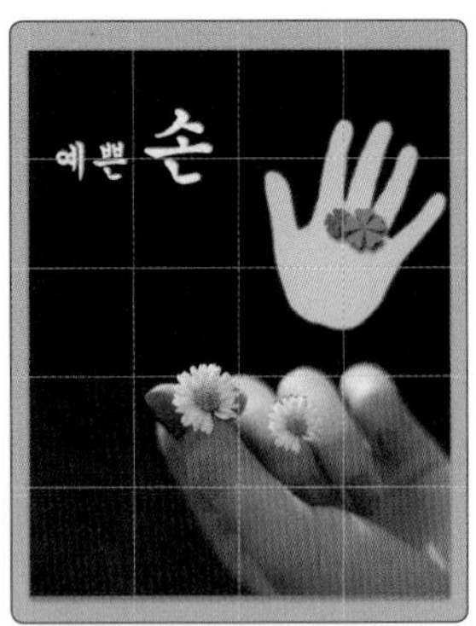

STEP 06 답안 저장 및 전송하기

① 작성한 답안을 저장하기 위해 [파일(File)]-[저장(Save)]을 클릭합니다.

② [다른 이름으로 저장(Save As)] 대화상자가 나타나면 저장 위치(라이브러리₩문서₩GTQ)를 지정한 후 파일 이름(수험번호-성명-문제번호)을 입력한 다음 형식(JPEG (*.JPG;*.JPEG;*.JPE))을 선택하고 [저장] 단추를 클릭합니다.

③ [JPEG 옵션(JPEG Options)] 대화상자가 나타나면 품질(Quality)을 지정한 후 [확인(OK)] 단추를 클릭합니다.

④ PSD 파일로 저장하기 위해 [이미지(Image)]-[이미지 크기(Image Size)]를 클릭합니다.

⑤ [이미지 크기(Image Size)] 대화상자가 나타나면 폭(40)을 입력한 후 [확인(OK)] 단추를 클릭합니다.

⑥ 이미지 크기가 변경되면 [파일(File)]-[저장(Save)]을 클릭합니다.

⑦ [다른 이름으로 저장(Save As)] 대화상자가 나타나면 저장 위치(라이브러리₩문서₩GTQ)를 지정한 후 파일 이름(수험번호-성명-문제번호)을 입력한 다음 형식(Photoshop (*.PSD;*.PDD))를 선택하고 [저장] 단추를 클릭합니다.

⑧ [Photoshop 형식 옵션(Photoshop Format Options)] 대화상자가 나타나면 [확인(OK)] 단추를 클릭합니다.

⑨ 답안을 전송하기 위해 [최소화] 단추를 클릭합니다.

⑩ KOAS 수험자용 프로그램에서 [답안 전송] 단추를 클릭합니다.

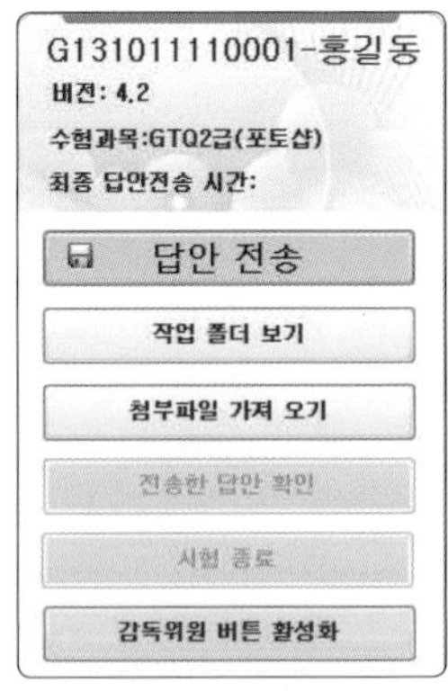

⑪ [MessageBox] 대화상자가 나타나면 [예] 단추를 클릭합니다.

⑫ [고사실 PC로 답안 파일 보내기] 대화상자가 나타나면 전송할 파일을 선택한 후 [답안전송] 단추를 클릭합니다.

Tip

전송할 파일이 존재하는지 확인한 후 [답안 전송] 단추를 클릭합니다. [존재]가 '없음'으로 표시되면 파일이 없거나 파일 이름이 잘못 입력된 것입니다.

⑬ [MessageBox] 대화상자가 나타나면 [확인] 단추를 클릭합니다.

⑭ [고사실 PC로 답안 파일 보내기] 대화상자가 다시 나타나면 [닫기] 단추를 클릭합니다.

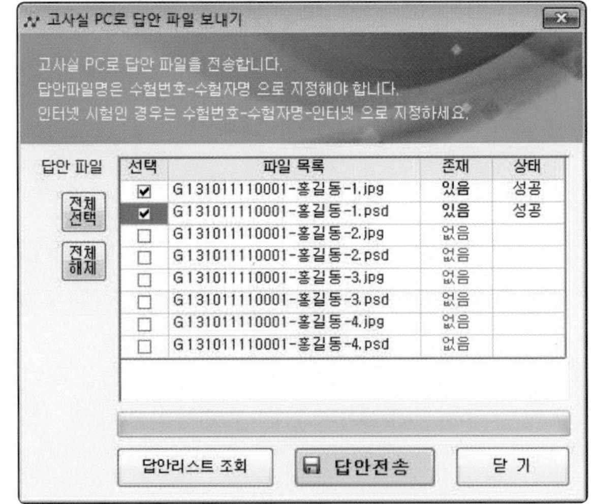

Tip

전송한 파일의 상태 여부가 '성공'으로 표시되는지 확인합니다.

02 [기능평가] 사진편집 기초

STEP 01 작업 창 생성 및 이미지 복사하기

① [파일(File)]-[새로 만들기(New)] 메뉴를 클릭합니다.

② [새로 만들기(New)] 대화상자가 나타나면 폭(400)과 높이(500)를 입력한 후 해상도(72)를 입력한 다음 [확인(OK)] 단추를 클릭합니다.

③ 눈금자를 드래그하여 안내선(Guides)을 100 픽셀(pixels) 단위로 작성한 후 액자 제작용 안내선(Guides)을 30 픽셀(pixels)로 작성합니다.

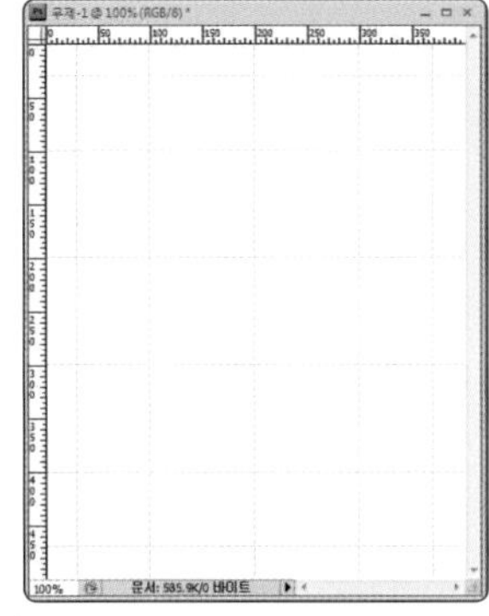

④ [파일(File)]-[열기(Open)]를 클릭합니다.

⑤ [열기(Open)] 대화상자가 나타나면 찾는 위치(라이브러리₩문서₩GTQ₩Image)를 지정한 후 파일(2급-2.jpg)을 선택한 다음 [열기] 단추를 클릭합니다.

⑥ 이미지를 모두 선택(Ctrl+A)한 후 복사(Ctrl+C)한 다음 작업 이미지 창을 선택하고 붙여넣기(Ctrl+V)를 실행합니다.

⑦ 이미지가 복사되면 2급-2.jpg 파일의 ×[닫기] 단추를 클릭합니다.

STEP 02 액자 제작하기

① 도구 상자(Tool Box)에서 전경색 설정(Set foreground color)을 클릭합니다.

② [색상 피커(Color Picker)] 대화상자가 나타나면 색상(ffffff)을 입력한 후 [확인(OK)] 단추를 클릭합니다.

③ 도구 상자(Tool Box)에서 [사각형 선택 윤곽 도구(Rectangular Marquee Tool)]를 선택한 후 안내선(Guides)에 맞춰 범위를 지정합니다.

④ 선택 영역이 지정되면 [선택(Select)]-[수정(Modify)]-[매끄럽게(Smooth)]를 클릭합니다.

⑤ [선택 영역 매끄럽게 만들기(Smooth Selection)] 대화상자가 나타나면 샘플 반경(Sample Radius)을 입력한 후 [확인(OK)] 단추를 클릭합니다.

⑥ 선택 영역이 지정되면 [선택(Select)]-[반전(Inverse)]을 클릭합니다.

⑦ 선택 영역이 반전되면 복사(Ctrl+C)한 후 붙여넣기(Ctrl+V)를 합니다.

⑧ 필터를 지정하기 위해 [필터(Filter)]-[텍스처(Texture)]-[채색 유리(Stained Glass)]를 클릭합니다.

⑨ [채색 유리(Stained Glass)] 대화상자가 나타나면 셀 크기(10)와 테두리 두께(4), 밝은 강도(3)를 입력한 후 [확인(OK)] 단추를 클릭합니다.

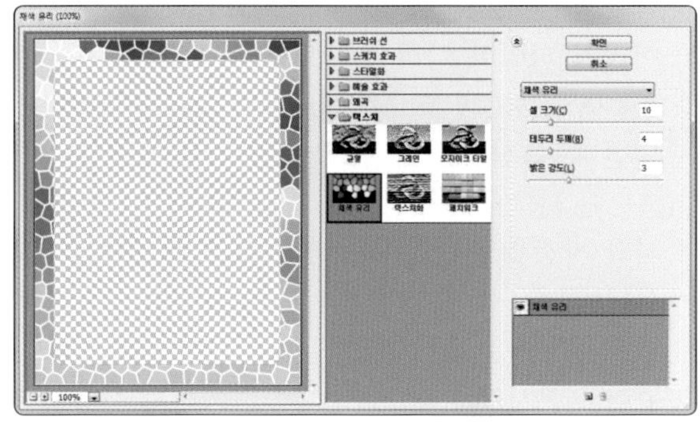

⑩ 안쪽 테두리를 작성하기 위해 레이어 패널에서 Ctrl을 누른 상태에서 '레이어 2' 레이어를 클릭합니다.

⑪ 선택 영역이 지정되면 [선택(Select)]-[반전(Inverse)]을 클릭한 후 [편집(Edit)]-[선(Stroke)]을 클릭합니다.

⑫ [선(Stroke)] 대화상자가 나타나면 폭(7)을 입력한 후 색상을 클릭한 다음 [색상 피커(Color Picker)] 대화상자가 나타나면 색상(ffffff)을 입력하고 [확인(OK)] 단추를 클릭합니다.

⑬ [선(Stroke)] 대화상자가 다시 나타나면 위치(안쪽)을 선택한 후 [확인(OK)] 단추를 클릭합니다.

⑭ 레이어 패널에서 fx.[레이어 스타일(Layer Style)]을 클릭한 후 [그림자 효과(Drop Shadow)]를 클릭합니다.

⑮ [레이어 스타일(Layer Style)] 대화상자의 [그림자 효과(Drop Shadow)] 스타일이 나타나면 속성을 지정한 후 [확인(OK)] 단추를 클릭합니다.

STEP 03 이미지 복사 및 색상 보정하기

① [파일(File)]–[열기(Open)] 메뉴를 클릭한 후 [열기(Open)] 대화상자가 나타나면 파일(2급–3)을 선택한 다음 [열기] 단추를 클릭합니다.

② 이미지 파일이 나타나면 도구 상자(Tool Box)에서 [자석 올가미 도구(Magnetic Lasso Tool)]를 선택한 후 옵션 바에서 빈도 수(100)를 지정합니다.

③ 시작 지점을 클릭한 후 마우스를 드래그하여 튤립을 선택 영역으로 지정합니다.

④ 튤립을 복사(Ctrl+C)한 후 작업 이미지 창을 선택한 다음 레이어 패널에서 '레이어 1' 레이어를 선택하고 붙여넣기(Ctrl+V)를 합니다.

⑤ 이미지가 복사되면 2급–3.jpg 파일의 [닫기] 단추를 클릭합니다.

⑥ 튤립의 크기를 조절하기 위해 [편집(Edit)]–[자유 변형(Free Transform)]을 클릭합니다.

⑦ 크기 조절점이 나타나면 조절점을 드래그하여 크기를 조절한 후 Enter를 누릅니다.

⑧ 레이어 스타일을 지정하기 위해 레이어 패널에서 fx [레이어 스타일(Layer Style)]을 클릭한 후 [외부 광선(Outer Glow)]을 클릭합니다.

⑨ [레이어 스타일(Layer Style)] 대화상자의 [외부 광선(Outer Glow)] 스타일이 나타나면 속성을 지정한 후 [확인(OK)] 단추를 클릭합니다.

⑩ 색상을 보정하기 위해 레이어 패널에서 Ctrl를 누른 상태에서 '레이어 3' 레이어를 클릭한 후 튤립이 선택영역으로 지정되면 [새 칠 또는 조정 레이어(Create new fill or adjustment layer)]–[색조/채도(Hue/Saturation)]를 클릭합니다.

⑪ [색조/채도(Hue/Saturation)] 패널이 표시되면 색조(–50)와 채도(+50), 밝기(0)를 조절하여 이미지를 빨간색 계열로 조정합니다.

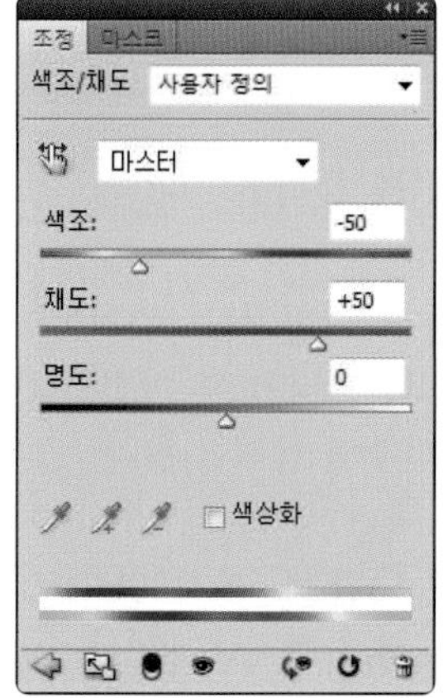

STEP 04 이미지 복사 및 레이어 스타일 적용하기

① [파일(File)]–[열기(Open)]를 클릭한 후 [열기(Open)] 대화상자가 나타나면 파일(2급–4)을 선택한 다음 [열기] 단추를 클릭합니다.

② 이미지 파일이 나타나면 도구 상자(Tool Box)에서 [자석 올가미 도구(Magnetic Lasso Tool)]를 선택한 후 옵션 바에서 빈도 수(100)를 지정합니다.

③ 시작 지점을 클릭한 후 마우스를 드래그하여 손을 선택 영역으로 지정합니다.

④ 옵션 바에서 [선택 영역에서 빼기(Subtract from selection)]를 선택한 후 안쪽 배경 부분을 선택 영역에서 삭제합니다.

⑤ 손을 복사(Ctrl+C)한 후 작업 이미지 창을 선택한 다음 레이어 패널에서 '레이어 2' 레이어를 선택하고 붙여넣기(Ctrl+V)한 후 '2급-4.jpg' 파일의 [닫기] 단추를 클릭합니다.

⑥ 손의 크기를 조절하기 위해 [편집(Edit)]-[자유 변형(Free Transform)]을 클릭합니다.

⑦ 크기 조절점이 나타나면 조절점을 드래그하여 크기를 조절한 후 Enter를 누릅니다.

⑧ 레이어 패널에서 fx.[레이어 스타일(Layer Style)]을 클릭한 후 [그림자 효과(Drop Shadow)]를 클릭합니다.

⑨ [레이어 스타일(Layer Style)] 대화상자의 [그림자 효과(Drop Shadow)] 스타일이 나타나면 속성을 지정한 후 [확인(OK)] 단추를 클릭합니다.

STEP 05 텍스트 작성하기

① 도구 상자(Tool Box)에서 T.[수평 문자 도구(Horizontal Type Tool)]를 선택한 후 옵션 바에서 글꼴(Arial)과 글꼴 스타일(Bold), 글꼴 크기(40), 글꼴 색(0066ff)을 지정합니다.

② 텍스트를 삽입할 위치를 클릭한 후 "Lovely Flower"를 입력한 다음 Ctrl+Enter를 누릅니다.

③ 레이어 패널에서 fx.[레이어 스타일(Layer Style)]을 클릭한 후 [외부 광선(Outer Glow)]을 클릭합니다.

④ [레이어 스타일(Layer Style)] 대화상자의 [외부 광선(Outer Glow)] 스타일이 나타나면 속성을 지정한 후 [확인(OK)] 단추를 클릭합니다.

STEP 06 답안 저장 및 전송하기

① 작성한 답안을 저장하기 위해 [파일(File)]-[저장(Save)]을 클릭합니다.

② [다른 이름으로 저장(Save As)] 대화상자가 나타나면 저장 위치(라이브러리₩문서₩GTQ)를 지정한 후 파일 이름(수험번호-성명-문제번호)을 입력한 다음 형식(JPEG (*.JPG;*.JPEG;*.JPE))을 선택하고 [저장] 단추를 클릭합니다.

③ [JPEG 옵션(JPEG Options)] 대화상자가 나타나면 품질(Quality)을 지정한 후 [확인(OK)] 단추를 클릭합니다.

④ PSD 파일로 저장하기 위해 [이미지(Image)]-[이미지 크기(Image Size)]를 클릭합니다.

⑤ [이미지 크기(Image Size)] 대화상자가 나타나면 폭(40)을 입력한 후 [확인(OK)] 단추를 클릭합니다.

⑥ 이미지 크기가 변경되면 [파일(File)]-[저장(Save)]을 클릭합니다.

⑦ [다른 이름으로 저장(Save As)] 대화상자가 나타나면 저장 위치(라이브러리₩문서₩GTQ)를 지정한 후 파일 이름(수험번호-성명-문제번호)을 입력한 다음 형식(Photoshop (*.PSD;*.PDD))를 선택하고 [저장] 단추를 클릭합니다.

⑧ [Photoshop 형식 옵션(Photoshop Format Options)] 대화상자가 나타나면 [확인(OK)] 단추를 클릭합니다.

⑨ 답안을 전송하기 위해 [최소화] 단추를 클릭합니다.

⑩ KOAS 수험자용 프로그램에서 [답안 전송] 단추를 클릭합니다.

⑪ [MessageBox] 대화상자가 나타나면 [예] 단추를 클릭합니다.

⑫ [고사실 PC로 답안 파일 보내기] 대화상자가 나타나면 전송할 파일을 선택한 후 [답안전송] 단추를 클릭합니다.

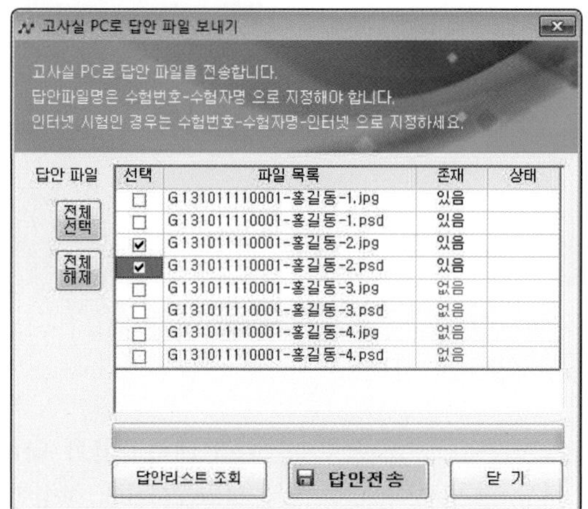

Tip

전송할 파일이 존재하는지 확인한 후 [답안 전송] 단추를 클릭합니다. [존재]가 '없음'으로 표시되면 파일이 없거나 파일 이름이 잘못 입력된 것입니다.

⑬ [MessageBox] 대화상자가 나타나면 [확인] 단추를 클릭합니다.

⑭ [고사실 PC로 답안 파일 보내기] 대화상자가 다시 나타나면 [닫기] 단추를 클릭합니다.

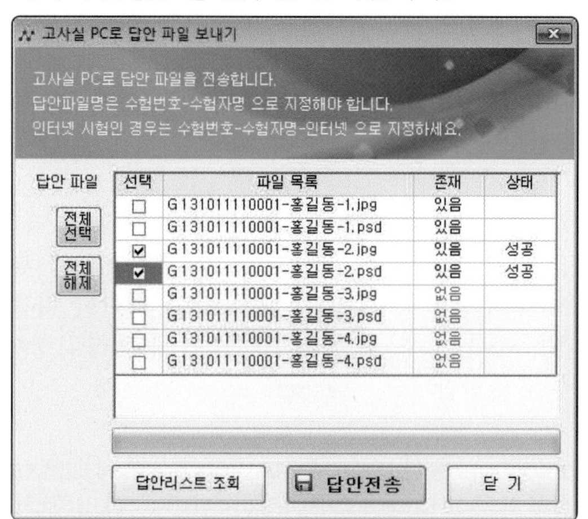

Tip

전송한 파일의 상태 여부가 '성공'으로 표시되는지 확인합니다.

03 [기능평가] 사진편집

STEP 01 필터 및 레이어 마스크 작성하기

① [파일(File)]-[새로 만들기(New)] 메뉴를 클릭합니다.

② [새로 만들기(New)] 대화상자가 나타나면 폭(600)과 높이(400)를 입력한 후 해상도(72)를 입력한 다음 [확인(OK)] 단추를 클릭합니다.

③ 눈금자를 드래그하여 안내선(Guides)을 100 픽셀(pixels) 단위로 작성합니다.

④ [파일(File)]-[열기(Open)]를 클릭합니다.

⑤ [열기(Open)] 대화상자가 나타나면 찾는 위치(라이브러리₩문서₩GTQ₩Image)를 지정한 후 파일(2급-5.jpg)을 선택한 다음 [열기] 단추를 클릭합니다.

⑥ 이미지를 모두 선택(Ctrl+A)한 후 복사(Ctrl+C)를 하고 작업 이미지 창을 선택한 후 붙여넣기(Ctrl+V)를 실행한 다음 이미지 파일을 닫습니다.

⑦ 이미지가 복사되면 드래그하여 위치를 이동합니다.

⑧ 필터를 지정하기 위해 [필터(Filter)]-[픽셀화(Pixelate)]-[단면화(Facet)]를 클릭합니다.

⑨ 레이어 패널에서 [레이어 마스크(Layer Mask)]를 클릭합니다.

⑩ 레이어 마스크가 추가되면 도구 상자(Tool Box)에서 [그라디언트 도구(Gradient Tool)]를 선택한 후 옵션 바에서 그라디언트 색( )을 선택한 다음 오른쪽에서 왼쪽으로 드래그하여 가로 방향으로 흐릿하게 작성합니다.

STEP 02 이미지 복사 및 레이어 스타일 적용하기

① [파일(File)]-[열기(Open)]를 클릭한 후 [열기(Open)] 대화상자가 나타나면 파일(2급-6)을 선택한 다음 [열기] 단추를 클릭합니다.

② 도구 상자(Tool Box)에서 [사각형 선택 윤곽 도구(Rectangular Marquee Tool)]를 선택합니다.

③ 선택 영역으로 지정할 부분을 드래그합니다.

④ 선택 영역을 복사(Ctrl+C)한 후 작업 이미지 창을 선택한 다음 붙여넣기(Ctrl+V)를 하고 이미지 파일을 닫습니다.

⑤ [편집(Edit)]-[자유 변형(Free Transform)]을 클릭한 후 크기 조절점 드래그하여 크기를 조절한 다음 Enter를 누릅니다.

⑥ 레이어 패널에서 [레이어 스타일(Layer Style)]을 클릭한 후 [선(Stroke)]을 클릭합니다.

⑦ [레이어 스타일(Layer Style)] 대화상자의 [선(Stroke)] 스타일이 나타나면 크기(7)를 입력한 후 색상(Color)을 클릭합니다.

⑧ [색상 피커(Color Picker)] 대화상자가 나타나면 색상(663300)을 입력한 후 [확인(OK)] 단추를 클릭합니다.

⑨ [레이어 스타일(Layer Style)] 대화상자가 다시 나타나면 [경사와 엠보스(Bevel and Emboss)]를 클릭합니다.

⑩ [레이어 스타일(Layer Style)] 대화상자의 [경사와 엠보스(Bevel and Emboss)] 스타일이 나타나면 속성을 지정한 후 [확인(OK)] 단추를 클릭합니다.

STEP 03 이미지 복사 및 레이어 스타일 적용하기

① [파일(File)]-[열기(Open)]를 클릭한 후 [열기(Open)] 대화상자가 나타나면 파일(2급-7)을 선택한 다음 [열기] 단추를 클릭합니다.

② 도구 상자(Tool Box)에서 [자동 선택 도구(Magic Wand Tool)]를 선택한 후 옵션 바에서 [선택 영역에 추가(Add to selection)]를 선택한 다음 허용치(Tolerance)에 '20'을 입력합니다.

③ 검정색 부분을 클릭하여 선택 영역으로 지정합니다.

※ 꽃잎 사이의 검정색 배경 부분도 클릭하여 선택 영역으로 지정합니다.

④ 선택 영역이 지정되면 [선택(Select)]-[반전(Inverse)]을 클릭합니다.

⑤ 선택 영역을 복사(Ctrl+C)한 후 작업 이미지 창을 선택한 다음 붙여넣기(Ctrl+V)를 하고 이미지 파일을 닫습니다.

⑥ 이미지 방향을 변경하기 위해 [편집(Edit)]-[변형(Transform)]-[가로로 뒤집기(Flip Horizontal)]를 클릭합니다.

⑦ 크기를 조절하기 위해 [편집(Edit)]-[자유 변형(Free Transform)]을 클릭합니다.

⑧ 크기 조절점이 나타나면 조절점을 드래그하여 크기를 조절한 후 Enter를 누릅니다

⑨ 크기가 조절되면 드래그하여 위치를 이동합니다.

⑩ 레이어 패널에서 fx.[레이어 스타일(Layer Style)]을 클릭한 후 [외부 광선(Outer Glow)]을 클릭합니다.

⑪ [레이어 스타일(Layer Style)] 대화상자의 [외부 광선(Outer Glow)] 스타일이 나타나면 속성을 지정한 후 [내부 그림자(Inner Shadow)]를 클릭합니다.

⑫ [레이어 스타일(Layer Style)] 대화상자의 [내부 그림자(Inner Shadow)] 스타일이 나타나면 속성을 지정한 후 [확인(OK)] 단추를 클릭합니다.

STEP 04 이미지 복사 및 레이어 스타일 적용하기

① [파일(File)]-[열기(Open)]를 클릭한 후 [열기(Open)] 대화상자가 나타나면 파일(2급-8)을 선택한 다음 [열기] 단추를 클릭합니다.

② 도구 상자(Tool Box)에서 [자석 올가미 도구(Magnetic Lasso Tool)]를 선택한 후 옵션 바에서 빈도 수(100)를 지정합니다.

③ 시작 지점을 클릭한 후 마우스를 드래그하여 꽃을 선택 영역으로 지정합니다.

④ 옵션 바에서 [선택 영역에서 빼기(Subtract from selection)]를 선택한 후 안쪽 배경 부분을 선택 영역에서 삭제합니다.

⑤ 꽃을 복사(Ctrl+C)한 후 작업 이미지 창을 선택한 다음 붙여넣기(Ctrl+V)를 하고 이미지 파일을 닫습니다.

⑥ 크기를 조절하기 위해 [편집(Edit)]-[자유 변형(Free Transform)]을 클릭합니다.

⑦ 크기 조절점이 나타나면 조절점을 드래그하여 크기를 조절합니다.

⑧ 크기 조절점의 모서리 부분에 마우스 포인터를 위치시킨 후 마우스 포인터 모양이 ↰ 모양으로 변경되면 드래그하여 이미지를 회전키고 Enter를 누릅니다.

⑨ 레이어 패널에서 fx.[레이어 스타일(Layer Style)]을 클릭한 후 [그림자 효과(Drop Shadow)]을 클릭합니다.

⑩ [레이어 스타일(Layer Style)] 대화상자의 [그림자 효과(Drop Shadow)] 스타일이 나타나면 속성을 지정한 후 [확인(OK)] 단추를 클릭합니다.

STEP 05 나선형 장식 모양 도형 작성하기

① 도구 상자(Tool Box)에서 [사용자 정의 모양 도구(Custom Shape Tool)]를 선택한 후 옵션 바에서 ▾[사용자 정의 모양 피커(Click to open Custom shape picker)]의 목록 단추를 클릭합니다.

② 사용자 정의 모양이 나타나면 ▶[팝업 메뉴 단추]-[장식(Ornaments)]을 클릭합니다.

③ [현재 모양을 장식.csh의 모양으로 대체하시겠습니까?]라고 묻는 대화상자가 나타나면 [확인(OK)] 단추를 클릭합니다.

④ 사용자 정의 모양이 장식(Ornaments)으로 변경되면 [나선형(Spiral)]을 클릭합니다.

⑤ 마우스 포인터 모양이 + 모양으로 변경되면 나선형 모양을 삽입하고자 하는 위치를 드래그합니다.

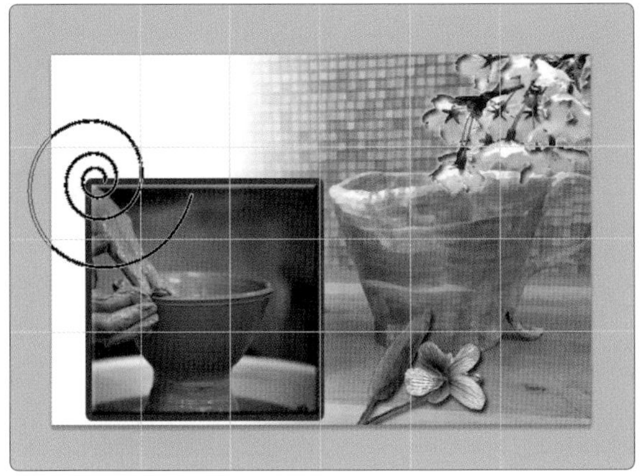

⑥ 나선형 모양에 색상을 지정하기 위해 레이어 패널의 [레이어 축소판(Layer thumbnail)]을 더블클릭합니다.

⑦ [색상 피커(Color Picker)] 대화상자가 나타나면 색상(ff6600)을 입력한 후 [확인(OK)] 단추를 클릭합니다.

⑧ 레이어 패널에서 fx.[레이어 스타일(Layer Style)]을 클릭한 후 [내부 광선(Inner Glow)]을 클릭합니다.

⑨ [레이어 스타일(Layer Style)] 대화상자의 [내부 광선(Inner Glow)] 스타일이 나타나면 속성을 지정한 후 [확인(OK)] 단추를 클릭합니다.

⑩ 레이어 패널에서 '모양 1' 레이어를 [새 레이어 추가(Create a new layer)]로 드래그합니다.

⑪ 복사된 도형의 크기를 조절하기 위해 [편집(Edit)]-[패스 자유 변형(Free Transform Path)]을 클릭합니다.

⑫ 크기 조절점이 나타나면 조절점을 드래그하여 크기를 조절한 후 Enter를 누릅니다.

⑬ 도구 상자(Tool Box)에서 [이동 도구(Move Tool)]를 선택한 후 위치를 이동합니다.

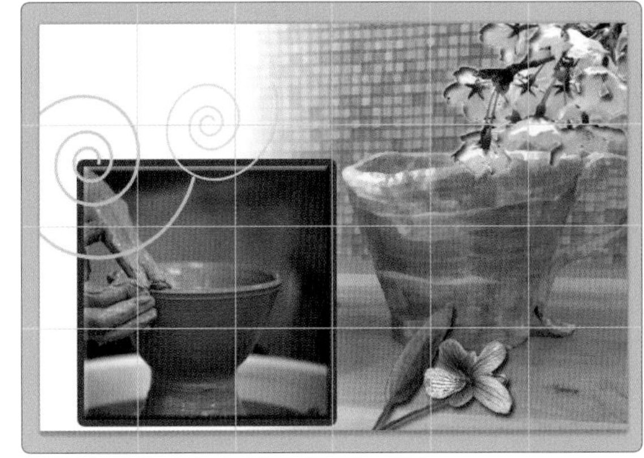

STEP 06 파도 모양 도형 작성하기

① 도구 상자(Tool Box)에서 [사용자 정의 모양 도구(Custom Shape Tool)]를 선택한 후 옵션 바에서 [사용자 정의 모양 피커(Click to open Custom shape picker)]의 목록 단추를 클릭합니다.

② 사용자 정의 모양이 나타나면 [팝업 메뉴 단추]-[자연(Nature)]을 클릭합니다.

③ [현재 모양을 자연.csh의 모양으로 대체하시겠습니까?]라고 묻는 대화상자가 나타나면 [확인(OK)] 단추를 클릭합니다.

④ 사용자 정의 모양이 자연(Nature)으로 변경되면 [파도(Waves)]를 클릭합니다.

⑤ 마우스 포인터 모양이 + 모양으로 변경되면 파도 모양을 삽입하고자 하는 위치를 드래그합니다.

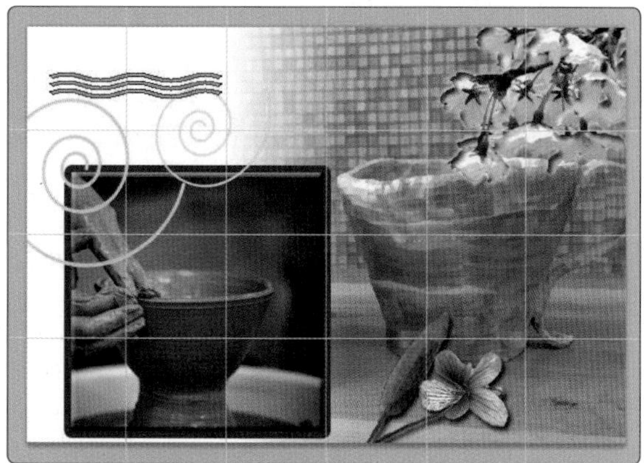

⑥ 레이어 패널에서 '모양 2' 레이어의 아래쪽 '효과'를 [휴지통(Delete layer)]으로 드래그하여 이전 효과를 삭제합니다.

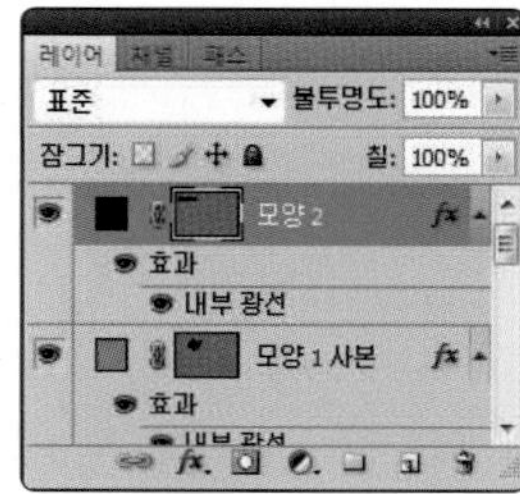

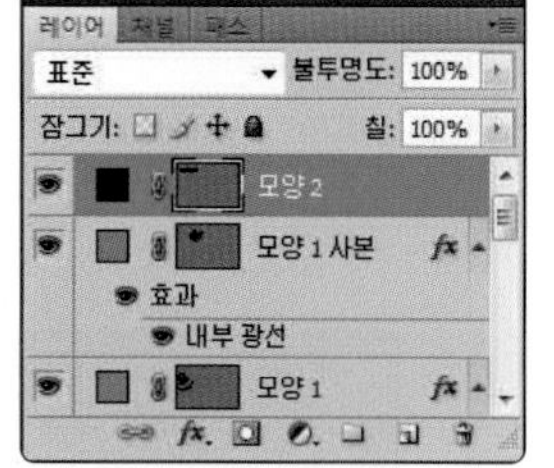

⑦ 레이어 패널에서 [레이어 스타일(Layer Style)]을 클릭한 후 [그라디언트 오버레이(Gradient Overlay)]를 클릭합니다.

⑧ [레이어 스타일(Layer Style)] 대화상자의 [그라디언트 오버레이(Gradient Overlay)] 스타일이 나타나면 [그라디언트 편집(Click to edit the Gradient)]을 클릭합니다.

⑨ [그라디언트 편집기(Gradient Editor)] 대화상자가 나타나면 왼쪽 색상 정지점(Color Stop)을 더블클릭합니다.

⑩ [색상 피커(Color Picker)] 대화상자가 나타나면 색상(ff6600)을 입력한 후 [확인(OK)] 단추를 클릭합니다.

⑪ [그라디언트 편집기(Gradient Editor)] 대화상자가 다시 나타나면 가운데 부분에 마우스 포인터를 위치시킨 후 모양으로 변경되면 클릭하여 색상 정지점(Color Stop)을 추가합니다.

⑫ 가운데 색상 정지점(Color Stop)]이 추가되면 더블클릭한 후 [색상 피커(Color Picker)] 대화상자가 나타나면 색상(ffff00)을 입력한 다음 [확인(OK)] 단추를 클릭합니다.

⑬ [그라디언트 편집기(Gradient Editor)] 대화상자가 다시 나타나면 오른쪽 색상 정지점(Color Stop)을 더블클릭합니다.

⑭ [색상 피커(Color Picker)] 대화상자가 나타나면 색상(ff6600)을 입력한 후 [확인(OK)] 단추를 클릭합니다.

⑮ [그라디언트 편집기(Gradient Editor)] 대화상자가 다시 나타나면 [확인(OK)] 단추를 클릭합니다.

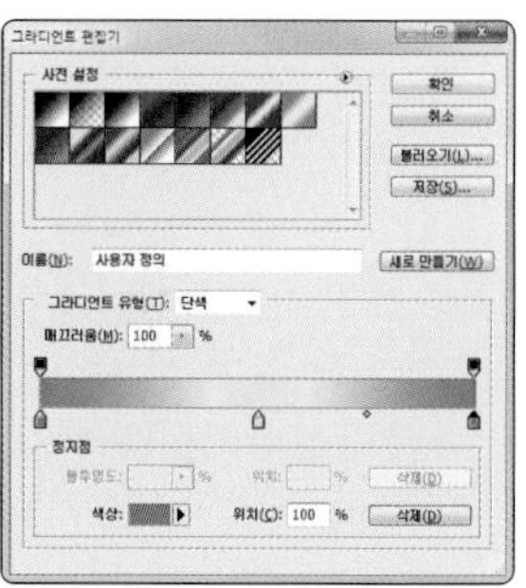

⑯ [레이어 스타일(Layer Style)] 대화상자의 [그라디언트 오버레이(Gradient Overlay)] 스타일이 다시 나타나면 [확인(OK)] 단추를 클릭합니다.

⑰ 레이어 패널에서 불투명도(Opacity)를 '70%'로 입력합니다.

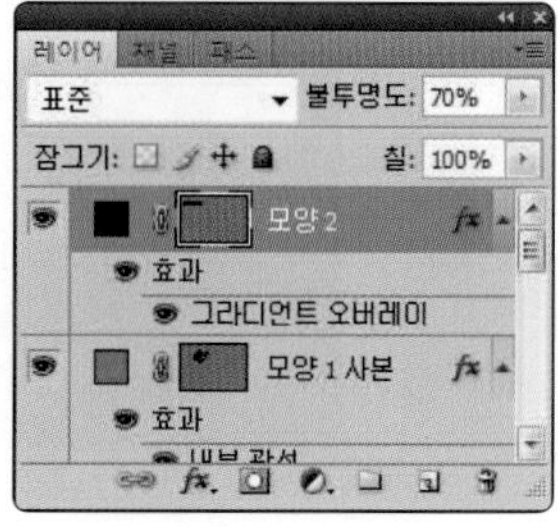

⑱ 레이어 패널에서 '모양 2' 레이어를 [새 레이어 추가(Create a new layer)]로 드래그합니다.

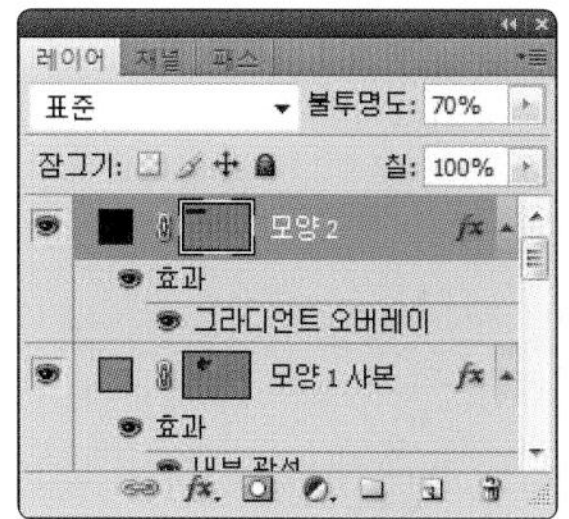

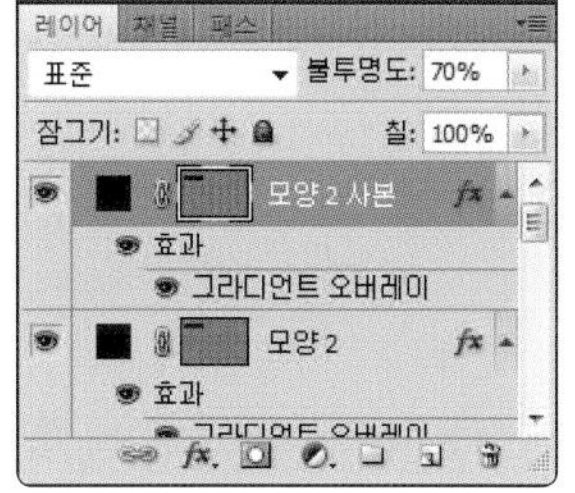

⑲ 도구 상자(Tool Box)에서 [이동 도구(Move Tool)]를 선택한 후 위치를 이동합니다.

STEP 07 텍스트 작성하기 – 1

① 도구 상자(Tool Box)에서 [수평 문자 도구(Horizontal Type Tool)]를 선택한 후 옵션 바에서 글꼴(궁서)과 글꼴 크기(25), 글꼴 색(cc0000)을 지정합니다.

② 텍스트를 삽입할 위치를 클릭한 후 "내 손으로 빚은 아름다운 작품"을 입력한 다음 Ctrl+Enter를 누릅니다.

③ 레이어 패널에서 [레이어 스타일(Layer Style)]을 클릭한 후 [경사와 엠보스(Bevel and Emboss)]를 클릭합니다.

④ [레이어 스타일(Layer Style)] 대화상자의 [경사와 엠보스(Bevel and Emboss)] 스타일이 나타나면 속성을 지정한 후 [확인(OK)] 단추를 클릭합니다.

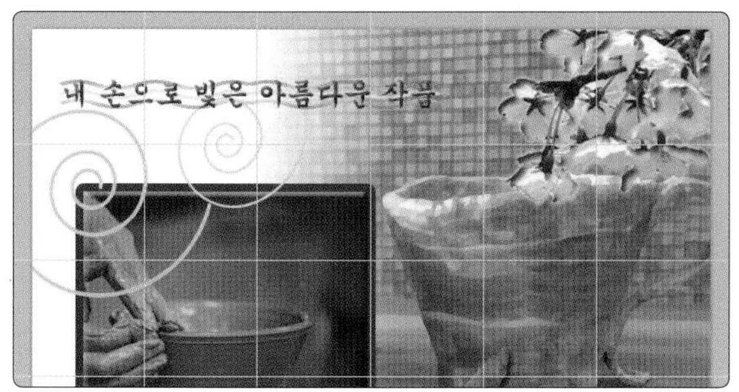

STEP 08 텍스트 작성하기 – 2

① 텍스트를 삽입할 위치를 클릭한 후 "도자기"를 입력한 다음 Ctrl+Enter를 누릅니다.

② 옵션 바에서 글꼴(궁서)과 글꼴 크기(65), 글꼴 색(996600)을 지정합니다.

③ 레이어 패널에서 [레이어 스타일(Layer Style)]을 클릭한 후 [경사와 엠보스(Bevel and Emboss)]를 클릭합니다.

④ [레이어 스타일(Layer Style)] 대화상자의 [경사와 엠보스(Bevel and Emboss)] 스타일이 나타나면 속성을 지정한 후 [확인(OK)] 단추를 클릭합니다.

STEP 09 답안 저장 및 전송하기

① 작성한 답안을 저장하기 위해 [파일(File)]–[저장(Save)]을 클릭합니다.

② [다른 이름으로 저장(Save As)] 대화상자가 나타나면 저장 위치(라이브러리₩문서₩GTQ)를 지정한 후 파일 이름(수험번호–성명–문제번호)을 입력한 다음 형식(JPEG (*.JPG;*.JPEG;*.JPE))을 선택하고 [저장] 단추를 클릭합니다.

③ [JPEG 옵션(JPEG Options)] 대화상자가 나타나면 품질(Quality)을 지정한 후 [확인(OK)] 단추를 클릭합니다.

④ PSD 파일로 저장하기 위해 [이미지(Image)]–[이미지 크기(Image Size)]를 클릭합니다.

⑤ [이미지 크기(Image Size)] 대화상자가 나타나면 폭(60)을 입력한 후 [확인(OK)] 단추를 클릭합니다.

⑥ 이미지 크기가 변경되면 [파일(File)]-[저장(Save)]을 클릭합니다.

⑦ [다른 이름으로 저장(Save As)] 대화상자가 나타나면 저장 위치(라이브러리₩문서₩GTQ)를 지정한 후 파일 이름(수험번호-성명-문제번호)을 입력한 다음 형식(Photoshop (*.PSD;*.PDD))를 선택하고 [저장] 단추를 클릭합니다.

⑧ [Photoshop 형식 옵션(Photoshop Format Options)] 대화상자가 나타나면 [확인(OK)] 단추를 클릭합니다.

⑨ 답안을 전송하기 위해 [최소화] 단추를 클릭합니다.

⑩ KOAS 수험자용 프로그램에서 [답안 전송] 단추를 클릭합니다.

⑪ [MessageBox] 대화상자가 나타나면 [예] 단추를 클릭합니다.

⑫ [고사실 PC로 답안 파일 보내기] 대화상자가 나타나면 전송할 파일을 선택한 후 [답안전송] 단추를 클릭합니다.

Tip

전송할 파일이 존재하는지 확인한 후 [답안 전송] 단추를 클릭합니다. [존재]가 '없음'으로 표시되면 파일이 없거나 파일 이름이 잘못 입력된 것입니다.

⑬ [MessageBox] 대화상자가 나타나면 [확인] 단추를 클릭합니다.

⑭ [고사실 PC로 답안 파일 보내기] 대화상자가 다시 나타나면 [닫기] 단추를 클릭합니다.

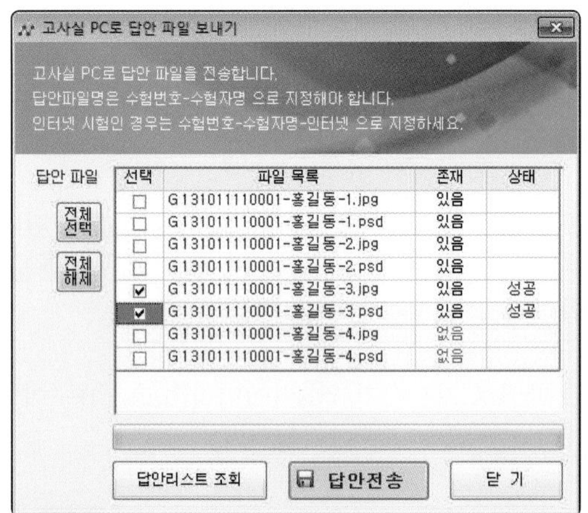

Tip

전송한 파일의 상태 여부가 '성공'으로 표시되는지 확인합니다.

04 [실무응용] 이벤트 페이지 제작

STEP 01 작업 창 생성 및 복사, 필터 적용하기

① [파일(File)]-[새로 만들기(New)] 메뉴를 클릭합니다.

② [새로 만들기(New)] 대화상자가 나타나면 폭(600)과 높이(400)를 입력한 후 해상도(72)를 입력한 다음 [확인(OK)] 단추를 클릭합니다.

③ 눈금자를 드래그하여 안내선(Guides)을 100 픽셀(pixels) 단위로 작성합니다.

④ [파일(File)]-[열기(Open)]를 클릭한 후 [열기(Open)] 대화상자가 나타나면 파일(2급-9)을 선택한 다음 [열기] 단추를 클릭합니다.

⑤ 파일의 크기를 변경하기 위해 [이미지(Image)]-[이미지 크기(Image Size)]를 클릭한 후 [이미지 크기(Image Size)] 대화상자가 나타나면 높이(400)를 입력한 다음 [확인(OK)] 단추를 클릭합니다.

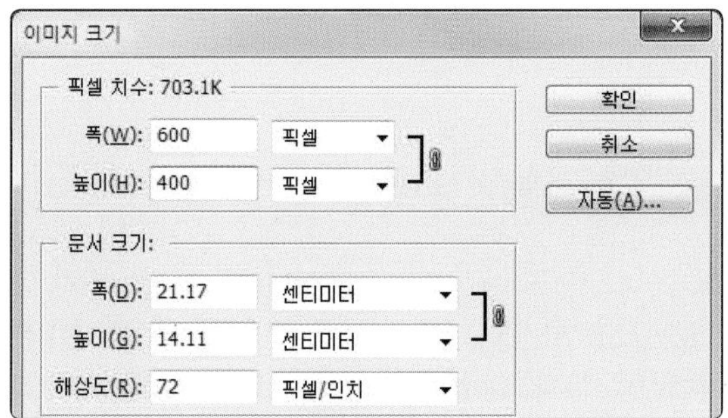

⑥ 이미지를 모두 선택(Ctrl+A)한 후 복사(Ctrl+C)를 하고 작업 이미지 창을 선택한 후 붙여넣기(Ctrl+V)를 실행한 다음 이미지 파일을 닫습니다.

⑦ 필터를 지정하기 위해 [필터(Filter)]-[브러쉬 선(Brush Strokes)]-[그물눈(Crosshatch)]을 클릭합니다.

⑧ [그물눈(Crosshatch)] 대화상자가 나타나면 속성을 지정한 후 [확인(OK)] 단추를 클릭합니다.

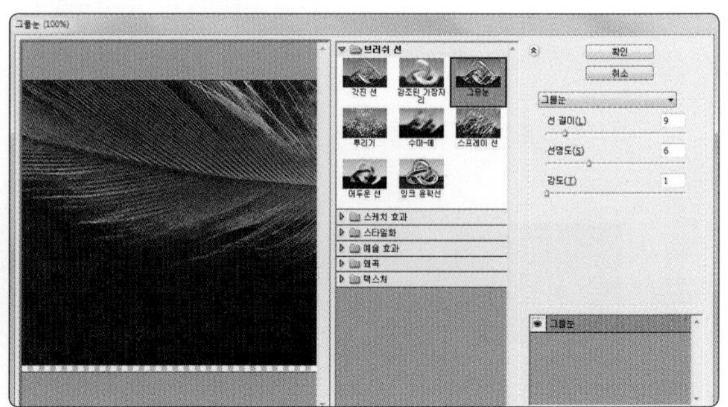

STEP 02 복사 및 필터, 레이어 마스크 작성하기

① [파일(File)]-[열기(Open)]를 클릭한 후 [열기(Open)] 대화상자가 나타나면 파일(2급-10)을 선택한 다음 [열기] 단추를 클릭합니다.

② 이미지를 모두 선택(Ctrl+A)한 후 복사(Ctrl+C)를 하고 작업 이미지 창을 선택한 후 붙여넣기(Ctrl+V)를 실행한 다음 이미지 파일을 닫습니다.

③ 레이어 패널에서 [레이어 마스크(Layer Mask)]를 클릭합니다.

④ 레이어 마스크가 추가되면 도구 상자(Tool Box)에서 [그라디언트 도구(Gradient Tool)]를 선택한 후 옵션 바에서 그라디언트 색( )을 선택한 다음 아래에서 위로 드래그하여 세로 방향으로 흐릿하게 작성합니다.

STEP 03 복사 및 필터, 레이어 스타일 적용하기

① [파일(File)]-[열기(Open)]를 클릭한 후 [열기(Open)] 대화상자가 나타나면 파일(2급-11)을 선택한 다음 [열기] 단추를 클릭합니다.

② 도구 상자(Tool Box)에서 [자동 선택 도구(Magic Wand Tool)]를 선택한 후 옵션 바에서 허용치(Tolerance)에 '20'을 입력합니다.

③ 흰색 빈 공간을 클릭하여 선택 영역으로 지정한 후 [선택(Select)]-[반전(Inverse)]을 클릭합니다.

④ 선택 영역을 복사(Ctrl+C)한 후 작업 이미지 창을 선택한 다음 붙여넣기(Ctrl+V)를 실행하고 이미지 파일을 닫습니다.

⑤ 이미지 방향을 변경하기 위해 [편집(Edit)]-[변형(Transform)]-[가로로 뒤집기(Flip Horizontal)]를 클릭합니다.

⑥ 크기를 조절하기 위해 [편집(Edit)]-[자유 변형(Free Transform)]을 클릭합니다.

⑦ 크기 조절점이 나타나면 조절점을 드래그하여 크기를 조절합니다.

⑧ 크기 조절점의 모서리 부분에 마우스 포인터를 위치시킨 다음 마우스 포인터 모양이 ↶ 모양으로 변경되면 드래그하여 이미지를 회전시키고 Enter를 누릅니다.

⑨ 필터를 지정하기 위해 [필터(Filter)]-[렌더(Render)]-[렌즈 플레어(Lens Flare)]을 클릭합니다.

⑩ [렌즈 플레어(Lens Flare)] 대화상자가 나타나면 광원 위치(Flare Center)를 클릭한 후 렌즈 유형(Lens Type)을 선택한 다음 [확인(OK)] 단추를 클릭합니다.

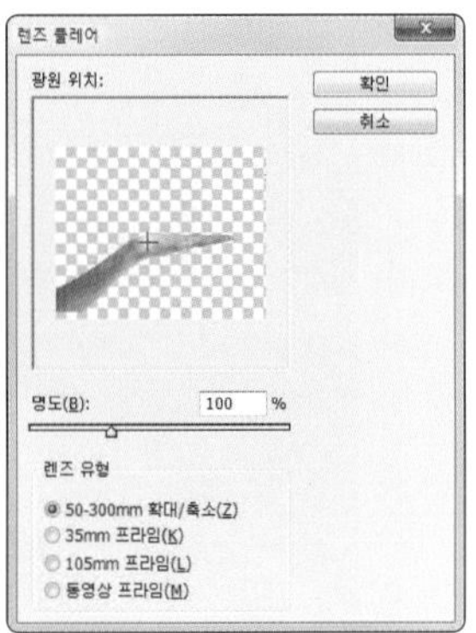

⑪ 레이어 패널에서 fx.[레이어 스타일(Layer Style)]을 클릭한 후 [외부 광선(Outer Glow)]을 클릭합니다.

⑫ [레이어 스타일(Layer Style)] 대화상자의 [외부 광선(Outer Glow)] 스타일이 나타나면 속성을 지정한 후 [확인(OK)] 단추를 클릭합니다.

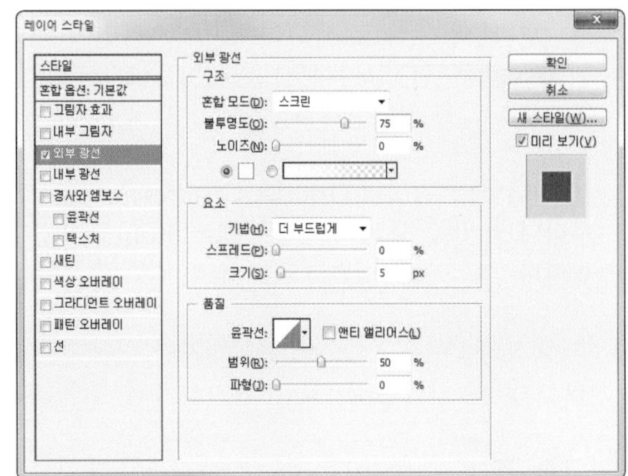

STEP 04 폭발 모양 도형 작성하기

① 도구 상자(Tool Box)에서 [사용자 정의 모양 도구(Custom Shape Tool)]를 선택한 후 옵션 바에서 [사용자 정의 모양 피커(Click to open Custom shape picker)]의 목록 단추를 클릭합니다.

② 사용자 정의 모양이 나타나면 [팝업 메뉴 단추]-[기호(Symbols)]을 클릭합니다.

③ [현재 모양을 기호.csh의 모양으로 대체하시겠습니까?]라고 묻는 대화상자가 나타나면 [확인(OK)] 단추를 클릭합니다.

④ 사용자 정의 모양이 기호(Symbols)로 변경되면 [폭발 1(Boom 1)]을 클릭합니다.

⑤ 마우스 포인터 모양이 + 모양으로 변경되면 폭발 모양을 삽입하고자 하는 위치를 드래그합니다.

⑥ 레이어 패널에서 [레이어 스타일(Layer Style)]을 클릭한 다음 [그라디언트 오버레이(Gradient Overlay)]을 클릭합니다.

※ 이전에 적용된 레이어의 '효과'가 레이어 패널에 표시되면 [휴지통(Delete layer)]으로 드래그하여 삭제합니다.

⑦ [레이어 스타일(Layer Style)] 대화상자의 [그라디언트 오버레이(Gradient Overlay)] 스타일이 나타나면 [그라디언트 편집(Click to edit the Gradient)]을 클릭합니다.

⑧ [그라디언트 편집기(Gradient Editor)] 대화상자가 나타나면 왼쪽 색상 정지점(Color Stop)을 더블클릭합니다.

⑨ [색상 피커(Color Picker)] 대화상자가 나타나면 색상(660066)을 입력한 후 [확인(OK)] 단추를 클릭합니다.

⑩ [그라디언트 편집기(Gradient Editor)] 대화상자가 다시 나타나면 가운데 부분에 마우스 포인터를 위치시킨 후 모양으로 변경되면 클릭하여 색상 정지점(Color Stop)을 추가합니다.

⑪ 가운데 색상 정지점(Color Stop)]이 추가되면 더블클릭한 후 [색상 피커(Color Picker)] 대화상자가 나타나면 색상(006633)을 입력한 다음 [확인(OK)] 단추를 클릭합니다.

⑫ [그라디언트 편집기(Gradient Editor)] 대화상자가 다시 나타나면 오른쪽 색상 정지점(Color Stop)을 더블클릭합니다.

⑬ [색상 피커(Color Picker)] 대화상자가 나타나면 색상(ff6600)을 입력한 후 [확인(OK)] 단추를 클릭합니다.

⑭ [그라디언트 편집기(Gradient Editor)] 대화상자가 다시 나타나면 [확인(OK)] 단추를 클릭합니다.

⑮ [레이어 스타일(Layer Style)] 대화상자의 [그라디언트 오버레이(Gradient Overlay)] 스타일이 다시 나타나면 [확인(OK)] 단추를 클릭합니다.

⑯ 레이어 패널에서 불투명도(Opacity)를 '60%'로 입력합니다.

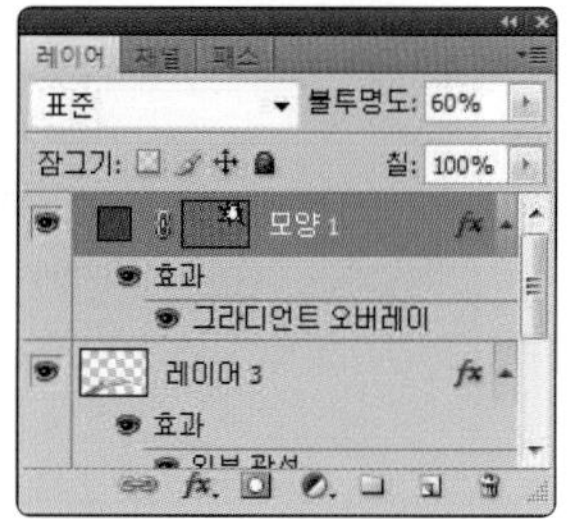

STEP 05 별 모양 도형 작성하기

① 옵션 바에서 [사용자 정의 모양 피커(Click to open Custom shape picker)]의 목록 단추를 클릭한 후 [별(Star)]을 클릭합니다.

② 마우스 포인터 모양이 + 모양으로 변경되면 별 모양을 삽입하고자 하는 위치를 드래그합니다.

③ 회전하기 위해 [편집(Edit)]-[패스 자유 변형(Free Transform Path)]을 클릭합니다.

④ 크기 조절점의 모서리 부분에 마우스 포인터를 위치시킨 다음 마우스 포인터 모양이 모양으로 변경되면 드래그하여 이미지를 회전시키고 Enter를 누릅니다.

⑤ 별 모양 도형에 색상을 지정하기 위해 [레이어 축소판(Layer thumbnail)]을 더블클릭합니다.

⑥ [색상 피커(Color Picker)] 대화상자가 나타나면 색상(ffff00)을 입력한 후 [확인(OK)] 단추를 클릭합니다.

⑦ 레이어 패널에서 '모양 2' 레이어의 아래쪽 '효과'를 [휴지통(Delete layer)]으로 드래그하여 이전 효과를 삭제합니다.

⑧ 레이어 패널의 불투명도(Opacity)를 '100%'로 수정합니다.

※ 도형 작성에서 레이어 효과 및 불투명도 등은 최근 삽입한 도형의 스타일이 적용되어 이전 불투명도를 수정해 주는 것입니다.

⑨ 레이어 패널에서 [레이어 스타일(Layer Style)]을 클릭한 후 [외부 광선(Outer Glow)]을 클릭합니다.

⑩ [레이어 스타일(Layer Style)] 대화상자의 [외부 광선(Outer Glow)] 스타일이 나타나면 속성을 지정한 후 [확인(OK)] 단추를 클릭합니다.

STEP 06 도장 모양 도형 작성하기

① 옵션 바에서 [사용자 정의 모양 피커(Click to open Custom shape picker)]의 목록 단추를 클릭합니다.

② 사용자 정의 모양이 나타나면 [팝업 메뉴 단추]-[배너 및 상장(Banners and Awards)]을 클릭합니다.

③ [현재 모양을 배너 및 상장.csh의 모양으로 대체하시겠습니까?]라고 묻는 대화상자가 나타나면 [확인(OK)] 단추를 클릭합니다.

④ 사용자 정의 모양이 배너 및 상장(Banners and Awards)로 변경되면 [도장(Seal)]을 클릭합니다.

⑤ 마우스 포인터 모양이 + 모양으로 변경되면 도장 모양을 삽입하고자 하는 위치를 드래그합니다.

⑥ 레이어 패널에서 '모양 3' 레이어의 아래쪽 '효과'를 [휴지통(Delete layer)]으로 드래그하여 이전 효과를 삭제합니다.

⑦ 도장 모양 도형에 색상을 지정하기 위해 [레이어 축소판(Layer thumbnail)]을 더블클릭합니다.

⑧ [색상 피커(Color Picker)] 대화상자가 나타나면 색상(ccff00)을 입력한 후 [확인(OK)] 단추를 클릭합니다.

⑨ 레이어 패널에서 [레이어 스타일(Layer Style)]을 클릭한 후 [선(Stroke)]을 클릭합니다.

⑩ [레이어 스타일(Layer Style)] 대화상자의 [선(Stroke)] 스타일이 나타나면 크기(2)를 입력한 후 색상(Color)을 클릭합니다.

⑪ [색상 피커(Color Picker)] 대화상자가 나타나면 색상(ff0000)을 입력한 후 [확인(OK)] 단추를 클릭합니다.

⑫ [레이어 스타일(Layer Style)] 대화상자의 [선(Stroke)] 스타일이 다시 나타나면 [확인(OK)] 단추를 클릭합니다.

STEP 07 이미지 복사 및 레이어 스타일 적용하기

① [파일(File)]-[열기(Open)]를 클릭한 후 [열기(Open)] 대화상자가 나타나면 파일(2급-12)을 선택한 다음 [열기] 단추를 클릭합니다.

② 도구 상자(Tool Box)에서 [자석 올가미 도구(Magnetic Lasso Tool)]를 선택한 후 옵션 바에서 빈도 수(100)를 지정합니다.

③ 시작 지점을 클릭한 후 마우스를 드래그하여 모자를 선택 영역으로 지정합니다.

④ 모자를 복사(Ctrl+C)한 후 작업 이미지 창을 선택한 다음 붙여넣기(Ctrl+V)를 하고 이미지 파일을 닫습니다.

⑤ 이미지 방향을 변경하기 위해 [편집(Edit)]-[변형(Transform)]-[가로로 뒤집기(Flip Horizontal)]를 클릭합니다.

⑥ 크기를 조절하기 위해 [편집(Edit)]-[자유 변형(Free Transform)]을 클릭합니다.

⑦ 크기 조절점이 나타나면 조절점을 드래그하여 크기를 조절한 후 Enter를 누릅니다.

⑧ 도구 상자(Tool Box)에서 [이동 도구(Move Tool)]를 선택한 후 위치를 이동합니다.

⑨ 레이어 패널에서 fx.[레이어 스타일(Layer Style)]을 클릭한 후 [경사와 엠보스(Bevel and Emboss)]를 클릭합니다.

⑩ [레이어 스타일(Layer Style)] 대화상자의 [경사와 엠보스(Bevel and Emboss)] 스타일이 나타나면 속성을 지정한 후 [선(Stroke)]을 클릭합니다.

⑪ [레이어 스타일(Layer Style)] 대화상자의 [선(Stroke)] 스타일이 나타나면 크기(3)를 입력한 후 색상(Color)을 클릭합니다.

⑫ [색상 피커(Color Picker)] 대화상자가 나타나면 색상(666666)을 입력한 후 [확인(OK)] 단추를 클릭합니다.

⑬ [레이어 스타일(Layer Style)] 대화상자의 [선(Stroke)] 스타일이 다시 나타나면 [확인(OK)] 단추를 클릭합니다.

STEP 08 이미지 복사 및 레이어 스타일 적용하기

① [파일(File)]-[열기(Open)]를 클릭한 후 [열기(Open)] 대화상자가 나타나면 파일(2급-13)을 선택한 다음 [열기] 단추를 클릭합니다.

② 도구 상자(Tool Box)에서 [자석 올가미 도구(Magnetic Lasso Tool)]를 선택한 후 옵션 바에서 빈도 수(100)를 지정합니다.

③ 시작 지점을 클릭한 후 마우스를 드래그하여 참새를 선택 영역으로 지정합니다.

④ 참새를 복사(Ctrl+C)한 후 작업 이미지 창을 선택한 다음 붙여넣기(Ctrl+V)를 하고 이미지 파일을 닫습니다.

⑤ 크기를 조절하기 위해 [편집(Edit)]-[자유 변형(Free Transform)]을 클릭한 후 크기를 조절합니다.

⑥ 크기 조절점의 모서리 부분에 마우스 포인터를 위치시킨 다음 마우스 포인터 모양이 ↶ 모양으로 변경되면 드래그하여 이미지를 회전시키고 Enter를 누릅니다.

⑦ 레이어 패널에서 fx.[레이어 스타일(Layer Style)]을 클릭한 후 [그림자 효과(Drop Shadow)]를 클릭합니다.

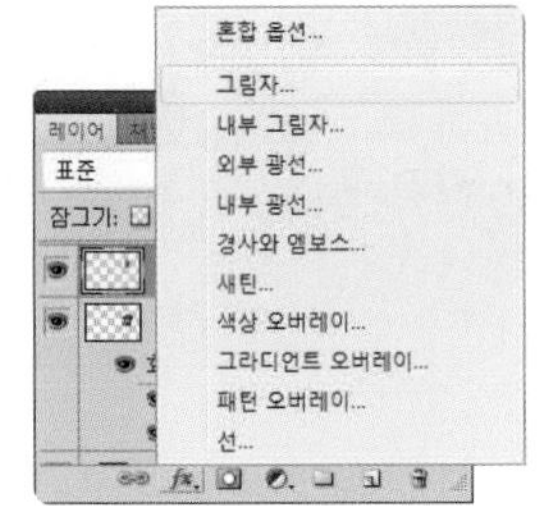

⑧ [레이어 스타일(Layer Style)] 대화상자의 [그림자 효과(Drop Shadow)] 스타일이 나타나면 속성을 지정한 후 [확인(OK)] 단추를 클릭합니다.

STEP 09 텍스트 작성하기 – 1

① 도구 상자(Tool Box)에서 [수평 문자 도구(Horizontal Type Tool)]를 선택한 후 옵션 바에서 글꼴(Arial)과 글꼴 스타일(Bold), 글꼴 크기(50), 글꼴 색(ffffff)을 지정합니다.

② 텍스트를 삽입할 위치를 클릭한 후 "Amazing"을 입력한 다음 Enter를 눌러 줄바꿈 합니다.

③ 줄바꿈 되면 "Magic Show"를 입력한 후 Ctrl+Enter를 누릅니다.

④ 레이어 패널에서 fx [레이어 스타일(Layer Style)]을 클릭한 후 [그림자 효과(Drop Shadow)]를 클릭합니다.

⑤ [레이어 스타일(Layer Style)] 대화상자의 [그림자 효과(Drop Shadow)] 스타일이 나타나면 속성을 지정한 후 [확인(OK)] 단추를 클릭합니다.

⑥ 텍스트에 변형을 주기 위해 옵션 바에서 [텍스트 변형(Warp Text)]을 클릭합니다.

⑦ [텍스트 변형(Warp Text)] 대화상자가 나타나면 스타일(비틀기)을 선택한 후 구부리기(+50)를 지정한 다음 [확인(OK)] 단추를 클릭합니다.

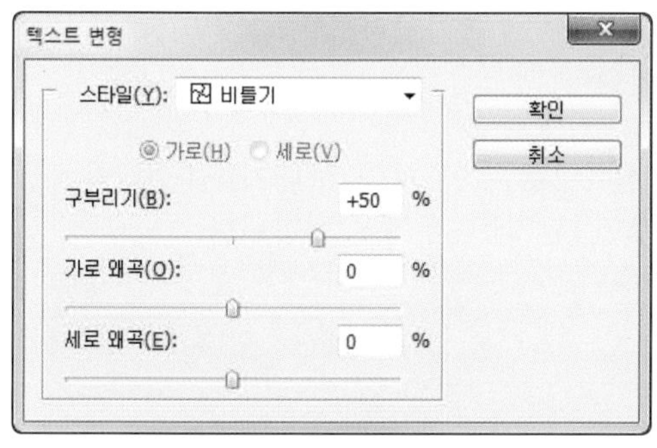

⑧ 도구 상자(Tool Box)에서 [이동 도구(Move Tool)]를 선택한 후 드래그하여 위치를 이동합니다.

STEP 10 텍스트 작성하기 – 2

① 텍스트를 삽입할 위치를 클릭한 후 "빠른 예매하기"를 입력한 다음 Ctrl+Enter를 누릅니다.

② 옵션 바에서 글꼴(굴림)과 글꼴 크기(15), 글꼴 색(660066)을 지정합니다.

③ 레이어 패널에서 fx [레이어 스타일(Layer Style)]을 클릭한 후 [선(Stroke)]을 클릭합니다.

④ [레이어 스타일(Layer Style)] 대화상자의 [선(Stroke)] 스타일이 나타나면 크기(2)를 입력한 후 색상(Color)을 클릭합니다.

⑤ [색상 피커(Color Picker)] 대화상자가 나타나면 색상(ffff99)을 입력한 후 [확인(OK)] 단추를 클릭합니다.

⑥ [레이어 스타일(Layer Style)] 대화상자의 [선(Stroke)] 스타일이 다시 나타나면 [확인(OK)] 단추를 클릭합니다.

STEP 11 텍스트 작성하기 – 3

① 텍스트를 삽입할 위치를 클릭한 후 "Click"을 입력한 다음 Enter를 눌러 줄바꿈 합니다.

② 줄바꿈 되면 "Click"을 입력한 후 Ctrl+Enter를 누릅니다.

③ 옵션 바에서 글꼴(Arial)과 글꼴 스타일(Regular), 글꼴 크기(18), 글꼴 색(ff0099), 가운데 정렬( )을 지정합니다.

④ 아래쪽 'Click'을 드래그하여 블록으로 설정한 후 옵션 바에서 글꼴 크기(24)를 지정한 다음 Ctrl+Enter를 누르고 출력 형태와 같이 이동합니다.

⑤ 레이어 패널에서 [레이어 스타일(Layer Style)]을 클릭한 후 [선(Stroke)]을 클릭합니다.

⑥ [레이어 스타일(Layer Style)] 대화상자의 [선(Stroke)] 스타일이 나타나면 크기(2)를 입력한 후 색상(Color)을 클릭합니다.

⑦ [색상 피커(Color Picker)] 대화상자가 나타나면 색상(ffff00)을 입력한 후 [확인(OK)] 단추를 클릭합니다.

⑧ [레이어 스타일(Layer Style)] 대화상자의 [선(Stroke)] 스타일이 다시 나타나면 [확인(OK)] 단추를 클릭합니다.

STEP 12 답안 저장 및 전송하기

① 작성한 답안을 저장하기 위해 [파일(File)]-[저장(Save)]을 클릭합니다.

② [다른 이름으로 저장(Save As)] 대화상자가 나타나면 저장 위치(라이브러리₩문서₩GTQ)를 지정한 후 파일 이름(수험번호-성명-문제번호)을 입력한 다음 형식(JPEG (*.JPG;*.JPEG;*.JPE))을 선택하고 [저장] 단추를 클릭합니다.

③ [JPEG 옵션(JPEG Options)] 대화상자가 나타나면 품질(Quality)을 지정한 후 [확인(OK)] 단추를 클릭합니다.

④ PSD 파일로 저장하기 위해 [이미지(Image)]-[이미지 크기(Image Size)]를 클릭합니다.

⑤ [이미지 크기(Image Size)] 대화상자가 나타나면 폭(60)을 입력한 후 [확인(OK)] 단추를 클릭합니다.

⑥ 이미지 크기가 변경되면 [파일(File)]-[저장(Save)]을 클릭합니다.

⑦ [다른 이름으로 저장(Save As)] 대화상자가 나타나면 저장 위치(라이브러리₩문서₩GTQ)를 지정한 후 파일 이름(수험번호-성명-문제번호)을 입력한 다음 형식(Photoshop (*.PSD;*.PDD))를 선택하고 [저장] 단추를 클릭합니다.

⑧ [Photoshop 형식 옵션(Photoshop Format Options)] 대화상자가 나타나면 [확인(OK)] 단추를 클릭합니다.

⑨ 답안을 전송하기 위해 [최소화] 단추를 클릭합니다.

⑩ KOAS 수험자용 프로그램에서 [답안 전송] 단추를 클릭합니다.

⑪ [MessageBox] 대화상자가 나타나면 [예] 단추를 클릭합니다.

⑫ [고사실 PC로 답안 파일 보내기] 대화상자가 나타나면 전송할 파일을 선택한 후 [답안전송] 단추를 클릭합니다.

Tip

전송할 파일이 존재하는지 확인한 후 [답안 전송] 단추를 클릭합니다. [존재]가 '없음'으로 표시되면 파일이 없거나 파일 이름이 잘못 입력된 것입니다.

⑬ [MessageBox] 대화상자가 나타나면 [확인] 단추를 클릭합니다.

⑭ [고사실 PC로 답안 파일 보내기] 대화상자가 다시 나타나면 [닫기] 단추를 클릭합니다.

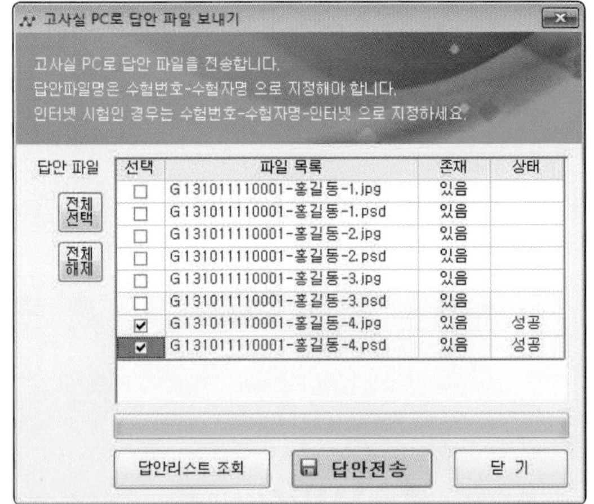

전송한 파일의 상태 여부가 '성공'으로 표시되는지 확인합니다.

제02회 최신기출문제

02 [기능평가] 사진편집 기초

STEP 01 작업 창 생성 및 이미지 복사하기

① [파일(File)]-[새로 만들기(New)] 메뉴를 클릭합니다.

② [새로 만들기(New)] 대화상자가 나타나면 폭(400)과 높이(500)를 입력한 후 해상도(72)를 입력한 다음 [확인(OK)] 단추를 클릭합니다.

③ 눈금자를 드래그하여 안내선(Guides)을 100 픽셀(pixels) 단위로 작성한 후 액자 제작용 안내선(Guides)을 40 픽셀(pixels)로 작성합니다.

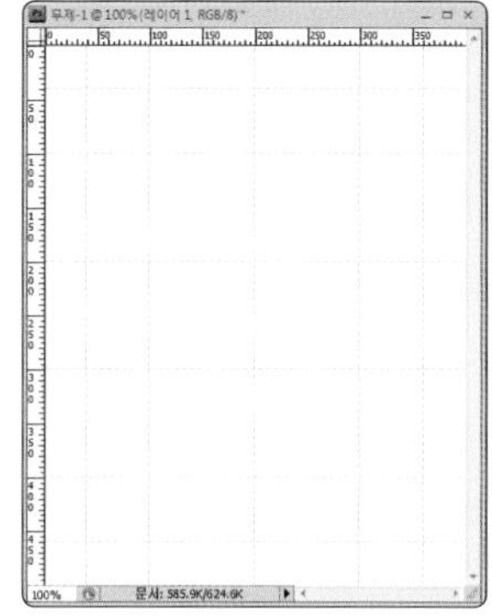

④ [파일(File)]-[열기(Open)]를 클릭합니다.

⑤ [열기(Open)] 대화상자가 나타나면 찾는 위치(라이브러리₩문서₩GTQ₩Image)를 지정한 후 파일(2급-2.jpg)을 선택한 다음 [열기] 단추를 클릭합니다.

⑥ 이미지를 모두 선택(Ctrl+A)한 후 복사(Ctrl+C)를 하고 작업 이미지 창을 선택한 다음 붙여넣기(Ctrl+V)를 실행합니다.

⑦ 이미지가 복사되면 2급-2.jpg 파일의 × [닫기] 단추를 클릭합니다.

STEP 02 액자 제작하기

① 도구 상자(Tool Box)에서 전경색 설정(Set foreground color)을 클릭합니다.

② [색상 피커(Color Picker)] 대화상자가 나타나면 색상(ffffff)을 입력한 후 [확인(OK)] 단추를 클릭합니다.

③ 도구 상자(Tool Box)에서 [사각형 선택 윤곽 도구(Rectangular Marquee Tool)]를 선택한 후 안내선(Guides)에 맞춰 범위를 지정합니다.

④ 선택 영역이 지정되면 [선택(Select)]-[수정(Modify)]-[매끄럽게(Smooth)]를 클릭합니다.

⑤ [선택 영역 매끄럽게 만들기(Smooth Selection)] 대화상자가 나타나면 샘플 반경(Sample Radius)을 입력한 후 [확인(OK)] 단추를 클릭합니다.

⑥ 선택 영역이 지정되면 [선택(Select)]-[반전(Inverse)]을 클릭합니다.

⑦ 선택 영역이 반전되면 복사(Ctrl+C)한 후 붙여넣기(Ctrl+V)를 합니다.

⑧ 필터를 지정하기 위해 [필터(Filter)]-[텍스처(Texture)]-[채색 유리(Stained Glass)]를 클릭합니다.

⑨ [채색 유리(Stained Glass)] 대화상자가 나타나면 셀 크기(10)와 테두리 두께(4), 밝은 강도(3)를 입력한 후 [확인(OK)] 단추를 클릭합니다.

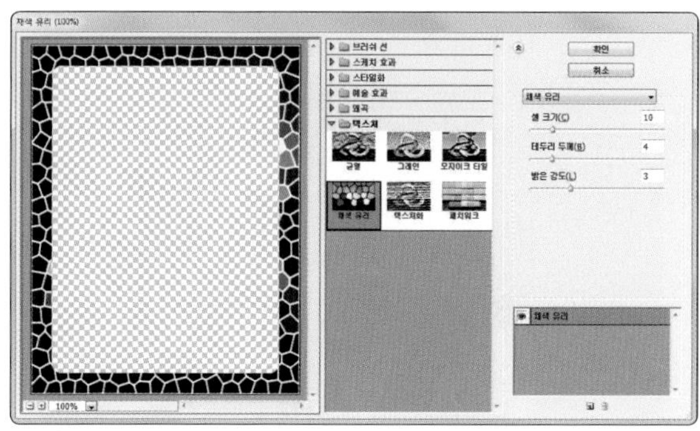

⑩ 안쪽 테두리를 작성하기 위해 레이어 패널에서 Ctrl을 누른 상태에서 '레이어 2' 레이어를 클릭합니다.

⑪ 선택 영역이 지정되면 [선택(Select)]-[반전(Inverse)]을 클릭한 후 [편집(Edit)]-[선(Stroke)]을 클릭합니다.

⑫ [선(Stroke)] 대화상자가 나타나면 폭(5)을 입력한 후 색상을 클릭한 다음 [색상 피커(Color Picker)] 대화상자가 나타나면 색상(660000)을 입력하고 [확인(OK)] 단추를 클릭합니다.

⑬ [선(Stroke)] 대화상자가 다시 나타나면 위치(안쪽)을 선택한 후 [확인(OK)] 단추를 클릭합니다.

⑭ 레이어 패널에서 [레이어 스타일(Layer Style)]을 클릭한 후 [외부 광선(Outer Glow)]를 클릭합니다.

⑮ [레이어 스타일(Layer Style)] 대화상자의 [외부 광선(Outer Glow)] 스타일이 나타나면 속성을 지정한 후 [확인(OK)] 단추를 클릭합니다.

04 [실무응용] 이벤트 페이지 제작

STEP 01 사각형 모양 도형 작성하기

① 도구 상자(Tool Box)에서 [돋보기 도구(Zoom Tool)]를 선택한 후 Alt를 누른 상태에서 클릭하여 축소합니다.

② 도구 상자(Tool Box)에서 [사각형 도구(Rectangle Tool)]를 선택한 후 드래그하여 도형을 작성합니다.

③ 도형을 회전하기 위해 [편집(Edit)]-[자유 변형(Free Transform)]을 클릭합니다.

④ 크기 조절점의 모서리 부분에 마우스 포인터를 위치시킨 다음 마우스 포인터 모양이 ↰ 모양으로 변경되면 드래그하여 이미지를 회전시키고 Enter를 누릅니다.

⑤ 사각형 모양 도형에 색상을 지정하기 위해 레이어 패널의 [레이어 축소판(Layer thumbnail)]을 더블클릭합니다.

⑥ [색상 피커(Color Picker)] 대화상자가 나타나면 색상(cccc00)을 입력한 후 [확인(OK)] 단추를 클릭합니다.

⑦ 레이어 패널에서 이전에 적용된 레이어 효과를 삭제한 후 [레이어 스타일(Layer Style)]을 클릭한 다음 [경사와 엠보스(Bevel and Emboss)]를 클릭합니다.

⑧ [레이어 스타일(Layer Style)] 대화상자의 [경사와 엠보스(Bevel and Emboss)] 스타일이 나타나면 속성을 지정한 후 [확인(OK)] 단추를 클릭합니다.

⑨ 레이어 패널에서 불투명도(Opacity)를 '70%'로 입력합니다.

STEP 02 도형 작성 및 레이어 마스크

① 도구 상자(Tool Box)에서 [사용자 정의 모양 도구(Custom Shape Tool)]를 선택한 후 옵션 바에서 [사용자 정의 모양 피커(Click to open Custom shape picker)]의 목록 단추를 클릭합니다.

② 사용자 정의 모양이 나타나면 [팝업 메뉴 단추]-[물건(Objects)]을 클릭합니다.

③ [현재 모양을 물건.csh의 모양으로 대체하시겠습니까?]라고 묻는 대화상자가 나타나면 [확인(OK)] 단추를 클릭합니다.

④ 사용자 정의 모양이 물건(Objects)으로 변경되면 [편지 봉투 1(Envelope 1)]을 클릭합니다.

⑤ 마우스 포인터 모양이 + 모양으로 변경되면 편지 봉투 모양을 삽입하고자 하는 위치를 드래그합니다.

⑥ 레이어 패널에서 불투명도(100%)의 수정 및 이전에 적용된 레이어의 '효과'를 삭제한 다음 fx.[레이어 스타일(Layer Style)]을 클릭하고 [그림자 효과(Drop Shadow)]를 클릭합니다.

⑦ [레이어 스타일(Layer Style)] 대화상자의 [그림자 효과(Drop Shadow)] 스타일이 나타나면 속성을 지정한 후 [확인(OK)] 단추를 클릭합니다.

⑧ [파일(File)]-[열기(Open)]를 클릭한 후 [열기(Open)] 대화상자가 나타나면 파일(2급-13)을 선택한 다음 [열기] 단추를 클릭합니다.

⑨ 이미지를 모두 선택(Ctrl+A)한 후 복사(Ctrl+C)를 하고 작업 이미지 창을 선택한 후 붙여넣기(Ctrl+V)를 실행한 다음 이미지 파일을 닫습니다.

⑩ [편집(Edit)]-[자유 변형(Free Transform)]을 클릭한 후 크기 조절점을 드래그하여 크기 및 위치를 조절합니다.

⑪ 필터를 지정하기 위해 [필터(Filter)]-[픽셀화(Pix-elate)]-[단면화(Facet)]를 클릭합니다.

⑫ [레이어(Layer)]-[클리핑 마스크 만들기(Create Clipping Mask)]를 클릭합니다.

⑬ 클리핑 마스크가 지정되면 이미지를 이동하여 위치를 조절합니다.

STEP 03 텍스트 작성하기-①

① 도구 상자(Tool Box)에서 T.[수평 문자 도구(Horizontal Type Tool)]를 선택한 후 옵션 바에서 글꼴(Times New Roman)과 글꼴 스타일(Bold), 글꼴 크기(25), 글꼴 색(999999)을 지정합니다.

② 텍스트를 삽입할 위치를 클릭한 후 "GETTING"을 입력한 다음 Enter를 눌러 줄바꿈 합니다.

③ 줄바꿈 되면 "MARRIED"를 입력한 후 Ctrl+Enter를 누릅니다.

④ 레이어 패널에서 fx.[레이어 스타일(Layer Style)]을 클릭한 후 [내부 그림자(Inner Shadow)]를 클릭합니다.

⑤ [레이어 스타일(Layer Style)] 대화상자의 [내부 그림자(Inner Shadow)] 스타일이 나타나면 스타일을 지정한 후 [선(Stroke)]을 클릭합니다.

⑥ [레이어 스타일(Layer Style)] 대화상자의 [선(Stroke)] 스타일이 나타나면 크기(2)를 입력한 후 색상(Color)을 클릭합니다.

⑦ [색상 피커(Color Picker)] 대화상자가 나타나면 색상(ffff99)을 입력한 후 [확인(OK)] 단추를 클릭합니다.

⑧ [레이어 스타일(Layer Style)] 대화상자의 [선(Stroke)] 스타일이 다시 나타나면 [확인(OK)] 단추를 클릭합니다.

⑨ 텍스트에 변형을 주기 위해 옵션 바에서 [텍스트 변형(Warp Text)]을 클릭합니다.

⑩ [텍스트 변형(Warp Text)] 대화상자가 나타나면 스타일(비틀기)을 선택한 후 구부리기(+50)를 지정한 다음 [확인(OK)] 단추를 클릭합니다.

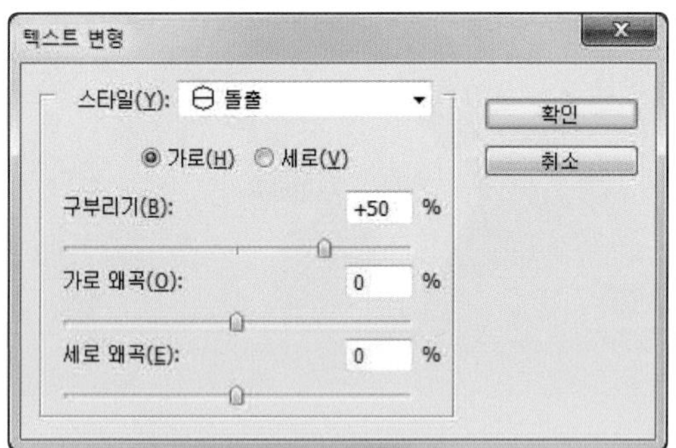

⑪ 도구 상자(Tool Box)에서 [이동 도구(Move Tool)]를 선택한 후 드래그하여 위치를 이동합니다.

제03회 최신기출문제

02 [기능평가] 사진편집 기초

STEP 01 이미지 복사 및 색상 보정하기

① [파일(File)]–[열기(Open)] 메뉴를 클릭한 후 [열기(Open)] 대화상자가 나타나면 파일(2급–3)을 선택한 다음 [열기] 단추를 클릭합니다.

② 이미지 파일이 나타나면 도구 상자(Tool Box)에서 [자석 올가미 도구(Magnetic Lasso Tool)]를 선택한 후 옵션 바에서 빈도 수(100)를 지정합니다.

③ 시작 지점을 클릭한 후 마우스를 드래그하여 아이스크림을 선택 영역으로 지정합니다.

④ 아이스크림을 복사(Ctrl+C)한 후 작업 이미지 창을 선택한 다음 붙여넣기(Ctrl+V)하고 이미지 파일을 닫습니다.

⑤ 아이스크림의 크기를 조절하기 위해 [편집(Edit)]–[자유 변형(Free Transform)]을 클릭합니다.

⑥ 크기 조절점이 나타나면 조절점을 드래그하여 크기를 조절한 후 Enter를 누릅니다.

⑦ 색상을 보정하기 위해 레이어 패널에서 Ctrl를 누른 상태에서 '레이어 3' 레이어를 클릭한 후 아이스크림이 선택영역으로 지정되면 [새 칠 또는 조정 레이어(Create new fill or adjustment layer)]–[색조/채도(Hue/Saturation)]를 클릭합니다.

⑧ [색조/채도(Hue/Saturation)] 패널이 표시되면 [색상화(Colorize)]를 선택한 후 색조(330)와 채도(60), 밝기(0)를 조절하여 이미지를 분홍색 계열로 조정합니다.

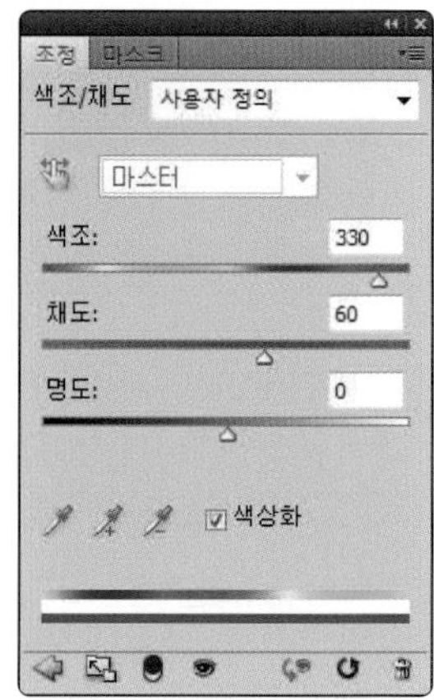

⑨ 레이어 스타일을 지정하기 위해 레이어 패널에서 [레이어 스타일(Layer Style)]을 클릭한 후 [그림자 효과(Drop Shadow)]를 클릭합니다.

※ 레이어 패널의 목록이 표시되지 않을 경우 레이어 패널 이름을 더블클릭하면 목록이 표시됩니다.

⑩ [레이어 스타일(Layer Style)] 대화상자의 [그림자 효과(Drop Shadow)] 스타일이 나타나면 속성을 지정한 후 [확인(OK)] 단추를 클릭합니다.

03 [기능평가] 사진편집

STEP 01 이미지 복사 및 도형 작성하기

① [파일(File)]-[열기(Open)] 메뉴를 클릭한 후 [열기(Open)] 대화상자가 나타나면 파일(2급-6)을 선택한 다음 [열기] 단추를 클릭합니다.

② 도구 상자(Tool Box)에서 [사각형 선택 윤곽 도구(Rectangular Marquee Tool)]를 선택합니다.

③ 선택 영역으로 지정할 부분을 드래그합니다.

④ 선택 영역을 복사(Ctrl+C)한 후 작업 이미지 창을 선택한 다음 붙여넣기(Ctrl+V)를 실행하고 이미지 파일을 닫습니다.

⑤ [편집(Edit)]-[자유 변형(Free Transform)]을 클릭한 후 크기 조절점 드래그하여 크기를 조절한 다음 Enter를 누릅니다.

⑥ 레이어 패널에서 fx.[레이어 스타일(Layer Style)]을 클릭한 후 [내부 그림자(Inner Shadow)]를 클릭합니다.

⑦ [레이어 스타일(Layer Style)] 대화상자의 [내부 그림자(Inner Shadow)] 스타일이 나타나면 스타일을 지정한 후 [확인(OK)] 단추를 클릭합니다.

⑧ 도구 상자(Tool Box)에서 [사용자 정의 모양 도구(Custom Shape Tool)]를 선택한 후 옵션 바에서 ·[사용자 정의 모양 피커(Click to open Custom shape picker)]의 목록 단추를 클릭합니다.

⑨ 사용자 정의 모양이 나타나면 [팝업 메뉴 단추]-[프레임(Frames)]을 클릭합니다.

⑩ [현재 모양을 프레임.csh의 모양으로 대체하시겠습니까?]라고 묻는 대화상자가 나타나면 [확인(OK)] 단추를 클릭합니다.

⑪ 사용자 정의 모양이 프레임(Frames)으로 변경되면 [프레임 3(Frame 3)]을 클릭합니다.

⑫ 마우스 포인터 모양이 + 모양으로 변경되면 프레임 모양을 삽입하고자 하는 위치를 드래그합니다.

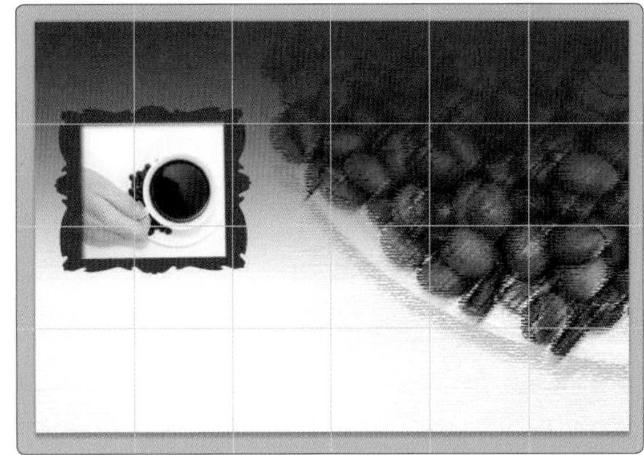

⑬ 프레임 모양 도형에 색상을 지정하기 위해 레이어 패널의 [레이어 축소판(Layer thumbnail)]을 더블 클릭합니다.

⑭ [색상 피커(Color Picker)] 대화상자가 나타나면 색상(663300)을 입력한 후 [확인(OK)] 단추를 클릭합니다.

⑮ 레이어 패널에서 fx.[레이어 스타일(Layer Style)]을 클릭한 후 [경사와 엠보스(Bevel and Emboss)]를 클릭합니다.

⑯ [레이어 스타일(Layer Style)] 대화상자의 [경사와 엠보스(Bevel and Emboss)] 스타일이 나타나면 속성을 지정한 후 [확인(OK)] 단추를 클릭합니다.

⑰ 레이어 패널에서 Shift를 누른 상태에서 '레이어 2' 레이어를 클릭합니다.

⑱ 이미지와 도형을 회전하기 위해 [편집(Edit)]-[자유 변형(Free Transform)]을 클릭합니다.

⑲ 크기 조절점의 모서리 부분에 마우스 포인터를 위치시킨 다음 마우스 포인터 모양이 ↶ 모양으로 변경되면 드래그하여 이미지를 회전시키고 Enter를 누릅니다.

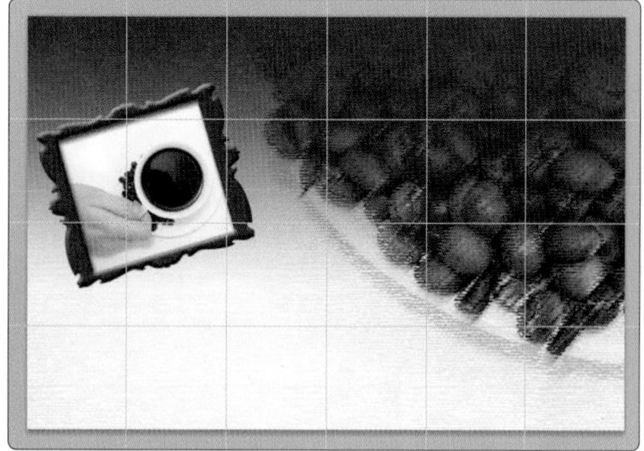

04 [실무응용] 이벤트 페이지 제작

STEP 01 도형 작성 및 레이어 마스크

① 도구 상자(Tool Box)에서 [사용자 정의 모양 도구(Custom Shape Tool)]를 선택한 후 옵션 바에서 [사용자 정의 모양 피커(Click to open Custom shape picker)]의 목록 단추를 클릭합니다.

② 사용자 정의 모양이 나타나면 [팝업 메뉴 단추]-[모양(Shapes)]을 클릭합니다.

③ [현재 모양을 모양.csh의 모양으로 대체하시겠습니까?]라고 묻는 대화상자가 나타나면 [확인(OK)] 단추를 클릭합니다.

④ 사용자 정의 모양이 모양(Shapes)으로 변경되면 [꽃 1(Flower 1)]을 클릭합니다.

⑤ 마우스 포인터 모양이 + 모양으로 변경되면 꽃 모양을 삽입하고자 하는 위치를 드래그합니다.

⑥ 도형에 색상을 지정하기 위해 레이어 패널의 [레이어 축소판(Layer thumbnail)]을 더블클릭합니다.

⑦ [색상 피커(Color Picker)] 대화상자가 나타나면 색상(336633)을 입력한 후 [확인(OK)] 단추를 클릭합니다.

⑧ 레이어 패널에서 fx.[레이어 스타일(Layer Style)]을 클릭한 후 [내부 그림자(Inner Shadow)]를 클릭합니다.

⑨ [레이어 스타일(Layer Style)] 대화상자의 [내부 그림자(Inner Shadow)] 스타일이 나타나면 스타일을 지정한 후 [확인(OK)] 단추를 클릭합니다.

⑩ [파일(File)]-[열기(Open)]를 클릭한 후 [열기(Open)] 대화상자가 나타나면 파일(2급-12)을 선택한 다음 [열기] 단추를 클릭합니다.

⑪ 이미지를 모두 선택(Ctrl+A)한 후 복사(Ctrl+C)를 하고 작업 이미지 창을 선택한 후 붙여넣기(Ctrl+V)를 실행한 다음 이미지 파일을 닫습니다.

⑫ [편집(Edit)]-[자유 변형(Free Transform)]을 클릭한 후 크기 조절점을 드래그하여 크기 및 위치를 조절합니다.

⑬ 레이어 패널에서 불투명도(Opacity)를 '80%'로 입력합니다.

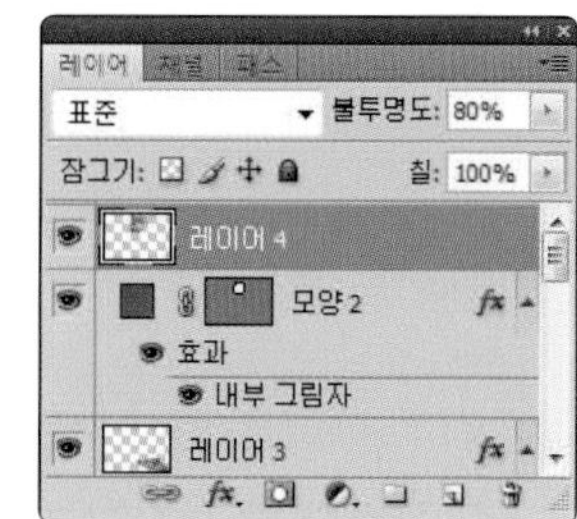

⑭ [레이어(Layer)]-[클리핑 마스크 만들기(Create Clipping Mask)]를 클릭합니다.

제 04 회 최신기출문제

02 [기능평가] 사진편집 기초

STEP 01 액자 제작하기

① [파일(File)]-[열기(Open)]를 클릭합니다.

② [열기(Open)] 대화상자가 나타나면 찾는 위치(라이브러리₩문서₩GTQ₩Image)를 지정한 후 파일(2급-2.jpg)을 선택한 다음 [열기] 단추를 클릭합니다.

③ 이미지를 모두 선택(Ctrl+A)한 후 복사(Ctrl+C)를 하고 작업 이미지 창을 선택한 후 붙여넣기(Ctrl+V)를 실행한 다음 이미지 파일을 닫습니다.

④ 도구 상자(Tool Box)에서 [사각형 선택 윤곽 도구(Rectangular Marquee Tool)]를 선택한 후 안내선(Guides)에 맞춰 범위를 지정합니다.

⑤ 선택 영역이 지정되면 [선택(Select)]-[수정(Modify)]-[매끄럽게(Smooth)]를 클릭합니다.

⑥ [선택 영역 매끄럽게 만들기(Smooth Selection)] 대화상자가 나타나면 샘플 반경(Sample Radius)을 입력한 후 [확인(OK)] 단추를 클릭합니다.

⑦ 선택 영역이 지정되면 [선택(Select)]-[반전(Inverse)]을 클릭합니다.

⑧ 선택 영역이 반전되면 복사(Ctrl+C)한 후 붙여넣기(Ctrl+V)를 합니다.

⑨ 필터를 지정하기 위해 [필터(Filter)]-[텍스처(Texture)]-[텍스처화(Textrizer)]를 클릭합니다.

⑩ [텍스처화(Textrizer)] 대화상자가 나타나면 속성을 지정한 후 [확인(OK)] 단추를 클릭합니다.

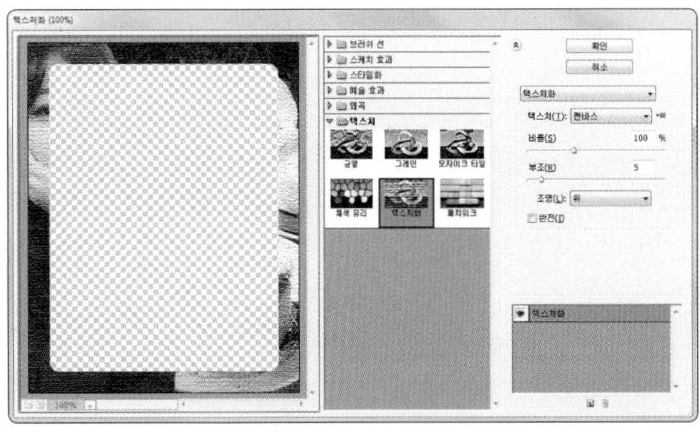

⑪ 안쪽 테두리를 작성하기 위해 레이어 패널에서 Ctrl을 누른 상태에서 '레이어 2' 레이어를 클릭한 후 선택 영역이 지정되면 [선택(Select)]-[반전(Inverse)]을 클릭합니다.

⑫ [편집(Edit)]-[선(Stroke)]을 클릭합니다.

⑬ [선(Stroke)] 대화상자가 나타나면 폭(5)을 입력한 후 색상을 클릭한 다음 [색상 피커(Color Picker)] 대화상자가 나타나면 색상(ffffff)을 입력하고 [확인(OK)] 단추를 클릭합니다.

⑭ [선(Stroke)] 대화상자가 다시 나타나면 위치(안쪽)을 선택한 후 [확인(OK)] 단추를 클릭합니다.

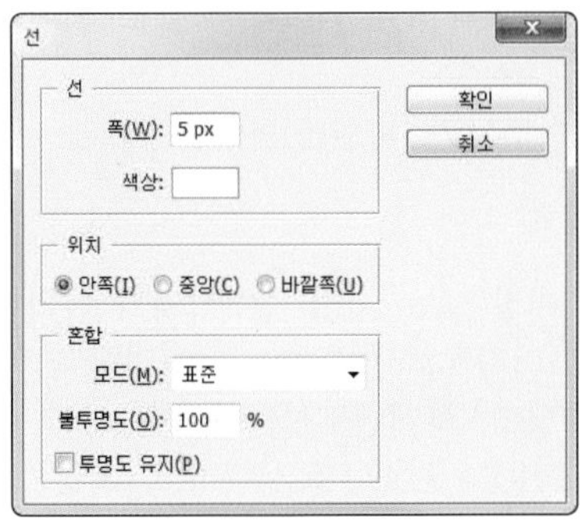

⑮ 레이어 패널에서 fx [레이어 스타일(Layer Style)]을 클릭한 후 [그림자 효과(Drop Shadow)]를 클릭합니다.

⑯ [레이어 스타일(Layer Style)] 대화상자의 [그림자 효과(Drop Shadow)] 스타일이 나타나면 속성을 지정한 후 [확인(OK)] 단추를 클릭합니다.

STEP 02 답안 저장 및 전송하기

① 작성한 답안을 저장하기 위해 [파일(File)]-[저장(Save)]을 클릭합니다.

② [다른 이름으로 저장(Save As)] 대화상자가 나타나면 저장 위치(라이브러리₩문서₩GTQ)를 지정한 후 파일 이름(수험번호-성명-문제번호)을 입력한 다음 형식(JPEG (*.JPG;*.JPEG;*.JPE))을 선택하고 [저장] 단추를 클릭합니다.

③ [JPEG 옵션(JPEG Options)] 대화상자가 나타나면 품질(Quality)을 지정한 후 [확인(OK)] 단추를 클릭합니다.

④ PSD 파일로 저장하기 위해 [이미지(Image)]-[이미지 크기(Image Size)]를 클릭합니다.

⑤ [이미지 크기(Image Size)] 대화상자가 나타나면 폭(40)을 입력한 후 [확인(OK)] 단추를 클릭합니다.

⑥ 이미지 크기가 변경되면 [파일(File)]-[저장(Save)]을 클릭합니다.

⑦ [다른 이름으로 저장(Save As)] 대화상자가 나타나면 저장 위치(라이브러리₩문서₩GTQ)를 지정한 후 파일 이름(수험번호-성명-문제번호)을 입력한 다음 형식(Photoshop (*.PSD;*.PDD))를 선택하고 [저장] 단추를 클릭합니다.

⑧ [Photoshop 형식 옵션(Photoshop Format Options)] 대화상자가 나타나면 [확인(OK)] 단추를 클릭합니다.

⑨ 답안을 전송하기 위해 [최소화] 단추를 클릭합니다.

⑩ KOAS 수험자용 프로그램에서 [답안 전송] 단추를 클릭합니다.

⑪ [MessageBox] 대화상자가 나타나면 [예] 단추를 클릭합니다.

⑫ [고사실 PC로 답안 파일 보내기] 대화상자가 나타나면 전송할 파일을 선택한 후 [답안전송] 단추를 클릭합니다.

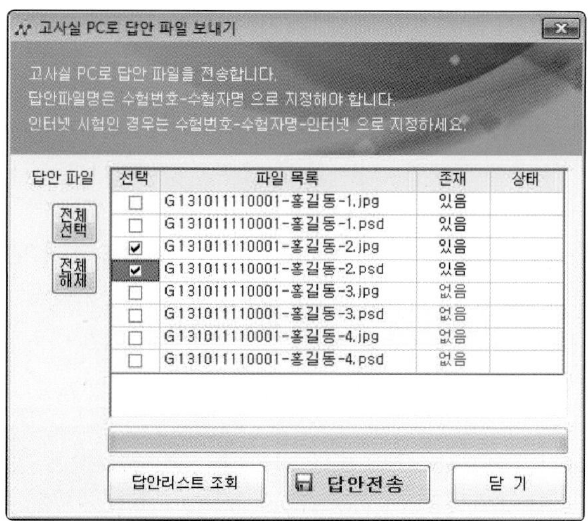

Tip

전송할 파일이 존재하는지 확인한 후 [답안 전송] 단추를 클릭합니다. [존재]가 '없음'으로 표시되면 파일이 없거나 파일 이름이 잘못 입력된 것입니다.

⑬ [MessageBox] 대화상자가 나타나면 [확인] 단추를 클릭합니다.

⑭ [고사실 PC로 답안 파일 보내기] 대화상자가 다시 나타나면 [닫기] 단추를 클릭합니다.

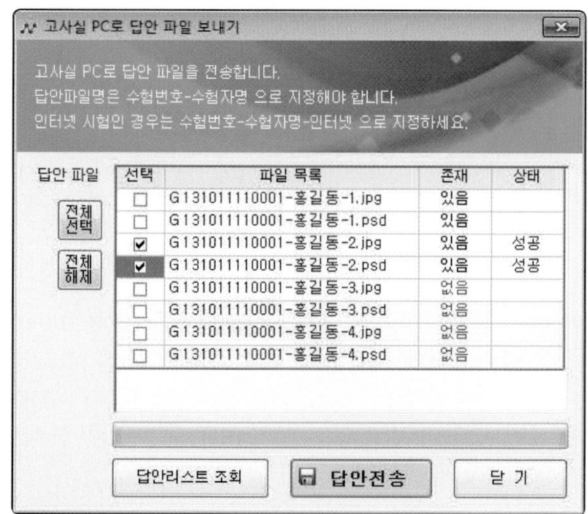

Tip

전송한 파일의 상태 여부가 '성공'으로 표시되는지 확인합니다.